増補版

幣原喜重郎

外交と民主主義

服部龍二

吉田書店

はしがき

幣原喜重郎《しではらきじゅうろう》が日本を代表する外政家であることに異論はなかろう。近代日本の外相として、幣原は陸奥宗光《むつむねみつ》や小村寿太郎《こむらじゅたろう》と並び称されてきた。二十世紀という区分でみても、幣原に比肩する活躍を続けた外政家は、吉田茂や重光葵《しげみつまもる》に限られる。いまでこそ陸奥外交などの呼び方は一般的だが、同時代に誰々外交と称されたのは幣原外交が最初であった。幣原には、それほどまでに毀誉褒貶《きよほうへん》が多かったのである。

幣原の経歴は日清戦争後にさかのぼる。仁川《インチョン》を皮切りに釜山《プサン》やロンドンでの勤務を経て、外務次官や駐米大使を歴任した。一九二四（大正十三）年から一九二七（昭和二）年、そして一九二九年から一九三一年には外相の座にあり、その方策は幣原外交と呼ばれた。満州事変後に在野となるものの、占領下では首相として天皇制の存続に努め、憲法の制定にかかわった。幣原は東京裁判にも出廷している。一九五一年に他界したときには、現職の衆議院議長であった。

当然のことながら、外相期を中心に幣原の研究は多い。それらの研究については各章で詳しくふれる。にもかかわらず、伝記的な研究が立ち後れてきた感は否めない。現時点で最も信頼できるのは、一九五五年に刊行された幣原平和財団編『幣原喜重郎』であろう。同書の完成度は高く、史料的な価値もあるが、外務省記録をはじめとする基礎文献を活用できていない。顕彰的な性格のものだけに制約も大きい。本格的な伝記研究が待たれるゆえんである。

とはいえ、本書は狭義の伝記のみを意図するのではない。幣原の生涯をたどることで、二十世紀日本の軌跡を描けないものであろうか。もっとも、幣原は一九五一年に他界している。その幣原が二十世紀の中心を占めるなどというのではない。むしろ逆である。

いま仮に、日本外交史の鳥瞰図《ちょうかんず》を広げるとしよう。そこでは大久保利通《おおくぼとしみち》らに始まり、伊藤博文《いとうひろぶみ》や山県有朋《やまがたありとも》、井上馨《いのうえかおる》、陸奥宗光、小村寿太郎、林董《はやしただす》、原敬《はらたかし》、幣原、田中義一《たなかぎいち》らを経て、広田弘毅《ひろたこうき》、東郷茂徳《とうごうしげのり》、重光葵、吉田茂、岸信介《きしのぶすけ》、佐藤栄作《さとうえいさく》、福田赳夫《ふくだたけお》、大平正芳《おおひらまさよし》、中曾根康弘《なかそねやすひろ》などに筆を進めねばなるまい。こうした外政家たちに比べるなら、幣原を特徴づけるのは、ある種の弱さではなかろうか。というのも、幣原の活躍するころには、すでに多元的な外政機構が確立しており、日本はデモクラシー状況を迎えつつあった。そこに求められたのは有能な官吏であり、もはや豪傑型外交官の時代ではなかった。

このため本書では、幣原の政策や対外観のみならず、人的な関係にも着眼する。すなわち、小村寿太郎やデニソン、ブライス、グレイ、加藤高明《かとうたかあき》、出淵勝次《でぶちかつじ》、佐分利貞男《さぶりさだお》、吉田茂、キャッスル、重光葵、グルー、昭和天皇、マッカーサー、芦田均《あしだひとし》らとの間柄である。こうした強い個性の前に、幣原は主旋律を外れそうにすらなる。

それだけに幣原の生涯は、大きな流れと符合するものを思わせる。少なからず、日本の軌跡を象徴してはいないだろうか。本書では、幣原を直接の対象としつつも、そこから小さな通史をつづりたい。

具体的にいうなら、二十世紀を三つの時期に分け、そこに幣原の足取りを重ね合わせていく。その三つの時期とは、明治・大正期、昭和戦前期、そして戦後である。

明治・大正期の日本は日清・日露戦争に勝利し、パリ講和会議やワシントン会議を通じて、大国の地位を築き上げた。国内では政党政治が定着するようになり、一九二四（大正十三）年六月には加藤高明内閣が成立した。加藤内閣は憲政会、政友会、革新倶楽部による政党内閣であり、護憲三派内閣とも呼ばれた。その加藤内閣で、幣原は初めて外相に就任した。

しかし、昭和戦前期の日本は、政友会の田中義一内閣による対中国政策でつまづき、満州事変や五・一五事件を経て政党政治が崩壊した。こうして日本は、破局への道を転げ落ちていった。浜口雄幸《はまぐちおさち》内閣で外相に再任された幣原は、第二次若槻礼次郎《わかつきれいじろう》内閣でも外相を務めたが、その後は忘れられた存在となった。太平洋戦争では、千駄ヶ谷の幣原邸も戦災にあった末に、あえなく帝国の終焉が訪れた。

それでも日本は戦後において、占領改革や高度成長により経済大国にのし上がっていく。幣原も占領初期には首相として、憲法制定をはじめとする改革に携わった。昭和天皇による人間宣言の英文を整えたのも幣原であった。幣原は、東京裁判の証人台にも立っており、外務省の保全にも尽力した。最晩年には衆議院議長として、講和に向けての超党派外交を試みた。

これら三つの時代を要約して述べるなら、日本が一等国に上り詰めた明治・大正期は栄光の時代であり、田中内閣の外交に始まる昭和戦前期の挫折を経て、復興に至る戦後には再起を遂げたといえようか。それら三期のすべてに閣僚を経験したのは幣原だけである。山県有朋や原敬は昭和に生き残れなかったし、逆に吉田茂や重光葵は大正末期まで外務省の傍系にすぎない。二十世紀における三つの時代を体現し、対外的にも日本を代表できる人物となれば、幣原をしのぐ者はいないであろう。

外交面における幣原の足跡をいわば縦糸とするならば、横糸とも呼ぶべき課題が本書にはある。端的にいうなら、それは外交と民主主義の緊張関係という古典的な命題である。幣原は対外政策と政党政治の関係をどのように認識し、いかに行動したのであろうか。幣原の外交官時代には政党政治が形成され、そして崩壊していった。そのなかで幣原は、内政から外交を分離することで対外政策の一貫性を保とうとした。この意味で幣原は、霞ヶ関正統派外交と呼ばれるものを最も具現していた。

しかし、田中内閣の成立によって在野となると、幣原は民政党の政策形成に関与していく。戦後ともなれば、おのずと政党は外交でも役割を担う。もはや外務省が外交を一元化すべくもない。こうしたなかで幣原の言動も、戦前と戦後では変化をみせる。のみならず戦後には、自ら政党政治の再生に身を投じていった。外交と民主主義のあり方を考察するうえで、幣原の立論は現代にも示唆的であろう。

本書は三つの部と序章、終章で構成される。三つの部とは、先に述べた三つの時代に対応したものである。すなわち、第一部は明治・大正期の栄光であり、第二部が昭和戦前期の挫折、そして第三部は戦後の再起にほかならない。

まず、序章は生い立ちである。ここでは幣原が門真《かどま》に生をうけてから、恵まれた環境に育ち、外務省入りするまでを跡づけたい。

第一部に入り、第1章は外交官としての形成期である。この章では、幣原が日清戦後に領事官補として仁川領事館の勤務を命ぜられてから、日露戦争を釜山領事として迎え、第一次世界大戦期において外務次官としての任務を果たし、ワシントン会議で全権の駐米大使として活躍する姿をみていく。

第2章は、一九二四年から一九二七（昭和二）年までの第一次外相期である。外相としての幣原は、再統一に向かう中国への対処やアメリカとの関係において、決定的な役割を演じた。以上が第一部の明治・大正期である。

第二部に進み、第3章で幣原は在野の身分となる。幣原とは立場を異にする政友会の田中義一内閣が成立したためであった。ここでの幣原は、浜口雄幸の率いる民政党の側に一歩踏み込むようになり、議会では田中首相と論戦してもいた。

第4章は一九二九年から一九三一年までの第二次外相期である。幣原の外交は、ロンドン海軍軍縮会議で成功を収めながらも、やがて満州事変で瓦解していった。

第5章は日中戦争から太平洋戦争に至る時期である。このころ幣原は、再び在野となっていた。それでも世界情勢に的確な判断を示したこともあり、太平洋戦争では早期講和を唱えた。以上が第二部の昭和戦前期である。

第三部に入り、第6章では占領初期における幣原を論じる。このとき幣原は首相であり、幣原の内閣はわずかに半年間と短命であった。それでも首相としての幣原は、天皇制の存続に努め、憲法の制定などで重要な役割を果たした。

第7章では、最晩年の幣原を追ってみたい。このころの幣原は首相を退いて吉田茂内閣の国務大臣となっており、やがて衆議院議長に就任していく。幣原は東京裁判に出廷したほか、外務省の保全や超党派外交を模索してもいた。

第8章では幣原没後の論評をひもとき、サンフランシスコ講和後の日本を展望してみたい。以上が第三部の戦後となる。

終章では、幣原の足跡と日本外交の潮流を振り返りながら、外交と民主主義の関係について思案してみたい。

このように本書では、幣原の視線から日本外交の岐路に立ち合い、政党政治との距離に試行錯誤を重ねていく。幣原の生涯について語ることは、二十世紀日本の軌跡をたどりつつ、外交と民主主義のあり方を考察することである。

目次

第三部　再起――戦後

※「満州」という表記には本来括弧を付すべきであるが、本書では読者の煩雑さを考慮して括弧を省略した。また、引用文中には、今日の視点からは不適切な呼称もでてくるが、歴史的文書であるため、原文のままとした。

序章　生い立ち

一　幣原家の系譜

第四十四代総理大臣の幣原喜重郎は、一八七二（明治五）年八月十一日に大阪の門真村で生まれた。(1)現在、故郷の門真村は門真市となっている。いまでこそ松下電器の城下町として栄えているが、もともと門真は湿地帯であった。市内の各所には、いまも蓮根畑の痕跡《こんせき》をとどめている。長きにわたり、門真は洪水に悩まされてきた。とりわけ一八八五年の淀川洪水は、幣原家にも大きな損害を与えた。

こうした事情によって、門真の開発は遅れた。大阪の天満橋《てんまばし》から京都の五条に京阪電車が開通するには一九一〇年を待たねばならない。それでも大正初期には点灯が始まり、やがて大同電力の大阪変電所も造られた。一九三三（昭和八）年には、松下電器の本社と工場が門真にやって来た。

その門真を代表する豪農に幣原家があった。幣原家の系譜は、少なくとも十八世紀にさかのぼる。もともと幣原家は京都にあり、そこから門真へ移住したともいわれる。(2)幣原家については、門真市立歴史資料館に文書が残されており、その幣原家文書は、宛米帳《あてまいちょう》、勘定帳、萬覚帳《よろずおぼえちょう》、村政、家、普

大阪府門真市の生家跡に残された幣原坦（左）・喜重郎兄弟の顕彰碑。外務省の後輩に当たる吉田茂の直筆により、「喜重郎首相の経綸は永遠の平和」とある（2006年8月撮影、青海泰司氏提供）。

請、戸籍人口などに関する約五二〇点の史料から成っている。もっとも、幣原家文書の中心は近世である。このため、喜重郎に直接かかわるものは多くない。それでも、喜重郎のルーツを知るうえで、幣原家文書は貴重であろう(3)。

　喜重郎の生家は現存していないものの、かろうじて門真市一番町の一角に生家跡が残されている。そこには、兄・坦《たいら》と喜重郎の兄弟の顕彰碑が建てられている。その顕彰碑を直筆でしたためたのが、外務省の後輩に当たる吉田茂であった。いまでも幣原兄弟の顕彰碑は、道行く人々をひっそりと見守り続けている。

　こうして幣原家の系譜をみてくると、喜重郎の生涯が意外なものに思えてくる。なにしろ喜重郎は、開発の遅れた土地で豪農の次男として生まれた。その喜重郎は、いかにして英語の達人となり、日本政治の頂点をきわめたのであろうか。

二　家庭環境

なぞを解く鍵は、その家庭環境にあった。父の幣原新治郎は、同じく門真の下嶋頭《しもしまがしら》に暮らしていた市川家からの婿養子であり、幣原九市郎の長女静と結婚した。新治郎は、門真村初代の助役でもある。新治郎は、豪農としての経営を受け継ぐ一方で、長男坦や次男喜重郎など二男二女の教育に熱心だった。これを新治郎の妻である静も支えた。喜重郎より二歳年上の坦は物静かな学者肌であり、幼少期から秀才と目された。その坦は、東京帝国大学の国史科で学んだ。やがて坦は、山梨県尋常中学校長や高等師範学校教授などを経て、文部省の図書局長に就任している。

この坦について、いま少しふれておきたい。それというのも、坦は朝鮮や台湾の植民地教育に礎石を据《す》えた人物でもあった。韓国政府学政参与官として、坦は一九〇〇年代半ばの韓国で、教育体制の確立に尽力したのである。一九二八年に台北帝国大学が創設されると、坦は初代総長に就任した。終戦後の占領期になると、坦は枢密顧問官として憲法改正を決議してもいた。国境問題にも詳しい坦は、一九五一年の論文「対馬《つしま》問題」において、対馬が「上古より日本領であった事」を力説した[4]。

さらに坦は、東洋史や植民地教育などについて、かなりの著作を残している。そのうちの一冊に『大東亜の成育』がある。そこに序文を寄せたのが、石橋湛山《いしばしたんざん》であった。東京出身の湛山だが、小・中学校を山梨で過ごしていたのである。

序文によると、湛山が甲府の山梨県尋常中学校に在学していたところ、「恩師幣原先生」は校長として来任したという。その後も湛山は、橘会という中学の同窓会で坦と顔を合わせていた。そこでの坦の話しぶりが、湛山を熱中させた。坦は、外地の諸問題に造詣が深い。そのことに湛山は感銘を受けた。そこで湛山は、講話をまとめるよう坦に懇願した。こうして湛山は、幣原坦『大東亜の成育』

を東洋経済新報社から刊行した。このとき湛山は、同社の代表取締役社長となっていた(5)。

坦と喜重郎には、二人の妹がいた。操と節である。助産婦の操は、医師の夫を養子に迎えて、門真に幣原医院を開業した。操は、社会福祉などにも携わっていた。操の夫が亡くなった後に、幣原医院を継いだのが妹の節であった。節は大阪府初の女医である。

しかし、保守的な門真では、女医に対する風当たりが強かった。失望した節は門真を離れ、神戸市の御影《みかげ》岸本に医院を開業した。その節を生んだ母の静は、不運にも産後の経過が悪く夭逝《ようせい》していた。そのため節は、姉の操を母のように慕った。節は、生涯未婚で女医の仕事に専念し、操の孫を養子にしている。節が他界すると、幣原医院は廃業された。

三　外交官試験

さて、喜重郎である。兄の坦に比べて、幼いころの喜重郎は、やんちゃな利かん坊であった。父の新治郎によると、兄の坦は漢学にいそしんだが、喜重郎は「新しい学問を好む」ところがあり、「校長も二人の前途に望みを属して非常に力を入れてくれました、小学校卒業後は藤沢南岳先生の勧めで当時大阪大手前にあつた高等中学校へ兄と前後して入学させました」という。こうして喜重郎は、坦を追って大阪中学校に進学した(6)。

大阪中学校は、英語の教育で知られていた。後に外相となる松井慶四郎《まついけいしろう》は、大阪中学校での先輩に当たる。やがて大阪中学校は第三高等中学校に改称となった。幣原の在学中に、第三高等中学校は大阪から京都に移転している。伊沢多喜男《いざわたきお》や浜口雄幸とは同期であった。(7)さらに喜重郎は、東京帝大の法律学科に学んだ。

それにしても、新治郎が豪農とはいえ、坦と喜重郎を帝大に送り出すのは並大抵のことではなかっただろう。いまでは当たり前の教育熱も、そのころとしては変わり者とみなされかねない。

その新治郎の教育熱を示すエピソードがある。後年、喜重郎が外務次官に就任すると、『大阪朝日新聞』の記者が新治郎を訪ねてきた。すると、操と節にかしずかれながら、厳父の新治郎が現れた。被布《ひふ》姿の新治郎は、すでに七十歳であった。その新治郎が白髭《しらひげ》をなでつつ語りだした。新治郎によると、当時「百姓に学問は入らぬ」と周囲からは陰口をたたかれたが、「御国の御用に立てたいと財産の全部を学資に投ずる決心で四人の子供を仕込みました」という。(8)

恵まれた環境に育った幣原喜重郎は、「学校時代から、将来外交官になろうという希望を抱いていた」。帝大に在学中の一八九二（明治二十六）年には、折しも外務省通商局長の原敬らによって外交官試験の制度が確立した。だが幣原は、帝大の四年次に脚気《かっけ》を患ってしまい、外交官試験を受けられなかった。そのため一八九五年七月、幣原は帝大を卒業すると、一度は農商務省の鉱山局に勤務した。しかし、本意ではない。そこで翌年には、第四回の外交官試験を受験した。このとき外交官試験の合格者は、わずかに四名にすぎない。そのなかに幣原の名前があった。かくして幣原は、「宿望の外交官生活に入った」のである。(9)

同期の合格者には、外務省政務局長となる小池張造《こいけちょうぞう》などがいた。そのほか著名な外交官としては、第七回の合格組に本多熊太郎《ほんだくまたろう》、田中都吉《たなかときち》、埴原正直《はにはらまさなお》、小幡酉吉《おばたゆうきち》らがいた。松平恒雄《まつだいらつねお》と出淵勝次は第十一回、佐分利貞男と佐藤尚武《さとうなおたけ》が第十四回、広田弘毅と吉田茂は第十五回の合格者である。有田八郎と重光葵は、それぞれ第十八回と第二十回であった。

このように幣原が帝大を卒業したのは一八九五年、つまり明治二十八年であった。そのため大学の同窓会は、二八会と称された。そこに名を連ねたのは、伊沢多喜男、小野塚喜平次、上山満之助、下岡忠治、高野岩三郎、田中清次郎、浜口雄幸、そして幣原らである。幣原は、二八会を自ら主催することもあった。こうした人脈は、やがて少なからず意味を持ってくる。(10)

家族思いの幣原は、繁忙をきわめた外相時代でも、地元の願得寺を法事で訪れたという。その幣原は、外交官としての第一歩をいかに踏み出していくのであろうか。次章では幣原が、外交官試験の合格者として初の外相に就任する直前までをたどってみたい。

注

(1) 以下の論考は、拙稿「幣原喜重郎と二十世紀の日本」(『書斎の窓』第五一七号、二〇〇二年)一九―二三頁を下敷きとする。幣原平和財団編『幣原喜重郎』(幣原平和財団、一九五五年)七―二一頁も参照。幣原の先行研究と史料状況については、拙稿「幣原喜重郎」(伊藤隆・季武嘉也編『近現代日本人物史料情報辞典』吉川弘文館、二〇〇四年)二〇五―二〇七頁で論じており、本書の巻末「文献解題」に収録した。

(2) 「幣原坦氏のお話から」年月日不明(「幣原平和文庫」リール十三、国立国会図書館憲政資料室所蔵)。

(3) 詳細については、門真市立歴史資料館所蔵の「幣原家文書目録」を参照。主要な幣原家文書は、門真市編『門真市史 第三巻 近世史料編』(門真市、一九九七年)に収録されており、これを基礎史料の一つとして引用したのが、門真町史編纂委員会編『門真町史』(門真町役場、一九六二年)、門真市編『門真市史 第四巻近世本文編』（門真市、二〇〇〇年）などの自治体史である。門真市編『門真市史 第四巻 近世本文編』によれば、幣原家は宝暦期に持高を急増させ手作経営から地主経営に転換したという。門真市編『門真市史 第三巻 近世史料編』に収められている相続書や縁談申合書などは、社会史的にも大変興味深い。

（4）幣原坦「対馬問題」（『朝鮮学報』第一輯、一九五一年）一頁。幣原坦『朝鮮史話』（冨山房、一九二四年）一五九―二一五頁も日朝関係からみた対馬を論じている。

（5）もっとも坦にしてみれば、思いもよらないことであろう。中学時代の湛山は優等生からほど遠かった。それどころか二度も落第し、中学を出るのに七年を要した。その湛山に中学時代の恩師として激賞され、本まで出してもらうのだから、人の縁とは不思議なものである。ともあれ、『大東亜の成育』は一九四一年に刊行された。真珠湾攻撃の三日前のことであった。だが、一九五三年に他界した坦は、それから三年半後の石橋内閣成立を見届けられなかった。

幣原坦の著作として、前掲書のほか、『女子教育』（集英堂、一八九八年）、『南島沿革史論』（冨山房、一八九九年）、『教育漫筆 全』（金港堂書籍、一九〇二年）、『日露間之韓国』（博文館、一九〇五年）、『韓国政争志』（三省堂、一九〇七年）、『学校論』（同文舘、一九〇九年）、「間島国境問題」（東洋協会編『東洋協会調査部学術報告』第一冊、東洋協会、一九〇九年）二〇七―二三六頁、「爪哇及『ボルネオ』視察報告」（外務省通商局『移民調査報告』第六回、一九一一年三月）三八七―四〇〇頁、『世界小観』（宝文館、一九一二年）、『植民地教育』（同文舘、一九一二年）、『日韓関係よりの対州研究』（広島高等師範学校地理歴史学会、一九一三年）、『満洲観』（宝文館、一九一六年）、「倭寇に就て」（史学研究会編『続 史的研究』（冨山房、一九一六年）一―二一頁、『少青年の犯罪防遏政策に就いて』（内務省地方局、一九一七年）、『朝鮮教育論』（六盟館、一九一九年）、『世界の変遷を見る』（冨山房、一九二六年）、「台湾に於《お》ける金・硫黄及び石炭の探検」（市村博士古稀記念東洋史論叢刊行会編『市村博士古稀記念東洋史論叢』冨山房、一九三三年）三九五―四三四頁、「国史より見たる三百年記念」（台南州共栄会台南支会編『台湾文化史説』台南州共栄会台南支会、一九三五年）一―二三頁、『南方文化の建設へ』（冨山房、一九三八年）、『教育検討 第一 教育行政の特質』（眞興社、一九三八年）、「本邦人と台湾」（安藤教授還暦記念会編『安藤教授還暦祝賀記念論文集』三省堂、一九四〇年）五七一―五八四頁、『興亜の修養』（明世堂書店、一九四一年）、「南方建設の文化対策」（南方圏研究会編『南方新建設講座』大阪屋号書店、一九四三年）五五―七八頁、「沖の泡」（柳田国男編『沖縄文化叢説』中央公論社、一九四七年）五―二二頁、『極東文化の交流』（關書院、一九四九年）、『文化の建設』（吉川弘文館、一九五三年）、幣原坦述／小西干比古編『国史上南洋発展の一面』（南洋経済研究所、一九四一年）などがある。

このうち『日露間之韓国』は、韓国学文献研究所編『旧韓末日帝侵略史料叢書Ⅳ 政治篇五』（ソウル：亜細亜文化社、一九八四年）一―二二頁に復刻されている。『朝鮮教育論』も、渡部学・阿部洋編『日本植民地教育政策史料集成（朝鮮篇）』第二十五巻（龍渓書舎、一九八九年）として復刻されている。『学校論』は、石川松太郎監修『近代日本学校教育論講座 五 学校論』（クレス出版、二〇〇一年）として復刻された。『文化の建設』の巻末には年譜と著作目録が掲載されている。そのほか、幣原坦編『内外実用地図 日本之部』（共益商社書店、一八九七年）、同編『内外実用地図 世界之部』（共益商社書店、一八九七年）がある。

石橋湛山全集編纂委員会編『石橋湛山全集』第十五巻（東洋経済新報社、一九七二年）一一―一四頁も参照。

（6）『大阪朝日新聞』一九一五年十月三十日夕刊。

（7）伊沢多喜男伝記編纂委員会編『伊沢多喜男』（羽田書店、一九五一年）三七―三八頁。

（8）『大阪朝日新聞』一九一五年十月三十日夕刊。

（9）幣原喜重郎『外交五十年』（中公文庫、一九八七年）二二五―二二七頁。

（10）「二八同窓会紀事」（「幣原平和文庫」リール七）。浅野豊美氏から教示を得た。二八会については、季武嘉也『大正期の政治構造』（吉川弘文館、一九九八年）一四八―一五〇頁が詳しい。そのほか、伊沢多喜男伝記編纂委員会編『伊沢多喜男』四九頁、伊沢多喜男文書研究会編『伊沢多喜男関係文書』（芙蓉書房出版、二〇〇〇年）四七八頁も参照。

第一部　栄光——明治・大正期

駐米大使時代（一九一九—一九二二年）の幣原。シベリア出兵問題、ヤップ島問題、排日移民問題などの難問をこなし、ワシントン会議でも全権として中心的役割を果たした〔写真提供：毎日新聞社〕。

第1章　釜山、東京、ワシントン

一　日露開戦へ

外交官としての第一歩

一八九六（明治二十九）年九月、外交官試験に合格した幣原は、翌月に領事官補として朝鮮の仁川領事館に勤務を命ぜられた[1]。一九〇四年二月に日露戦争が勃発したころには釜山領事であり、開戦にも一役買っていた。釜山から帰国した幣原は、電信課長などを務め、第一次世界大戦から戦後にかけては外務次官や駐米大使の任にあった。とりわけ、一九二一（大正十）年から翌年にかけてのワシントン会議には、全権の駐米大使として参加した。このため幣原の方策は、時に日本外交を左右するようになっていた。外交官としての作法を身に付け、理念を形成した時期でもあった。

その四半世紀を見通すにあたり、四つの点に注目したい。

第一に、幣原の思想形成である。とりわけ重要なのが、門戸開放主義への理解であろう。一般に幣原は、積極的にアメリカ流の門戸開放主義に順応したといわれる。確かに幣原は、主義としての門戸開放を受け入れた。その一方で当時の日本には、満州と呼ばれた中国東北に特殊権益とされるものが存在した。幣原とて、その在華権益に配慮したはずである。これらのことは幣原の対外観において、どのように整合するのだろうか。さらに、幣原にとっての門戸開放とは何を意味するのか。

そもそも、門戸開放という用語自体が多義的である。アメリカの発した門戸開放通牒からして二種類があり、幣原にとっての意味合いを明らかにしなければならない。

結論を先取りするようだが、幣原は主義としての門戸開放を積極的に受容しながらも、その適用を制限しようとした。この概念を限定的な意味で用い、在華権益との折り合いをつけたのである。本章では、新四国借款団やワシントン会議への対応を分析することで、そのことを論じてみたい。また、幣原のいう門戸開放とは、アメリカの政策だけを意味しなかった。むしろ、幣原が最初に門戸開放を受け入れたのは、日英同盟や日仏協約においてであった。

他方で、一九一〇（明治四十三）年の韓国併合については、自然な成り行きとみなしていた。幣原に関する逸話としては、ウェブスターの辞書を座右に置き、シェイクスピアをそらんじたことが知られている。そのことは、ほかの外交官から幣原を峻別《しゅんべつ》するかにみえる。だがそれは幣原の一面にすぎない。乃木希典《のぎまれすけ》に傾倒し、皇室を崇拝するという当時の日本人の精神構造は、幣原にも深く根を下ろしていた。

第二に、幣原の外交的手法である。この点については、電信課長時代における外務省顧問デニソン（Henry Willard Denison）の影響が強い(2)。もっとも釜山領事までの幣原は、軍事力を背景とした武断外交に違和感を示さなかった。それどころか、日露開戦を推進したことすらある。しかし、デニソンとの出会いが転機となった。これ以降の幣原は、条約改正委員となったこともあり、国際法を熟知していった。ただし幣原は、デニソンから外交の妙を伝授されても、そのままには受け入れなかった。これについては、ワシントン会議での日英同盟廃棄を通じてみていきたい。

外交的手法という意味では、広報の位置づけも重要となる[3]。概して幣原は、広報活動には冷淡と解されてきた。幣原の回想録『外交五十年』にも、日本のマスメディアに対する嫌悪感がにじみ出ている。だが実際には、幣原なりの広報外交というものがあった。これについても、ワシントン会議を中心に分析してみたい。

第三に、幣原の人的関係である。よく知られているように、幣原と加藤高明は義兄弟であった。ほかにも幣原は、小村寿太郎や珍田捨巳《ちんだすてみ》、石井菊次郎《いしいきくじろう》、原敬などと深い関係にある。とりわけ注目すべきは、小村との間柄であろう。一見すると、大陸政策を強力に推進した小村は、幣原と対極に位置するかにみえる。しかし幣原は、不平等条約の改正や韓国併合において、小村の外交を支えていた。そのことは、日露戦争後と一九二〇年代の外交を比較するうえでも示唆的となろう。

むしろ幣原が違和感を示すのは、義兄の加藤外相による一九一五（大正四）年の対華二十一カ条要求であった。そのほか、諸井六郎《もろいろくろう》や川島信太郎《かわしまのぶたろう》、佐分利貞男、本多熊太郎、広田弘毅、出淵勝次、谷《たに》正之《まさゆき》、石射猪太郎《いしいいたろう》といった外交官との関係についても考察したい。

第四に、当時の諸外国が幣原の言動をいかにみていたかである。もちろん外交交渉は重要だが、外交官の役割はそれだけではない。どのような人脈や信頼関係を形成したかも、評価の材料となるだろう。幣原が立場を飛躍的に強めるのは駐米大使期であるため、この点についての検討は駐米大使期が中心となる。なかでも、幣原が全権としてかかわったワシントン会議の前後については、ヒューズ（Charles Evans Hughes）国務長官やルート（Elihu Root）全権、マクマリー（John Van Antwerp MacMurray）アメリカ国務省極東部長などとの関係が重要である。ただ、これについては以前に論じたことがある(4)。

このため以下では、より実務的で個別分野に特化した人物についても論及したい。すなわち、ワシントン会議でルートの秘書となるウォシュバン（Stanley Washburn）、駐日アメリカ大使のモリス（Roland S. Morris）、国務次官のデイヴィス（Norman H. Davis）、国務省ロシア部長のプール（DeWitt Clinton Poole）、国務省極東部のジョンソン（Nelson Trusler Johnson）、駐日アメリカ大使館一等書記官のドゥーマン（Eugene H. Dooman）、第一次大戦期に国務省極東部長を務めたウィリアムズ（Edward Thomas Williams）などである。

日清戦争後の国際情勢

一八九六（明治二十九）年九月、幣原は第四回の外交官試験に合格した。合格者四名のなかには、後に政務局長として二十一カ条要求に関与する小池張造がいた。翌月、領事官補に任ぜられた幣原は、朝鮮の仁川を皮切りに、ロンドンやアントワープ、釜山などで外交官としての第一歩を踏み出した。

そのころの国際情勢は、どのようなものであったか。幣原が外交官の道を歩み始めた十九世紀末には、まだ三国干渉の余韻が残っていた。日清講和条約が一八九五年に下関で締結されたのに対し、ロシア、フランス、ドイツの三国が干渉して、日清戦争に勝利したはずの日本から遼東《りょうとう》半島を中国に返還させていたのである。

もっとも、東アジア国際政治の焦点は朝鮮であった。日清戦争以降に駐朝鮮公使となったのは、井上馨や小村寿太郎、原敬、林権助《はやしごんすけ》のような有力者であった。朝鮮では首都の漢城《かんじょう》ほどではないにせよ、仁川や釜山も重視された。首都の漢城とは、現在のソウルのことである。日清戦争前に仁川で領事を務めていた林権助によると、「仁川領事といつても当時は全韓国領事みたいなものだつた」という。[5] 前途有望な幣原がまず仁川に送り込まれたのも、偶然ではなかろう。

幣原が仁川に着任したのは一八九七年一月のことであった。その仁川で幣原は、石井菊次郎駐仁川領事の知遇を得た。やがて石井が北京に転出すると、幣原は領事館事務代理を務めた。そこへ伊集《いじゅう》院彦吉《いんひこきち》が、仁川領事として赴任した。伊集院について幣原は、「小手先の利く事務家ではなかつた」が「何とも言へぬ一種の魅力に惹きつけられた」と追懐している。

意外に聞こえるかもしれないが、仁川のころから幣原はかなりの酒豪であった。懇意となった商船会社の支店長が灘の名酒を差し入れると、幣原は官舎の戸をそっと閉めて、支店長らとよく一晩中飲み明かした。[6]

当時の日本は、北守南進の姿勢を保ちつつ、朝鮮半島をめぐってロシアと対等な関係を築こうとしていた。日露間では一八九六年五月に小村・ウェーバー覚書が漢城で交わされ、同年六月には山県・ロバノフ議定書がモスクワで調印されていた。前者はロシア公使館に逃げ込んでいた朝鮮国王に帰還を忠告したものであり、後者は朝鮮の財政に日露共同で援助に当たるというものであった。

この小村・ウェーバー覚書と山県・ロバノフ議定書は、幣原が一九〇一年に釜山領事として朝鮮に戻るころにも意味を持ってくる。漢城―釜山間の電信線管理について、日本に有利な規定が含まれていたからである。また、一八九八年四月に東京で調印された西・ローゼン議定書には、朝鮮の独立を承認して内政干渉を控えると記された。幣原の回想録をみても、日露両国の軍艦長が酒を酌《く》み交わすなど、仁川時代は牧歌的に描かれている[7]。

一八九九年五月に幣原は、ロンドン勤務を命ぜられた。幣原は八月にロンドンへ着任すると、そこで英語を覚え直した。このころの勉強ぶりが、将来への糧《かて》となっていく。一九〇〇年十二月に幣原は、領事としてアントワープに赴任することになった。ベルギーの北部に位置するアントワープは、そのころアンヴェルスと呼ばれていた。アントワープはヨーロッパ有数の貿易港でもあった。

だが、落ち着く間もないまま、一九〇一年九月に幣原は駐釜山領事に命ぜられた。その釜山には、日露開戦直後の一九〇四年三月まで滞在することになる。こうして幣原は、外交官としての原体験を培《つちか》っていった。

この間にもロシアの外相ロバノフ（Aleksei Borisovich Lobanov-Rostovskii）や蔵相ウィッテ（Sergei Yulievich Witte）は、対日政策を有利に進めるため、清の李鴻章《りこうしょう》と軍事同盟的な密約を一八九六年に交わしていた。この露清密約に基づいて、一八九八年には東清鉄道が着工された。東清鉄道は、満州を横断するものであった。

さらに、中国の義和団事変に際して日本は、八カ国連合軍の一員として一九〇〇年に出兵し、これを鎮圧した。翌年には、欧米の列強や小村寿太郎駐清公使、そして李鴻章が義和団事変に関する北京議定書に調印した。これによって日本も、賠償金や駐兵権を獲得した。義和団事変の講和会議で小村

駐清公使が活躍したことについて、幣原は「小村さんの深謀遠慮がそこに存した」と論じている。(8)

小村寿太郎と林董

このころに日本外交を牽引したのが小村寿太郎であった。小村は駐朝鮮公使や外務次官、駐米公使、駐露公使、駐清公使を歴任して、一九〇一年に第一次桂太郎内閣の外相となった。

通説的にいうなら、日本の方針には二通りがあった。(9)すなわち、加藤高明や小村寿太郎らの満韓不可分論と、伊藤博文や井上馨などの満韓交換論である。前者はイギリスとの関係強化によるロシアの南下阻止を唱えたが、後者は日露協商を主張した。主流となったのは前者であり、これによって日英同盟交渉が始められ、第一次日英同盟が一九〇二年一月に締結された。

日英同盟によると、日本は清韓両国に、イギリスは清国に、それぞれ特別な利益を有しており（第一条）、いずれか一国が開戦した場合には他国は中立を守るとしつつも（第二条）、第三国が参戦した場合には同盟国を援助するという（第三条）。防守同盟の誕生であった。

三国干渉から日英同盟に至る経緯を任地で体験したのが林董であろう。林の原体験は、一八九五年の三国干渉であった。ロシア、ドイツ、フランスの公使から三国干渉の覚書を受け取ったのは、外務次官の林にほかならない。(10)このとき外相の陸奥宗光は結核に冒され、兵庫県の舞子《まいこ》で療養していた。(11)

陸奥外相のもとで林次官は、加藤高明政務局長や原敬通商局長とともに陸奥派三羽ガラスと呼ばれた。もともと兵庫県知事の林であったが、榎本武揚《えのもとたけあき》前外相によって外務省に呼ばれ、陸奥に重用されていたのである。

この三国干渉に衝撃を受けた林は、自ら駐清公使として遼東半島還付条約や日清通商航海条約の交渉に当たり、これに調印した。とりわけ、一八九六年七月に締結された日清通商航海条約は、典型的な不平等条約であった。林は駐露公使として、第一回ハーグ万国平和会議にも出席してもいた。

さらに林は駐英公使となり、ランズダウン（5th Marquess of Lansdowne）英外相と交渉して日英同盟条約に調印した。林が伊藤博文の日露協商論に批判的なのはもちろんである。一九〇五年の第二次日英同盟に調印したのも、林とランズダウンだった(12)。

当然ながら、幣原も三国干渉に批判的であった。幣原によると、「申す迄《まで》もなく三国干渉は外交上の陰謀であ」り、中国とロシアの密約は「千九百二十二年華盛頓《ワシントン》会議の席上に於《お》て暴露された」。「日本は三国干渉の苦《に》がき経験に耐へて臥薪嘗胆《がしんしょうたん》、徐《おもむ》ろに国力の充実に全力を挙げ、爾来《じらい》十年を出ずして露国を南満洲より駆逐し」た。「権謀術数は畢竟《ひっきょう》国家百年の長計ではありませぬ」と幣原はいう(13)。

日露開戦へ

その幣原が領事として釜山に赴任したのは、一九〇一年十月のことであった。

釜山と日本には浅からぬ縁がある。かつて釜山には江戸時代を通じて、倭館《わかん》という十万坪もの日本人町があった。倭館は対馬藩の宗家《そうけ》によって管理され、鎖国体制下の窓口として機能していた(14)。一八七六年の日朝修好条規で開港されると、釜山はさらに重要な役割を担うことになる。単に居留地や商業会議所が形成されただけではない。釜山は交通の要衝である。

幣原が赴任した年には、渋沢栄一を取締役会長として、京釜《けいふ》鉄道株式会社が設立された。京釜鉄道は漢城と釜山を結ぶものであり、日露戦争のさなかに開通した。また、海運会社の日本郵船は、すでに日清戦争の以前から釜山や仁川に航路を拡充し、朝鮮航路を主力としていた。さらに日本郵船は、日清戦争時に朝鮮政府から朝鮮沿岸航権を獲得した(15)。

日露戦争後には、下関から釜山へと山陽汽船が運航を開始した。この関釜《かんぷ》連絡船が山陽鉄道と京釜鉄道を結び付けると、東京から漢城まで六十時間で行けるようになった(16)。やがて朝鮮半島の鉄道網は、南満州鉄道、すなわち満鉄につながり、大陸経営の大動脈となっていく。それとともに釜山は、漢城に次ぐ大都市に成長した。

さて、釜山領事の幣原には縁談が進んでいた。妻となる雅子は、岩崎弥太郎《いわさきやたろう》の四女であり末娘であった。岩崎弥太郎は三菱財閥の創立者である。雅子との馴《な》れ初《そ》めは、幣原がロンドンに勤務していたころであった。一九〇三年一月に、二人は東京で挙式した。仲人は、仁川時代から懇意の石井菊次郎であった。雅子との結婚により、幣原は加藤高明と義兄弟になった。加藤夫人の春路は、岩崎弥太郎の長女だからである(17)。

その加藤高明は、第四次伊藤内閣をはじめとして、第一次西園寺内閣と第三次桂内閣でも外相を務めた。しかし、それらはいずれも短期間であった。加藤が外相として歴史に名をとどめるのは第二次大隈重信内閣のときであり、とりわけ加藤外相による一九一五（大正四）年の対華二十一カ条要求は悪名高い。やがて加藤は、憲政会を率いて一九二四年に首相となった。その加藤内閣の外相が、幣原にほかならなかった(18)。

ともあれ、挙式を終えた幣原は釜山に帰任した。一九〇三（明治三十六）年の秋には、長男の道太郎を授かった。だが、新婚生活を楽しむ余裕はない。ロシア情勢が緊迫してきたのである。満州の領土保全や韓国での中立地帯をめぐって、日本とロシアは対案を応酬していた。交渉が行き詰まるにつれて、日本は戦争の準備に着手した。こうして一九〇四年二月には、いよいよ開戦となった。

日露戦争の戦端は、日本海軍が旅順《りょじゅん》港外でロシア艦隊を砲撃したことで開かれた。他方で日本陸軍は、韓国内を北上するなどして兵を進め、遼陽《りょうよう》の会戦でロシア軍を破って旅順をも攻略した。翌一九〇五年三月の奉天《ほうてん》会戦、五月の日本海海戦で日本が勝利すると、同年九月にはアメリカの斡旋によって講和条約がポーツマスで調印された。

日露戦争時の幣原は、傍観者ではなかった。それどころか、開戦に一役買っていた。

一九〇四年二月六日のことである。いつもどおり早朝から出勤していた幣原は、領事館から釜山港を一望したときに異様な光景を目にした。日本の軍艦が、ロシアの東清鉄道会社汽船モクデンを捕獲していたのである。これにはロシア領事から抗議文が寄せられた。中立国の領海内では国際法上、敵国の船舶であっても捕獲してはならないからであった。だが幣原は、「日露外交関係ノ断絶セル今日如何《いか》ナル事件タルヲ問ハズ露国領事ト交渉スルノ地位ニアラズ」とロシアの抗議文を突き返した。(19)

つまり、外交関係が断絶しているため交渉できないというのだが、相当な強弁といわねばならない。確かに開戦前夜という雰囲気ではあった。桂内閣は、二月四日に外交断絶を閣議決定していた。しかし、日本海軍が旅順港外でロシア艦隊を砲撃するのは、汽船の捕獲から二日後の二月八日である。翌九日には仁川沖の海戦で、ロシアの軍艦二隻が沈められた。宣戦布告は二月十日のことであった。(20)

実のところ幣原は、開戦前から小村外相の了承を得たうえで、日本軍による釜山と馬山《ばさん》の電信局占領を支援していた。これによってロシアの駐釜山領事は、公使から暗号電報を受け取ることもできず、進退に窮した。漢城の林権助駐韓公使も幣原に呼応し、ロシアの電信を封鎖している。[21] さらに林は、韓国との間で二月二十三日に日韓議定書を締結し、韓国領内で自由に軍事行動をとれるようにした。これは、三度にわたる日韓協約を経て、韓国併合への端緒《たんしょ》を開くものであった。

二　日露戦争後の外交を求めて

恩師デニソンとの出会い

幣原は日露開戦後の一九〇四年三月に帰国を命ぜられた。当面の役職は、電信課長代理であった。電信課では、暗合電信の起草や解釈、ならびに諸電信の接受や発送をつかさどっていた。もっとも、電信課長の石井菊次郎が通商局長を兼ねるようになり、幣原は事実上の電信課長を任された。

一九〇五年十一月に幣原は、その電信課長に昇格している。さらに幣原は、取調課長や取調局長となってからも、電信課長を兼務した。この取調課とは、内外の法律や国際法などを調査するところであった。その兼務は、駐米大使館参事官に就任する一九一二年まで続いた。[22]

このころの幣原に外交電文の書き方を叩き込んだのが、外務省顧問のデニソンであった。もともとデニソンは、アメリカの横浜副総領事として日本に滞在していた。それをアメリカのビンガム（John A. Bingham）公使が、顧問として日本外務省に推薦したのである。このためデニソンは、一八八〇年から一九一四（大正三）年に東京で病死するまで、外務省顧問として傭聘《ようへい》された。デニソンは、明治維新以来の外交上の先例をことごとく暗記しているとうわさされていた[23]。

幣原の官舎は、デニソンの宿舎にほど近かった。そこで幣原は、毎朝のようにデニソンと皇居付近を三、四十分ほど散歩して、デニソンとの会話から多くを学んだ。デニソンは政治家への批評にも眼識がある。桂内閣が一九〇一（明治三十四）年に誕生したとき、デニソンはこれを内心で歓迎していた[24]。

とりわけ幣原が感銘を受けたのは、日露開戦外交の秘話であった。デニソンによると、一九〇三年七月に小村寿太郎外相が「近来露国の満韓地方に於ける侵略的行為は最早《もはや》久しく黙過を許さざるに至つた」として、日露交渉を提議すべく栗野慎一郎《くりのしんいちろう》駐露公使宛の電訓案を起草するようデニソンに命じた。

デニソンが、「絶対に開戦を避くべき必要を認めらるるや」と小村にただしたところ、小村は「最後に干戈《かんか》に訴ふるや否やは交渉の経過に依つて決せらるべきものであると云《い》はれた」。デニソンは、「政府に最後の決心あるものと直感し」て、「早速右電訓案の起草に着手することが出来た」と幣原に語ったのである。

幣原には、デニソンの回顧談が腑《ふ》に落ちなかった。そこで幣原は、開戦の決意があるか否かによって、どのように文案が異なるのかと尋ねた。デニソンは、開戦を避ける方針であれば先方を威嚇《いかく》することも一策となるが、開戦の決意がある場合にはできるだけ穏健な字句を用い、開戦後に外交文書を公表して世界の同情を引き付けられるようにしておくのだと答えた。

幣原によると、外交文書を開戦後に公表するや、「列国は殆《ほとん》ど挙つて我立場を支持するに至つた」

という。そのほかにも、公文（note）や口上書（note verbale）、覚書（memorandum, pro-memoria, aide-mémoire）といった外交文書の書式を教えてくれたのもデニソンであった。(25)

ポーツマス条約――南樺太割譲と韓国条項

日露戦争の主戦場は満州であり、旅順や奉天が激戦地となった。韓国ではさしたる戦闘もない。幣原が釜山から帰国したころ、日本海軍は旅順口の閉塞《へいそく》に手間取っていた。やがて日本陸軍が遼東半島に上陸したものの、旅順要塞《ようさい》のロシア軍を陥れるには、一九〇五年一月を待たねばならなかった。旅順攻撃を指揮したのが、乃木希典第三軍司令官であった。さらに日本軍は、奉天を三月に占領した。しかし、戦力の消耗が著しく、ロシア軍の壊滅には至らなかった。五月には日本海海戦に勝利するものの、日本としては早期講和を求めずにおれなかった。そこにアメリカのローズヴェルト（Theodore Roosevelt）大統領が、講和の斡旋に乗り出した。このため小村外相は渡米した。

ロシアとの交渉の末、小村外相と高平小五郎《たかひらこごろう》駐米公使は一九〇五年九月五日、アメリカのポーツマスで日露戦争の講和条約に調印した。ロシア側の全権は、元蔵相のウィッテとローゼン（Roman R. von Rozen）駐米大使であった。批准書の交換は、十一月二十五日のことである。そのポーツマス条約には、韓国に対する日本の支配権を承認すること（第二条）、旅順と大連《だいれん》の租借権を日本に移譲すること（第五条）、南満州鉄道の権利を日本に移譲すること（第六条）、北緯五十度以南の樺太《からふと》を日本に割譲すること（第九条）などが盛り込まれた。

また、追加約款第一により、日本とロシアは一キロメートル当たり十五名の鉄道守備兵を満州に置く権利を認め合った。これによって、関東総督のもとで二個師団が置かれることになった。やがて関東軍となるものである。ただし、ロシアから賠償は得られなかった。

　第九条の南樺太割譲については、幣原自身が含みを持たせていた。幣原の回想によると、八月下旬の御前会議前日に、枢密院議長の官舎で会議が開かれた。出席したのは伊藤博文枢密院議長、桂太郎首相、山本《やまもと》権《ごん》兵《べ》衛《え》海相、寺内正毅《てらうちまさたけ》陸相、珍田捨巳外務次官らの政府首脳であった。幣原は書記役である。山本が樺太の割譲要求を主張したところ、伊藤はそれに沿って回訓案をまとめるよう幣原に指示した。

　ところが翌日、御前会議に出席した珍田が外務省に戻ると、意外にも、賠償金と割譲の要求を撤回するように打電せよと幣原に告げたという。やむなく幣原は、珍田の指示通りに電報を発した。

　その直後にイギリスから、思わぬ吉報が舞い込んできた。マクドナルド（Claude M. MacDonald）駐日イギリス公使が石井通商局長に伝えたところによると、ロシアの皇帝は、南樺太の割譲を認める意向だというのであった。

　そこで幣原は、「単独の責任を以て」先の回訓の執行を見合わせるようにと打電した。これを受けたポーツマスの小村全権は、口実を設けて会議の延期をロシア側に申し込んだ。さらに、桂首相が参《さん》内《だい》して回訓変更に勅裁を得たため、改めて南樺太要求の訓電を発した。以上が幣原の回想である[26]。

　この記憶が正確だとすれば、幣原の機転で樺太割譲要求の撤回を延期させたことによって、南樺太を獲得したこととなる。しかしながら、電信課長代理にすぎない幣原が、独断で割譲要求の撤回を延期せしめたとは考えにくい。むしろ重要なのは石井通商局長であろう。ロシアの意向をマクドナルドから伝え聞いた石井は、樺太断念の取り消しを桂首相に進言した。石井は、珍田次官にも報告したうえで、南樺太の要求を幣原に打電させたのである。(27)

また、小村に随行した政務局長の山座円次郎《やまざえんじろう》は、南樺太の獲得を小村の手腕によるものとみなした。(28)小村の後継者と目されていた山座だが、駐華公使期の一九一四（大正三）年に急逝する。小村の死から三年目のことであった。

ポーツマス条約に盛り込まれたのは、もちろん南樺太の割譲だけではない。その第二条には次のような韓国条項があった。

露西亜帝国政府ハ……日本帝国政府カ韓国ニ於テ必要ト認ムル指導、保護及監理ノ措置ヲ執ルニ方リ之《これ》ヲ阻礙《そがい》シ又ハ之ニ干渉セザルコトヲ約ス

この韓国条項を幣原は、どのように受け止めたであろうか。幣原によると、「当時我政府は極東の一禍根を除去せむが為《た》め、追て韓国併合の措置を執るの外なきに至ることあるべきを予想したるも、之を条約文に明記するは妥当ならずとして、故さらに抽象的の文字を用ひ、『指導、保護及監理の措置』を執るの権利を露国に承認せしむることになつたのである」という。つまり「指導、保護及監理ノ措置」なる文言は、将来的な韓国併合を視野に入れたものと解されたのである。

そのような文言の使用について、幣原に教示をもたらしたのがデニソンであった。デニソンは、「指導の措置は早晩保護の措置に進み、保護は亦《また》早晩監理に移るの誘因となるのが普通の動向である」

と幣原に語ったのである。現実に日韓関係は、一九〇四（明治三十七）年二月の日韓議定書に始まり、三度の日韓協約を経たうえで、一九一〇年八月には韓国併合条約の締結に至った。

この過程を本省で見守った幣原には、「当時氏（デニソンを指す――引用者注）の予見せる所は朝鮮の実例に於て着々現はれたのである」と思えた。

さらに幣原によると、ポーツマス条約第二条の「指導、保護及監理」という文言は、一九〇五年八月に調印された第二次日英同盟の第三条にも用いられるはずであった。ただし、清書の際に誤って順序が前後し、「指導、監理及保護」と誤記のまま調印されたことが後に発覚したため、デニソンはこれを残念がったという[29]。

ポーツマス条約に調印した小村は、急激に体調を崩して帰国を延期させていた[30]。ようやく一九〇五年十月に帰朝した小村を、幣原は横浜で出迎えた。小村らが新橋駅に着くと、桂首相と山本海相が汽車に乗り込んできて、小村の両脇を固めながら降りていった。桂と山本は「死なば小村と諸《もろ》とも」という心持ちであったと幣原はいう。それほどまでに人心は険悪であった。

このとき幣原の脳裏をよぎったのは、小村をポーツマスに送り出したころの情景である。そのとき群衆は、全権として旅立つ小村に向かい万歳を歓呼していた。しかし、小村は冷静であり、そっと幣原にこう耳打ちした。

　今日わが一行の門出を祝して歓呼する群衆も、追て余が帰朝の節には矛を逆しまにして、余を呪咀（詛ヵ）し、危害を加える暴徒と化するのであるから、せめて出発の際だけでも、その好意のデモンストレーションを快く受けておくのである。

つまり幣原によると、渡米前から小村は、講和が悪評となることを予期していたというのであった。現に一九〇五年九月上旬には、数万の民衆が東京の日比谷公園に集結し、ポーツマス条約が無賠償であることなどに反対していた。のみならず、暴徒が国民新聞社や内相官邸、警察署などを焼き打ちにした。日比谷焼打事件と呼ばれるものである。

そこで政府は戒厳令をしいた。このときは外務省も群衆に包囲された。暴民が警官と乱闘する様子を、幣原は外務省からじっと見下ろしていた。明らかに幣原の立場は小村に同情的であり、この一件から外交における民意との距離の置き方を悟ったのではなかろうか[31]。

条約改正と大陸政策——小村外交を支えて

世論が小村に非を鳴らすなかで、日本政治はむしろ安定期に入った。第一党の立憲政友会が桂内閣の講和方針を支持したのである。この政友会とは、伊藤博文が憲政党の星亨《ほしとおる》などと一九〇〇年に結成した政党であった。ポーツマス講和時には、西園寺公望《さいおんじきんもち》が政友会の総裁となっていた。

その政友会がポーツマス講和を支持した代わりに、桂内閣は政友会に政権の譲渡を約束した。一種の取り引きである。政権譲渡の工作を進めたのが政友会の原敬であり、原は日露戦争下で桂首相と会見を重ねていた。政権の移譲によって西園寺内閣が誕生すると、原は内相に就任した[32]。そのことは、政友会が体制内の政党として山県有朋らの藩閥勢力に認められつつあることを意味した。

この第一次西園寺内閣からは、第二次桂内閣、第二次西園寺内閣、第三次桂内閣と政権が交互に担当された。こうした状況は、第三次桂内閣が一九一三（大正二）年に崩壊するまで続いた。桂園《けいえん》時代と呼ばれるものであった。

一九〇六（明治三十九）年一月に第一次西園寺内閣が誕生すると、その外相には加藤高明、ついで林董が就任した。それでも幣原と小村の関係は続く。一九〇八年七月に第二次桂内閣が成立すると、小村は外相に復帰した。取調課長として条約改正準備委員に命ぜられた幣原は、小村の推進する条約改正と大陸政策の一端を担うのである。

表１　1900年から1921年の首相と外相

首相	外相
伊藤博文（第四次）	加藤高明
桂太郎（第一次）	小村寿太郎
西園寺公望（第一次）	加藤高明 林董
桂太郎（第二次）	小村寿太郎
西園寺公望（第二次）	内田康哉
桂太郎（第三次）	加藤高明
山本権兵衛（第一次）	牧野伸顕
大隈重信（第二次）	加藤高明 石井菊次郎
寺内正毅	寺内正毅（臨時兼任） 本野一郎 後藤新平
原敬	内田康哉

［注］外相の臨時兼任については、寺内内閣期を除いて省略してある。

小村外相は、一九〇八年十月に条約改正準備委員会官制を公布させた。自ら委員長に就任した小村は、平田東助内相、大浦兼武農相、井上勝之助前駐独大使を副委員長に指名している。外務省からは石井菊次郎次官、倉知鉄吉政務局長、萩原守一《はぎわらしゅいち》通商局長、阿部守太《あべもりた》郎《ろう》駐華公使館参事官、幣原取調課長、諸井六郎書記官が委員に任命された。外務省以外の委員としては、安《やす》広伴一郎《ひろともいちろう》法制局長官、一木喜徳郎《いちききとくろう》内務次官、若槻礼次郎大蔵次官、鶴見左吉雄《つるみさきお》農商務書記官などがいた。

条約改正に大蔵官僚などが加わることに首をかしげる読者もいるだろう。しかし、不自然ではない。条約改正は、内政にも大いに影響する。関税自主権の回復となれば、大蔵省に最も利害関係があった。そこで桂首相は、異例にも蔵相を兼任して小村外相の主導権を助けた。

その小村は、若槻大蔵次官を国定税率に関する特別委員長とした。そのほか協定税率、土地所有権、永代借地権については、それぞれ石井、安広、一木が特別委員長となった。林董の抜擢で通商局長に就任していた萩原守一は、条約改正に従事するかたわらで、対中貿易の振興に努めた。[33]

幣原の主たる担当は、永代借地権と外国人土地所有権であり、デニソンとの連絡役にも当たっていた。幣原のもとでは、諸井六郎や川島信太郎、伊藤述史《いとうのぶふみ》が調査を進めた。[34]

とりわけ、幣原と諸井の関係は深い。かつて諸井は、ロンドンやアントワープで幣原から仕事を引き継いでいた。外交官の木村鋭市によると、諸井は駐アントワープ領事時代に経済を猛勉強しており、帰朝後には条約改正準備委員会の幹事となっていたという。幣原は後年に、諸井追憶会の発起人となり、追悼遺芳録に題字を寄せてもいた。

その諸井と机を並べたのが、川島信太郎であった。通商政策に通じた川島信太郎の存在も、幣原には心強かった。一九一一年二月の日米通商航海条約などにより、日本は関税自主権を回復していった。[35]

そのほかの外交懸案としては韓国との関係があったものの、この点も次第に解消されつつあった。韓国を保護国化することについて、列国の承諾が得られたからである。一九〇九年十月に穏健派の伊藤博文枢密院議長が哈爾浜《ハルビン》で暗殺されたことは、結果的に韓国併合を促進してしまった。このため国際政治の焦点は、韓国から満州へと移行していった。

先にも触れたように、幣原はポーツマス条約の韓国条項について、将来的な韓国併合を視野に入れたものと理解していた。幣原によると、「我政府は朝鮮の施政を改善し、極東の平和を確立せむが為めには日韓併合を断行するの外なきを認めたので、明治四十三年八月両国政府間に韓国併合条約の締結を見るに至つたのである」という。つまり、韓国併合を自然な成り行きとみなしたのであった[36]。

そのような対外観は、幣原に特有なものではなかった。かつて伊藤博文韓国統監の秘書官を務めた倉知鉄吉も、同様の回顧談を残している。それによると、倉知は小村外相のもとで外務省政務局長となったときに、小村から韓国併合に向けた基本方針の起草を命じられたという。この草案に基づいて一九〇九年七月の閣議は、適当な時機に韓国併合を断行すると決定した。石井菊次郎も、「日韓併合は東洋全局の平和の樹立には絶対に避け能はざる所であつた」と振り返る[37]。

日本政府は韓国併合に際して、十年間は関税を据え置くと宣言していた。にもかかわらず、やがて日本は朝鮮米の輸入税を免除した。川島信太郎によれば、幣原の裁断であったという。幣原は、一九一一年六月に韓国併合の功績で金杯一組を授かった。後に幣原は外務次官として、韓国独立運動家に対する判決を内務省から通報されたときにも、当然ながら特別な反応を示さなかった[38]。第二次小村外交末期の一九一一年七月になると、幣原は新設の取調局長を命ぜられた。「当時の取調局というのは今の調査局と条約局との仕事を兼ねた新しい局であった」と、外交官の芦田均は後年に語っている[39]。

大陸政策に辣腕《らつわん》をふるった小村は、一般に合理主義的な幣原とは対極的とみなされがちである。確かに両者の外相期には、そのような見方も当てはまるだろう。当時の外交官でいえば、本多熊太郎の軌跡が示唆的である。かつて本多は、小村外相の秘書官としてポーツマス会議に随行したこともあり、心から小村を崇拝していた。その本多は幣原外交批判の急先鋒となり、一九四〇（昭和十五）年には汪兆銘《おうちょうめい》政権下での駐華大使に就任した[40]。

とはいえ、幣原が小村外相と反目していたという事実はない。むしろ幣原は、実務的な見地から小村を支えていた。もっとも、このころの幣原に外務省内で批判がなかったわけでもない。武者小路公《むしゃこうじきん》共《とも》によると、政務局を中心として有吉明《ありよしあきら》、芳沢謙吉《よしざわけんきち》、広田弘毅、松岡洋右《まつおかようすけ》らが、通商局の中村巍《なかむらたかし》や秘書官室の本多熊太郎と「一緒になつてアンチ幣原熱を高めてゐた」。その根底にあったのは、順風満帆の幣原に向けられた嫉妬であったという[41]。

三　明治の終焉と日米関係

デニソンの遺言

一九一二（明治四十五）年五月に幣原は、取調局長から駐米大使館の参事官に転官を命ぜられた。このときデニソンも、アメリカで休暇を過ごすことになった。幣原は、デニソンとワシントンまで同行することにした。そこで二人は、出発の準備を一緒に始めた。

デニソンの引き出しを整理していた幣原は、日露開戦外交に関する小村外相の栗野公使宛電信草案を見つけた。それぞれの電信案にはデニソンの筆で、少なくとも十四、五回は推敲が重ねられている。幣原には、「外交文書の書方を学ぶに絶好の手本であり、又外交史の貴重なる資料と思はれた」。

このため幣原は、書類を譲り受けたいと申し出た。だが、しばらく黙考したデニソンは、突如として書類を暖炉に投げ込み、これを燃やしてしまった。

唖然《あぜん》とする幣原に向かい、デニソンは平然と言い放った。書類が残れば誤った印象を与えかねないので焼却したまでだ、と。日露開戦外交の功績は小村外相に帰すべきものであり、デニソンが小村の黒幕として日露交渉に参画したかのように誤解されてはならないというのである。デニソンの言葉に、幣原は心を揺り動かされた。日本政府公表の外交文書が国際世論の好転に寄与したと感じていただけに、幣原は「深く氏の人格に感じ、粛然襟《しゅくぜんえり》を正さざるを得なかったのである」(42)。

しかし、このときデニソンの胸裏には、それ以上の思いが秘められていた。外務省の顧問歴は三十年を超えており、引き際を意識していたのである。一八四六（弘化三）年にアメリカのヴァーモントで生まれたデニソンは、すでに六十六歳になっていた。幣原には知る由もないが、デニソンは余命いくばくもないと自覚していた。

そこでデニソンは、一九一二（明治四十五）年の七月に人知れず遺書を整えた。天皇御下賜の金杯を石井菊次郎に託して、自慢の蔵書はすべて幣原に遺贈すると遺言書に記したのである。

このことをデニソンは深く胸間に押し込め、幣原の前では決して口にしなかった。自分を慕ってくれる生真面目な幣原には、それが最後の思いやりとなった。しかもデニソンは公務のため、アメリカへと滑《すべ》り出す幣原の船に間に合わなかった。これが二人の永別となってしまう。デニソンの余命は二年に満たなかった(43)。

明治の終焉――愛読書『乃木』

訪米直前の一九一二年七月末に、幣原は明治天皇の訃報に接した。大いなるカリスマ性を備えた天皇の死であった。ワシントンに着任して間もない九月の中旬にも、衝撃的な事件が伝わってきた。乃木希典夫妻の殉死《じゅんし》である。乃木が第三軍司令官として日露戦争に出征し、旅順攻略などを指揮したことは記憶に新しかった。その乃木は一九〇七年に学習院院長となり、裕仁《ひろひと》親王の教育に努めていた。日清戦争に出征したこともある乃木の殉死は、明治の終焉を象徴するかのようであった。一つの時代が幕を下ろしたその瞬間に、感慨にふけらぬ者はいない(44)。

乃木の殉死に衝撃を受けたのは、なにも日本人だけではなかった。その一人に、アメリカ人のウォシュバンがいた。ジャーナリストのウォシュバンは、駆《か》け出しのころに新聞社の特派員として日露戦争に従軍していた。その若きウォシュバンに感銘を与えたのが、乃木にほかならない。乃木の殉死を耳にしたウォシュバンは、ありし日の乃木を思いながら筆を走らせた。ウォシュバンは、乃木の率いた第三軍による旅順攻略や奉天攻略の記憶をたどり、英書『乃木』を一息に脱稿したのである。

こうしてウォシュバンの『乃木』は、一九一三（大正二）年二月にニューヨークで刊行された。そこに描かれたのは、子息の戦死にも動じぬ乃木の勇姿であった。乃木への挽歌といってよい(45)。

ウォシュバンの『乃木』を愛読して、友人に和訳を勧める日本人がいた。ほかでもない、駐米大使館参事官の幣原である。一九一三年のある日、幣原が国務省を訪れると、意外な贈り物が待っていた。同省嘱託員のハミルトン・ライト（Hamilton Wright）が、義弟ウォシュバンの著作『乃木』を寄贈したのであった。幣原は、「一気に全篇を耽読《たんどく》し」て「絶えず之を愛読した」という。だが、幣原の友人たちが回覧していると、いつの間にか『乃木』は行方不明になってしまった(46)。

その数年後に幣原は、駐米大使としてウォシュバンと交わるようになった。幣原がワシントン会議に全権として参加したときに、ウォシュバンはルート全権の秘書として水面下で活躍していた。もっとも、ウォシュバンと直接に応対したのは、主に埴原正直全権であった。幣原は、ルートと会議前から接触した(47)。

ウォシュバンの印象について幣原は、「単に文壇の俊材たるに止まらずして、理想識見共に凡ならず、其居常《そのきょじょう》乃木将軍に推服するの偶然ならざるを知つた」と記している。このときにウォシュバンは、自著『乃木』の新訂版を幣原に謹呈した。そこで幣原は、「常に之を坐右に置き、帰朝後学友目黒眞澄氏に示した(48)」。

訳者の目黒によると、幣原は「此《こ》の書物を、我国の青年や学生が読んで見たらと思うが、一読して考へて見ないか。読んだら必ず君は動かされるだろう」と述べた。出版社から翻訳の許可を得たウォシュバンは、そのことを埴原駐米大使を介して幣原に伝えていた。かくして一九二四年にウォシュバンの『乃木』は、目黒訳によって日本で刊行された。このとき幣原は、自ら訳書に次のような序文を寄せている。

近年本邦に於て、妄《みだ》りに外来の新思想に惑溺《わくでき》する者あるに方り、外国に於ては、我古武士の典型たる乃木将軍の心事を解釈し、理会し、景慕する者が尠《すくな》くない。……『乃木』は我現代人心の趨勢《すうせい》に顧みて、殊に興味の深き作品と思ふ。

非情なる合理主義者と解されがちな幣原だが、乃木についてはその精神主義を崇敬さえしていた。

幣原とウォシュバンの付き合いは、第二次外相期まで続く(49)。

第一次排日土地法

一九一二年秋に幣原が駐米大使館に参事官として赴任したころ、日米関係はいかなる様相を呈していたのであろうか。少しばかり時代をさかのぼっておきたい。画期となるのは日露戦争であった。日露戦争に日本が勝利したことは、日米関係にも影響を与えずにはおかなかった。大国にのし上がろうとする新興国に、周囲の視線は厳しくなるものである。アメリカの場合には、それが日系移民の排斥として表面化した。サンフランシスコ市では、日本人学童を隔離する決議が一九〇六（明治三十九）年に採択された。他方でカリフォルニア州議会は、日本人による土地所有を禁止しようとしたが、共和党のローズヴェルト政権とタフト（William Howard Taft）政権がこれを抑えた。

しかし、民主党のウィルソン（Woodrow Wilson）政権下で転機が訪れた。カリフォルニア州で排日土地法が二度も成立したのである。一九一三（大正二）年の第一次排日土地法では、帰化不能外国人は土地を所有できないとされていた。一九〇八（明治四十一）年の日米紳士協定で日本は移民を自主的に制限していたにもかかわらず、排日土地法は明らかに日系移民を標的としていた。一九二〇（大正九）年の第二次排日土地法では、借地権も禁止されるに至った。

二つの排日土地法を日本が黙視していたのではない。その双方に幣原は、深くかかわった。一度目は駐米参事官として、二度目は駐米大使としてであった。第一次の排日土地法がカリフォルニア州議会に提出されたころ、駐米大使館には幣原参事官のほか、珍田捨巳大使や岡部三郎二等書記官、大田《おおた》

為吉《ためきち》三等書記官、川島信太郎三等書記官、岡部長景《おかべながかげ》外交官補、斎藤博外交官補、今井忠直書記生らがいた。(50)

珍田大使らが法案成立に抗議したのはもちろんである。ウィルソン大統領も、ブライアン（William J. Bryan）国務長官をカリフォルニア州に派遣してはいた。しかし、州議会を翻意させることはできなかった。

それでも幣原は、ブライアンと渡り合う珍田大使に敬服していた。幣原は珍田について、「其主張は常に条理整然として、何れの場合にも紊《みだ》れず激せず、用ゐられたる言葉は婉曲《えんきょく》でありましたが、其示されたる意思は極めて鞏固《きょうこ》であった」と書き残しており、珍田を英語の達人ともみなしていた。逆に幣原はブライアンに手厳しく、雄弁ではあるが公文書の扱いに不慣れな素人外交とみていた。いかにも幣原らしい人物評である。(51)

とはいえ、カリフォルニア州議会の多数派は共和党であった。ウィルソン政権がこれを説得できなくとも、致し方ない状況ではあった。幣原がアメリカを離れてからも、珍田は大使として残った。ほかの州でも同様の法案が成立しないように、珍田はブライアンとの交渉を続けたのである。一方のウィルソン政権は第一次大戦に際して、機会主義的な日本の対中国政策に疑念を抱いていった。(52)

ブライス大使からの感化

参事官としての幣原の在米期間は、わずか一年二カ月にすぎない。それでも幣原は、駐米イギリス大使のブライス（James Bryce）に感化されていた。すでに七十歳代半ばのブライスではあったが、一八八八（明治二十一）年に刊行された主著『アメリカ合衆国』を駐米大使のころに改訂しており、アメリカでも広く知られていた(53)。

幣原に鮮烈な印象を残したのは、ブライスがアメリカ上院におけるパナマ運河通航税法案の通過にあえて反駁《はんばく》しなかったことである。英国に不利な税法だが、いずれアメリカが反省期を迎えるとブライスは見越していた。同じ理由からブライスは、排日土地法への抗議に固執する幣原をいましめた。

イギリス外相のグレイ（Edward Grey）によると、「ブライス氏はワシントンで大使というよりも、傑出した学者として知られていた」。パナマ運河についてもグレイは、早晩アメリカが英米間の条約を遵守し、差別的通航税を廃止すると予期していたようである。

そのころ駐米大使館三等書記官であった大田為吉の回想によると、幣原は、イギリス大使館の参事官などからも啓発されていた。「自分の国の人間をよそに押しつけるという方法はイギリスではとらぬ」と聞かされた幣原は、アメリカへの帰化権を強く求めるべきでないと考えるに至ったのである(54)。

幣原は一九一三（大正二）年十一月に駐米参事官を解かれ、イギリス勤務を命ぜられた。さらに幣原は、外務次官などを経て、一九一九年十一月に駐米大使としてアメリカに戻る。

一九二一年に幣原は、ブライスと数年ぶりにワシントンで再会した。このときブライスは在野の身となっていた。そこで幣原はブライスに向かって、イギリスについてはパナマ運河の差別的通航税が廃止されたのに、アメリカの排日は一向に収まらないと冗談めかした。

これを聞いたブライスは、「あなたは国家の運命が永遠であるということを認めないのですか」と幣原をにらみつけ、功を急いではならないと諭《さと》したという。幣原にとってブライスの教訓とは、過度な働きかけを自重し、アメリカの自己改革にゆだねることであった(55)。

もっとも、ブライスの訪米は連続講演のためである。講演のテーマは国際関係であり、控えめながら有色人種との共存も説かれていた。その翌年に他界するブライスの言葉を、いささか幣原は誤解していないだろうか(56)。つまり、ブライスの教えとは、まったくの不作為ではなかったはずである。

グレイの薫陶、デニソンの訃報――駐英大使館参事官

この間の一九一三年十二月、幣原は参事官としてイギリスの地を踏んでいた。十三年ぶりのロンドンに降り立つと、すでに日英関係は緊張し始めていた。その原因は、揚子江流域における日本の鉄道政策である(57)。当時の駐英大使は井上勝之助であった。館員には、吉田伊三郎《よしだいさぶろう》二等書記官や澤田節蔵《さわだせつぞう》三等書記官、岡部長景三等書記官、矢野真外交官補などがいた。

先のブライスに続いて幣原は、ここでもイギリス外交から感化を受けた。その人物こそ、グレイ外相にほかならない。わずか半年という在任期間にもかかわらず、グレイの思想的な影響は圧倒的であった。幣原が理想とする外相といっても過言ではなかろう。一九〇五（明治三十八）年から一九一六（大正五）年まで、グレイは十年以上も外相の座にあった。

とりわけ幣原が感銘を受けたのは、メキシコで起きたイギリス人虐殺事件への対応であった。というのも当初、イギリスは軍艦を派遣しようとした。しかしアメリカが、ヨーロッパとの相互不干渉というモンロー主義の観点からこれに反対すると、あえてグレイ外相は特別な手段をとらなかった。新聞もグレイを非難しないどころか、対米関係の悪化を防いだとグレイを称賛したという。

イギリス世論の成熟ぶりにも、幣原は驚かされた。「イギリスの一般国民が、いかに外交上の問題について常識をもっているかということは、この一例でも判るが、それは日本なんかでは想像も出来ない」という。そのほか幣原は、政治家としての清廉や暗号読解への嫌悪といった面でも、グレイの影響を受けた(58)。

ロンドンでグレイに感化された外国人は幣原だけではない。その一人に、アメリカの外交官フィリップス（William Phillips）がいた。幣原とほぼ同じ時期に、フィリップスは駐英アメリカ大使館の一等書記官であった。やがて国務次官となるフィリップスは、第一次大戦の終結後にグレイとワシントンで再会した。このときにグレイは駐米大使として、英米関係の調整に当たっていたのである。

不幸にもグレイは、大戦中から目を患っており、その視力が在米期間中さらに衰えていた。やがて盲目となるグレイを、フィリップスは打ちひしがれる思いで見守るしかなかった。

一九一九年に駐米大使となる幣原とて、心境は同じであろう。ワシントンで幣原駐米大使がグレイと対面したとき、すでにグレイの目はかすんでいた。唯一の慰めといえば、幣原の格調高い英語をグレイが覚えてくれていたことであった(59)。

時期は前後するが一九一四年七月のこと、参事官として駐英大使館に勤務していた幣原に、堪えがたい訃報《ふほう》が入った。デニソンが東京で病没したというのである。幣原は重い悲しみに包み込まれた。明治天皇の崩御や乃木夫妻の殉死と合わせて、一つの時代が終焉を迎えたと思わずにはおれなかった。

それでも幣原は気を取り直して、デニソンの後任を探した。これには二等書記官の吉田伊三郎が協力してくれた。デニソンの後任となる外務省顧問に選ばれたのは、著名なイギリス人国際法学者のトーマス・ベイティ（Thomas Baty）であった。そのベイティも、日本で生涯を閉じることになった[60]。

四　第一次世界大戦

開戦と通牒――駐オランダ公使兼デンマーク公使

第一次世界大戦前夜の幣原には、大きな転機が訪れようとしていた。駐オランダ公使兼デンマーク公使への就任である。特命全権公使ともなれば、いままでとは重みが格段に異なった。前任者も、珍田捨巳や佐藤愛麿《さとうあいまろ》といった逸材であった。

珍田はその後に駐露公使、外務次官、駐独大使、駐米大使、駐英大使と栄転を重ねていた。一方の佐藤は、駐オーストリア＝ハンガリー大使として第一次大戦を迎え、大戦中に駐米大使となった。

一九一四年六月に幣原は、駐オランダ公使兼デンマーク公使に任ぜられた。その直後の六月二十八日、ボスニアのサラエボに数発の銃声が鳴り響いた。オーストリア皇位継承者のフランツ・フェルディナント（Franz Ferdinand）とその妻が、セルビア民族主義の一青年によって暗殺されたのである。

翌月に幣原がハーグへ着任したとき、すでに第一次大戦は始まっていた。駐オランダ公使館で幣原を出迎えたのが、松原一雄二等書記官や横田誠一郎外交官補、時田琢郎書記生らであった。

日本も八月には、日英同盟を根拠としてドイツに宣戦した。そこで幣原は、ドイツへの最後通牒という任務を課せられるのだが、ここで苦い経験を味わってしまう。幣原は、かねてより親しくしていたドイツの駐オランダ公使を介して通牒を試みて、これに失敗したのである[61]。

この対ドイツ通牒については、駐ドイツ大使館参事官の船越光之丞《ふなこしみつのじょう》が談話を残している。それによると、最後通牒については加藤外相からの連絡が最も早く、これに林権助駐イタリア大使と内田定槌《うちださだづち》駐スウェーデン公使からのものが続いたという。加藤は最後通牒を確実にするために、ストックホルムの内田だけでなく、ハーグ駐在の幣原にも「最後通牒ヲ送ルカラ密使ヲ出ス準備ヲシテ置ケト言フ密電ヲ発シタ」。

これを受けた内田は、情勢の逼迫《ひっぱく》するなかでドイツに密使を派遣することは困難と判断した。そこで内田は、懇意にしているスウェーデン駐在のブラジル公使に依頼し、駐独ブラジル公使を介して船越に暗号電報を送り届けたという。もっとも、内田の暗号電報がドイツに届くころには、すでに船越は最後通牒について東京から直接に通知を得ていた。それでも船越は、内田の機知に強い印象を受けている。これとは逆に船越は、機転の利かない幣原を歯がゆく感じていた。

船越は、ドイツを引き揚げる途上のハーグで幣原と会った。このとき幣原は船越に、密使をドイツに派遣できなかった旨を加藤外相に打電したと告げた。なすすべはなく「他ニ何等方法ヲ講ジナカッタ」と幣原が弁明すると、船越には幣原が不甲斐なく思えた。後年に船越は、「コンナ時ニ人間ノ真価ガ判ルモノ」だと語っている(62)。いずれにせよ、加藤外相の対ドイツ通牒は周到であった。複数の経路で加藤が念入りに通牒を発したことには、駐ドイツ日本大使館も驚かされた(63)。

周到さという意味でドイツへの最後通牒とは対照的なのが、加藤外相の対華二十一カ条要求であった。この二十一カ条要求とは、一九一五年一月に日本が中国へ突き付けたものである。

その内容は、ドイツの山東《さんとう》権益を日本が継承することをはじめ、旅順、大連の租借権や南満州鉄道の期限を九十九年間延長することなど広範に及んでいた。日本は最後通牒によって、その主要な部分を中国に受諾せしめた。オランダに滞在していた幣原は、二十一カ条要求の経緯を当初それほど熟知していなかった。だが、その内実が明らかになると、幣原は加藤に詳細な反対意見を提出した。(64)

これについては、部下の谷正之外交官補が談話を残している。谷によると、幣原は沈思黙考を経て、二十一カ条要求に反対する旨を敢然と加藤に伝えたという。かつてのデニソンにならい、幣原は頻繁に谷を食事や散歩に連れ出していた。また、松井慶四郎外務次官は、二十一カ条要求をめぐる混乱の一因としてデニソンの不在を挙げた。幣原としても、同じ思いであっただろう。(65)

後年に幣原は、オランダ時代を思い起こし、駐ベルギー中国公使の汪栄宝《おうえいほう》に言及している。それによると汪栄宝は、まだ第一次大戦に中国が参戦していなかったこともあり、残務整理に当たっていた木村鋭市駐ベルギー書記官を手助けしてくれたという。このときは汪栄宝と面識のなかった幣原であるが、やがて汪が一九二〇年代の大半を駐日公使として過ごすようになると、汪と打ち解けていった。木村鋭市についても幣原は、その働きぶりを「異才」と評した。(66)

外務次官就任――日露関係への配慮

第二次大隈内閣のもと、二十一カ条要求でつまづいた加藤の後任として、石井菊次郎が外相に就任した。その石井は、幣原を外務次官として呼び寄せた。幣原が一九一五年九月にヨーロッパを離れたとき、戦局はドイツとオーストリアに優勢であった。そもそも第一次大戦が勃発したころ、だれしも戦争が四年も続くとは予想しなかった。翌十月に幣原は、オランダから帰朝して外務次官となった。

このときに政務局長だった小池張造は、幣原と同じ第四回の外交官試験合格者である。その小池は、第一次山本権兵衛内閣の牧野伸顕《まきののぶあき》外相期から留任していた。通商局長は坂田重次郎《さかたじゅうじろう》であり、坂田はさらにそれ以前、つまり第二次西園寺内閣の内田康哉《うちだやすや》外相期から引き続き重任していた。その内田外相期に幣原は取調局長であったのだから、幣原の出世ぶりをうかがえよう。加藤前外相のもとで外務次官を務めたのは松井慶四郎であった。幣原にとって、松井は大阪中学校の先輩に当たった。幣原は、松井よりも四歳ほど若く、外務次官を引き継いだときに四十三歳であった。

意気揚々と帰朝した幣原を慮外《りょがい》なものが待っていた。恩師デニソンの遺品である。前年に他界したデニソンの遺言執行人から、遺贈物として数千部の蔵書が届けられたのである。さらに幣原は、遺言執行人によってデニソン自筆の遺言書を示された。幣原は「これを反覆熟読して、胸の裂ける思いがした」(67)。

それから四年もの間に、外務次官として幣原は、石井菊次郎、寺内正毅、本野一郎《もとのいちろう》、後藤新平、内田康哉という五代の外相を支えた。原内閣などで五年も外相を務めた内田を除くと、各外相の在任期間は、最長の本野でも一年半に満たなかった。

次官の幣原は、激務を楽しむかのように、連日にわたり深夜まで仕事に没頭した。このころ電信課長だった永井松三《ながいまつぞう》によると、いつも幣原の帰宅時には省内が静まりかえっていたという(68)。

幣原の外務次官時代に、政権は第二次大隈内閣から寺内内閣、そして原内閣へと交代した。幣原の関与した重要懸案も多数にのぼる。大別するなら日露関係、日中関係、日米関係、パリ講和会議に分けられよう。なかでも、第一次大戦開戦後の日本はロシアとの関係を深めていた。とりわけ、一九一六年七月の第四次日露協約は、軍事同盟に近いものであった。このころに日本とロシアは皇族を派遣し合い、友好を演出してもいた。幣原がロシアに配慮したのも当然であろう。(69)

幣原は、次官着任の直後からドイツ側の動向について、駐日ロシア大使のマレービチ（Nikolai A. Malevskii-Malevich）と情報を交換していた。一例として、ドイツ人による東支鉄道の破壊計画という風説について、幣原は挙動不審とされるドイツ人の情報をロシア大使に提供した。この東支鉄道とは中国東北に位置するものであり、もともとロシアが建設した鉄道であった。このようなロシアへの協力は、前外務次官の松井慶四郎から継承したものであった。幣原に特有な傾向ではない。一方のマレービチは、日本が袁世凱《えんせいがい》の帝政計画に冷淡な反応を示した際に、ロシアも同様な方針を進めると幣原に伝えた。ロシアとの間では概して英語ではなく、フランス語が書面に用いられた。(70)

ロシア側が切望していたのは、日本からの軍需品であった。しかし日本の陸軍省は、軍需品の対露供給にそれほど乗り気ではない。そこで幣原は、陸軍と大蔵省、ロシア大使館を仲介して、ロシアの大蔵省証券で軍需品の代金に充当できるように手配した。日本の新聞にロシアの情報が漏洩《ろうえい》しないように努めたのも幣原である。(71)

経済面では、漁業の利権が重視された。一九〇七（明治四十）年七月調印の日露漁業協約では、年限が十二年となっていた。早くも一九一六（大正五）年に農商務省水産局は、三年後の更新に向けてロシア領沿岸の調査に着手した。これについて幣原は、石井外相や駐日ロシア大使館を通じて便宜を図った。(72)

第一次大戦期の日中関係と日米関係——パリ講和会議へ

日本がロシアとの関係を深めていたころ、中国情勢は一九一一（明治四十四）年の辛亥革命で混沌としていた。とりわけ満蒙では、しばしば一部の日本陸軍や大陸浪人の川島浪速《かわしまなにわ》らが独立運動すら企てていた。この満蒙とは、満州と内蒙古の総称である。

一九一六（大正五）年三月に大隈内閣は袁世凱排除の方針を閣議決定したものの、六月に袁世凱が急逝すると黎元洪《れいげんこう》大総統を援助する方針に一転したため、満蒙独立運動は収束に向かった。幣原は、長春《ちょうしゅん》における武器弾薬の押収を支援して、挙兵計画の阻止に努めた。(73)

北京政府をめぐっては、中国の対ドイツ参戦問題があった。イギリス、フランス、ロシアは中国に参戦を求めたものの、日本がこれに反対していたのである。幣原は、中国の参戦に反対する理由をクルペンスキー（Vasilii N. Krupenskii）ロシア大使に問い詰められ、「支那ガ果シテ聯合《れんごう》軍側諸国ノ申出ニ応シ中立ノ地位ヲ棄ツルノ覚悟アリタルモノトモ信ゼラレズ」と答えた。

つまり幣原は、中国に参戦の覚悟がないためだと回答した。だが幣原は、内実では石井外相と同様に、中国の地位が参戦を契機に向上しかねないと危惧したのではなかろうか。他方で幣原は、中国が無政府状態になることを憂慮し、中国で南北の勢力が対立を超えて「釈然融和」することを望んでもいた。(74)

一九一六年十月には、寺内正毅内閣が成立した。長らく朝鮮総督を務めていた元帥の寺内は、首相に就任してから短期間だけ臨時に外相を兼任したものの、すぐに本野一郎が外相に就任した。

本野は一九〇六（明治三十九）年に駐露公使となっており、一九〇八年五月に公使館が大使館に昇格してからも、一九一六（大正五）年まで駐露大使であり続けた。第四次に至る日露協約のすべてに、本野は深くかかわってきた。したがって、ヨーロッパ情勢に明るい本野だが、日中関係には疎《うと》かった。このため、対中国政策における幣原の地位は高まった。

とはいえ、幣原が中国問題を牛耳っていたわけでもなく、そこで枢要を担ったのは、中国通の小幡西吉であった。小幡は、小池張造に代わって政務局長となっていた。大隈前内閣の干渉策に批判的だった小幡は、列国との信頼関係を回復させようと、本野外相宛に意見書を起筆した。幣原は、その小幡意見書を品位ある文書に仕上げた。その方針について本野は、寺内や山県から内諾を取り付けた。列国との協調方針は、一九一七年一月九日に寺内内閣の閣議決定となる。(75)

一九一七年八月、中国が第一次大戦に参戦すると、日本は中国をめぐってアメリカとの摩擦を高めた。アメリカが中国の内政に関与を強めたからである。なかでも、ラインシュ（Paul S. Reinsch）駐華アメリカ公使が突出していた。ウィルソン政権が内紛の停止を中国に勧告しかけたことは、寺内内閣にとって内政干渉と映った。

ホイーラー（Post Wheeler）駐日アメリカ代理大使が釈明に来訪すると、幣原は「日本人ノ支那問題ニ対スル感覚ノ常ニ著シク鋭敏ナルハ恰《あたか》モ米国人ノ墨西哥《メキシコ》ニ対スルト異ナラザル」と釘《くぎ》をさした。(76)つまり幣原は、中国における日本の卓越した立場をアメリカとメキシコの関係になぞらえたのであった。

このため日本とアメリカは、対中国政策での合意形成に迫られた。そこで元外相の石井菊次郎がアメリカに特派され、一九一七年十一月にランシング（Robert Lansing）国務長官との間に交換公文を成立させた。この石井・ランシング協定では、アメリカが中国における日本の「特殊ノ利益」を認めるとしながらも、日米両国は主義として門戸開放や機会均等を支持すると規定された。典型的な玉虫色の協定といってよい。総じて日本には、満足のいく内容とみなされた。協定の成立後、石井は駐米大使に就任しており、太平洋における海軍をめぐる日米関係も好転していった。(77)

この間に幣原は、石井・ランシング協定の交渉を有利に進めるために、本野外相と協議していた。幣原の意見をふまえた本野は、佐藤駐米大使からランシングに覚書を手交させた。その覚書には、日本が中国で政治的経済的に逸出した利益を有するという一節を巧みに含ませておいた。

さらに幣原は、この覚書をホイーラー代理大使に提示して、ランシングも「覚書の趣旨に賛同している」と自信をのぞかせた。しかし、ランシングはそのことを躍起になって否定しており、幣原の動きは逆効果だったようである。(78)

それでも石井・ランシング協定の成立は、アメリカとの緊張緩和をもたらした。これについては、フィリップス国務次官の日記が示唆的である。フィリップスは、当初こそ石井に猜疑心《さいぎしん》を示したものの、やがて石井と打ち解けていった。アメリカの主要紙も、協定の成立には「『ニューヨーク・タイムズ』紙を除いて非常に好意的」であったという。(79)

翌一九一八年には、革命後のロシアに対する出兵が懸案となる。当初から共同出兵に積極的なのは、イギリスとフランスであった。ウィルソン政権はこれに懐疑的であり、出兵をためらっていた。日本では、寺内内閣の本野外相が強硬な出兵論者である。

だが、幣原の立場はアメリカに近く、出兵に慎重であった。本野が病気がちなこともあり、モリス米国大使、グリーン（William Conyngham Greene）英国大使、ルニョー（Eugène L. G. Regnault）仏国大使、クルペンスキー露国大使に対して、珍しく幣原はその持論を忌憚《きたん》なく開陳した[80]。

それでも、次第にアメリカが出兵へと傾き始めた。意外にもウィルソン政権は一九一八年七月に、ウラジオストクへの共同出兵を日本に提起してきた。名目はチェコ軍の救済である。このため八月からは、日米の共同出兵が実行されていった。しかし、出兵された日本軍は七万三千名にも膨れ上がり、アメリカにとってはあまりに過大と思えた。ウィルソン大統領やフィリップス国務次官は、日本軍の行動にいら立っていた[81]。

一九一八年九月下旬には、政友会の原敬内閣が成立した。初の本格的な政党内閣である。寺内内閣の末期に五カ月ほど外相を務めた後藤新平に代わって、原内閣の外相に就任したのは内田康哉であった。かつて陸奥宗光の知遇を得ていた内田は、通商局長や政務局長、駐清公使、駐米大使などを歴任して、一九一一（明治四十四）年には第二次西園寺内閣で外相に就任した。さらに内田は、駐露大使として赴任したものの、ロシア革命の勃発により帰国していたのである。

原内閣はシベリア出兵について、兵力の削減と出兵地域の限定に努めた。もっとも、シベリア出兵後の幣原は、単なる対米英協調路線ではなかった。英米との交渉では、満州の特殊権益論をしばしば振りかざした。とりわけ、東支鉄道がアメリカ主導で国際管理化されることに、幣原は難色を示した。その理由は、満州における「日本ノ特殊地位」だという[82]。

ただし幣原は、国内向けに別の顔をみせてもいる。一九一八（大正七）年十月二十六日に幣原は、小幡政務局長とともに陸軍との会議に出席して、参謀本部第三部長の星野庄三郎少将を説き伏せた。

アメリカによる東支鉄道の国際管理案に否定的な星野に対して、幣原は「米国ハ国柄トシテ決シテ証文ヲ反古《ほご》ニスル虞《おそれ》ナシト信ス」とまで言い切った。[83]

参謀本部がチタのコサック首長セミョーノフ（Grigorii Mikhailovich Semenov）に肩入れしたことにも、幣原は批判的であった。むしろ幣原は、英仏の支持するオムスクの海軍提督コルチャック（Aleksandr Vasil'evich Kolchak）との関係を強化しようとした。すなわち、武器の供給に便宜を図り、臨時全権大使として加藤恒忠を送り込んだのである。[84]だが、そのオムスク政権も一九一九年十一月には瓦解した。英仏米の軍隊は撤兵し、日本軍だけが大陸に残された。

このころ日米関係には、さらなる懸案が浮上していた。ウィルソン政権が、日米英仏の四カ国共同によって中国に借款することを各国に打診したのである。これによって成立した共同借款は、新四国借款団と呼ばれた。国務長官のランシングは一九一八年七月に、この案を石井駐米大使に提起していた。

だが幣原は、これに疑問を呈した。一九一八年十月からアメリカ国務省極東部長となるミラー（Ransford S. Miller）との東京会談で、幣原は「勢力範囲撤廃ノ第一歩」となりかねず「実行ハ甚《はなは》ダ困難ナルベシ」と語気を強めた。新四国借款団が成立していく裏面では、満鉄などが秘密裏に大陸鉄道を拡張しようとしていた。これを幣原や内田外相は承認している。[85]

一九一九年一月には、第一次大戦の講和会議がパリで開催された。パリ講和会議において、日本を含む連合国は、六月にドイツとの講和条約に署名した。これがヴェルサイユ条約である。この会議で原内閣は、イギリスと歩調を合わせながら山東権益を継承し、赤道以北の南洋諸島についても編入を果たしていった。外務次官の幣原は、ウィルソン大統領の外交理念に違和感を示していた。そのことは、ウィルソンの十四カ条や国際連盟創設への対応に表れる。

ウィルソンは、大戦中の一九一八年一月にアメリカ議会で演説し、自由主義的な秩序構想を提示していた。そこで示されたウィルソンの十四カ条には、秘密外交の廃止や国際連盟の創設が含まれた。外務省政務局第二課長であった武者小路公共によると、幣原は国際連盟構想について、「利害関係国相互の直接交渉によらず、こんな円卓会議で我が運命を決せられるのは迷惑至極だ」と感じていたという。幣原は国際連盟のみならず、戦後の国際連合にも否定的であった(86)。

パリ講和会議については、後に幣原が駐米大使となってから興味深い逸話がある。というのも、ランシング国務長官は、山東権益に固執する日本を回想録で批判していた(87)。ランシングの記述は、石井・ランシング協定やパリ講和会議において、日本に妥協しすぎたという指弾をかわすかのようであった。ご丁寧にもランシングは、その回想録を駐米大使の幣原に送り届けた。

これに対する皮肉混じりな礼状には、幣原の強い自負心がにじんでいた。ランシングの回想録が「私には教訓となった」と幣原はいうのである。「なぜなら、アメリカでは一流の政治家や学者ですら、極東の現状や同時代史をほとんど理解していないし、一国の意図や誠意が他国によって誤解されやすいことを示しているからである。しかしながら、やがて日本の立場は、事実のとおり公正に判断されるものと確信している」と幣原はランシングへの礼状に書き付けた。

その直後に幣原は、ランシング夫人と茶話会で会っており、気まずい思いをしたようである。幣原はそのランシング宛礼状の写しを、埴原正直外務次官を通じて牧野伸顕宮内大臣に届けた。牧野は、

パリ講和会議で事実上の首席全権であった。(88)

外務省の試練——加藤高明と原敬の間

ここまで日露、日中、日米関係、パリ講和会議における幣原の役割を跡づけてきた。このため読者には、あたかも幣原が大戦期外交を指揮したかのような印象を与えたかもしれない。しかし実際にはそうではなかった。幣原が外交に主導性を発揮して名声を得るには、ワシントン会議を待たねばならない。外務省にとって第一次大戦期は、むしろ地位の低下していた試練の時代であった。

その原因は五つある。

第一に、元老による外交への介入が挙げられる。一九一六年七月の第四次日露協約は、元老の山県有朋や井上馨が切望したものであった。

第二に、臨時外交調査委員会の設立である。寺内内閣は一九一七年六月に臨時外交調査委員会を設置していた。ここには枢密顧問官の伊東巳代治《いとうみよじ》や牧野伸顕などに加えて、政友会総裁の原敬と国民党総理の犬養毅《いぬかいつよし》が出席して外交問題を審議していた。政党による外交の事始めといってよい。(89)

第三に、陸軍の存在がある。シベリア出兵を陸軍で主導したのは、参謀次長の田中義一らであった。出兵後も参謀本部は、独自の判断によって親日派の擁立工作を試みていた。

第四に、西原亀三《にしはらかめぞう》のような私人が対中政策で暗躍して、中国への借款を進めていた。西原借款と呼ばれるものである。政府からは、勝田主計《しょうだかずえ》蔵相が西原借款の後押しをした。

第五に、満州における統治機構の問題がある。従来の関東都督府は一九一九年に廃止されて、関東庁が設立された。関東庁は、遼東半島の南西端にある関東州という租借地を管轄して、満鉄の警務に当たった。その関東庁の長が、関東長官であった。関東長官は文官であり、渉外について外相の監督下にあると規定された。これと同時に、旧関東都督府の陸軍部が独立して関東軍となり、関東軍司令部は関東州の旅順に置かれた。

つまり、以前からある各総領事館と満鉄に関東庁と関東軍が加わり、在満機構は四頭政治となったのである。外務省を中心とする外交一元化からは、ほど遠い時期であった。

このようなときに、幣原が外務省への権力集中を望まないはずはない。しかしながら、表立って幣原が外交一元化を強く求めるのは稀であった。そのことを浮き彫りにするのは、立場や地位こそ異なれ、同じく外交一元化を持論とした加藤高明との対比であろう。

かつて加藤は、第四次伊藤内閣の外相として初入閣し、ロシアへの強硬策を主張した。また、第一次西園寺内閣で加藤は、満州政策をめぐって軍部と対立して外相を辞任した。第三次桂内閣の外相就任時に加藤は、外交一元化を条件とした。さらに第二次大隈内閣で加藤外相は、元老への機密文書の配布を取り止めて反感を買った。臨時外交調査委員会にも加藤は、外交一元化を理由に参加しなかった。加藤は、もう一つの夢として、二大政党制の実現に邁進することになった(90)。

やがて幣原と加藤の歩みは一九二四年、ついに加藤を首班とする護憲三派内閣の成立で重なり合った。このとき幣原は、加藤内閣の外相に就任したのである。もっとも、幣原が加藤を利用したことはなかった。

外交一元化を行動で示そうとした加藤であるが、外相としての業績には乏しかった。それどころか、対華二十一カ条要求が汚点として残ってしまう。それだけに加藤は、首相に就任してからは外交を幣原に任せるようになった。このような義兄の苦い経験を、幣原は自覚していたに違いない。

加藤に比べると、幣原にはそつがなかった。幣原は、石井菊次郎や寺内正毅、後藤新平、原敬、さらには元老といった個性派集団に仕えることができた。その半面で、そこにはいささか物足りなさを覚えてしまう。しかし、それには訳がある。一言でいうなら、時代の流れであった。外政機構が確立されつつあり、やがて政党内閣の時代を迎えるなかで、外務省に求められるのは有能な官吏であろう。もはや陸奥宗光や小村寿太郎のころのような豪傑型外交官の時代ではなかった。

とはいえ、有能な官吏にも人間関係にえり好みはある。幣原にとって幸運だったのは、原敬とのめぐり合わせであろう。原内閣が段祺瑞《だんきずい》への過度な支援を緩和したときに、幣原は率先して協力した。ただし、当初から原と幣原の関係が良好だったのではない。外務次官に就任したころの幣原を、原や山県は好敵手の加藤高明系として警戒した。それでも原は、次第に幣原への信頼を深めていった。幣原が駐米大使に抜擢されたのは、原の対米重視を反映した人事の結果にほかならなかった(91)。

五　ワシントン会議

駐米日本大使館

現在の日本外務省では、次官を経て駐米大使となるのがエリート外交官の最たるものとされる。そのことは、戦前もさして変わらなかった。幣原の時代であれば、さらに外相となる可能性もあった。

そもそも当時の日本大使館は、イギリス、フランス、ロシア、イタリア、アメリカ、ドイツの六カ国にしかなかった。ベルギーやオランダ、中国などの在外公館が、公使館にすぎないころである。

明治期の在外公館で、最重視されたのは駐英公使館であろう。著名な駐英公使といえば、加藤高明や林董が思い浮かぶ。駐米公使の顔ぶれも、これに遜色はなかった。森有礼《もりありのり》に始まり、吉田清成、寺島宗則、陸奥宗光、星亨、小村寿太郎、高平小五郎などである。明治の末には駐米公使館が大使館に昇格し、駐米大使は青木周蔵、内田康哉、珍田捨巳、佐藤愛麿、石井菊次郎と続いた。

石井駐米大使の離任後には、参事官の出淵勝次が一九一九年六月から臨時代理大使となっていた。そこへ四十七歳の幣原が駐米大使として着任したのは、同年十一月のことであった。

幣原が赴任した直後には、ワシントンの連邦議会で予想外の事態が生じた。ヴェルサイユ条約の批准が、上院で否決されたのである。国際連盟から委任統治とされたヤップ島をめぐって日米間に葛藤があっただけに、批准拒否の悪影響が懸念された(92)。ヤップ島とは、西太平洋のカロリン諸島西部にある島であり、アメリカ領のグアム島とも近かった。

出淵が駐ドイツ大使館の参事官に転出すると、一九二〇年四月に古谷重綱が来任するまで、参事官は不在となった。幣原を補佐したのは、一等書記官の佐分利貞男と広田弘毅であった。

このうち幣原は、佐分利に全幅の信頼を置いた。しかし、佐分利は若手に不評である。理知的な佐分利は、任務に忠実なあまり、どこか他人行儀であった。佐分利と打ち解けるには時間を要した。これと対照的なのが広田であり、広田は石射猪太郎三等書記官などの若手に人望があった。佐分利からは一期後輩の広田だが、どこか達観したところがあり、将来を予感させていた(93)。

ほかにも大使館には三等書記官の白鳥敏夫《しらとりとしお》がおり、ここに外交官補の大橋忠一《おおはしちゅういち》や森島守人《もりしまもりと》も加わった。大橋や森島は、幣原に不満であった。部下への指導が不十分だというのである。だが幣原はこれに取り合わなかった。自助努力を欠いた他力本願にしか映らないからである。幣原が欲したのは、有能であり、命令を忠実に実践してくれる佐分利のような部下であった。

大使館付の陸軍武官は、井上一次少将であった。海軍武官は上田良武中佐であり、後に永野修身《ながのおさみ》大佐となる。山本五十六《やまもといそろく》少佐もアメリカにおり、当時から幣原は山本を切れ者と評していた(94)。

シベリア出兵とヤップ島問題

幣原が対処すべき問題の多くは、第一次大戦が日米関係に残した負の遺産であった。なかでも厄介なのがシベリア出兵である。原内閣としては、誠実に兵力の削減などに応じたつもりでいたが、ウィルソン政権の対日不信は鎮《しず》まらなかった。

一九二〇年一月上旬には、突如として米軍の撤兵が日本に通報された。日米の共同出兵が有名無実になりかけていたとはいえ、幣原にしてみれば屈辱そのものである。第一に、日本との事前協議を経ずして、抜き打ちの撤兵通告であった。第二に、対日通告は現地の派遣軍司令官グレーヴス（William S. Graves）から、浦潮《ウラジオ》派遣軍司令官の大井成元大将になされ、幣原には頭越しとなった。

寝耳に水の幣原は、「米国政府ハ何等日本政府ト交渉スルコト無クシテ軍隊及鉄道技師ノ撤退ヲ決定セラレ単ニ其ノ決定ヲ通告スルニ止メラルルハ如何ナル事由ニ基クヤ」とランシングに激しく詰め寄った。しかし、後の祭りである。その悪夢を払拭《ふっしょく》することは生涯できなかった(95)。駐米大使期において最大の汚点といえよう。

もっとも、ウィルソン政権とて撤兵論の一枚岩ではなかった。政権内には出兵継続論も根強かったのであり、その中心人物が国務省ロシア部長のプールであった。ランシング国務長官の考えもこれに近かった。プールは、マクマリー極東部長とも良好な関係にあった。

ただし、プールが自ら語っているように、対日協調策としての出兵継続論ではなかった。ロシアに滞在した経験のあるプールは、反ボルシェヴィキの立場からロシアの荒廃を憂慮していた。こうした動向を幣原が正確に把握して、協力関係を築こうとした形跡は見当たらない(96)。

第一次大戦が日米関係に残した負の遺産は、シベリア出兵以外にもあった。日本は第一次大戦に参戦したときに、ドイツの青島《チンタオ》要塞を攻略することで、山東半島におけるドイツの権益を継承していた。留意すべきことに、日本の占領地は山東半島だけではなかった。アメリカとの関係で、むしろ重要なのは太平洋の南洋諸島であろう(97)。

大戦中に日本海軍は、ドイツ領のマリアナ諸島、カロリン諸島、マーシャル諸島を占領して軍政下としていた。その南洋諸島には、パリ講和会議を経て委任統治制度が適用された。

この委任統治とは、ドイツやトルコの旧領土について、国際連盟が受任国に統治を委任するものであった。統治には民度や地理的位置、経済状態などに応じてA式、B式、C式があった。中東の旧トルコ領にはA式、東アフリカと中央アフリカの旧ドイツ領にはB式、西南アフリカと太平洋の旧ドイツ領にはC式が適用された。A式では受任国の権限は小さいが、C式は事実上の併合に近かった。

C式のうち、赤道以北の太平洋にある旧ドイツ領の南洋諸島は、軍政をしいていた日本に委任された。C式の委任統治となる西太平洋のカロリン諸島西端に、ヤップ島という小さな島があった。このヤップ島が日本の委任統治となることを、アメリカは快く思わなかった。ヤップ島は海底電線の要衝だったからである[98]。

幣原は日本を発つ直前に、旧ドイツ領南洋諸島における外国人の権利規定について、日本海軍に調査を依頼していた。幣原がアメリカに赴任してから、臨時南洋群島防備隊が南洋諸島の島勢調査をまとめ上げた[99]。一方のアメリカは、ヤップ島の海底電線を国際管理とする方針であった。これについて幣原は、一九二〇年十月八日にアメリカのデイヴィス国務次官と激論をたたかわせる。

のみならず、そのデイヴィスを議長として、国際通信予備会議がワシントンで開催された。そこに幣原は、佐分利とともに出席する。ここでもアメリカは、日本の委任統治区域からヤップ島を除外しようとした。一九二一年二月には、国務長官のコルビー（Bainbridge Colby）が国際連盟理事会議長宛に抗議書を提出している[100]。

一九二一年三月にはアメリカで、ハーディング（Warren G. Harding）新政権が誕生した。八年ぶりの共和党政権であった。国務長官はヒューズである。そのハーディング政権も、なかなか日本によるヤップ島の委任統治を認めなかった。そこで幣原は一つの案を内田外相に具申した。アメリカが日本のヤップ島委任統治に異議を唱えないのなら、日本は海底電線の陸揚げと運用を列国に開放するという案である。これにはヒューズ国務長官も強硬な姿勢から転じて、少しずつ妥協点を探り始めた[101]。

ようやく幣原とヒューズは一九二二年二月十一日に、ヤップ島を含む委任統治についての日米条約に調印した。アメリカが日本のヤップ島委任統治を承認する代わりに、日本はアメリカに対して、現存のヤップ―グアム線と将来ヤップ島に接続される海底電線の陸揚げと運用を許可したのである[102]。

このころ幣原は連日のように国務省に通い、ついには健康を害した。当初は腎臓炎とされたが、実際には腎臓結石であった。ワシントン会議が一九二一年十一月に始まるころ、幣原は病床に伏しがちとなった。後年に浜口内閣で首相代理となるころにも、幣原は腎臓結石で大変な思いをしている。

いずれにせよ、日本は南洋諸島での軍政を廃止し、一九二二年四月には南洋庁を西カロリン群島パラオ諸島のコロール島に設置した。ヤップやサイパンなどの六カ所には、支庁が設けられた[103]。この南洋諸島は、太平洋戦争の末期まで日本に統治されており、戦後には国連の信託統治でアメリカに受任された。

排日移民問題と皇太子訪米への懸念

シベリア出兵とヤップ島委任統治のほかにも、日米間には排日移民という難問があった。ウィルソン政権下のアメリカに駐米大使として赴任した幣原は、この問題にも取り組んでいる。かつて幣原は、参事官として一九一三年の珍田―ブライアン会談を下支えしたので、移民問題を熟知していた。

まず幣原は、アメリカで不評な写真結婚による渡米を自主的に禁止したことをアメリカに伝えた。一九二〇年二月になると、今度はハワイで事件が起きた。砂糖きび農園において、日本人の労働者が大規模にストライキを行ったのである。ここでも幣原は、「あらゆる手段により秩序を回復させるよう」総領事に指示してあると、国務次官のポーク（Frank Lyon Polk）に告げた[104]。

それでもカリフォルニア州は、借地権を禁止する第二次排日土地法の制定に向かっていた。だからといって、ウィルソン政権のコルビー国務長官には善後策を期待できなかった。コルビーは、一九二〇年三月にランシングの後任となったばかりだからである。そこへ帰朝したのが、モリス駐日米国大使であった。アメリカ側の発意によって、移民をめぐる交渉が開始されると、幣原はモリスとの会談に問題解決の糸口をつかみかけた(105)。

幣原とモリスの会談は一九二〇年九月に始まり、翌年一月まで計二十三回に及んだ。幣原としては、日米紳士協定を改定して排日の動きを緩和したい。モリスとの会談が非公式なだけに、幣原の役割は大きかった。会談のさなかに、第二次排日土地法がカリフォルニアで成立するという苦しい展開ではあった。それでも幣原は、粘り強く交渉を続けて新条約案をまとめ上げる。しかし、ここで政権が替わると、次のハーディング政権は新条約案を受け入れずに終わった(106)。

そのほか、モリスは第一次大戦中に設立された日米協会の初代名誉会長ともなっており、幣原も日米協会の発起人に名を連ねた。モリスは、アメリカでの講演会に幣原を招待して、「寛容と率直さをもってすれば日米間に尊厳ある解決のできない問題はない」と幣原の前で聴衆に訴えたこともある(107)。

幣原がモリスと会談を重ねていたころ、東京では原敬首相や元老の山県有朋が、皇太子裕仁親王の外遊を検討していた。原と内田外相は、皇太子の訪欧だけでなく訪米にも積極的であった(108)。

しかし幣原は、皇太子の訪米を強く懸念した。幣原が思い起こしたのは、英国皇太子エドワード(Prince of Wales, later Edward Ⅷ)のことである。一昨年に渡米したエドワードは、アメリカ人の「無作法」なども あり疲労困憊《こんぱい》していた。そのことを念頭に、幣原は内田にこう伝えた。

我皇太子殿下御渡米ニ付テモ日米国情ヲ異ニスル結下（ママ）又御身体上ノ御苦痛及ビ一般人民ノ無作法ナル言動ヲ御忍耐アラレラル、様《よう》願ヒ上ルノ外ナク例ヘバ身分ナキモノガ殿下ニ馴レ馴レシク話シ掛クルガ如キ場合ニ於テモ一々相当ノ御挨拶ナキ時ハ無遠慮ニ不快ナル評判ヲ伝フルモノアルニ至ルベシ

つまり、皇室の存在しないアメリカとは、あまりにも国情が異なると幣原はいうのである。その不安感を増幅したのが新聞報道であった。かつて幣原は、新聞記者が直接エドワードに演説草稿の配布を求めるという不敬を間近で目撃していた。日米関係が微妙な時期だけに、日本の新聞報道によっては不測の事態に発展しかねなかった。

このような幣原の消極論が作用して、皇太子の外遊先はヨーロッパのみとされた。そこで原内閣は、アメリカ大統領からの招待を断る代わりに、大正天皇の御親電を取り計らった[109]。親電とは、一国の元首が自らの名で発する電報のことである。

ワシントン会議

アメリカのハーディング政権は、一九二一年十一月から翌年二月にかけてワシントンで国際会議を主催した。この会議に出席したのは、アメリカ、イギリス、フランス、イタリア、日本、中国などの九カ国であった。ワシントン会議の主な議題は、海軍軍縮、極東問題、太平洋問題である。これら三つの懸案は、それぞれ五カ国条約、九カ国条約、四カ国条約に結実する。

このうちの海軍軍縮交渉には、海相で首席全権の加藤友三郎《かとうともさぶろう》が当たった。ヒューズ国務長官は会議の冒頭で、建艦を十年間禁止して、米英日の主力艦保有量を五対五対三にするという大胆な案を提示した。ヒューズ案は、その斬新さゆえに「爆弾提案」と受け止められた。これに対して日本海軍のなかには、随員の加藤寛治《かとうひろはる》中将のように、対米七割を貫徹しようとする強硬論もあった。しかし加藤友三郎は、財政上の負担と日米協調の観点から対米六割を受諾した。

一九二二年二月に日米英仏伊は、海軍軍備制限に関する五カ国条約に調印した。その代わりに加藤友三郎は、五カ国条約の第十九条において、太平洋島嶼《とうしょ》に要塞や海軍根拠地を建設しないことを了承させた。ただし、補助艦については軍備制限がなかったため、やがて列国は補助艦をめぐる建艦競争に陥っていく。

ワシントン会議で幣原は、主として極東問題と太平洋問題にかかわっていた。ここでいう極東問題とは、中国をめぐる国際秩序や山東権益のことである。一方の太平洋問題では、日英同盟の存廃が審議された。日本外務省の本省からは、埴原正直次官や松平恒雄欧米局長がワシントンに送り込まれた。とりわけ埴原は全権であり、後に幣原の後任として駐米大使にもなる。さらには、幣原をして「英語の名人」と呼ばしめた斎藤博や白鳥敏夫も随員となっていた[110]。

日本政府の本音では、太平洋や極東の問題をできれば議論したくなかった。しかし、幣原の献策はその逆であった。幣原によると、ヒューズ国務長官は太平洋や極東の問題に通じていないため、そこに「最緊要ナル利害関係ヲ有スル日本側ヨリ先《ま》ツ進ンデ議題ヲ提案」するのが有利だという[111]。このような幣原と東京の温度差は、典型的には日英同盟の廃棄をめぐって表れる。

極東問題についてワシントン会議では一九二二年二月、中国に関する九カ国条約が締結された。この九カ国条約に罰則規定がないことは、同条約の限界として指摘されてきた。だが、それ以上に重要なのは、門戸開放条項の解釈であろう。

門戸開放という用語はかなり多義的である。アメリカのジョン・ヘイ（John Hay）国務長官による門戸開放通牒からして二種類あった。まず、一八九九（明治三十二）年九月の第一次門戸開放通牒は、通商上の機会均等を求めていた。他方で一九〇〇年七月の第二次通牒は、中国の領土的行政的保全を規定したのである。(112)門戸開放の原則については、ヒューズ国務長官も重視していた。(113)

それでは、幣原にとっての門戸開放とは、いかなるものであろうか。自ら記しているように、ここでも幣原はデニソンの影響を受けていた。かつてデニソンは、小村外相の指示で第一次日英同盟案を起草していた際に、あいまいな門戸開放という文言を避けて、前文に「各国ノ商工業ヲシテ均等ノ機会ヲ得セシムルコト」という字句を用いた。

また、第二次日英同盟の前文には「列国ノ商工業ニ対スル機会均等主義」と記されていた。機会均等主義という用語が、初めて条約に使用されたことになる。同様の語句は、第三次日英同盟の前文やポーツマス条約の第三条にも盛り込まれていた。一九〇七年の日仏協約にいう「均等待遇ノ主義」も、同一の概念だと幣原は理解している。(114)

このことから判断して、幣原にとっての門戸開放とは主に機会均等、すなわち第一次通牒の文脈といえよう。また、門戸開放の原則は日英同盟や日仏協約にも含まれており、アメリカ外交だけの理念とみなされているわけではない。

九カ国条約でいえば、第一条第一項「支那ノ主権、独立並其ノ領土的及行政的保全ヲ尊重スルコト」が、ジョン・ヘイによる第二次通牒に近い。九カ国条約の第三条「一切ノ国民ノ商業及工業ニ対シ支那ニ於ケル門戸開放又ハ機会均等ノ主義ヲ一層有効ニ適用スル」は、第一次通牒の文脈といえよう。

両者のうちで、幣原が重視したのは第三条であった。幣原の理解では、大陸への「経済的発達」に機会均等が必要なのであった。[115]言い換えるなら、幣原は門戸開放条項に、中国の領土的行政的保全という第二次通牒の文脈をあまり想定していないように思える。

もちろん、主義として中国の保全を否定するわけにはいかない。しかし、現実の外交は別であった。ワシントン会議では、満州に位置する東支鉄道の国際管理がこれに当たる。東支鉄道はシベリア出兵のときから、日米英仏などによって国際管理のもとに置かれていた。アメリカはワシントン会議において、東支鉄道の国際管理を強化する方針であった。幣原は、アメリカ主導の東支鉄道国際管理に傾きかけたものの、内田外相の消極論にも影響されて、最終的にはアメリカ案を拒んだのである。

ヒューズが門戸開放原則の調査機関を設立しようとした際にも、幣原はこれを骨抜きにした。とりわけ、満州にアメリカが政治的に介入することには賛同し難かった。そのことは、一九二九（昭和四）年に幣原が外相として迎える中ソ紛争への対応にも表れる。幣原は事実上、門戸開放を狭義に解釈したのではなかろうか。[116]

山東問題の解決――アメリカ国務省の対日観

極東をめぐる諸問題のなかで、最大の懸案は山東権益の継承であった。日本は、第一次大戦中に山東半島の旧ドイツ権益を獲得していた。さらに日本は、山東権益をパリ講和会議でドイツから受け継いだ。しかし、中国の代表団はヴェルサイユ条約への調印を拒否しており、山東問題はワシントン会議に持ち越されたのである。

そこで幣原は、マクマリー米国務省極東部長などの支援を得ながら、ワシントン会議で山東問題を解決した。一九二二（大正十一）年二月に調印された山東懸案に関する条約では、十五年賦の国庫証券によって鉄道財産を日本に償却し、国庫証券の償還期間中には運輸主任と会計主任に邦人各一名を任用して、鉱山経営を日中合弁とすることなどが盛り込まれた。日本としては、山東鉄道については国庫証券による償還と主任の任用で譲歩したものの、大筋ではその主張が受け入れられたといえよう。

幣原の回想によると、中国は「山東問題を決裂してしまおうという肚であった」が、米英の介入を受けると「形勢非なりと見て、それからは態度も一変した」という。(117)

マクマリー極東部長のもとでは、ジョンソンとネヴィル（Edwin L. Neville）がそれぞれ中国と日本を担当していた。中国通のジョンソンは一九五四（昭和二十九年）年に急逝する直前に、長時間のインタビューに応じた。それによると当時のジョンソンは、日本および日英同盟の存在を脅威と感じていたという。(118)アメリカの国務省では、中国寄りの感情も根強かったのである。

その意味では、ジョンソンの先輩格に当たるウィリアムズも例外ではない。ウィリアムズは長年の中国在勤を経て、一九一三（大正二）年から五年近く国務省極東部長を務めていた。一九一八年にウィリアムズは、カリフォルニア大学バークレー校の教授に転出しており、中国関係の著作も数冊あった。

ウィリアムズは、パリ講和会議に極東問題の顧問として派遣されており、ワシントン会議でも国務省の顧問となった。このためウィリアムズは、ワシントン会議では山東問題などで、ヒューズ国務長官に助言できる立場にあった。ウィリアムズは、中国関税条約の条文などについても、マクマリー極東部長に細かく意見を述べた(119)。

中国語を自在に操るウィリアムズは、ワシントン入りしてからというもの、連日のように駐米公使の施肇基《しちょうき》と会談を重ねていた。これには施肇基も胸襟を開き、時には北京政府からの電報まで内示した。二人でドライブにも出掛けた。また、ウィリアムズは、幣原の動向をマクマリーから聞き出そうともした。他方でウィリアムズは、幣原の腹心ともいうべき佐分利に対して用心深かった。このとき佐分利は、すでに参事官に昇格していた。山東問題などについてウィリアムズは、旧知で国務省極東部員のホーンベック（Stanley K. Hornbeck）とも綿密に協議している。

幣原はパリ講和会議のころを振り返り、「『ウイリアムス』ガ巴里《パリ》会議ノ際米国委員附顧問ノ職ニ在リ乍《なが》ラ絶エズ支那委員ニ助言ヲ與《あた》ヘ之ヲ煽動《せんどう》シテ日本ニ反抗スルノ行動ヲ執ラシメタルハ蔽《おお》フ可ラザル事実ニシテ支那問題ガ非常ナル紛糾ニ至リタルハ少ナカラズ彼一派ノ行動ニ原因ス」とウィリアムズに警戒を強めた(120)。

ウィリアムズにしてみると、マクマリーらの山東問題解決案は日本に妥協しすぎている。山東半島への足掛かりが日本に残されると思うと、ウィリアムズは夜も寝つけず、マクマリーやヒューズに宛てタイプを打ち出した。また、中国における外国郵便局や外国軍隊の処置が議題になると、ここでもウィリアムズは日本の動向を憂慮した[121]。

結局のところ一九二二年二月一日の第五回総会では、条約に基づかない外国軍隊の撤退や外国郵便局の廃止が採択されている。九カ国条約が調印されたのは、その五日後であった。山東問題などの重要懸案で、ウィリアムズの進言が活用された形跡はあまりない[122]。

だが、その中国寄りの心情そのものは、ジョンソンやホーンベックに引き継がれていった。その両者が、ともに国務省の極東部長となることに鑑みるなら、国務省内では親日派よりも親中派の方が主流であったといえよう。その親中派からすれば、ワシントン会議で日米協調体制が成立したとはみなされなかった。

四カ国条約の成立――日英同盟廃棄の得失

この間の一九二一年十二月には、四カ国条約がワシントン会議で成立していた。四カ国条約は太平洋の現状維持を約したものであり、これによって日英同盟は廃棄された。そこでも幣原は、決定的な役割を果たしている。

一九一一（明治四十四）年の第三次日英同盟は年限を十年としており、大英帝国内では、日英同盟の更新をめぐって意見が分かれていた。オーストラリアやニュージーランドが、日本を日英同盟の枠内にとどめることで侵略を予防しようとしたのに対して、カナダや南アフリカは日英同盟を英米協調の障害とみなした。結果的に日英同盟は、ワシントン会議における四カ国条約の締結によって終了とされた。この日英同盟の廃棄は、以下の三段階で進んだ。

第一段階は、イギリス首席全権のバルフォア（Arthur James Balfour）による試案である。第二次日英同盟の締結時に首相であったバルフォアは、さらに海相や外相を歴任していた。そのバルフォアによる試案とは、日英にアメリカを加えた三国協商であった。バルフォア案では、アメリカから同意が得られるように配慮しつつも、軍事同盟を日英間に復活させる自由を留保していた。したがって内容的には、日英同盟を継続しようとするものであった。バルフォアは同案を加藤と埴原に提示した。

第二段階は、幣原案である。幣原はバルフォア案を参照すると、アメリカ側の承諾が容易になるように、大幅に修正した。幣原案の特徴は、三国協商が日英同盟に取って代わると明記したことにある。つまり、日英同盟の実質的な継続というバルフォア案を骨抜きにしてあった。さらに幣原は、本国の訓令を得ないまま、同案をバルフォアに提示した。バルフォアがこれに手を加えたところ、幣原はその修正案をヒューズに手交した。

第三段階は、ヒューズ案である。幣原から修正案を得たヒューズは、中国を適用外としたうえで、フランスを加えた四カ国条約にする方針を進めた(123)。四カ国条約は一九二一（大正十）年十二月十三日に調印され、その第四条に日英同盟の廃棄が明文化された。

このような幣原の方策は、時に批判されてきた。幣原の判断には誤りがあり、日英同盟を廃棄せずにすんだはずだというのである(124)。実際のところ、日本政府の方針を読み返してみると、イギリスが日英同盟廃棄を提言した場合には同意も可としているにすぎない。できれば存続させたかったのである。もっとも、極東問題が細かく指示されていることとは対照的に、日英同盟の存廃について、東京の方針は流動的であった(125)。

このため、幣原の裁量が大きくなっていた。とすれば、日英同盟が実質的に存続する可能性はあったのだろうか。

日英同盟が存続しえたとするなら、それはバルフォアによる日英米三国協商案においてであろう。このバルフォア案をめぐってコミュニケーション上の問題があったことは、幣原自身の強調するところである。すなわち、バルフォアが三国協商案をヒューズに提議していたころ、「予（幣原を指す――引用者注）は病床に在つて全く之を知らなかつた」という。アメリカ国務省から同案を伝え聞いたのは佐分利であった。

そこで幣原が、佐分利をバルフォアに遣わしたところ、すでにバルフォアは同案を徳川家達《とくがわいえさと》全権に打診してあると答えたという。しかし徳川は、日英同盟を含む太平洋問題と極東問題が幣原の主管である以上、いずれバルフォアが幣原と直接に交渉するものと考えていた。また、三国協商案の全文については、イギリス側事務総長のモーリス・ハンキー（Maurice Hankey）が手交を失念していたという(126)。

このように幣原は振り返るのだが、実際には、前述のようにバルフォアは加藤と埴原に試案を直接に提示していた。したがって、コミュニケーション上の問題という幣原の回想には誇張がある。それよりも重要なのは、このバルフォア案を書き換えた幣原の真意であろう。

再び幣原の追想によると、バルフォア案をみた幣原は「事実上日英米三国間に殆と《(ママ)》同盟に近き政治的聯合《れんごう》を作らむとするものの如く解せられた」ため、非同盟の伝統を持つアメリカには受け入れられないものと推察した。また、内田外相からの訓令について幣原は、「日本より強《しい》て同盟の存続を求むるも唯英国政府を困惑せしむるに止まり、無益にして又不見識である」との方針であろうと判断した。

そこで幣原は、「英国全権起草の日英米協商案中より同盟に近き一種の政治的聯合を結ぶものと解せらるる条文を削除し、随時必要に応じて締約国間に協議を行ふの規定を設け、同盟条約に代ふるに協議条約（consultative pact）を以てする一の別案を作成した」。病床の幣原が、この試案をバルフォアに提示したところ、バルフォアは原則的に同意して手を加えた。この修正案を佐分利がヒューズに提示すると、ヒューズはフランスを加えることを主張した。

ヒューズはバルフォア、幣原、およびフランス全権を私邸に集めて、修正案に条約前文や発効条項を加筆したヒューズ案を提示した。その内容が、時事新報社の特派員から漏洩したこともあり、四カ国条約は早々に調印された。狼狽《ろうばい》したのは、フランス全権であった。本国の承認が調印式に間に合わなかったため、フランスは調印を後日に延期せざるをえず、大国としての誇りを傷つけられたのである。

幣原によると、ヒューズがフランスを加えたのは、アメリカにおける親仏感情を利用するためであったという。その親仏感情とは、フランスのフォッシュ（Ferdinand Foch）元帥が訪米して以来のものだともいう。以上が幣原の回想である[127]。

アメリカとの緊張緩和を優先するなら、幣原の方策は間違っていない。幣原が意図したのも、まさにこの点であった。ヒューズは日英同盟の更新に神経をとがらせていた。イギリスにしても、日米対

立となれば日本側にはつかなかったはずである。その限りでは、日英同盟存続の可能性は制約されていた。(128)

正直な外交――清閑なる広報

とはいえ、並の大使であれ、日英同盟の実質的な存続を盛り込んだ内容では、アメリカが容易に納得しないと察したであろう。むしろ注目すべきは、幣原の外交技術である。対米関係を重視するあまり、先読みしすぎる傾向が幣原にはあった。

幣原が実践したのは、信頼関係の構築を第一義としたものであり、いわば正直な外交ともいうべき手法ではなかろうか。すなわち、相手方の反応を予期するあまり、あっけなく落としどころを提示してしまうのであった。これには石射猪太郎の回想録が傍証になる。石射によると、「外交上最も必要なのは信実、それが幣原さんの信条であった」という。(129)

しかし、先読みのままに進めるだけが外交交渉の妙ではない。あえて一旦は妥協点の逆を主張してみるのも、一つの技術であろう。そのことを幣原は、デニソンの日露開戦秘話から学んでいたはずであった。にもかかわらず、幣原はデニソンから狡猾《こうかつ》さを継承しようとはしなかった。会議の早々に四カ国条約が成立したのは、そのためであった。仮に日英同盟を廃棄するにしても、別の方法もあったはずである。場合によっては、アメリカからの外圧に屈したという印象を残すことで、日英同盟の精神を国民の脳裏に焼き付けることもできたであろう。だが幣原は、あえてそうしなかった。

ワシントン会議には後日談があった。日本の外交電報をアメリカが解読していたのである。アメリカが日本の電文を解読していたことは、ワシントン会議から十年後の一九三一（昭和六）年に発覚した。これについて幣原は、「暗号を盗まれたお陰で、アメリカでは幣原を一本調子な正直な人間として受取ったであろうと、ひそかに会心の笑みを漏した次第であった」と後年に振り返っている。(130) 負け惜しみの感は否めないものの、正直な外交を信奉していたのは事実であろう。

かくして日本外交の骨髄とされていた日英同盟は終焉を迎えた。このとき内田外相は、「日英同盟に対する強い愛惜《あいせき》と尽きざる追憶」にひたったという。もっとも、日英同盟の廃棄を惜しむ声は、日本に限られなかった。バルフォアのほか、エリオット（Charles N. E. Eliot）駐日イギリス大使も廃棄を嘆いた。また、駐日イギリス大使館のサンソム（George Sansom）商務参事官も、日英同盟が存続していたなら日本を極端な行動に向かわせずにすんだであろうと回顧している。

ただし、以前からイギリス外務省では、日英同盟に対する批判が多かったのも事実であった。(131)

一方のアメリカ側では、ドゥーマン駐日アメリカ大使館一等書記官の談話が興味深い。ドゥーマンは、「アメリカが日英同盟を廃棄させていなければ、日本人の気質はあのようになっていただろうか」と疑問を呈し、「イギリスがアメリカの圧力に屈して同盟を廃棄させたことに日本人は憤慨していた」と語っていた。(132) 同盟というものは、成立よりも終焉に際して困難を伴《ともな》うのであろうか。

いずれにせよ、日英同盟は四カ国条約により廃棄された。さらに幣原は、四カ国条約の適用範囲について、日本本土を除外することに成功した。日本本土を適用範囲とするのは国辱だという国民感情が日本にあったからである。四カ国条約の調印後に訓令を受けた幣原は、適用除外について四カ国条約の付属協定案を起草して了承された。(133)

幣原の思い描く正直な外交は広報にも表れる。外務次官のころから、幣原は新聞と距離を置くようにしていた。『国民新聞』記者であった馬場恒吾《ばばつねご》によると、幣原は「たまに面会しても、新聞記者が十も質問して一つ位しか答えぬ」のだが、「イエスとかノーとか云ふ一言には決して偽りがなかった」という(134)。

もっとも、幣原が広報に無関心だったわけでもない。広報をめぐる日本外交の転機は、パリ講和会議であった。パリ講和会議で日本は、旧ドイツ権益の継承に成功したにもかかわらず、宣伝では中国に負けたという意識があった。こうした経緯から一九二一（大正十）年には、正式に情報部が日本外務省の本省に設置された。しかし、石井菊次郎によると、「情報部は如何なる成績を挙げたかと顧みれば之ぞと眼に留る何物も見当らない」という(135)。

駐米大使の幣原は、ワシントン会議の以前から大使館内に情報部を創設していた。広報担当の顧問には、フレデリック・モアー（Frederick Moore）を招聘《しょうへい》した。モアーを幣原に推したのは斎藤博である(136)。ドイツから派遣された出淵参事官を主任として、ワシントン会議時には新聞係が配置された。出淵はもとより、モアーも全権委員随員となった。

幣原自身も、日英同盟の第四条を引き合いとしながら、「日英両国が米国を対象として共同作戦に当るが如き場合の絶無なるべきこと」をワシントンの新聞記者に説いた。幣原はニューヨーク・タイムズ社の雑誌に日本の立場を表明してもいる。新四国借款団時のアメリカ側代表であったラモント（Thomas William Lamont）とも、幣原は交友を温めた(137)。

それでも幣原は、日本の新聞報道に悩まされていた。英米の報道に比べて、あまりにも未熟で不誠実に思えたのである。とりわけ、四カ国条約をめぐる草案が『時事新報』紙に漏洩していたことには、神経質とならざるをえなかった。幣原の回想では、同社特派員の伊藤正徳《いとうまさのり》が入手したものだという。『時事新報』への口外については、徳川全権に疑惑が及んだものの、真相は明らかにならなかった。[138]

このような経緯からは、幣原の描く広報像が浮き彫りとなる。幣原にとっての広報とは、外交の軸となるものではなかった。ましてや宣伝に溺《おぼ》れるあまり、諸外国との信頼関係を傷つけてはならない。日本本来の姿が正しく伝われればよいという発想であった。いわば清閑《せいかん》なる広報といえようか。中国が宣伝外交に躍起であったとしても、日本はこれにならうべきではない。

日本流の地味な広報ではあったが、少しずつ幣原は手応えを感じていた。[139] 肝要なのは広報ではなく、交渉それ自体と信頼関係である。主客が転倒してはならないのであった。

帰国――関東大震災

ワシントン会議をまとめ上げると、幣原は病気療養のため一九二二年四月に帰国した。翌年二月までは、佐分利参事官が駐米大使の代理となった。帰国した幣原は、療養と読書と思索の歳月を重ねていた。ところが、思わぬ惨事に見舞われた。一九二三年九月の関東大震災である。大震災に際して、アメリカからは多大なる援助が寄せられた。意外にもアメリカ側は、あたかも日本がチャリティーの対象となることで、日本人の自尊心を傷つけはしまいかと懸念していた。そのためモルガン商会のラモントは、アメリカの対日支援に他意はないことを山本内閣の井上準之助蔵相に伝えた。[140]

もっとも、関東大震災のときに幣原は大阪にいた。名古屋と長野を経由して帰京する途中で、いじめられていた朝鮮人を救ったと幣原は回想している。駿河台《するがだい》に自宅を購入していた幣原だが、不幸にも大震災で焼失してしまった。数千冊に及ぶデニソンの遺贈蔵書も灰となった。わずかに焼け残ったデニソンの蔵書も、「昭和二十年の春千駄谷(ママ)私宅で爆撃にあい、もはや一書も残さない。私は既往を追想して感慨実に無量である」と幣原はいう(141)。

震災後に幣原は、岩崎家から新居として駒込《こまごめ》の六義園《りくぎえん》を与えられた。江戸時代から六義園は、名園として知られていた。そこに幣原が移り住んだのは、外相となる数カ月前のことであった。それでも当の幣原は、さほど外相就任を期していなかった。

これについては石射猪太郎の証言がある。かつてアメリカで幣原大使と列車に同席した石射は、外相への就任について水を向けてみた。しかし、幣原は素っ気なかった。「いやいや僕には外務大臣はつとまらんよ」というのである。幣原は、外務次官のころを振り返ったうえで、「日本の政界というものは実に複雑で僕等の様な者には外務大臣は駄目だ」と石射に打ち明けた。なかでも枢密院や政党との関係が手に負えないという。

だが現実には、幣原は一九二四年六月に外相となる。外相として石射に再会した幣原は、「外務大臣などになり度《た》いと思はなかつたから、大臣にされちやつたのだ」と語りかけ、静かに苦笑いを浮かべた(142)。

第1章では、幣原の外相就任直前までをたどってきた。本章冒頭の四点に即してまとめておきたい。第一の論点は思想形成であった。幣原が理想としたのはイギリス外交である。とりわけ、ブライスやグレイの影響が大きかった。だからといって、幣原の方策は必ずしも親英的ではなかった。そのことは、日英同盟の廃棄を率先したことに集約される。

一方で、駐米期間の長い幣原だが、アメリカにはブライスやグレイに匹敵する人物を見出さなかった。幣原はウィルソンの外交理念に違和感を示しており、ブライアンについては素人外交と評した。パリ講和会議やシベリア撤兵の経緯からして、ランシングとの関係も良好ではなかった。新四国借款団交渉の裏面において、幣原次官は内田外相とともに、満鉄などが秘密裏に大陸鉄道を拡張するのを承認してもいた。新四国借款団交渉の最終局面では、駐米大使として在華権益を極力確保しようとした。(143)

とはいえ、幣原の政策そのものは、アメリカ寄りのことが少なくない。外務次官としては、シベリア出兵の抑制に努めており、ワシントン会議では主義としての門戸開放を積極的に受け入れた。確かに幣原は、イギリス外交に理想を見出していたものの、現実の行動はむしろアメリカ側に近いといえる。外交のあるべき姿と日本の国益は別物なのであった。

ここで吟味すべきは、門戸開放の解釈と適用であろう。幣原は、九カ国条約の門戸開放条項を限定的に理解していた。主として機会均等、すなわち第一次門戸開放通牒の文脈でとらえていたのである。言い換えるなら、第三国による中国への政治的な介入には否定的であった。ヒューズとの相性が悪くないにもかかわらず、東支鉄道の国際管理など、重要な局面で対立したのはこのためであろう。ヒューズが門戸開放原則の調査機関を設立しようとした際にも、幣原はこれを骨抜きにした。

つまり、門戸開放を原則として承諾しながらも、その解釈と適用を制限し、在華権益との折り合いをつけたのである。主義としての門戸開放を受け入れることで、在華権益の擁護という実態を包み込んだといえよう。

留意すべきことに、門戸開放の原則はアメリカ外交だけの理念とはみなされなかった。幣原によると、門戸開放は日英同盟やポーツマス条約、日仏協約以来のものである。これについて幣原は、デニソンの影響を受けていた。また幣原は、韓国併合を自然な成り行きと受け止めた。韓国併合後に朝鮮米の輸入税を免除したのも幣原であった。すでにこの時期から、門戸開放原則は限定的に理解されていたのである。ポーツマス条約における韓国条項への解釈などを考え合わせるならば、帝国の形成に一端を担ったともいえよう。

幣原のアジア経験は韓国であり、中国ではなかった。中国と本格的に向き合うのは、外務次官のときであろう。駐米大使としては、ワシントン会議を現地で主導しており、大局的に中国を扱うことでは人後に落ちなかった。ただし、いささか観念的な傾向は否めないように思える。それに比べて吉田茂、有田八郎、重光葵といった幣原以降の外交官は、中国経験に富むことが少なくない。なお幣原には、ウォシュバンの『乃木』を愛読して、学友に翻訳を勧めるという一面もあった。皇太子の訪米を危惧したのも、やはり幣原であった。

第二の論点は、外交的手法であった。幣原に原体験があるとするなら、それは釜山で迎えた日露開戦であろう。ここで幣原は、軍事力に依拠した権力政治の洗礼を受けた。実力行使を伴う砲艦外交にも、それほど違和感はなかった。しかし、デニソンとの出会いが転機となり、幣原は国際法を身に付けた。デニソンからは、日露開戦外交の秘話も学んだ。そこから幣原は、外交交渉の妙を身に付けたかに思われが、そのままに実践することはなかった。

むしろ幣原は、信頼関係の確立を第一義として、いわば正直な外交を心掛けた。そのことは、ワシントン会議での日英同盟廃棄や広報に表れていた。ワシントン会議では、極東問題を積極的に発議しようともした。

幣原の正直な外交は、加藤高明と比較されるべきであろう。加藤外相は対華二十一カ条要求において、取り引き材料として第五号を盛り込んだ。つまり加藤は、イギリス流の帝国主義外交を実践したのである。こうした手法については、小村外相なども用いていた。したがって加藤としては、それほど無理のない発想であっただろう。しかし、道義を重視するウィルソン政権は、二十一カ条要求に強く反発して事態を紛糾させた(144)。おそらく幣原は、加藤の失敗に学んでいたのではなかろうか。

ときあたかもヨーロッパの列国は地位を低下させ、アメリカが台頭していた。そこで幣原は、日英同盟の廃棄を率先し、主義としての門戸開放を受容してみせた。幣原が国際的な名声をはせたのは、少なからずこうした外交スタイルを実践したためであろう。その方式は、特にアメリカと適合的であった。

第三に、人的関係である。一見すると幣原と小村は、対極的な性格であるかにみえる。しかし幣原は、諸井六郎などとともに、実務的な見地から小村の条約改正を支えた。もっとも、幣原には、日本が東アジアの盟主として将来を担うという意識は弱かった。その意味で幣原は、小村の後継者ではなかった。また、駐米大使館参事官時代の幣原は、ブライアン国務長官と渡り合う珍田大使を尊敬していた。

外務次官としての幣原は、石井菊次郎、寺内正毅、本野一郎、後藤新平、内田康哉という五代の外相にそつなく仕えた。とりわけ、本野外相のもとで、幣原は対中国政策を任されるようになっていった。幣原と原敬の関係は、当初から良好だったわけではない。それでも幣原は、次第に原の信頼を得ていった。

駐米大使としての幣原は、出淵勝次を腹心とした。出淵が去ってからは、広田弘毅よりも佐分利貞男を重用した。このように幣原は、重要な懸案を進めるに際して、信頼できる部下との連携を好んだ。駐米大使期における出淵や佐分利との緊密な関係は、いわば幣原派の起源ともいえよう。その人脈はやがて外相期に活《い》かされるのだが、これについては第2章冒頭で再考したい。

第四に諸外国、特にアメリカの対日観である。確かに幣原は、ワシントン会議で国際的な名声を得た。会議を通じて形成された日米英を中心とする協調的な国際秩序は、ワシントン体制と学界では称される。そのワシントン体制を最も体現していたのが幣原にほかならない。

とはいえ、アメリカに対日協調の潮流が完全に定着したわけではなかった。ウィリアムズの言動に示されたような中国寄りの心情は、国務省内でジョンソンやホーンベックに引き継がれていた。親日派と呼べる勢力がアメリカ側に形成され、これとの関係構築を模索できるようになるには、第二次幣原外相期のロンドン海軍軍縮会議を待たねばならない。

注

（1）本章は、拙稿「明治大正期の幣原喜重郎」（『中央大学論集』第二十五号、二〇〇四年）一―四一頁を下敷きとする。
（2）大野勝巳「明治外交とデニソン顧問の献身」（『文藝春秋』一九六六年十一月号）一八〇―一八八頁、外務省百年史編纂委員会編『外務省の百年』下（原書房、一九六九年）一三四一―一三四七頁、一又正雄『日本の国際法学を築いた人々』（財団法人日本国際問題研究所、一九七三年）五八―五九頁、竹内春久「デニソン像と明治の面影」（『外交フォーラム』第一七一号、二〇〇二年）七六―八一頁、同「消えたデニソン肖像画」（『外交フォーラム』第一七二号、二〇〇二年）八二―八七頁。
（3）この点で貴重な考察を提供しているのは、松村正義「ワシントン会議と日本の広報外交」（『外務省調査月報』二〇〇二年第一号）四七―七六頁である。同氏には関連の著作として、『新版　国際交流史――近現代日本の広報文化外交と民間交流』（地人館、二〇〇二年）もある。
（4）拙著『東アジア国際環境の変動と日本外交　一九一八―一九三一』（有斐閣、二〇〇一年）八九―一一二頁。
（5）林権助述／岩井尊人編『わが七十年を語る』（第一書房、一九三五年）六五頁。
（6）幣原喜重郎「先輩としての伊集院男」（追悼会発起人編『伊集院彦吉男　青木宣純将軍追悼録』追悼会発起人、一九三四年）二八―三〇頁、永井松三談「幣原男爵の想出」一九五二年六月十六日（「幣原平和文庫」リール十三、国立国会図書館憲政資料室所蔵）、幣原喜重郎『外交五十年』（中公文庫、一九八七年）三五―三六頁。
（7）幣原喜重郎『外交五十年』一三―一五頁。
（8）刀禰館正雄編『日本外交秘録』（朝日新聞社、一九三四年）八十七頁。
（9）学説整理とその批判については、千葉功「満韓不可分論＝満韓交換論の形成と多角的同盟・協商網の模索」（『史学雑誌』第一〇五編第七号、一九九六年）三八―七三頁、同「日露戦前期（一九〇〇～〇四年）外交史研究の現状」（『史学雑誌』第一〇六編第八号、一九九七年）八七―一〇三頁が参考になる。
（10）林から陸奥（在舞子）、一八九五年四月二十三日（外務省編『日本外交文書』第二十八巻、第二冊、財団法人日本国際連合協会、一九六三年）一四―一七頁。

(11)　陸奥宗光／中塚明校注『新訂 蹇蹇録』（岩波文庫、一九八三年）三〇三頁。

(12)　林董／由井正臣校注『後は昔の記 他―林董回顧録』（平凡社、一九七〇年）六六―八三、二六一―三八三頁。

(13)　幣原喜重郎講演「外交管見」一九二八年十月九日（「幣原平和文庫」リール七）、拙稿「幣原喜重郎講演『外交管見』」（『総合政策研究』第十三号、二〇〇六年）九九―一一二頁。本書巻末【史料1】に収録した。

(14)　田代和生『倭館―鎖国時代の日本人町』（文春新書、二〇〇二年）。

(15)　木村健二『在朝日本人の社会史』（未來社、一九八九年）七五、八一―八三頁、朝鮮総督府鉄道局『朝鮮鉄道史』（ソウル：朝鮮総督府鉄道局、一九一五年）六一一―一一二、一六三―一九一頁、谷寿夫『機密日露戦史』（原書房、一九六六年）一〇八頁、高橋泰隆『日本植民地鉄道史論』（日本経済評論社、一九九五年）六一―六五頁、日本郵船株式会社編『日本郵船株式会社五十年史』（日本郵船株式会社、一九三五年）一三三頁、小風秀雅『帝国主義下の日本海運―国際競争と対外自立』（山川出版社、一九九五年）二二九―二五八頁。

(16)　日本国有鉄道広島鉄道管理局『関釜連絡船史』（日本国有鉄道広島鉄道管理局、一九七九年）一八頁。

(17)　岩崎弥太郎・岩崎弥之助伝記編纂会編『岩崎弥太郎伝』下（岩崎弥太郎・岩崎弥之助伝記編纂会、一九六七年）六一九―六二一頁。幣原と雅子の馴れ初めについては、岸倉松「故幣原喜重郎氏の想い出を語る」一九五二年七月十九日（「幣原平和文庫」リール十三）に詳しい。

(18)　このような外交官の縁組みは、もちろん幣原だけではなかった。独特な文化といってもよいだろう。以下に、いくつか例をみていきたい。

まず、戦後に国連代表となる澤田廉三《さわだれんぞう》の妻は、岩崎弥太郎の長男久弥の長女美喜であった。廉三の兄でやはり外交官の澤田節蔵は、大山綱介駐伊公使の女婿であり、国際連盟で日本の事務局長などとなっていた。また、吉田茂が牧野伸顕の女婿であったことはよく知られている。駐華公使として怪死をとげる佐分利貞男は、小村寿太郎の女婿であった。芳沢謙吉は犬養毅の女婿であり、犬養内閣で外相を務めた。日米開戦時に駐米大使館参事官の井口貞夫は、芳沢謙吉の女婿であった。対支文化事業部長の岡部長景は、加藤高明の娘を妻とした。外務次官や駐米大使を歴任する出淵勝次は、司法官僚で東京弁護士会会長、中央大学学長ともなる菊池武夫の女婿であった。出淵の長女隆子は、朝海浩一郎に嫁いだ。朝海は駐米大使を五年十カ月にわたって務め、五年二カ月という出淵の最長記録を塗り替えた。

澤田廉三『凱旋門広場』（角川書店、一九五〇年）八五―八七、一二九―一三二頁、同『随感 随筆』（牧野出版、一九九〇年）ⅰ頁、岩崎家伝記刊行会編『岩崎久弥伝』（東京大学出版会、一九七九年）五八〇頁、澤田壽夫編『澤田節蔵回想録――一外交官の生涯』（有斐閣、一九八五年）二、一六―一八、二三、二六、五二、一二七、一五九、二一八、二二〇、二二一、二九六頁、黒木勇吉『小村寿太郎』（講談社、一九六八年）九四八頁、中野敬止編『芳沢謙吉自伝』（時事通信社、一九六四年）五七―五八、六一―六二頁、社団法人尚友倶楽部編『岡部長景日記――昭和初期華族官僚の記録』（柏書房、一九九三年）六二六―六二七頁、新井要太郎編『菊池先生伝』（大空社、一九九七年）二一―二三、一七〇―一七三頁、高橋勝浩編「『出淵勝次日記』㈦完――回顧談・主要著作一覧・関係系図・主要人名索引」（『国学院大学日本文化研究所紀要』第九十輯、二〇〇二年）三四〇―三四一頁、朝海浩一郎『司町閑話――一外交官の回想』（朝海浩一郎回想録編集部、一九八六年）三〇〇頁を参照。

そのほか、駐独公使や駐英大使を歴任する井上勝之助は、井上馨の養嗣子であった。関東長官などを務めた山県伊三郎は、山県有朋の養嗣子であった。林内閣で外相となる佐藤尚武は、駐米大使佐藤愛麿の養子であった。愛麿の妹と結婚した珍田捨巳も、駐米大使となった。石井菊次郎は、三重県知事石井邦猷の養子であった。久保田貫一郎は石井菊次郎の女婿であり、白鳥敏夫は石井の甥であった。外務次官、駐米大使、駐英大使、宮内大臣を歴任する松平恒雄の長女節子は、秩父宮と成婚して勢津子と改名した。

井上馨侯伝記編纂会『侯爵井上勝之助君略伝』（内外書籍、一九三四年）二頁、徳富猪一郎編『素空山県公伝』（山県公爵伝記編纂会、一九二九年）一三頁、徳富蘇峰編述『公爵山県有朋伝』下（原書房、一九六九年）一〇三六頁、佐藤尚武『回顧八十年』（時事通信社、一九六三年）五六―五七頁、菊池武徳編『伯爵珍田捨巳伝』（共盟閣、一九三八年）三一九頁、鹿島平和研究所編『石井菊次郎遺稿 外交随想』（鹿島研究所出版会、一九六七年）序文、三六三頁、東京ＰＲ通信社編『松平恒雄追想録』（故松平恒雄氏追憶会、一九六一年）七―八、七二六頁。

このような縁組みが帝大卒のエリート官僚に加われば、強い閥意識が生まれないはずはない。杉村濬と陽太郎のように、親子で外交官となる者もいた。小村寿太郎の長男欣一も外交官であった。有田八郎の三男圭輔は、一九七〇年代の後半に外務次官となった。

(19) 幣原から小村外相、一九〇四年二月八日（神川彦松監修／金正明編『日韓外交資料集成』第五巻、巌南堂書店、一九六七年）四五頁。幣原喜重郎「釜山領事時代の大手柄」（刀禰館正雄編『その頃を語る』朝日新聞社、一九二八年）二二二―二二七頁。

(20) 外務省編『日本外交年表竝主要文書』上巻（原書房、一九六五年）二二二頁、小村から幣原、一九〇四年二月十日（神川彦松監修／金正明編『日韓外交資料集成』第五巻）五五―五六頁。

(21) 幣原から小村、一九〇四年一月二十一日（外務省編『日本外交文書 日露戦争』第四巻、外務省、一九六〇年）三四七頁、小村から幣原、一月二十一日（同上）三四七頁、幣原から小村、二月九日（同上）三五〇―三五一頁、幣原から小村、二月二十日（神川彦松監修／金正明編『日韓外交資料集成』第五巻）六七頁、林権助述『わが七十年を語る』一八二―一八五頁。

(22) 外務省百年史編纂委員会編『外務省の百年』上、二五七頁。

(23) 「本省傭デニソン約定書」一八八〇年三月一日（「外務省外国人雇入一件（附契約書）別冊『デニソン』氏関係」3.9.3.7-1, 外務省外交史料館所蔵）、鳥谷部春汀「デニソン」（『太陽』第十一巻第一号、一九〇五年）三五―三八頁。青木周蔵によると、大隈重信外相は不平等条約改正に際してデニソンに依存することが多かったという。青木周蔵／坂根義久校注『青木周蔵自伝』（平凡社、一九七〇年）一五五―一五六頁。

(24) 幣原喜重郎『外交五十年』二四六―二五三頁、鹿島平和研究所編『石井菊次郎遺稿 外交随想』三二五―三二六頁。

(25) すなわち、公文には宛名を記入した上で発信者が署名し、友好的な公文では発信者自身を一人称とするが、厳粛な公文に限っては三人称を用いることもある。口上書とは、重要な申し入れなどに際して手交するものである。そこでは宛名を記入せず、発信者も署名しないで、発信者を表すには三人称とする。覚書とは、交渉事項の事実関係を詳細に記述するものであり、やはり宛名を記入せず発信者の署名もなく、常に三人称で交渉の主体を示すという。後に幣原は、こうしたデニソンの教えを外務省員用に書き残している。

幣原喜重郎「外交文書の文体、起草者の心得並に諸種の形式」一九四〇年四月（広瀬順皓編『近代外交回顧録』第四巻、ゆまに書房、二〇〇〇年）八三—九四頁。

(26) 幣原喜重郎「回想のパリ平和会議」（『改造』一九五〇年二月号）七二—七四頁。幣原喜重郎『外交五十年』二〇—三〇頁も参照。

(27) 石井菊次郎『外交餘録』（岩波書店、一九三〇年）八二—八四頁、石井菊次郎述／五十公野清一編『外交回想断片』（金星堂、一九三九年）六—七頁。

武者小路公共談「幣原さんの想出」年月日不明（「幣原平和文庫」リール十三）によれば、「幣原さんが国家の一大事を決定する重大な問題を独断で打電したといふことは、幣原さんの性格から考へても亦問題の重大性から見てもどうも諒解し兼ねる。やはりこれは幣原さんの思ひ違いで、上司の命令を俟つて打電したものだろう」という。幣原口述／清沢洌筆記「日本外交界の想出」一九四四年十二月五日（「幣原平和文庫」リール七）でも、「サガレン南半は、石井さんが（勿論《もちろん》私が）強く珍田さんを動かして主張したことからとつた結果となつたのである」とされる。

また、桂から児玉源太郎駐奉天満州軍総参謀長、一九〇五年八月三十日（外務省編『日本外交文書 日露戦争』第五巻）三〇二—三〇三頁には、「政府ハ露帝カ樺太南部一半ヲ譲与スルノ覚悟アル旨ノ秘密報告ヲ得タルニ依リ直ニ之ヲ委員ニ急報セリ」とあるが、外務省記録などによっても修正電報の作成経緯は不詳であった。

この点については、外務省編『小村外交史』（原書房、一九六六年）五八五頁、Shumpei Okamoto, *The Japanese Oligarchy and the Russo-Japanese War* (New York: Columbia University Press, 1970), p. 155; 信夫清三郎・中山治一編『改訂版 日露戦争史の研究』（河出書房新社、一九七二年）四一二—四一四頁、Raymond A. Esthus, *Double Eagle and Rising Sun: The Russians and Japanese at Portsmouth in 1905*

(Durham: Duke University Press, 1988), pp. 154-158. などでも同様である。

(28) 山座円次郎談「日露媾和ニ伴フ満州問題ノ曲折」一九一三年八月(外務省編『日本外交文書 日露戦争』第五巻)三〇三―三〇九頁。長谷川峻『大陸外交の先駆山座公使』(育生社、一九三八年)九五―九六頁も同趣旨。

(29) 幣原喜重郎「ワシントン会議の裏面観その他」一九三九年二月(広瀬順皓編『近代外交回顧録』第四巻)一三二―一三五頁。

(30) 高平から桂外相、一九〇五年九月十三日(「日露講和条約締結一件(小村委員病気帰国)(講和成立祝辞)(電報取扱)」2. 2. 1. 3-2. 外務省外交史料館所蔵)。

(31) 幣原喜重郎「回想のパリ平和会議」七二頁。幣原談話要領(駒込自宅)、一九三三年十月二十四日(「諸修史関係雑件 外交資料蒐集関係」第一巻、N. 2. 1. 0. 4-1. 外務省外交史料館所蔵)のほか、幣原喜重郎『外交五十年』三一―三五頁もほぼ同趣旨。そのほか、小村欣一「帝都喧騒の中を父帰る」(刀禰館正雄編『その頃を語る』)二四六―二五二頁も参照。

(32) 原奎一郎編『原敬日記』第二巻(福村出版、一九八一年)一三一―一三二、一四三―一四五頁、岡義武『岡義武著作集』第四巻(岩波書店、一九九三年)九四頁。

(33) 外務省監修/日本学術振興会編纂『条約改正関係 日本外交文書 別冊 通商条約と通商政策の変遷』(財団法人世界経済調査会発行、一九五一年)五頁、久保田政周編『萩原守一氏追懐録』(博文館、一九一三年)一〇―一一、二三一―二三七頁。

(34) 川島信太郎「幣原総理への思出――条約改正」一九五三年(「幣原平和文庫」リール十八)。諸井の意見書として、諸井六郎「条約改正意見」一九〇八年十一月(稲生典太郎編『条約改正論資料集成』第六巻、原書房、一九九四年)二九―九〇頁がある。
川島信太郎の主著は、『本邦通商政策条約史概論』(巖松堂書店、一九四一年)であり、前掲の外務省監修/日本学術振興会編纂『条約改正関係 日本外交文書 別冊 通商条約と通商政策の変遷』を執筆したのも川島である。伊藤述史「日本の新外交と幣原さん」年月日不明(「幣原平和文庫」リール十三)も参照。

(35) 諸井忠一編『諸井六郎君追悼遺芳録』（諸井忠一、一九四一年）八―一四、二二―三二、四七―四八頁。
(36) 幣原喜重郎「ワシントン会議の裏面観その他」一三五頁。
(37) 倉知鉄吉述「韓国併合ノ経緯」一九三九年十一月（広瀬順晧編『近代外交回顧録』第二巻）二四九―二八五頁、石井菊次郎『外交餘録』九五頁。
(38) 「韓国併合ニ関スル宣言」（『官報』号外、一九一〇年八月二十九日）、川島信太郎「幣原総理への思出」、「韓国併合記念章下賜一件」（6. 2. 2. 10、外務省外交史料館所蔵）、久保田政周内務次官から幣原、一九一五年十二月二十五日（外務省編『日本外交文書』大正四年、第一冊）三八一―三八八頁。
(39) 『朝日新聞』一九五一年三月十一日。
(40) 本多熊太郎『魂の外交――日露戦争に於ける小村侯』（千倉書房、一九四一年）。なお、寺本康俊『日露戦争以後の日本外交――パワー・ポリティクスの中の満韓問題』（信山社、一九九九年）五三三頁は、「小村の帝国主義的政策は、清国のナショナリズムを益々《ますます》反発させた。他方、林の現状維持政策は、国内から元老の非難を受けることになった。換言すれば、日露戦争後の日本外交は、日本の大陸発展への要請と清国ナショナリズムの勃興との狭間にあって、自らの足場を確立することが出来なかったのであった。それは、後の田中外交と幣原外交に於ける日本外交の苦悩を想起させるものがある」と論じている。
(41) 武者小路公共談「幣原さんの想出」。
(42) 幣原喜重郎「外交文書の文体、起草者の心得並に諸種の形式」九〇―九一頁。古谷重綱「思い出ばなし在サンパウロ」（『霞関会会報』第二四〇号、一九六六年）五頁も参照。
(43) 「外務省外国人雇入一件（附契約書）別冊『デニソン』氏関係」、幣原平和財団編『幣原喜重郎』（幣原平和財団、一九五五年）五九頁。
(44) 一人だけ外交官の例として、後に外相となる佐藤尚武を挙げておきたい。このころ佐藤は、まだ駐露大使館の三等書記官であった。
　その佐藤は、一九一二年夏に初めて賜暇帰朝の恩恵に浴した。いざ門司経由で帰朝してみると、国中が喪に服していた。このため佐藤は、スペイン皇族の接伴委員を仰せつかった。佐藤は九月十三日の大喪当日に、青山練兵場で大喪に参列した。夜半の十二時には、霊柩車が牛に引かれていくのをしめやかに見送った。「大帝の偉業」を追想しながら佐藤が芝離宮に戻ると、思わぬ号外がきていた。号外を手にすると、柩の発引と同時刻に乃木夫妻が自刃したという。愕然とする佐藤は、「一語も発することができなかった。なにかしら重い力で、心臓を圧迫されたような気がしたのである」。

というのも、佐藤は乃木と数日前に会ったばかりであった。わずか数日前に、佐藤が芝離宮の玄関に立っていると、姿を現したのは乃木だった。乃木はイギリス皇帝御名代アーサー・オブ・コンノート親王殿下の接伴員として記帳した。その乃木を佐藤は目前で見ていたのである（佐藤尚武『回顧八十年』一〇三―一〇五頁）。

中野敬止編『芳沢謙吉自伝』七三頁にも乃木の殉死が記されている。そのほか、塚田清市編『乃木大将事蹟』（非売品、一九一六年）三六五―三七四頁、乃木神社社務所編『乃木希典全集』下巻（国書刊行会、一九九四年）五二〇頁も参照。

(45) Stanley Washburn, *Nogi: A Man against the Background of a Great War* (New York: Henry Holt and Company, 1913); Reminiscences of Stanley Washburn, 1950, Oral History Research Office, Columbia University.

(46) 幣原喜重郎「序文」、一九二三年十二月二十四日（スタンレー・ウォッシュバーン／目黒眞澄訳『乃木』文興院、一九二四年）一―五頁。さらに同書は、『乃木』（創元社、一九四一年）、『乃木大将と日本人』（講談社学術文庫、一九八〇年）として復刊されており、この二冊で著者はウォシュバンと表記されている。本文では、ウォシュバンで統一した。

なお、ハミルトン・ライトとライト夫人はともにアヘン問題に関与していた。これについてはWilliam Phillips diary, January 29, 1919, William Phillips Papers, Box 1, Houghton Library, Harvard University; 後藤春美『アヘンとイギリス帝国――国際規制の高まり 一九〇六～四三年』（山川出版社、二〇〇五年）三〇、三四、三六、四三、六一、七六頁を参照。

(47) Reminiscences of Stanley Washburn; Shidehara to Root, August 6, 1921, Elihu Root Papers, Box 139,

Manuscript Division, Library of Congress: Root to Shidehara, August 9, 1921, Root Papers, Box 139.

（48）幣原喜重郎「序文」一—五頁。

（49）目黒眞澄「緒言」（スタンレー・ウォッシュバーン『乃木』）一、一〇—一三頁、Washburn to Hanihara, November 27, 1923（同上、頁数は書かれていない）、幣原喜重郎「序文」三—四頁、Reminiscences of Stanley Washburn.

（50）外務大臣官房人事課編『外務省年鑑』大正二年、六〇頁。第一次排日土地法に至る経緯をまとめたものとして、外務省編『対米移民問題並加州排日運動ノ沿革 附 加州問題日米交渉顛末』（外務省、一九二〇年）がある。簑原俊洋「移民問題解決への二つの日米交渉——一九一三年珍田・ブライアン会談と一九二〇年幣原・モーリス会談」（『神戸法学雑誌』第五十巻第一号、二〇〇〇年）三九—九二頁も参照。

（51）幣原喜重郎「伯とブライアン氏」（菊池武徳編『伯爵珍田捨巳伝』共盟閣、一九三八年）一三八—一四〇頁。幣原喜重郎『外交五十年』四〇—四二、三一六—三一八頁も参照。

（52）Bryan to Wilson, October 2, 1914, William Jennings Bryan Papers, Box 45, Manuscript Division, Library of Congress; Bryan to Wilson, January 23, 1915, Bryan Papers, Box 45.

（53）James Bryce, *The American Commonwealth*, rev. ed. 2 vols.（New York: Macmillan Company, 1911）.

（54）Edward Price Bell, with an introduction by Calvin Coolidge, *World Chancelleries: Sentiments, Ideas, and Arguments Expressed by Famous Occidental and Oriental Statesmen Looking to the Consolidation of the Psychological Bases of International Peace*（Chicago: Chicago Daily News, 1926）, pp. 138-139; 幣原喜重郎『外交五十年』四八—五一頁、Edward Grey, *Twenty-Five Years, 1892-1916*, vol. 3（London: Hodder and Stoughton Limited, 1935）, pp. 15-16, 24-25; 大田為吉「幣原さんを語る」一九五三年一月十三日（「幣原平和文庫」リール十三）。

（55）幣原喜重郎『外交五十年』五一—五三頁。同書には「たしか一九一九年に」とあるが正しくは一九二一年ではなかろうか。

（56）James Bryce, *International Relations: Eight Lectures Delivered in the United States in August, 1921*（New

York: Macmillan Company, 1927), pp. 126-129. なお、H. A. L. Fisher, *James Bryce*, vol. 2 (London: Macmillan Company, 1927), pp. 280-287. がブライス最後の訪米を論じている。

(57) E. W. Edwards,"China and Japan, 1911-1914," in F. H. Hinsley, ed., *British Foreign Policy under Sir Edward Grey* (Cambridge: Cambridge University Press, 1977), pp. 380-381; 拙著『東アジア国際環境の変動と日本外交 一九一八―一九三一』一三頁。

(58) 幣原喜重郎『外交五十年』二五四―二五六、二五九―二六二頁。

事件の発生したメキシコでは、三十年以上に及ぶディアス（Porfirio Diaz）大統領の独裁が終わり内乱状態に陥っていた。反革命クーデターでウエルタ（Victoriano de la Huerta）が臨時大統領となったものの、ウィルソン政権がウエルタに反発していることをグレイは知っていた。アメリカの対メキシコ政策には、違和感を覚えていたが、これをグレイは黙視することにした。アメリカの武力介入に抗してまで、メキシコに干渉する利点はないと判断したのである。グレイ流のリアリズムであり、単なる不干渉ではない。実際のところ、内乱は一九二〇年代初頭まで続いた。

Edward Grey, *Twenty-Five Years, 1892-1916*, vol. 3, pp. 26-29. Peter Calvert, *The Mexican Revolution, 1910-1914: The Diplomacy of Anglo-American Conflict* (Cambridge: Cambridge University Press, 1968), pp. 163, 170, 187-188, 195, 200-201, 204, 209, 245-247. Lloyd C. Gardner,"Woodrow Wilson and the Mexican Revolution," in Arthur S. Link, ed., *Woodrow Wilson and a Revolutionary World, 1913-1921* (Chapel Hill: University of North Carolina Press, 1982), pp. 17-20. も参照。

そのほか、ウィルソンの対メキシコ外交については、草間秀三郎『ウィルソンの国際社会政策構想』（名古屋大学出版会、一九九〇年）五八―六七頁に学説が整理されている。

(59) Reminiscences of William Phillips, 1951, Oral History Research Office, Columbia University; Keith Robbins, *Sir Edward Grey: A Biography of Lord Grey of Fallodon* (London: Cassell and Company Limited, 1971), pp. 321-324; 吉田茂・幣原喜重郎・佐藤尚武座談会「外交縦横談」（『時事新報』一九五〇年一月三日）。

(60) 加藤外相から井上駐英大使、一九一四年七月三日（「外務省外国人雇入一件（附契約書）別冊『デニソン』氏関係」、井上から加藤、一九一五年三月九日（「本邦雇傭外国人関係雑件 本省ノ部」K. 4. 2. 0. 1-5, 外務省外交史料館所蔵）、井上から大隈外相、九月十六日（同上）、幣原喜重郎『外交五十年』二四八頁。
　ベイティについては、Thomas Baty, edited by Motokichi Hasegawa, *Alone in Japan: The Reminiscences of an International Jurist Resident in Japan 1916–1954* (Tokyo: Maruzen, 1959)；一又正雄「トーマス・ベイティ博士逝去」（『国際法外交雑誌』第五十三巻第一・二号、一九五四年）八六―九七頁、同『日本の国際法学を築いた人々』一七二―一七六頁、内山正熊「トーマス・ベイティ博士の論功」（『国際法外交雑誌』第六十五巻第六号、一九六七年）三五―五〇頁、外務省百年史編纂委員会編『外務省の百年』下、一三四七―一三五三頁、村上信也「トワイライトの向こうに――悲劇の国際法学者トーマス・ベイティ㈠㈡㈢」（『外交フォーラム』第一七七、一七八、一七九号、二〇〇三年）七〇―七七、七二―七九、七八―八五頁、Peter Oblas,"Naturalist Law and Japan's Legitimization of Empire in Manchuria: Thomas Baty and Japan's Ministry of Foreign Affairs," *Diplomacy and Statecraft*, vol. 15, no. 1 (2004), pp. 35-55; Martin Gornall,"Dr Thomas Baty, 1869-1954: Legal Adviser to the Japanese Foreign Ministry, 1916-41," in Hugh Cortazzi, ed., *Britain and Japan: Biographical Portraits*, vol. 5 (Kent: Global Oriental, 2005), pp. 431-442, がある。

(61) 幣原から加藤、一九一四年八月十五日（外務省編『日本外交文書』大正三年、第三冊）一六一頁、井上から加藤、八月十七日（同上）一六五―一六六頁、幣原喜重郎『外交五十年』二七四頁。

(62) 船越光之丞述「日独開戦当時ノ思出 付録 落葉集（随筆）」一九三八年十月（広瀬順晧編『近代外交回顧録』第二巻）三〇五―三〇六頁。重光葵『重光葵外交回想録』（毎日新聞社、一九五三年）一一頁も同趣旨。なお、内田定槌の回想録によると、当初内田はスウェーデン駐在の米国代理公使に暗号電報の発電を依頼したが、断られたのでブラジル公使を介したという。内田定槌述「在勤各地ニ於ケル主要事件ノ回顧」一九三九年一月（広瀬順晧編『近代外交回顧録』第一巻）一八五―一八六頁、早島瑛編「内田定槌日誌」（『史学雑誌』第八十八編第八号、一九七九年）七五―九〇頁も参照。

(63) なお、船越によれば「我が国が最後通牒を、東京駐剳《(ママ)》ドイツ大使に、手交すると同時に、関係列国にその内容を通知した事は、外交上決して良策とは云へない。元来最後通牒なるものは、その性質上たゞ相手国に交付して、その厳然たる意義を諒知させれば足るのである」という。船越光之丞述／関野直次編『日独国交断絶秘史』（日東書院、一九三四年）一〇一―一〇二、一〇七―一〇九、一二三頁。

(64) 堀内干城『中国の嵐の中で』（乾元社、一九五〇年）三七頁、幣原喜重郎『外交五十年』八一頁。

(65) 谷正之談「和蘭公使時代の幣原さん」年月日不明（「幣原平和文庫」リール十八）、松井慶四郎『松井慶四郎自叙伝』（刊行社、一九八三年）八一―八二頁。

(66) 幣原喜重郎「中国公使汪栄宝君と私」（幣原喜重郎ほか『世界の心と姿』不死鳥社、一九四九年）三―七頁。

(67) 幣原喜重郎『外交五十年』二四八頁。

(68) 永井松三談「幣原男爵の想出」。

(69) 伊藤博邦宮内省式部次長から幣原、一九一六年一月二十日（外務省編『日本外交文書』大正五年、第一冊）三九二頁、高山公通関東都督府参謀長から幣原、九月十六日（同上）四一一―四一五頁。

第一次大戦中の日露関係については、吉村道男『増補　日本とロシア』（日本経済評論社、一九九一年）一六九―三一八頁が参考になる。

(70) 幣原からマレービチ、一九一五年十一月四日（外務省編『日本外交文書』大正四年、第三冊下巻）一一八五―一一八八頁、幣原―マレービチ会談、一九一六年一月六日（外務省編『日本外交文書』大正五年、第二冊）一―二頁。

(71) 山田隆一陸軍次官から幣原、一九一六年四月六日（外務省編『日本外交文書』大正五年、第三冊）四〇二―四〇六頁、幣原から菅原通敬大蔵次官、一九一六年四月二十五日（同上）四一三―四一四頁、幣原から菅原、六月十日（同上）四二九―四三〇頁、幣原から菅原、六月二十七日（同上）四三九頁、幣原からシエキン（Shekine）駐日ロシア大使館参事官、八月二十五日（同上）四四四頁、幣原―シエキン会談、九月二十五日（同上）四四九―四五一頁、幣原からクルペンスキー、十月六日（同上）四五四―四五五頁、幣原から勝田主計大蔵次官、十月十日（同上）四五五―四五六頁、幣原からシエキン、十月十六日（同上）四五六―

四五七頁、幣原から勝田、十月十九日（同上）四五八―四五九頁、幣原から勝田（同上）四六四―四六五頁、山田から幣原、十一月二十五日（同上）四七一―四七五頁。

(72) 上山満之進農商務次官から幣原、一九一六年五月九日（外務省編『日本外交文書』大正五年、第一冊）二五三頁。

(73) 幣原から白仁武関東都督府民政長官、一九一六年八月三日（外務省編『日本外交文書』大正五年、第二冊）八九八頁。満蒙独立運動の研究としては、栗原健「第一次・第二次満蒙独立運動と小池外務省政務局長の辞任」（同編『対満蒙政策史の一面』原書房、一九六六年）一三九―一六一頁、波多野勝『満蒙独立運動』（PHP新書、二〇〇一年）がある。

(74) 幣原―クルペンスキー会談、一九一六年八月十二日（外務省編『日本外交文書』大正五年、第三冊）六〇一―六〇三頁、幣原―章士釗会談、一九一八年十月十四日（同上、大正七年、第二冊上）四九―五〇頁。

(75) 「対外政策並態度関係雑纂 対支那之部（本野大臣）」（松本記録、1. 1. 1. 3-2-4. 外務省外交史料館所蔵）、外務省編『日本外交年表竝主要文書』上、四二一―四二七頁、外務省編『日本外交文書』（大正六年、第二冊）二―六頁。小幡酉吉伝記刊行会編『小幡酉吉』（小幡酉吉伝記刊行会、一九五七年）一九〇―二〇四頁、波多野勝『近代東アジアの政治変動と日本の外交』（慶應通信、一九九五年）二六〇―二六一頁も参照。

そのほか、政務局第一課や林権助駐華公使の動向を跡づけたものとして、熊本史雄「第一次大戦期における外務省の対中政策――『経済提携』から『文化提携』への転換」（『史境』第四十五号、二〇〇二年）一―一九頁がある。

(76) 本野から佐藤駐米大使、一九一七年六月九日（外務省編『日本外交文書』大正六年、第三冊）七二二―七二三頁、ホイーラーから幣原、六月十一日（同上）七二六―七二七頁。

(77) 外務省編『日本外交年表竝主要文書』上、四三九―四四〇頁、栃内曾次郎海軍次官から幣原、一九一七年九月二十九日（外務省編『日本外交文書』大正六年、第三冊）七八四頁、W. Reginald Wheeler, *China and the World-War* (New York: Macmillan Company, 1919), pp. 124-125. 石井・ランシング協定に関する最近の研究として、高原秀介『ウィルソン外交と日本』（創文社、二〇〇六年）六一―一〇二頁がある。

（78）本野から佐藤、一九一七年六月十三日（外務省編『日本外交文書』大正六年、第三冊）七二九―七三一頁、佐藤から本野、六月十五日（同上）七三二頁、Sato to Lansing, June 15, 1917, Department of State, ed., *Papers Relating to the Foreign Relations of the United States* [hereafter cited as *FRUS*], *1917* (Washington, D. C.: Government Printing Office, 1926), pp. 71-72; Wheeler to Lansing, June 18, *ibid.*, p. 259; Lansing to Wheeler, July 6, *ibid.*, pp. 260-262.

（79）William Phillips diary, July 30, August 22, October 8, November 7, 1917, Phillips Papers, Box 1.

（80）Morris to Lansing, December 14, 1917, *FRUS, 1918, Russia*, vol. 2, pp. 7-8; Morris to Lansing, January 7, 1918, *ibid.*, p. 20; Morris to Lansing, April 13, *ibid.*, p. 121; J. Jules Jusserand（French ambassador to America）to Lansing, April 21, 1918, *ibid.*, pp. 128-129; 幣原―モリス会談、一九一八年一月二十三日（外務省編『日本外交文書』大正七年、第一冊）六四一頁、幣原―グリーン会談、三月十二日（同上）七〇一―七〇四頁、幣原―クルペンスキー会談、四月十三日（同上）五一三―五一六頁、幣原―ルニョー会談、四月二十二日（同上）七八五―七八六頁、幣原―グリーン会談、四月十九日（同上）四一七―四一九頁。

（81）William Phillips diary, August 3, 1918, Phillips Papers, Box 1; 浦潮派遣軍参謀長由比光衛中将から幣原、一九一九年二月二十七日（外務省編『日本外交文書』大正八年、第一冊）六一二―六一四頁。

（82）幣原―グリーン会談、一九一八年九月二十七日（外務省編『日本外交文書』大正七年、第三冊）四〇九―四一一頁。幣原―モリス会談、十月二十八日（同上）四二九―四三二頁も参照。

（83）外務省編『日本外交文書』（大正七年、第三冊）四二三―四二八頁、拙著『東アジア国際環境の変動と日本外交　一九一八―一九三一』四八―四九頁。

（84）幣原から陸軍次官山梨半造中将、一九一九年八月四日（外務省編『日本外交文書』大正八年、第三冊下）一二九一―一二九二頁、幣原喜重郎『外交五十年』九五―九七頁。

コルチャク政権と加藤恒忠については、景浦勉「加藤恒忠」（愛媛県教育委員会編『愛媛の先覚者』第四巻、愛媛県教育委員会、一九六六年）二一〇―二一四頁、細谷千博『ロシア革命と日本』（原書房、一九七二年）八五―一九二頁が参考になる。

(85) 幣原—ミラー会談、一九一八年八月七日（外務省編『日本外交文書』大正七年、第二冊上巻）二三一—二三二頁。当該期の新四国借款団などに関する代表的な研究としては、三谷太一郎『増補 日本政党政治の形成——原敬の政治指導の展開』（東京大学出版会、一九九五年）三三一—三五二頁があり、これに対する私見としては、拙著『東アジア国際環境の変動と日本外交 一九一八—一九三一』四—六、二〇—三四頁を参照されたい。

(86) 武者小路公共談「幣原さんの想出」。パリ講和会議については、拙著『東アジア国際環境の変動と日本外交 一九一八—一九三一』三四—四六頁で論じたことがあり、ここでは詳述しない。

(87) Robert Lansing, *The Peace Negotiations: A Personal Narrative* (Boston: Houghton Mifflin Company, 1921), pp. 243-267.

(88) Shidehara to Lansing, March 26, 1921（「牧野伸顕関係文書」書簡の部、第二十八冊、国立国会図書館憲政資料室所蔵）、幣原喜重郎『外交五十年』三一八—三一九頁。

(89) 臨時外交調査委員会における伊東巳代治との確執については、幣原喜重郎口述／清沢洌筆記「委任地統治領統治形式」年月日不明（「幣原平和文庫」リール十八）で幣原自身が語っている。

(90) 加藤高明「不参加の理由」一九一七年六月七日（『青年』第五巻第七号、一九一七年）三七—四二頁、時事記事「加藤子の弁解」（『政友』第二〇八号、一九一七年）四五—四九頁、横山勝太郎監修／樋口秀雄校訂『憲政会史』上（原書房、一九八五年）七〇—七三頁。

近年の加藤高明研究として、櫻井良樹「加藤高明と英米中三国関係」（長谷川雄一編『大正期日本のアメリカ認識』慶應義塾大学出版会、二〇〇一年）七九—一一二頁、奈良岡聰智「加藤高明の政治指導と憲政会の創立——一九一五～一九一九㈠㈡」（『法学論叢』第一五一巻第二号、第一五二巻第一号、二〇〇二年）一一二—一三七、一一四—一三五頁、同「加藤高明内閣の政治過程——加藤高明の政治指導と二大政党制の成立㈠㈡」（『法学論叢』第一五二巻第三号、第一五三巻第一号、二〇〇二—二〇〇三年）六四—八七、一二二—一四三頁を参照。

(91) 原奎一郎編『原敬日記』第四巻、一四一頁、第五巻、六八、一二六、一四〇頁。

(92) 幣原から内田、一九一九年十一月二十日（外務省編『日本外交文書』大正八年、第三冊上）七七一―七七二頁。
(93) 石射猪太郎『外交官の一生』（中公文庫、一九八六年）七〇―七一、八〇―八一頁。広田弘毅伝記刊行会編『広田弘毅』（葦書房、一九九二年）六一頁も参照。
(94) 石射猪太郎「幣原男の想出」年月日不明（「幣原平和文庫」リール十三）、幣原喜重郎『外交五十年』二八一―二八四頁。
(95) 幣原から内田、一九一九年十二月二十四日（外務省編『日本外交文書』大正八年、第一冊）六九三―六九四頁、浦潮派遣軍参謀長稲垣三郎中将から山梨、一九二〇年一月八日（外務省編『日本外交文書』大正九年、第一冊下）八三七頁、幣原から内田、一月十一日（同上）八四〇―八四八頁、原奎一郎編『原敬日記』第五巻、一九九頁、幣原喜重郎『外交五十年』九七―九九頁。
(96) Reminiscences of DeWitt Clinton Poole, 1952, Oral History Research Office, Columbia University. シベリア撤兵問題については、高原秀介『ウィルソン外交と日本』一一八―一六八頁も参照。
(97) ヤップ島に関連した研究として、Paul H. Clyde, *Japan's Pacific Mandate* (New York: Macmillan Company, 1935), pp. 45-62; 平間洋一『第一次世界大戦と日本海軍――外交と軍事との連接』（慶應義塾大学出版会、一九九八年）一三一―一四五頁、稲田真乗「日本海軍のミクロネシア占領とヤップ島問題」（『早稲田大学大学院法研論集』第九十号、一九九九年）一〇三―一二三頁などがある。
(98) 南洋庁『南洋庁施政十年史』（南洋庁長官官房、一九三二年）六五―七三頁。
(99) 幣原から栃内、一九一九年八月十四日（外務省編『日本外交文書』大正八年、第三冊上）四一一頁、栃内から埴原正直外務次官、九月十五日（同上）四一五―四一六頁、臨時南洋群島防備隊「南洋群島 島勢調査報告」一九二〇年十月一日（小沼良成編『外地国勢調査報告 第六輯 南洋諸島島勢調査報告』第一冊、文生書院、一九九九年）一―一五頁。
(100) 幣原から内田、一九二〇年十月八日（外務省編『日本外交文書』大正九年、第三冊上）四六九―四七一頁、石井菊次郎駐仏大使から内田、一九二一年二月二十三日（同上、大正十年、第三冊上）二六八―二七二頁。

会議の各議事録については、Norman H. Davis Papers, Box 30, Manuscript Division, Library of Congress, に収められている。そのほか memorandum by Davis of a conversation with Shidehara, February 28, 1921, Davis Papers, Box 9, も参照。

(101) 幣原から内田、一九二一年五月二日（外務省編『日本外交文書』大正十年、第三冊上）三五九―三六二頁、幣原から内田、八月二十日（同上）三八四―三八九頁、Hughes to Shidehara, September 15, 1921, *FRUS, 1921*, vol. 2, pp. 297-299.

(102) 幣原から内田、一九二二年二月十一日（外務省編『日本外交文書』大正十一年、第三冊）三七八―三八七頁、convention between America and Japan, February 11, 1922, *FRUS, 1922*, vol. 2, pp. 600-604.

(103) 南洋庁『南洋庁施政十年史』三八、五三頁、幣原喜重郎『外交五十年』七九―八〇、一四三―一四四頁。

(104) Memorandum by Long of a conversation with Shidehara, December 13, 1919, Breckinridge Long Papers, Box 183, Manuscript Division, Library of Congress; Lansing to Shidehara, December 13, 1919, Long Papers, Box 183; Polk to MacMurray, February 20, 1920, Frank Lyon Polk Papers, Box 28, Sterling Memorial Library, Yale University.

(105) 幣原から内田、一九一九年十一月二十四日（外務省編『日本外交文書』大正八年、第一冊）八一―八三頁、内田から幣原、十二月六日（同上）一〇一―一〇二頁。簑原俊洋「移民問題解決への二つの日米交渉」六二―七七頁も参照。

(106) 外務省編『日本外交文書　対米移民問題経過概要』（外務省、一九七二年）六二三―六七一頁、外務省編『日本外交文書　対米移民問題経過概要附属書』（外務省、一九七三年）五六一―六七九頁。

(107) Speech by Morris before the Japan Society, December 15, 1920, Roland S. Morris Papers, Box 13, Manuscript Division, Library of Congress.

(108) 原奎一郎編『原敬日記』第五巻、三三九頁。飯森明子・波多野勝「大正十年皇太子裕仁　幻の訪米」（『人間科学論究』第三号、一九九五年）二三三―二四三頁、波多野勝『裕仁皇太子ヨーロッパ外遊記』（草思社、一九九八年）五七―六二頁を参照。

(109) 幣原から内田、一九二一年一月三十一日着（「皇太子裕仁親王殿下御渡欧一件」L. 1. 3. 0. 6, 外務省外交史料館所蔵）、原奎一郎編『原敬日記』第五巻、三六六頁。後に幣原は、首相として御陪食した際にもアメリカ人の「無作法」について語っている。太田健一・岡崎克樹・坂本昇・難波俊成『次田大三郎日記』（山陽新聞社、一九九一年）九三頁。

(110) 幣原喜重郎『外交五十年』七二頁。ワシントン会議については、麻田貞雄『両大戦間の日米関係――海軍と政策決定過程』（東京大学出版会、一九九三年）五一―一四八頁、拙著『東アジア国際環境の変動と日本外交 一九一八―一九三一』八九―一一二頁などがある。

(111) 幣原から内田、一九二一年八月二十九日着（外務省編『日本外交文書 ワシントン会議』上、一九七七年）一四六―一四七頁、幣原から内田、九月十五日着（同上）一六〇―一六一頁、原奎一郎編『原敬日記』第五巻、四一五頁。

(112) *FRUS, 1899*, pp. 131-133; *ibid., 1900*, p. 299. 古典的な研究としては、A. Whitney Griswold, *The Far Eastern Policy of the United States* (New York: Harcourt, Brace and Company, 1938), pp. 36-86; Akira Iriye, *Pacific Estrangement: Japanese and American Expansion, 1897-1911* (Cambridge: Harvard University Press, 1972), p. 66, がある。

(113) Charles E. Hughes,"Some Aspects of Our Foreign Policy," pp. 29-33, December 29, 1922, 500. A4/508, Record Group 59, National Archives.

(114) 幣原喜重郎「ワシントン会議の裏面観その他」二二五―二二六頁。

(115) 幣原喜重郎述／清沢洌筆記「ワシントン会議の話（続）」一九四四年頃（「幣原平和文庫」リール十八）。

(116) 日本代表団から内田、一九二一年十二月十六日着（外務省編『日本外交文書 ワシントン会議』下巻、一九七八年）三八六―三八八頁、日本代表団から内田、一九二二年二月五日着（同上）四一四―四一八頁、拙著『東アジア国際環境の変動と日本外交 一九一八―一九三一』九七―九九、二五五―二六三頁。

(117) 幣原喜重郎『外交五十年』八四、八八頁、拙著『東アジア国際環境の変動と日本外交 一九一八―一九三一』九九―一〇二頁。

（118）また、ヤップ島問題や中国通信事業をめぐって日米が会議で対立したことについても、ジョンソンは苦々しく振り返っていた。かつてドイツの保有していたヤップ—上海間の海底電線が日本に譲渡されたこともあり、ジョンソンからすると、中国の無線通信で日本の独占を許すわけにいかなかった。すでに会議前からアメリカは米国フェデラル社を支援して、中国の無線通信事業に参入することを試みていた。しかし、中国無線通信の問題はワシントン会議でも決着がつかず、ここでの日米対立が尾を引いていった。中国における門戸開放の観点から、九カ国条約を評価しているのもジョンソンの特徴であった。ジョンソンによると、しぶしぶ日本はこれに従ったという。また、日本軍をシベリアから撤退させるのに苦心したともいう（Reminiscences of Nelson Trusler Johnson, 1954, Oral History Research Office, Columbia University）。

中国の通信事業をめぐる日米対立に関しては、須永徳武「中国の通信支配と日米関係——三井・双橋無電台借款とフェデラル借款をめぐって」（『経済集志』第六十巻第四号、一九九一年）一五七—一八七頁、樋口秀実『日本海軍から見た日中関係史研究』（芙蓉書房出版、二〇〇二年）八七—八八頁、拙編『満州事変と重光駐華公使報告書——外務省記録「支那ノ対外政策関係雑纂『革命外交』」に寄せて』（日本図書センター、二〇〇二年）一七一—一七二頁を参照。

（119）Williams to Hughes, September 24, 1921, Edward Thomas Williams Papers, Box 1, Bancroft Library, University of California at Berkeley; Williams to MacMurray, December 5, 1921, Williams Papers, Box 1.

（120）Williams diary, July 22, 23, 24, August 23, September 13, October 24, 1921, Williams Papers, Carton 3; 幣原から内田、一九二一年八月四日着（「華盛頓会議一件　啓発其他宣伝雑件」2. 4. 3. 55, 外務省外交史料館所蔵）。Shizhang Hu, *Stanley K. Hornbeck and the Open Door Policy, 1919–1937* (Westport: Greenwood Press, 1995), p. 52, も参照。

（121）Williams to MacMurray, January 19, 1922, Williams Papers, Box 1; Williams to Hughes, January 24, 1922, Williams Papers, Box 1; Williams to MacMurray, January 7, 1922, Williams Papers, Box 1.

（122）Memorandum by the office of Hughes of interview with Shidehara, January 4, 1922, Charles Evans Hughes Papers, reel 126, Manuscript Division, Library of Congress.

（123）Balfour to Lloyd George, November 11, 1921, Rohan Butler and J. P. T. Bury, eds., *Documents on British Foreign Policy 1919-1939* [hereafter cited as *DBFP*]（London: Her Majesty's Stationery Office, 1966）, first series, vol. 14, pp. 466-470; Balfour to Lloyd George, November 24, *ibid.*, pp. 505-511; Balfour to George N. Curzon, November 29, *ibid.*, pp. 522-523; 日本代表団から内田、一九二一年十一月二十四日着（外務省編『日本外交文書　ワシントン会議』上）五四七―五五〇頁、日本代表団から内田、十一月二十九日着（同上）五五二―五五五頁、日本代表団から内田、十二月一日着（同上）、五六四―五六六頁。

（124）例えば、岡崎久彦『幣原喜重郎とその時代』（ＰＨＰ研究所、二〇〇〇年）一九四―一九七頁によると、日本政府としては「日英同盟はアメリカに適用しないことを明記して存続させる」という方針を進めていた。しかし、幣原は「二十年間積み重ねてきた日英同盟という財産を、本国政府に相談もせず、その廃棄の意味の重要性を本国に指摘もせず、個人の判断で捨て去ってしまったのである」。さらに幣原としては、むしろバルフォア案を日英共同案として、アメリカに提示すべきであったという。「アメリカが拒否すれば、英国はどうするかを決めなければいけない。しかし紳士の国として、二十年続いた同盟の廃棄を自分から言い出すのは難しい。……英国が同盟を切ると言っていないのに幣原の方から切ったのは、厳しく言えば訓令違反である。……外交技術の冴《さ》えを発揮しすぎてしまったという批判は当然ありうる」。以上が岡崎氏の主張である。

そのほか岡崎氏は座談会でも、「幣原が同盟存続でいけば、同盟は続いていたと思います」と発言している（『諸君』二〇〇三年二月号、二四一頁）。岡崎久彦『日本外交の情報戦略』（ＰＨＰ新書、二〇〇三年）二八―三五頁、同『どこで日本人の歴史観は歪んだのか』（海竜社、二〇〇三年）一三九―一四三頁も同趣旨となっている。

（125）内田から原、一九二一年十月十三日（外務省編『日本外交文書　ワシントン会議』上）一八一―二一八頁。

（126）幣原喜重郎「ワシントン会議の裏面観その他」一一八―一一九頁。幣原喜重郎『外交五十年』六一―六三頁も同趣旨。

（127）幣原喜重郎「ワシントン会議の裏面観その他」一一八―一二二頁。幣原喜重郎『外交五十年』六三―六六頁も参照。

（128）Curzon to Auckland C. Geddes（British ambassador to America）, June 29, 1921, *DBFP*, first series, vol. 14, pp. 316-318; Geddes to Curzon, July 6, *ibid.*, pp. 326; Curzon to Geddes, July 9, *ibid.*, pp. 336-338; memorandum of a conversation between Hugh and Geddes, June 23, 1921, *FRUS, 1921*, vol. 2, pp. 314-316.

（129）石射猪太郎『外交官の一生』六九頁。

（130）Herbert O. Yardley, *The American Black Chamber*（New York: Blue Ribbon Books, 1931）, pp. 250-317; ハーバート・ヤードリ／大阪毎日新聞社訳『ブラック・チエンバ——米国はいかにして外交秘電を盗んだか？』（大阪毎日新聞社、一九三一年）三〇三—三九〇頁、幣原喜重郎『外交五十年』七七頁。

（131）来栖三郎『泡沫の三十五年』（中公文庫、一九八六年）二二八—二二九頁、Eliot to Curzon, January 13, 1922, *DBFP*, first series, vol. 14, pp. 606-608; Francis Stewart Gilderoy Piggott, *Broken Thread: An Autobiography*（Aldershot: Gale & Polden Limited, 1950）, pp. 144-145; Reminiscences of Sir George Sansom, 1957, Oral History Research Office, Columbia University; Victor Wellesley, "Anglo-Japanese Alliance and Our Future Policy in the Far East," September 1, 1920, F 2200/199/23, FO 371/5361, National Archives; 拙著『東アジア国際環境の変動と日本外交 一九一八—一九三一』四四—四五頁。

（132）Reminiscences of Eugene H. Dooman, 1970, Oral History Research Office, Columbia University.

（133）Balfour to Curzon, December 9, 1921, *DBFP*, first series, vol. 14, pp. 546-547; Balfour to Curzon, December 25, *ibid.*, pp. 576-577; note of a conversation between Balfour and Kato, January 5, 1922, *ibid.*, pp. 585-587; 内田から日本代表団、一九二一年十二月十七日（外務省編『日本外交文書 ワシントン会議』上）六一六—六一八頁、幣原から内田、一九二二年二月二十一日着（同上）六七七—六八〇頁。幣原喜重郎『外交五十年』六七—六八頁も参照。

（134）馬場恒吾『現代人物評論』（中央公論社、一九三〇年）二七五頁。

（135）石井菊次郎『外交餘録』四一七頁。

（136）斎藤自身もアメリカの世論に働きかけようとしたことについては、澤田廉三『随感 随筆』六九—七四頁に記述がある。

(137) 幣原喜重郎「ワシントン会議の裏面観その他」一〇六頁、Shidehara Kijuro, "A Frank Official Statement for Japan," *Current History*, vol. 15, no. 3 (1921), pp. 394-397; Shidehara to Lamont, December 6, 1921, Thomas William Lamont Papers, Box 186, Barker Library, Harvard University.
なお、中国の施肇基全権も同誌に論文を掲載している。Sao-Ke Alfred Sze, "China at the World Council," *Current History*, vol. 15, no. 3 (1921), pp. 397-399.
モアーはその後の一九二二年三月、日本外務省本省に着任している。内田外相から井上勝之助式部長官、一九二二年十一月三日（「本邦雇傭外国人関係雑件　本省ノ部」）。Frederick Moore, *With Japan's Leaders: An Intimate Record of Fourteen Years as Counsellor to the Japanese Government, Ending December 7, 1941* (New York: Charles Scribner's Sons, 1942), pp. 5, 9, 57-60; 松村正義「ワシントン会議と日本の広報外交」四七―七六頁も参照。

(138) 内田から幣原、一九二一年十一月二十八日（外務省編『日本外交文書　ワシントン会議』上）五五〇―五五一頁、内田から幣原、十一月二十九日（同上）五六一―五六三頁、内田から幣原、十二月十七日（同上）六一―六頁、『時事新報』一九二一年十一月二十八日、伊藤正徳『新聞五十年史』（鱒書房、一九四三年）二五六―二五七頁、幣原喜重郎『外交五十年』六五、二五六―二五九頁、石射猪太郎『外交官の一生』一〇二―一〇四頁。

(139) 幣原から内田、一九二一年八月十七日（「華盛頓会議一件　啓発其他宣伝雑件」）。

(140) 筒井潔「最後の外交(一)」（『霞関会会報』第三〇五号、一九七一年）一二頁、Lamont to Inoue, October 10, 1923（「井上準之助関係文書」リール七―十一、東京大学大学院法学政治学研究科附属近代日本法政史料センター所蔵）。

(141) 幣原喜重郎『外交五十年』三〇六―三〇七、二四八頁。

(142) 石射猪太郎「幣原男の想出」。

(143) Frank Lyon Polk diary, March 2, 1920, Polk Papers, reel 3. この点については第2章で再説する。

(144) 北岡伸一「二十一カ条再考——日米外交の相互作用」(『年報近代日本研究』第七号、一九八五年)一一九—一五〇頁、高原秀介『ウィルソン外交と日本』三一—六〇頁。

第2章　第一次外相期

一　外務省の政策派閥

欧米派と革新派

関東大震災のさなかで誕生した第二次山本権兵衛内閣は、一九二三（大正十二）年十二月に総辞職した。山本内閣は、虎ノ門事件と呼ばれた摂政裕仁に対する暗殺未遂事件の責任をとったのである。後継の首相となった清浦奎吾《きようらけいご》は、もともと山県有朋直系の官僚であった。清浦内閣の主な閣僚は、貴族院の研究会を母体としており、与党は政友本党のみである。このため憲政会、政友会、革新倶楽部の護憲三派は、清浦内閣を時代錯誤と批判した。護憲三派が総選挙に圧勝すると、憲政会総裁の加藤高明を首班とする内閣が一九二四年六月に成立した。

この加藤内閣は、憲政会、政友会、革新倶楽部を与党としていたため、護憲三派内閣とも称された。加藤内閣は、男子普通選挙法の制定などで知られている。その加藤内閣に幣原は、外務大臣として初入閣した。このとき幣原は、五十一歳であった。そこから一九三二（昭和七）年の五・一五事件まで政党内閣が続くことになり、幣原は加藤内閣、第一次若槻内閣、浜口内閣、第二次若槻内閣という憲政会系の内閣において、通算五年以上も外相を務めた。

外相としての幣原を論じるうえで、まずは日本外務省における人脈の系譜をみておきたい(1)。一般に、幣原をはじめ出淵勝次、佐藤尚武、広田弘毅らは、欧米との関係を重視することから欧米派に区分される。欧米派は外務省の本流でもあった。

これに対して、有田八郎が一九二七年九月に外務省の亜細亜《アジア》局長に就任すると、有田のグループはアジア派ないし革新派と呼ばれるに至った。革新派としては、有田のほかにも重光葵、谷正之、白鳥敏夫らが挙げられる。欧米派や革新派といっても、それぞれが一枚岩であったわけではない。第1章五で述べたように、幣原駐米大使は部下として、広田よりも佐分利貞男を重用していた。その広田は革新派とも近かった(2)。

革新派の原点とみなされるのが、外務省革新同志会であった。かつてパリ講和会議に参加した有田、重光、斎藤博、堀内謙介《ほりのうちけんすけ》ら少壮外交官は、機構改革などを目指して外務省革新同志会を結成した。その会員には四十名ほどがいた。もっとも、革新派の一翼を担う白鳥は、一九三一年九月の満州事変まで幣原との関係を良好に保っていた。しかし満州事変後には、革新派が外務省内を掌握していく。さらに、革新派のなかでも白鳥派と有田らが対立すると、有田や重光、谷などは伝統派と称されるようになった(3)。

このような革新派の動向は、とりわけ一九三〇年代を考察するうえで示唆的であろう。満州事変後に外務省の中心となっていくのは、革新派にほかならないからである。

一方の欧米派についてはどうであろうか。欧米派のなかでも、一九二〇年代に外務省の中枢を担ったのが幣原であった。幣原については、二度に及ぶ外相期の研究が豊富である。幣原の特徴としては対米英協調、経済主義、中国における不干渉政策や秩序形成などが挙げられてきた。これらのうちどの側面を重視するかで、幣原に対する評価は左右される(4)。

そうした諸側面は、幣原のなかでいかに整合するのであろうか。また、その根底にはいかなる構想があったのか。これらの点について、幣原に対する解釈は定まっていない。その一因は、人的な関係や政策過程の分析が不足していることにある。

欧米派のなかでも注目すべきは、幣原派とも呼ぶべき政策グループであろう。幣原の直系と目されるのが、出淵勝次や佐分利貞男であった。そのグループは、外務省の中枢でもある。幣原が広田となじまなかったように、欧米派のすべてが幣原派であったわけではない。こうした人的関係の内在的な分析は、なぜか遅れてきた。とするなら、幣原がいかなる人脈により、どのような目標を達成しようとしたのかを解明せねばならない。

幣原と近い関係にある出淵については、日記刊行の意義が大きい。もっとも、出淵日記を本格的に使用した研究は多くない。幣原が重く用いた佐分利については、北京関税特別会議での役割などが強調されるにとどまっている(5)。幣原派の実証研究は、緒《しょ》についたばかりといえよう。

このように幣原派の探究は、革新派と比べて不十分であった。おそらく暗黙のうちに、幣原の地位が主導的なものと当然視されてきたためであろう。だが、幣原への理解を深めるには、人脈や政策過程の分析が不可欠である。その理由は五つある。

第一に、幣原は、信頼できる部下との連携によって政策を進めがちであった。そのことは、すでに駐米大使のころから表面化していた。外相に就任してからも、あまり出先の具申を取り入れない傾向にあった。

第二に、幣原の海外経験には偏りが大きい。幣原の赴任先として、最長は朝鮮であった。幣原は、朝鮮の仁川や釜山において計五年余りを過ごした。アメリカ滞在も長く、五年近くに及んでいた。イギリスには二年数カ月である。そのほか、ベルギーやオランダに赴任したこともあった。しかし、直接に中国を体験したことはなかった。

第三に、外務省機構の拡張である。パリ講和会議のころには事務量が膨大となったため、まずは条約局が新設された。一九二〇（大正九）年には、政務局が亜細亜局と欧米局に分割された。その亜細亜局は第一課から第三課で構成されており、各課は一般外交、財政経済、在留邦人を管轄した。欧米局も三課であり、それぞれロシア、ヨーロッパ、アメリカを担当した。幣原が外交官試験の申し子であり、外務省の枠内で行動しようとするだけに、こうした機構上の変化は重要であろう。

第四に、外務省員が急増していた。幣原を輩出した第四回の外交官試験において、合格者は四人にすぎなかった。それから二十数年を経て、第一次世界大戦後には合格者が二十人を超えるようになっていた。とりわけ一九二〇年と一九二一年には、四十人近くが合格した。のみならず、省外からも人材は誘致された。幣原が外相に就任するころに、外務省員は一一〇〇人を突破した。外相といえども、省内の掌握は容易でなかったはずである。(6)

第五に、陸海軍などとの協議には、少なからず局長級が当たった。その典型が、清浦内閣期の対支政策綱領であろう。対支政策綱領とは、中国に対する基本方針のことであり、その審議には亜細亜局長の出淵が出席していた。そこで出淵は、陸軍の北満州進出策を抑えようとしたのである。それだけに、幣原の対中国政策では亜細亜局員、とりわけ出淵局長との関係が重要になっていた。

これらを念頭に、第一次幣原外相期の政策過程と人的関係を追ってみたい。幣原が何を腹心の出淵や佐分利に託し、どこまで達成したかを分析することで、幣原外交と呼ばれるものの内実がみえてくるであろう。場合によっては、幣原の独自性と思われていたものが、実際にはボトムアップ型の政策決定であったということもあろう。以下では幣原派の形成をたどったうえで、加藤首相との関係、外交理念、日中関係、対米移民、省内人事、経済外交、対ソ政策などを論じていく。

幣原派の萌芽

まずは幣原と出淵、佐分利の関係を通じて、幣原派の萌芽ともいうべきものをみておきたい。そのためには、幣原の駐米大使期にさかのぼらねばならない。幣原は一九一九年十一月、ワシントンに着任した。ウィルソン政権下の日米間で悪化していた諸問題のうち、筆頭格は排日移民であった。もちろん幣原は、この問題の解決に尽力した。しかし、それだけではすまされない。日米両国は、シベリア出兵や山東問題のほかに新四国借款団でも反目していた(7)。

幣原が赴任したころ、すでにウィルソン政権は末期に差しかかっていた。しかも国務長官は、ランシングからコルビーへの過渡期にあった。そのため、しばしば第三国務次官のロング（Breckinridge Long）が対日交渉に当たり、役割を増していた。ロングとの交渉に、幣原は出淵参事官を多用した。

なかでも新四国借款団に進展がみられた[8]。従来、新四国借款団の形成で重視されてきたのは、アメリカ銀行団代表のラモントであった。ラモントは日本の主張に理解を示し、借款団の結成に貢献したというのである[9]。

国務省内でラモントに呼応したのが、ロングにほかならない。マクマリー極東部長も、そのことを認めていた。出淵らと交渉していたロングはラモントに書簡を送り、「日本を借款団に含める必要がある」と伝えた。「日本が満州にある種の既得権益を抱えており、それらが借款団から除外されるべきことを我々は認めるつもりだ」とロングはいう。つまりロングは、ラモントにもまして日本に妥協的となっていた。

このことを幣原は、出淵らを通じて知っていたはずである。アメリカ側の動きを見透かすかのように、幣原はロングに圧力をかけた。時には「日本の国益を標的とするような行為を防ぐという権利が日本には認められないのか」と幣原は詰め寄っている。これにはロングも、幣原の意向を容認するような返答をした[10]。

かくして幣原は、できるだけ在華権益を確保しようとした。一方で、ラモントもモーガン商会のモーガン（J. P. Morgan）を通じて、ロングやポーク国務次官に妥結を働きかけた[11]。新四国借款団をめぐる合意は、ようやく一九二〇年五月に成立した。

この間に、出淵が駐ドイツ大使館に参事官として転出すると、幣原は一等書記官の佐分利貞男を対米交渉に用いた。もともと佐分利は、フランス派として知られていた。その佐分利がアメリカに赴任したのは、幣原の支援を得たからである。幣原が外務次官のころ、佐分利は裕仁親王のフランス語教

表2　日本外務省の主要人事（1920年代）

首相	外相	外務次官	亜細亜局長	欧米局長	通商局長	条約局長	情報部長
原敬 高橋是清 加藤友三郎	内田康哉	幣原喜重郎 埴原正直 田中都吉	芳沢謙吉 出淵勝次	松平恒雄 広田弘毅	埴原正直 田中都吉 永井松三	松田道一 山川端夫	伊集院彦吉 田中都吉
山本権兵衛	伊集院彦吉	松平恒雄	出淵勝次	広田弘毅	永井松三	山川端夫	松平恒雄
清浦奎吾	松井慶四郎	松平恒雄	出淵勝次	広田弘毅	永井松三	山川端夫	松平恒雄
加藤高明 若槻礼次郎	幣原喜重郎	松平恒雄 出淵勝次	出淵勝次 木村鋭市	広田弘毅 堀田正昭	佐分利貞男 斎藤良衛	山川端夫 長岡春一 佐分利貞男	松平恒雄 出淵勝次
田中義一	田中義一	出淵勝次 吉田茂	木村鋭市 有田八郎	堀田正昭	斎藤良衛 武富敏彦	佐分利貞男 松永直吉	出淵勝次 小村欣一 斎藤博
浜口雄幸 若槻礼次郎	幣原喜重郎	吉田茂 永井松三	有田八郎 谷正之	堀田正昭 松島肇	武富敏彦	松永直吉 松田道一	斎藤博 白鳥敏夫

駐米大使　一九一九年十一月　幣原喜重郎
一九二三年二月　埴原正直
一九二五年三月　松平恒雄
一九二八年十月　出淵勝次

駐英大使　一九一六年七月　珍田捨巳
一九二〇年九月　林権助
一九二五年八月　松井慶四郎
一九二九年一月　松平恒雄

駐仏大使　一九一六年二月　松井慶四郎
一九二〇年九月　石井菊次郎
一九二八年二月　安達峰一郎
一九三〇年六月　芳沢謙吉

駐ソ大使　一九二五年三月　佐藤尚武
（臨時代理大使）
一九二五年七月　田中都吉
一九三〇年十二月　広田弘毅

駐華公使　一九一八年十二月　小幡酉吉
一九二三年七月　芳沢謙吉
一九二九年十月　佐分利貞男
一九三一年六月　重光葵

［注］外務大臣官房人事課編『外務省年鑑』各年版などから作成した。

師であった。だが、佐分利には「英米のことに全然経験がない」。このため佐分利は、幣原が「アメリカへ大使としてゆくことになつた時に、自分もアメリカへゆきたい、と頼んで来た」。これに賛同した幣原は、佐分利のアメリカ赴任に便宜を図ったのである。(12)

このように幣原は、信頼できる部下との連携によって政策を進める傾向にあった。幣原が重用したのは、出淵と佐分利である。ワシントン会議には佐分利はもとより、出淵も新聞係長として参加した。やがて出淵と佐分利は、それぞれ亜細亜局長および通商局長として幣原外相を支えることになる。一九二〇年代の主要人事については、表2を参照されたい。幣原はいかなる外交目標を設定し、何を出淵や佐分利に託したのであろうか。

二　ワシントン会議の精神

幣原と加藤

一九二四年六月十一日、加藤高明を首班とする護憲三派内閣が成立した。加藤内閣の外相には、幣原ではなく駐仏大使の石井菊次郎が内定しかけていた。しかし組閣の間際に、幣原が外相となった。(13)なぜ石井ではなく、幣原が外相となったのであろうか。石井の談話によると、次のような経緯だという。

あるとき、加藤（高明）さんが、自分がもし政権に着《ママ》くようなことがあれば、外務はぜひ貴殿にとの話があったが、僕は、お断りします、といった。幣原君はご親戚で具合の悪いこともあるかも知れぬが、彼は一番適任だ、と推薦しておいた。後、二度目に駐仏大使をしているとき、果たして加藤伯に政権がきた。そこでさっそく手紙を書いて、いつぞやのお話の通り大臣はご免蒙りたいとの意見を送った(14)。

つまり石井は外相を辞退して、その代わりに幣原を推したというのである。そこで加藤は、石井でも松井前外相でもなく、幣原を外相とした。ここでの加藤の真意とは、いかなるものであろうか。なにも幣原と石井が、対外構想を大きく異にしたのではない。もともと幣原は、石井と近い関係にあった。かつて第二次大隈内閣のもとで幣原を外務次官にしたのは、当時の石井駐仏大使にほかならない(15)。そのころ石井は、加藤の後任として外相に内定していた。

このため石井は、加藤系とみなされた。その石井を加藤内閣の外相とするのは順当である。ただし、石井を外相とするなら、政治色が濃くなってしまう。

現実に加藤内閣の外相を託されたのは幣原であった。幣原は、外交官試験の合格者として最初の外相である。それ以前の外相では、しばしば外務省入りの経緯からして個人的な関係が重要であった。

この点は、前外相の松井慶四郎もしかりである。松井は、「何か外国向の仕事を考えていたところ、外務省に位地があるらしいので鳩山和夫氏（外務省取調局長兼法科大学教授――引用者注）に話したところ、よかろう加藤高明に話して置くから加藤の処へ行けとのことでさらに駿河台の同氏を訪ねると、よろしいとのことでいよいよ外務省に行くことにきまり卒業の後呼出しの来るのを待っていた」という。[16]

これに対して、外交官試験世代の幣原は有能な官吏型といえる。当初こそ原敬や山県有朋は、幣原を加藤系と警戒した。それでも、加藤の好敵手である原敬は、次第に幣原を信頼していった。さらに原は、幣原を石井駐米大使の後任とした。このように幣原には、石井に比べて政治色が薄いとみられた。

それについては、永井松三の談話が示唆的である。永井は第二次幣原外相期の外務次官であり、幣原と近い関係であった。その永井は後にこう語っている。

石井菊次郎〔枢密院顧問議定官〕、幣原喜重郎両相の下に働いたが、頭の冴えているのは石井子（子爵のこと——引用者注）であった。幣原氏は注意深さはあるが、それほど政治的計画〔ママ〕あるかどうかは一考される。大して偉さを示さなかったのは内田康哉〔元外務大臣、伯〕だ。しかしこの人は人交際振りがいいし、酒も強い。ゴム人形といった人柄が誰にも好かれたのだろう。

加藤高明は米国のことは知らなかった。当時、予は移民課長をやっていたが、移民問題について、大体話しが纏《まと》まって好転していた。それを大臣になって、我等のところにやって来て直《ただ》ちに打ち切りを言い渡した。「米国なんて奴は分らんよ、あんなものをいつまでも対手にしたって駄目だ」というのである。[17]

ではなぜ加藤は、あえて政治色の薄い幣原を外相としたのだろうか。これを合理的に解釈するなら、おそらく加藤は、外相人事の先に西園寺公望を見据えていたのであろう。西園寺は、最後の元老であった。とうに元老の全盛期ではないが、後継首班を選定するのは依然として元老である。首班選定それ自体が、絶大なる権力といってよい。

しかし加藤には、どうしても対華二十一カ条要求の悪評が尾を引いていた。加藤とすれば、西園寺の猜疑心《さいぎしん》を払拭《ふっしょく》せねばならない。このため外相には、加藤系の石井よりも中立的な幣原がふさわしい。かくして加藤は、幣原に外交をゆだねて対外路線の継続性を保とうとした。

一九二四年七月一日の議会は、こうした加藤の判断を暗示するかのようである。このとき加藤は、首相として初の議会演説に臨んだ。予想に反して加藤は、外交にほとんど論及しない。わずかに、この日に施行されることになっていたアメリカの排日移民法について「遺憾」と述べる程度にとどめた。権威ある雑誌『外交時報』の巻頭言によると、「対支問題は忘れたるが如くすっぽかして了《おわ》った（ママ）が加藤首相の施政方針である」という。あえて加藤としては、論争的な中国問題にふれなかったのではなかろうか。

その加藤に続いて、幣原が登壇した。幣原は「外交政策ノ継続性」を説き、これによって「国家ノ威信モ保タレル」と弁じた。やがて幣原の外交は、西園寺の信頼を得ることになる。幣原の外交には賛否両論があるにせよ、西園寺との関係では憲政会の財産であった(18)。

幣原と出淵

加藤内閣のもとで幣原は、いかなる外交に着手したのであろうか。とりわけ懸案となるのが、中国をめぐる外交であった。まずは、幣原の議会演説をみておきたい。先にふれたように、初の議会演説は一九二四年七月一日であった。その舞台は貴族院である。ここで幣原は中国を次のように論じた。

支那ノ内政上ノ事柄ニ付キマシテハ、我々ノ干與《かんよ》スベキ限リデアリマセヌ、又我々ハ支那ノ合理的ナル立場ヲ無視スルガ如キ何等ノ行動ヲ採ラムトスルモノデハアリマセヌ……我々ハ固《もと》ヨリ支那ニ於キマシテ、機会均等主義ノ下ニ日支両国民ノ経済的接近ヲ図ラムトスルモノデアリマシテ……先般ノ華盛頓会議ニ於キマシテ、支那ニ関スル諸条約ガ調印セラレマシタコトハ夙《つと》ニ御承知ノ通リデアリマス……其ノ規定スル政策ハ我等ノ執ラムトスル所ノ政策ト全然一致スルモノデアリマスカラ、政府ハ同条約ノ精神ニ依テ終始セムトスル次第デアリマス(19)

すなわち、中国に対する不干渉を堅持し、機会均等主義のもとに両国民の経済的な関係を深めることで、ワシントン会議の精神に依拠した国際秩序を形成すると幣原は公言したのである。これらは、幣原外交の理念とされてきた。

だが、留意すべきことがある。当時として幣原の演説は、必ずしも高く評価されていないのである。ここで再び、『外交時報』の巻頭言を引いてみたい。それによると、「幣原外相の演説は、田舎新聞の新米主筆が、初めて外交問題の社説でも書いた時のやうに、対外国策の見当も着いて居《い》なければ論文全体の中心も取れて居ない」という(20)。つまり、幣原の演説は目新しくないばかりか、空虚なものと酷評されていた。

このことは何を意味するのであろうか。そこで、松井前外相の議会演説にも耳を傾けてみたい。

支那国内ノ和平統一ト国情ノ改善ハ主トシテ支那国民自身ノ覚醒ト努力ニ俟《ま》ツベキモノデアリマシテ、外間《がいかん》ヨリ妄リニ関與《かんよ》スベキ筋合ノモノデハアリマセヌ……両国間ニ完全ナル国民的諒解《りょうかい》ヲ図リ、両国ノ文化及経済ノ発展ヲ促進スル覚悟デアリマス……華府《かふ》（ワシントンのこと――引用者注）会議ニ於テ協定セラレタル諸条約及決議ノ精神ヲ十分ニ尊重イタシ、対支政策上必要ノ措置ヲ為ス考デアリマス(21)

この松井演説は、一九二四年一月二十二日になされた。幣原演説の半年前であった。松井の演説によれば、中国の和平と統一に向けて不干渉を保ち、日中間に文化と経済の発展を推進して、ワシントン会議の精神を尊重するという。このような松井演説は、幣原のものと本質的に大差ない。とするなら、前記のような幣原演説の理念は、幣原に独自ではなく以前から芽生えていたことになる。

では、なぜ松井と幣原の演説は似てくるのであろうか。なぞを解く鍵は出淵にある。出淵は亜細亜局長として、松井と幣原の両外相に仕えていた。

かつて幣原駐米大使を支えた出淵は、ワシントン会議後に北京を訪れて山東条約の細目を交渉していた。この細目交渉は、一九二二年六月から始められて十二月に妥結した。このとき日本側の委員長は、小幡駐華公使であった。出淵は委員として、事務総長の木村鋭市らとともに小幡を助けている。中国側は王正廷《おうせいてい》を委員長とした(22)。

その出淵は一九二三年五月に亜細亜局長となる。出淵には、幣原とともにワシントン会議をまとめたという自負があった。このため出淵は、山本内閣の伊集院外相や松平次官に「華府条約ヲ信条トナスコト」を力説した。

しかし出淵は、外相の伊集院に不満であった。その主因は対中国政策である。出淵は中国との文化事業を推進していたが、伊集院はこの事業に無理解であった。出淵のところへは、関東大震災における中国人の誤殺をめぐり、元外交部長の王正廷が来訪してもいた。有力視されたいた小幡前駐華公使を退けて本多熊太郎を駐ドイツ大使にするなど、伊集院の人事には「情実多シ」とも出淵はいう。(23)

一九二四年一月には清浦内閣が成立した。外相は松井慶四郎であった。先に引用した松井演説のうち、中国関係については出淵が作成していた。その骨子は「1、支那ノ和平ヲ望ムコト。2、内政不干渉。3、国民的提携。4、協調ノ裡《うち》ニ自主的気分ヲ必要トスルコト。5、華府条約精神尊重ノ五点」であった。こうした理念は、幣原の外相就任以前から出淵によって準備されていたのである。しかも出淵は、張作霖《ちょうさくりん》への武器禁輸を実践していた。(24)

加藤内閣が同年六月に誕生すると、幣原外相は議会演説の概要を各局長に内示した。演説の草案をみた出淵は、「支那ニ関スル原案ニ大々的修正ヲ加ヘ」たという。(25)その結果が、すでに引用したような幣原演説であった。

つまり、幣原と松井の演説が似ているのは、いずれも少なからず出淵によって加筆されたからであろう。もっとも、出淵に大きな影響を与えたのは、駐米大使期の幣原にほかならない。その意味で幣原の理念は、出淵を介して幣原の外相就任前から日本外交に定着していたともいえる。

中国では一九二四年の秋に、奉天派および直隷派という軍閥の間で内戦が再発した。第二次奉直戦争と呼ばれるものである。このころの閣議では、幣原が孤軍奮闘していた。高橋是清《たかはしこれきよ》農商務大臣を筆頭に、加藤内閣は中国への出兵に傾いていた。それでも幣原は、不干渉を堅持しようとした。もっとも、その不干渉とは単なる無作為ではなく、幣原なりの見通しに裏打ちされたものであった。

閣議で幣原は、「（直隷派の――引用者注）呉佩孚《ごはいふ》が勝つて東三省《とうさんしょう》に入つても、手一杯で余力がない。……（同じ直隷派の――引用者注）馮玉祥《ふうぎょくしょう》が張家口にゐるが、これが呉とは仲が悪い。馮が呉の成功を見て黙つてゐる訳はない」と発言した。これには加藤首相も、「幣原君の議論は空論だ」と非難した。激論の末に幣原は、加藤に辞任を申し入れてなだめられた(26)。

実際のところ第二次奉直戦争は、幣原の読みどおりに推移し、日本の在華権益はことなきを得た。しかし、その裏面では日本陸軍が暗躍し、馮玉祥に梃入《てこい》れしていたのである。このとき幣原の不干渉を支えたのが、亜細亜局長の出淵であった。出淵は陸軍省、海軍省との三省会議を主導し、「対支不干渉ノ根本方針ヲ決定」した。さらに出淵は、政友会や政友本党にも赴いて「不干渉方針ヲ力説シ」た。

第一次幣原外相期における陸海軍との調整は、出淵に負うところが大きい。幣原と出淵は理念的にも近かった。幣原は、パリ講和会議後の国際政治について、「兵力の濫用《らんよう》を排斥し、侵略主義を否定し、万般の国際問題は総《すべ》て関係国の相互尊重と全世界人類の諒解とを以て協力処理せんとする機運に向つて進みつゝあるを物語らざるはない」と論じていた(27)。

一九二四年十二月になると、出淵は亜細亜局長から外務次官に昇任した。これによって、幣原の不干渉政策も影響を受けた。出淵が外務次官となって忙殺されると、陸軍との調整は困難になっていくのである。郭松齢《かくしょうれい》事件における日本の対応には、このような背景もあったであろう。この郭松齢事件とは、奉天軍閥の郭松齢が一九二五年十一月、張作霖に反逆したものであった。そこで日本は警告を発して、関東軍を増派することで郭松齢軍を敗退させている(28)。

また、北伐初期の一九二六年八月には、参謀本部第二部長の松井石根《まついいわね》が中国各軍への和平勧告を主張した。北伐とは、蔣介石《しょうかいせき》を総司令とする国民革命軍が広州より出撃して、北京政府を打倒した中国内戦のことである。

しかし、松井の和平勧告案は、木村鋭市亜細亜局長によって退けられた。出淵の後任として亜細亜局長となっていた木村は、英米仏との関係にも配慮して、不干渉の路線を守ろうとしたのである(29)。

三　移民と人事

幣原と佐分利

出淵とともに、幣原の直系と目されるのが佐分利貞男であった。かつて佐分利は幣原駐米大使のもと、参事官としてワシントン会議の全権委員随員を務めていた。その佐分利は、一九二四年五月にアメリカ勤務を免じられた。帰国した佐分利は、通商局長代理を経て同年九月に通商局長に就任する。前通商局長の永井松三は、静養を必要としていた(30)。

佐分利が局長となる通商局は、伝統的にあまり重要視されてこなかった。出淵の日記には、「政務次官室ニ於テ通商局廃止問題ヲ議ス」との記述すらある。通商局勤務の長い堀内干城《ほりうちたてき》は、同局の低い地位に不満であった。なぜなら、「日本の立場からいうと経済外交が主体となるべき運命を持って居る」からだという。堀内は、外務省革新同志会でも実務を担当していた[31]。

それでは佐分利や通商局を介して、幣原は何を推進したのか。通商局の管轄は、経済と移民である。まず幣原と佐分利が取り組むべきは、アメリカへの移民問題であった。少しさかのぼって論じたい。

すでに日本人以外のアジア人がアメリカへの移民を禁止されていたなかで、日本だけは一九〇八（明治四十一）年の日米紳士協定により、自主的に渡航を規制することで対米移民を続けてきた。しかし、アメリカの連邦議会は、一九二四（大正十三）年の五月下旬に排日移民法を可決してしまった。排日移民法における帰化不能外国人の入国禁止条項によって、日本人の移民は全面的に禁止されたのである。このため日本では、反米運動が全国に広がっていった。日本は人種差別に敏感であり、いわば名誉白人の地位を求めていたといえよう。

アメリカで排日移民法が成立するなかで、幣原は移民問題に無策とみなされがちである。だが幣原は、外相となる以前から対米移民問題に深くかかわってきた。すでに駐米大使のころから幣原は、カリフォルニア州における第二次排日土地法の影響を憂慮していた。この第二次排日土地法によって、日本人の借地権は禁止された。

幣原は法案成立直前の一九二〇年十月、コルビー国務長官に働きかけていた。すなわち、幣原は「日本における人心の動揺を鎮めるために」連邦政府として声明を発せられないかと督促したのである。しかしコルビーは、カリフォルニアの情勢などに鑑みて幣原の要請に応じられないと考えており、政府声明に慎重であった[32]。

一九二四年になると、先に述べたように佐分利がアメリカを離任した。帰朝に際して佐分利は、移民問題を調査するためにアメリカ西海岸へ向かった。そのことを佐分利に告げられたフィリップス国務次官の日記によると、佐分利は「両国の良好な関係を保つために申し分のない働きをした」という(33)。

このころ日本で排日移民法を案じていた者に、貴族院議員の阪谷芳郎《さかたによしろう》がいた。阪谷は、松井外相や赤松祐之《あかまつひろゆき》通商局移民課長ともこの問題を協議していた。帰朝した佐分利は、その阪谷と連絡をとっている。一方の幣原は、佐分利よりも早く帰国して待命の身となっていた。幣原や財界の渋沢栄一に対して、佐分利と永井通商局長は排日移民法制定の動きを詳細に伝えた(34)。

清浦内閣は一九二四年三月ごろ、排日を緩和するために、枢密顧問官で日米協会会長の金子堅太郎や渋沢の対米派遣を検討していた。待命中の幣原は、清浦によって首相官邸に招かれ、松井外相や金子、渋沢、内田康哉、珍田捨巳らと会談した。松井によると、「金子子爵はムキになりて議論をし、これに対し幣原が主に相手になって討論していた」という。派遣に乗り気な金子を、幣原は懸命になだめたのである。松井や埴原駐米大使も、特派すればかえって事態を紛糾させると判断した。このため、金子らの派遣には至らなかった(35)。

そのうちにワシントンでは、排日移民法が五月下旬に成立してしまった。これに対して日本では、駐日アメリカ大使館前を含む各地で抗議自殺する者も少なくなかった。両国の国技館では抗議集会として、国民対米大会が開催された。発起人に名を連ねたのは、五百木良三《いおきりょうぞう》、鳩山一郎、長岡外史、梅屋庄吉、白岩龍平、望月小太郎、頭山満、小川平吉、永井柳太郎、上杉慎吉、葛生能久《くずうよしひさ》、三木武吉、戸水寛人《とみずひろと》、岡崎邦輔、立花小一郎、馬場恒吾、西原亀三、内田良平、信夫淳平《しのぶじゅんぺい》などであった(36)。

こうしたなかで埴原大使は、五月三十一日に抗議文をヒューズ国務長官へ手交した。清浦内閣の決定によるものだが、抗議文を起筆したのは幣原であった。幣原の回想によると、松井外相の指示で幣原は「アメリカに対する抗議文を英文で起草した。読み返してみて、私としては相当徹底した文章であった。松井君は閣議でそれを棒読みにして、……閣議を通したということであった」という[37]。

もっとも、幣原自身はアメリカへの抗議に消極的であった。抗議文について松井に諮問された幣原は、「如何なる抗議を為すも到底米国政府をして翻意せしむることなし」との意見であった。この件については外務省からは、病気の永井通商局長に代わり、赤松移民課長や外務省顧問のベイティが当った。それでも幣原は意見を変えず、抗議を「不得策なり」とみなした。

ただし、幣原は最終的な判断について、「自分は責任者に非《あらざ》るに付き之れが提出の可否は松井大臣に於て決定せらるゝの外なし」と松井外相にゆだねた。したがって、松井は抗議文をアメリカに提出させたものの、その内容には幣原の意見が大幅に取り入れられていた。さらに幣原は、外相に就任すると移民問題への抗議を打ち切っていく[38]。

外交文書の公表と移民委員会

幣原が外相に就任したのは、一九二四年六月十一日であった。アメリカで排日移民法が成立してから、すでに半月が経過していた。幣原としては、内外の世論に配慮しつつ日米関係を修復せねばならない。そこで幣原は、まず日米交渉の外交文書を公表しようとした。これに対して埴原駐米大使は、前年十二月と同年一月にヒューズへ手交した機密公文について、アメリカの同意なくして公表しないように念を押した(39)。

それでも外務省は、一九二四年七月に二つの公文集を刊行した。すなわち、『一九二四年米国移民法制定及之ニ関スル日米交渉経過』と『一九二四年米国移民法制定及之ニ関スル日米交渉経過公文書英文附属書』である。いずれも、二〇〇頁を超えていた。懸案中の問題について外交文書を摘録して公開するのは、かなり異例のことであった。

その序文によれば、「開会中ノ特別議会終了前ニ発表セムコトヲ期シ急速編纂シタルモノ」だという。埴原駐米大使は、ヒューズ宛機密公文の刊行を危惧していたが、この文書も部分的には公文集に含まれている。本省の側が掲載を進めたのであろう(40)。

その公文集を外務省は広く配付した。貴族院に四〇〇部をはじめとして、衆議院五〇〇部、枢密院五〇部、内務省一二部、在京各新聞社五〇部、各府県一一二部、在外公館二三二部、各銀行六三部、各地方新聞社九九部などである。ただし主要紙は、公文集の件をそれほど取り上げていない(41)。

他方で幣原は、排日移民法についてアメリカへの抗議を自重した。アメリカでは大統領選のさなかでもあり、執拗に反論しても「徒《いたずら》ニ両国ニ於ケル国民的感情ヲ刺戟《しげき》スル」だけだというのである。幣原は、黒龍会などの国粋主義団体による反米運動が在米邦人と連携しないようにも配慮した(42)。ようやく九月中旬になってから、幣原はヒューズ宛に抗議した。それも秘密裏に一度だけである。

佐分利通商局長や赤松移民課長、石射猪太郎課員らは、排日移民法の善後措置を議論した。しかし、妙案があるはずもない。「大統領は今回拒否して覆《くつがえ》されるより、寧《むし》ろ来るべき選挙に勝利を博した暁《あかつき》に於て、何等かの方法を講ずるに至るであらう」と佐分利は期待した(43)。

対米移民問題が行き詰まるなかで、幣原は一九二四年八月下旬に移民委員会を組織した。この委員会は、外相の監督下で毎週木曜日に開催された。そこで幣原は、佐分利通商局長らを委員とした。その幹事は赤松課長である。大蔵省や農商務省、逓信省からも局長級が委員に任命された。この移民委員会は、ブラジルへの移民を奨励した。「幣原さんは特にブラジル移民に非常に興味を持っていた」と石射はいう。さらに委員会は、南洋への移民奨励についても審議を進めた(44)。

エドワード・ベル

このころの日米関係を、幣原外相や加藤首相はどうみていたのであろうか。晩年の加藤については、ベル（Edward Price Bell）によるインタビューが知られている。ベルは、『シカゴ・デイリー・ニュース』紙の記者であった。一九二五年の五月末にベルが加藤と会見すると、加藤は熱弁を振るい出した。「我々日本人は太平洋の平和に献身的だ」と加藤はいうのである。

次いでベルは、幣原を取材した。幣原は対米移民について、モリス元駐日大使との会談から説き起こした。さらに幣原は、ブライス駐米イギリス大使の発言を引用しながら、「アメリカ人は間違いを犯したとしてもやがて自ら是正する。それがアメリカの歴史だ」と語った。これを受けたベルは、幣原や加藤をステーツマンとして描き、記事をまとめていった(45)。

ベルの記事を読み進めてみると、一つの疑問に駆られてくる。なぜベルの筆致は、そこまで幣原や加藤に好意的なのだろうか。なにしろ、排日移民法の余韻が残っていたころである。これほどまでに日本に好感を示すのは、不自然ですらあり腑に落ちない。

なぞを解く手掛かりが、ベルの個人文書や外務省記録に残されていた。それによるとベルは一九二四年十二月、駐米臨時代理大使の吉田伊三郎に加藤首相への取材を申し入れている。すでにベルは、英仏独伊米の各国首脳を取材しており、加藤とも会見して小冊子を刊行したいという。

これを知らされた幣原は、加藤に打診してインタビューへの合意を取り付けた。時期については一九二五年四月以降として、議会に忙殺される会期中を避けた。幣原は、ベルがサンフランシスコで「親日排日諸米人ト会談」することなどを加藤に伝えた。一方のベルも、あらかじめ加藤に書簡を送り、とりわけ「太平洋問題」について質問したいと告げた。

そのことから判断して、加藤とベルの面談については、少なからず幣原が筋書きを準備したといえよう。つまり幣原や加藤からすれば、単なるインタビュー以上のものであった。とりわけ幣原にとっては、対米宣伝に近い位置づけではなかろうか。かくしてベルの取材は、五月末に行われた。すぐにベルは、会見録を幣原や加藤に届けて承認されている。しかもベルは、幣原や加藤の議会演説なども参照していた。ベルが日本に好意的な記事を書き上げると、その記事はアメリカやフィリピンの各紙に掲載された。幣原としても、アメリカ世論が好転しつつあるとの感触を得たであろう。(46)

この間にベルは、駐日アメリカ大使のバンクロフト（Edgar A. Bancroft）にも連絡をとっていた。その意味でベルの取材は、日米共同による対米世論工作に近いところもあった。かねてよりバンクロフトも排日移民法の影響を憂慮しており、幣原はバンクロフトと意見を交換していた。さらにバンクロフトは、幣原との会談についてヒューズ宛の私信で詳しく報告している。

もともとバンクロフトは、人種問題に明るい弁護士であり、そのことを買われて一九二四年十一月に駐日大使となっていた。ただし、幣原やバンクロフトは、表立って排日移民法を論じないようにした。しかもバンクロフトは、一九二五年の七月末に軽井沢で急死してしまう(47)。

やがて新聞記者のベルは、ノーベル平和賞の候補にまでなった。推薦者は幣原にほかならない。幣原はノーベル賞委員会に宛てて、「国際情勢、とりわけ極東に対するベルの博識は尊敬に値する。たゆまず彼は世界平和を促進しようとしている」と記した。マスメディア嫌いの幣原とすれば、例外的な賛辞であろう。幣原は、ベルが取材を忠実に再現して、草稿を事前にみせていたことに信頼を寄せた。ただしベルは、最終的にはノーベル賞に落選した。にもかかわらず、その後も幣原はベルとの交流を続けている(48)。

人事

排日移民法が成立した後のワシントンでは、埴原駐米大使が離任しており、臨時代理大使に吉田伊三郎が就いていた。加藤や幣原は、後任の駐米大使に陸奥広吉を充てようとした。広吉は陸奥宗光の長男であり、やはり外交官だった。だが広吉は、健康上の理由により駐米大使を断った。そこで幣原は、外務次官の松平恒雄を駐米大使とした。松平は、同期の出淵とも親密な関係にあった。幣原と出淵は、アメリカを離れた埴原に駐イタリア大使を勧めたが、埴原に固辞されている(49)。

松平次官の駐米大使就任によって、玉突き人事が生じてくる。幣原は、一九二四年十二月に亜細亜局長の出淵を外務次官とした。そのため出淵の日記には、人事の記述が増えていく。出淵は斎藤良衛を高く評価しており、条約局長にしようと考えていた。結局のところ斎藤は、条約局長ではなく通商局長に就任した。その後も出淵は、自らの後任となる次官について、「佐分利ノ次官必スシモ適任ト云ヒ能《あた》ハズ。小生大臣トナラバ、次官ハ夫《そ》レ斎藤良衛カ」などと胸に描いた[50]。

出淵は、幣原が田中都吉を駐ソ大使に推したことに批判的であり、駐華公使には小幡酉吉を適任と考えていた。このように幣原と出淵は、人事で意見を異にしたこともあった。それでも出淵の日記からは、幣原派の人脈がみえてくる。幣原が駐ドイツ大使の本多熊太郎を退職させたのは、出淵の助言によるものだった[51]。

とりわけ重要なのは、出淵の後任となる亜細亜局長であろう。出淵の腹案では、有田八郎が亜細亜局長であった。一般に有田は、革新派の代表格と評される。だがこの時点で、幣原や出淵と有田の対立は顕在化していない。重光に至っては、出淵にこびているとみなされた。もっとも、亜細亜局長に就任したのは、有田ではなく木村鋭市であった。かつて木村は、亜細亜局の第一課長としてワシントン会議に出席していた。木村は堀内謙介に誘われても、外務省革新同志会には参加しなかった[52]。

かくして亜細亜局では、木村局長、谷正之第一課長という体制が整った。当時の亜細亜局は筆頭局とみなされ、亜細亜局モンロー主義とも呼ばれた。「ある種の閥で亜細亜局を固め、閥外者には亜細亜局入りをさせない、亜細亜局員が海外に転出する時はよい任地をあてがう」と非難されたのである。

亜細亜局長の木村は、幣原の経済外交や対満蒙政策を支えた。さらに木村は、張作霖の失脚という見通しに立って、中国の東北政権が国民党と妥協することを想定しながら、日中関係の改善を構想した。やがて幣原は、第二次外相期に木村を満鉄理事として送り込む[53]。

亜細亜局第一課長の谷についてはどうか。一般に谷は革新派と目されており、後に亜細亜局長となるころの谷は、政策的には日中提携論であった。それでも満州事変に至るまで、幣原と谷の個人的な関係は悪くなかったようである(54)。

むしろ問題は、欧米局長の広田であった。幣原や出淵は、広田に異質なものを感じており、広田を欧米局長から外そうとまでした。とはいえ、対外構想で相容れないのではない(55)。にもかかわらず、なぜ幣原や出淵は、広田を忌避したのだろうか。

まず想起すべきは、広田と外務省革新同志会の関係である。有田八郎によると、外務省革新同志会に「イの一番に同志として現われたのは、当時ワシントン大使館で一等書記官をしていた広田弘毅君だった。彼はその頃から政治家風のところも、玄洋社（北九州の国家主義団体——引用者注）風のところもあったようだ」という。

また、外務省革新同志会に本省から賛同したのは、電信課長の澤田節蔵、条約局第一課長の川島信太郎、条約局第二課長の杉村陽太郎であり、「埴原次官は何だか釈然としないものがあった」とも有田はいう(56)。

駐米大使の幣原よりも早く、広田は一九二〇年十二月にワシントンから帰朝していた。翌年に広田は、新設された情報部の第二課長となり、やがて情報部次長に昇任する。

もっとも、幣原と広田が政策的に大きく離反していたのではない。広田課長は、ワシントン会議の四カ国条約を擁護していた。貴族院議員の江木《えぎ》翼《たすく》が日英同盟の廃棄を遺憾と批判したのに対して、広田は「帝国の執るべき唯一最上の道程を辿《たど》つて日英同盟から四国条約に移つたものだ」と論陣を張った(57)。ワシントン会議で日英同盟の廃棄を推進したのは幣原であり、広田の議論は幣原に近いといえよう。

しかし広田は、一九二三年九月に欧米局長となると、官僚らしからぬ姿勢を強めていった。これについては、堀内謙介の証言がある。堀内は広田局長のもと、欧米局第二課長であった。堀内によると、広田局長のもとには「屢々《しばしば》国会議員、実業家、民間の志士などが出入して、大物局長の貫禄があった」のであり、広田には「早くから政治家の風格があった」という(58)。

このような広田に対して、幣原や出淵は違和感を覚えたのではなかろうか。つまり広田の方策というよりも、その言動に対してである。広田は駐オランダ公使に転出させられ、後任の欧米局長には堀《ほっ》田正昭《たまさあき》が就任する。

四　経済外交の行方

北京関税特別会議

このような人事のもとで、幣原はどのような方針を進めたのであろうか。とりわけ重要なのが経済外交である。一九二五年秋には北京において、中国の関税をめぐる国際会議が開催された。会議に向けた幣原の初期方針は、ワシントン会議で合意された二・五％付加税に議論を限定して、増収の使途を検討するというものであった。しかし、アメリカなどが予想外に中国に同情的なため、幣原は方針を再考した。

同じころに外務省は、大蔵省、商工省、農林省とともに合同委員会を開催して関税会議に備えていた。この委員会には、各省の局長級が出席した。そこに幣原は、佐分利通商局長を送り込んでいる。委員会の幹事は、外務省通商局第一課長の朝岡健であった。このほか外務省からは、木村亜細亜局長、谷亜細亜局第一課長、堀内干城事務官、日高信六郎事務官らも加わった。

委員会は連日のように、二・五％付加税の条件や影響などを討議した。さらに委員会は、関税自主権の承認を想定して、その場合の諸条件を研究した。(59)

もっとも幣原は、関税自主権の承認を決意していなかった。そのことは、一九二五年十月十三日の閣議決定にも示された。つまり加藤内閣の主眼は、二・五％の付加税に議論をとどめ、さらなる増徴には差等税率を条件として、増収分を中国の外債整理に充当させることにあった。関税自主権については、会議の形勢によって承認する場合には移行期間を設けるとされたにすぎない。

北京関税特別会議は十月下旬に開幕した。北京の日本代表団は、日置益《ひおきえき》を首席全権として、次席全権には芳沢謙吉駐華公使が任命された。佐分利通商局長は、日本代表団の事務総長として北京に赴任した。随員は重光葵、堀内干城、日高信六郎らであった。

意外にも日置は会議の冒頭で、中国の関税自主権を原則的に承認する用意があると演説した。これは佐分利や重光らの考案によるものであった。幣原としては想定外であったものの、佐分利を信頼して演説の内容を追認した。そのため会議の焦点は、関税自主権を獲得するまでの暫定措置となった。

アメリカやイギリスは、高率関税を容認する方向であった。だが幣原は、一九二六年一月の時点ですら普通品の付加税を二・五％以上とすべきでないと訓令していた。三月には、二・五から二二・五％の差等税率という日米英共同の妥協案が北京会議で採用された。このため議題の中心は、増収分を中国の債務整理に充当させるか否かに移った。

そこでイギリス外相のチェンバレン（J. Austen Chamberlain）が、二・五％付加税の無条件承認を打ち出した。各国も、債務整理への充当について未決のままに、付加税を先行させることで合意しかけた。しかし幣原は、これでは債務整理を遅らせると判断し、付加税の先行案を拒否した。かくして会議は、これといった成果のないまま七月に無期延期となってしまう。

ここでの幣原は経済的な利益に固執するあまり、柔軟な協調政策を見失っていた。付加税問題への対処にみられるように、概して幣原の秩序構想は、ワシントン会議における決議の枠内にとどまるものであった。仮に幣原が、米英とともに増徴の容認に踏み切っていたら、北京政府は財政基盤の安定化を進められたのかもしれない。ただし北京の佐分利は、幣原の意向を中国寄りに読み替えて中国側に伝えていたようである。佐分利は、黄郛《こうふ》全権らと親交を深めていた。

そのほか北京では、治外法権をめぐる国際会議も開催されていた。幣原は、治外法権の解決を推進して「我経済的利益ノ増進ニ資スル」としながらも、現状では治外法権撤廃の時宜《じぎ》にないと考えていた。それと同時に幣原は、中国の国際管理や内政干渉に反対するとも出先に伝えた。このため治外法権問題では、それほど進展がみられなかった。

なお、北京政府が一九二六年十月に日中通商条約の改定を提起すると、幣原はこれに応諾している。(60)

ワシントン体制論の分化

この間に加藤首相は、幣原に外交を任せていた。とはいえ、四回も外相を経験した加藤が、外交に無関心なはずもない。加藤は北京関税特別会議に際して、エリオット駐日イギリス大使に「驚くべき率直さで」語っていた。すなわち、加藤によると「会議の成果が乏しければ日本に有利となるだろう。中国が関税自主権を回復するなら、もっぱら日本の損失になるからである」という。加藤の発言は、幣原の方針を後押しするものであった[61]。

一方のエリオットは、一九二〇年から駐日大使であり日英同盟の廃棄を嘆いていた。仏教史にも造詣の深いエリオットは、日英協調をつなぎとめようとした。しかし、加藤とエリオットの関係は日英の絆《きずな》とならない。この時期に日本とイギリスは、むしろ次第に対中国政策で離反していった。チェンバレン外相もエリオットに宛てた私信で、「日英同盟が終焉してから両国は疎遠になった」と認めた。チェンバレンは、林権助駐英大使の離任を惜しんでもいた[62]。

加藤首相は一九二六年の一月末に病死した。後継首班は、やはり憲政会総裁の若槻礼次郎であった。もっとも若槻首相は、あまり外交に関心を示さない。このため憲政会内閣の外交は、ますます幣原に一任されていった。二月にはエリオットの後任として、ティリー（John A. C. Tilley）駐日イギリス大使が着任した。

ティリー大使にエリオット前大使のような熱意はなく、エリオットの日本研究は、サンソム商務参事官に引き継がれた。それでもティリーは一九二七（昭和二）年の一、二月ごろ、連日のように日本外務省を訪問した。前年の七月に始まった北伐に際して、日英共同による上海出兵を打診するためであった。しかし幣原は、イギリスの要請する出兵に応じなかった[63]。

日英の隔たりを端的に示すのが、十二月メモランダムと呼ばれるイギリスの覚書であろう。ボールドウィン（Stanley Baldwin）内閣は中国に向けて、突如として一九二六（大正十五）年十二月十八日にこの覚書を発した。その内容は、ワシントン会議で認められた付加税の即時承認などであった。駐英大使の松井によると、「（外務次官補の——引用者注）ウェルスレー氏より後に至りチェムバレーン外相は急にこれを決定したるため、あらかじめお話しする暇《いとま》がなかったと弁疏《べんそ》し」たという。(64)

ティリー駐日大使から十二月メモランダムを受け取った出淵次官は、「英国ハ華府条約ノ精神ヲ無視シ、又日本ト協調ヲ欲セサルモノト認ムル外ナシ」とまで述べた。幣原も、佐分利と陳友仁《ちんゆうじん》国民政府外交部長の会談などを根拠に、十二月メモランダムを批判した。そのうえで幣原は、非公式の関税会議を開催して中国南北の代表を参加させるという案をティリーに再提起した。よほど腹に据えかねたのか、このとき幣原は、元イギリス外相グレイの著書を片手にティリーの注意を喚起している。(65)

他方、このころのアメリカ外交については、駐日アメリカ大使館一等書記官のドゥーマンによる回想が示唆的である。ドゥーマンによれば、アメリカの誤った慈善的行為のために、中国人は諸外国の権益を踏みにじるようになり、九カ国条約を遵守してきた幣原や若槻が立場を弱め、軍国主義者に取って代わられたという。ヒューズ国務長官によるリーダーシップが失われた後には、アメリカは東アジア政策を体系的に研究しなかったというのである。

このように日米英三国は、ワシントン体制論の枠内ながらも、互いに異なる秩序構想を思い描いていた。それらが収束することはついになかった。このころの列国間外交は、いわばワシントン体制論の分化として解釈できよう。(66)

貿易の多角化

幣原の経済主義としてよく知られているのは、先に述べた北京関税特別会議である。だが、佐分利らを介しての経済外交はそれに限られない。佐分利が得意とするのは、むしろ日仏関係であった。

フランスとの間では、仏領インドシナをめぐって通商関係の発展が懸案となっていた。高率関税のために、日本からの輸出が停滞していたのである。さかのぼること一九二四年五月には、インドシナ総督のメルラン（Martial H. Merlin）が来日していた。このとき佐分利は、松井外相とメルランの会談に立ち合った(67)。

後任の外相となった幣原は、これへの答礼使節団をインドシナに派遣し、関税について協議させた。幣原は石井駐仏大使を通じて、フランス本国にもこの点を打診している。インドシナへの派遣団では、枢密顧問官の山県伊三郎が特使であった。外務省からは、佐分利のほかに外務事務官の松嶋鹿夫《まつしましかお》が随員となった。このため山県や佐分利は、一九二五年二月にインドシナで関税を交渉した。

もっとも、これによって直接の成果があったわけではない。それでも、フランスとの交渉は石井に引き継がれた。そのほか一九二五年七月には、日英通商航海条約の補足条約が締結されている(68)。

一九二六年四月から五月にかけては、トルコのコンスタンチノープルで近東貿易会議が開催された。コンスタンチノープルとは、現在のイスタンブールである。そこでの議長は小幡酉吉であった。幣原は、小幡を初代の駐トルコ大使として起用していた。近東貿易会議に出席したのは、奥山清治《おくやませいじ》駐ギリシャ公使、武者小路公共駐ルーマニア公使などであった。会議の目的は日本と近東の貿易促進であり、直通航路の開設、在外公館の充実、商務書記官の派遣、見本市の開催などが議決された(69)。

その近東航路を開設したのが日本郵船であった。日本郵船は三菱系であるが、幣原との癒着《ゆちゃく》を示す史料はない。そもそも近東貿易会議を立案したのは、幣原ではなく外務省通商局である。通商局長は斎藤良衛であった。この会議は国際会議ではなく、本省からは山本熊一事務官が特派されていた[70]。

また、一九二六年九月には第一回貿易会議が衆議院において開催された。この会議は、南方への投資や貿易を促進するためのものであり、一般に南洋貿易会議と呼ばれた。ここには外務省をはじめ、内務省、大蔵省、農林省、商工省、逓信省、台湾総督府、南洋庁、各商工会議所、紡績業、銀行、船舶業などの代表者も参加していた[71]。

開会時に挨拶した幣原は、会議の主眼を「外国貿易ノ振興並ニ本邦人ノ海外ニ於ケル投資企業ノ奨励」と論じた。さらに幣原は、「本会議ノ開催ハ純然タル通商関係改善ノ見地カラ出タモノテアツテ固ヨリ其ノ間何等政治的ノ動機ヲ加味シテ居ルモノテハアリマセヌ……我国ヲ利スルト共ニ他国ヲモ等シク利スルコトカ其ノ本質テアツテ又我々ノ目的テナケレハナリマセヌ」と続けた。

幣原によると、「国際通商ノ発展ハ主トシテ営業者諸君ノ奮励ト協力トニ俟ツヘキモノテアツテ政府カ実質的ニ立入ツテ之ニ参与スヘキ性質ノモノテハアリマセヌ」という[72]。

そこにみられるのは、南洋に向けた自由貿易の発想である。貿易の多角化、ひいては海洋国家への志向といってもよい。このころ斎藤通商局長のもとで第三課長だった石射猪太郎によれば、「先づ一番近い中国から始め段々東南アジアに及ぼし経済立国の基礎とすると云ふのが幣原さんの通商政策の根本的アイデアだつたと私は諒解しておつた」のであり、南洋貿易会議については「斎藤良衛氏の建策によるもので幣原さんが、これをＯＫしたものだと思う」という[73]。

もっとも、これらの会議は継続的に開催されなかった。したがって、幣原や斎藤の構想が直ちに結実したわけではない。資源などの経済事情を調査するため通商局に南洋係が設けられたのは、ようやく一九二八（昭和三）年のことであった。南洋係はその後に一旦廃止されたが、それでも一九二九年に復活した。外務省に南洋局が設置されるのは、一九四〇年十一月のことであった(74)。

日ソ関係

幣原の外交には弱点もあった。満州に対する政策を完全には掌握できないのである。もともと当時の外政機構は多元的であり、陸軍や満鉄の介入を受けやすかった。陸軍や満鉄の対満蒙政策には、台頭するソ連への対処という意味合いもあった。次の田中義一内閣期には、拓務省も設置される。この拓務省とは、植民地行政や満鉄を統括するものであった。満鉄との関係では、幣原外相期よりも田中外相期の方が統制できていたであろう。

それだけに満蒙やソ連に対する政策では、幣原の理念が表れやすいところもある。ここでいう理念とは、外務省による外交一元化だけではない。不干渉政策や経済主義を持論とする幣原は、あまり共産主義を警戒しておらず、一九二五（大正十四）年一月の日ソ基本条約によってソ連との国交を樹立させた。

北京で締結された日ソ基本条約は、日本に有利なものとみなされた。これについては、バンクロフト駐日アメリカ大使の書簡が示唆的である。バンクロフトはシューマン（Jacob Gould Schurman）駐華アメリカ公使宛私信において、「明らかに条約は日本に有利と思われる」と記した。

というのも日ソ基本条約は、ポーツマス条約の効力存続、漁業条約の改定、相互不干渉、ソ連の資源に対する利権を日本に供与することなどを規定していた。これに伴う二つの議定書は、日本軍の北樺太撤退期限を一九二五年五月とする一方で、北樺太石油開発の利権を日本に約した。もっとも、漁業条約の改定や石油利権の細目については、後の交渉にゆだねられる(75)。

さらにバンクロフトは、一九二五年二月に「日ソ条約は日本にとって賢明かつ有利に締結された」と新任のケロッグ（Frank B. Kellogg）国務長官宛私信で論じ、「極東における最初の危機は中国にもたらされるであろう。買収された諜報員を通じて、ロシア大使が宣伝に努めているからである」とも記した(76)。この時点でアメリカは、まだソ連を承認していなかった。

バンクロフトの判断を裏づけるかのように、上海の在華紡では大規模なストライキが起こっていた。この在華紡とは、日本資本によって中国に設立された紡織工場である。これについて幣原は、「このストライキで唯一の原因はソ連であり、労働者は日本の経営者に不満ではない」とバンクロフトに語った(77)。

このため幣原外相や加藤首相は、バンクロフトと会談を重ねていた。加藤は中国情勢について、「列国は共同歩調をとらねばならない」と論じた。幣原の意見も同様である。また加藤は、アメリカの対ソ不承認に理解を示しながらも、日本の対ソ政策がそれとは異なることを示唆した。

これについては後日に幣原が補足している。幣原によると、「日ソ基本条約は必要であった。政権に就く前から加藤首相は、速やかに日本軍は樺太から撤退すべきだと公言していたからである」という。とはいえ加藤内閣の方策は、日ソ提携を意味しなかった。幣原は、日本がソ連やドイツと提携するのではないかという世評について、「非常識」だとバンクロフトに否定していた(78)。日ソ国交樹立の後にも、北満州での鉄道問題や日本への政治宣伝をめぐって、日本とソ連の緊張関係は残った。そのなかでソ連政府は、日ソ不可侵条約の締結を提起した。しかし幣原は、対米英協調の観点からこれを退け、ソ連との間では経済関係を重視して、漁業協定や通商条約の締結を優先する。

つまり、幣原の対ソ方針は政経分離である。また幣原は、それほど中国の共産化を警戒していなかった。これとは対照的に、次の田中首相兼外相は、対日政治宣伝にもまして中国に対するソ連の影響を警戒した(79)。

北伐と南京事件

このころ中国の南方では、蔣介石の率いる国民革命軍が、中国の再統一に向けて進撃を続けていた。中国史上に北伐と呼ばれるものである。北伐の途上では、中国の国民革命軍が一九二七（昭和二）年三月二十四日に南京《ナンキン》で日英の領事館や外国人などを襲い、アメリカ系の金陵《きんりょう》大学にも被害を与えた。

この南京事件において、イギリスとアメリカは軍艦で南京の城内を砲撃した。これに対して日本は、居留民からの要請もあって報復しなかった。幣原は蔣介石を評価しており、中国への制裁に反対であった。このため幣原は、国内で軟弱外交と非難された(80)。

南京事件における幣原の方針は、蔣介石を相手に「英米ト協同シテ交渉」するというものであった。だが、英米との協調外交は、南京事件の前からあまり機能していなかった。すでに条約改正問題への対応などにおいて、まちまちに英米が中国の好意を得ようとして、共同歩調を乱していたのである。

そのことは、先に述べたイギリスによる十二月メモランダムのほか、一九二七年一月のケロッグ米国務長官声明でも表面化していた。ケロッグ声明の内容は、中国の不平等条約改正について、単独でも交渉に応じるという新方針であった。

南京事件においても、日本は米英仏伊とともに一度は共同通牒を行ったものの、すぐに列国との調整が難航していった。とりわけ、イギリスが再通告を主張していたのに対して、アメリカはそれに批判的であった。このため中国との交渉は、各国別に行われることになった。(81)

幣原の時局認識を端的に表すのが、ティリー駐日イギリス大使との会談であった。一九二七年四月二日に幣原は、最後通牒のような強硬策を避けるべきであり、蔣介石の「立場ヲ破壊」してはならないとティリーに主張した。強硬策に訴えても、「排外暴動ノ巣窟《そうくつ》タル共産派ノ暴民又ハ不規則ナル兵士等ハ何等痛痒《つうよう》ヲ感セス」と幣原はいう。つまり幣原によると、南京事件を引き起こしたのは蔣介石らではなく「共産派」であった。幣原は、中国の秩序形成を支援するという観点から、「外交的平和的方法」を通じて「蔣介石ノ如キ中心人物」により時局を収束させるべきだと考えた。

このような判断の根底には、経済的利益を重視する国益観があった。幣原がティリーに語ったところによると、中国が共産化するとは思えないが、「仮ニ共産派ノ天下トナルモ二三年モ経過セハ外国人カ再ヒ居住貿易シ得サル程危険ナル状態トモ思考セス」という。ソ連がそうであったように、万一に中国が共産化したとしても、居住や貿易は可能だというのである。幣原にとっては、経済的な利益が得られる限り国益は守られるのであった。(82)

幣原の対外観は、原敬や田中義一との比較で浮き彫りとなる。なぜなら、田中はもとより、原も満州における張作霖政権との関係を重視していた。一方の幣原は、中国の統一を見通して、市場や通商という観点から不干渉を唱えた。当時としては、例外的な存在といえよう。

幣原の北伐観には、それなりの根拠があった。その一つに、佐分利の現地調査がある。北京関税特別会議が終わると、佐分利は幣原の特命で中国南方を調査していた。北伐に際して国民党の要人と接触するためであり、佐分利は不平等条約の撤廃や貿易について聴取した。佐分利を通じて幣原は、北伐の動向を見極めたのであろう(83)。

それにしても南京事件とは、幣原のいうように中国共産党の陰謀であったのだろうか。これについては、現在の学界でもはっきりしていない。とはいえ、共産党陰謀説に根拠がないわけでもない。その根拠とは、第六軍第十七師団長の楊杰《ようけつ》が語ったものである。

楊は三月二十五日に南京領事の森岡正平を訪れた。ここで楊は、南京事件について遺憾の意を表したうえで、「掠奪《りゃくだつ》ハ在南京共産党部員カ悪兵ヲ煽動案内セルニヨルモノニシテ即時徹底的ニ取締ヲ為《な》シ外交部ノ設置ト共ニ賠償ノ交渉ニ応ス」と述べていたのである(84)。

このように楊が南京事件の責任を共産党に帰したことは、森岡の電報を通じて幣原の中国観に影響した。のみならず、蔣介石も黄郛を介して、南京事件は共産党によるものだという見解を日本側に示し始めた。そこで幣原は、上海総領事の矢田七太郎に対して、蔣介石らに「深甚ナル反省ト決意トヲ促サムコト」を訓令した。つまり幣原は、蔣介石に対して、共産派への断固たる措置を暗に求めたのである(85)。

実際に蔣介石は四月十二日、上海において反共クーデタに至った。この間の四月三日には、漢口《かんこう》でも事件が発生していた。その契機は、漢口の日本租界において中国人の群衆により、日本人水兵が暴行を受けたことであった。そこで日本は、海軍陸戦隊を上陸させて漢口の租界を確保している。これが漢口事件と呼ばれるものであり、幣原の対応を軟弱外交とする世論は高まっていた。

幣原の対ソ政策や対満蒙政策には、さらに留意すべきことがある。というのも幣原は、洮昂《とうこう》鉄道の建設を容認していた。この洮昂鉄道は、陸軍や満鉄による対ソ北満進出策であり、新四国借款団との合意に反するものであった。幣原としては、門戸開放という理念よりも、既定路線による在華権益の拡張を優先させたといえよう。これには駐日ソ連大使のコップ（Victor L. Kopp）が抗議していた。

この洮昂鉄道を推進したのが、満鉄理事の松岡洋右であった。松岡は一九二五（大正十四）年十二月に、「洮昂鉄道の敷設は第一次日露協約締結以来の露国の勢力範囲を衝くものにして、露国に対する挑戦なるは申す迄もなきこと」と加藤首相に書簡を寄せていた。松岡は東三省政権との交渉でも、「洮昂鉄道の敷設を企画するからには飽《あ》く迄張作霖を助け露国の反抗を排除する決心」であった。幣原外相期の満鉄は、かつての原内閣期における外務省との関係と比べてもかなり突出していた。[86]

五　外交と政党政治

幣原の誤算

以上で、第一次外相期における幣原の政策と人脈をみてきた。ここではその内容を敷衍《ふえん》しながら、外交と政党政治の関係について考察したい。当時の外務省では、四局体制の確立するなかで外交官試験の世代が台頭していた。それだけに幣原は、特定の部下と緊密に連携することで政策を推進した。とりわけ、出淵や佐分利に対する信頼が厚い。そのほか、松平や木村、小幡、永井、石射なども良好な関係にあった。その半面で幣原は、あまり在外公館の意見を取り入れない傾向にあった。この点では、次に外相となる田中義一と対照的である[87]。

そのような幣原を軸とする人脈を仮に幣原派と呼ぶなら、幣原派の萌芽はすでに駐米大使期にあった。第一次外相期に幣原らは、革新派と対峙したというよりも、むしろ対外構想では近いはずの広田を忌避した。広田の政治家的な言動を嫌ったのである。同様の理由で幣原は、田中外相のもとで次官となる吉田茂にも好意的ではなかったであろう。吉田は、対満蒙政策において干渉を辞さなかった点でも幣原と異なっていた。

国際連盟との関係はどうであったか。幣原らの外務省中央は、それほど連盟の活動に積極的ではなかった。連盟に熱心なのは、駐仏大使の石井菊次郎、常設国際連盟事務局次長の杉村陽太郎、国際連盟帝国事務局長の佐藤尚武など外務省の出先であった。ともに欧米派とされる幣原と佐藤だが、連盟に対する態度を異にしていた。その佐藤は、連盟に消極的な本省にいら立っていた[88]。これに幣原らと広田の関係を考え合わせるなら、欧米派といわれるものは一枚岩からほど遠かった。

したがって、幣原や広田、佐藤、吉田らを欧米派として束ねてもそれほど有益ではない。ここではむしろ幣原派という概念を用いてきた。幣原や出淵らは、ワシントン会議の精神のもとで不干渉や経済主義的な政策を推進していた。そして外交を内政から分離しようとした一方で、国際連盟の活動には冷ややかであった。もっとも、あらゆる政策集団がそうであるように、肝要なのは人的な関係である。

幣原派とは幣原、出淵、佐分利を中心とするものであり、これに松平、木村、永井、石射らを加えてもよいであろう。その多くはワシントン会議での原体験を共有しており、革新派がパリ講和会議を原体験とする傾向にあったのと対照的である。とはいえ、幣原派は外務省の主流であるだけに、革新派ほどの求心力を追求しない。その閉ざされたエリート主義には反発も強まっていく。

とするなら幣原は、出淵や佐分利らを通じて何をどこまで達成したのか。

第一に、中国の統一と秩序形成に向けて不干渉政策を実施し、ワシントン条約の精神を尊重した。ここでの理念や実践においては、出淵に依存するところが大きい。ただし、そうした理念は、幣原自身がワシントン会議などで築いたものでもある。出淵は陸海軍との調整も担った。木村も不干渉の路線であり、張作霖以後の日中関係を構想した。

第二に、移民問題である。この問題で幣原は、無策と解されがちであった。だが幣原は、松井外相に依頼されて排日移民法への抗議を起筆しつつも、その内容を和らげており、対米特派に乗り気な金子をなだめていた。

幣原は外相に就任すると、さらなる抗議を自重しながらも、国内向けには二つの公文集を刊行した。幣原は、移民委員会に佐分利らを送り込み、ブラジルへの移民を推奨していた。エドワード・ベルからの取材を対米宣伝に位置づけ、アメリカ世論の好転を図ってもいた。幣原は対米移民を熟知しており、通商局にそれほど依拠せずにすんだ。その政策過程は、トップダウン型に近い。

第三に、経済外交であった。幣原の経済主義的な対応の場として、まずは北京関税特別会議が挙げられる。概して幣原の秩序構想は、ワシントン会議における決議の枠内にとどまるものであった。加えて、貿易の多角化にも熱意を示した。経済外交では佐分利のほか、小幡や斎藤の意見も取り入れた。最終的な決定権が幣原にあるとはいえ、ここでの政策過程はボトムアップ型に近い。幣原は経済外交を通じて、佐分利や斎藤を局長とする通商局の地位を引き上げたともいえよう。

これらを集約するのが、北伐への対応であった。幣原はワシントン会議の精神に基づいて、中国全土が共産化されようとも、住居や貿易などの経済的利益を重視すると駐日イギリス大使に語っていた。このため、後の田中義一にみられるようなイデオロギー的対応は避けられた。

幣原の北伐観を支えたのが、佐分利による中国南方の調査であった。ここでも幣原は、佐分利を重用していた。ただし、そこから幣原の誤算が生じた。佐分利は北京関税特別会議に派遣されると、重光らの説く日中提携論に感化された。さらに佐分利は、中国南方を視察して国民党に好意的となった。理詰めで考えがちな佐分利は、幣原と重光の間で揺れ動いたであろう。そのことは、後に佐分利が怪死する伏線となった。

なお、新四国借款団に反する洮昂鉄道の建設を容認したように、幣原には在華権益を拡張した面もあった。その意味では幣原といえども、日本外交の伝統から自由ではなかったのである。

外交と政党政治

このような人脈を用いた幣原ではあるが、対外政策を掌握し切れたわけではない。陸軍や満鉄の存在が示すように、外政機構の多元性は相変わらずであった。

それでも幣原は、憲政会の内閣に外交を任されており、その方策は西園寺の信頼を得た。北京関税特別会議のころに西園寺は、「幣原外相の今日の遣《や》り方は当を得て居り、先ず近頃になき出来の良い外務大臣なりとて、称揚し居《お》られたり」と幣原を評するまでになっていた。幣原も、政治家としての西園寺に敬意を表していた。

幣原と西園寺の信頼関係については、象徴的な出来事がある。西園寺は一九二六年十二月、大正天皇の危篤に際して葉山御用邸の付近に宿舎を探していた。一方の幣原は、逗子小坪《ずしこつぼ》に別荘を構えていた。幣原の別荘は葉山御用邸からほど近いため、西園寺は幣原の別荘を借りた。このように幣原は、西園寺と「いろいろと御懇意になつて、しばしば接する機会を得た(89)」。

その幣原が政党内閣に外交を一任されたことには、二つの評価がありうる。

第一に、憲政会の内閣は幣原に外交を託したことで、西園寺からの信頼を得た。そのことは、幣原の理想とする外交一元化とも合致した。幣原は、内政と外交を分離しようとしたものの、幣原の外交が内政的に無意味だったのではない。それどころか、政党内閣が定着したことは幣原外交の内政的意義ともいえる。

すでに加藤の憲政会は、野党のころからワシントン会議の精神を受け入れ始めていたのだが、加藤内閣と若槻内閣では、西園寺が幣原の外交を評価したことによって憲政会は体制内の政党とみなされた。かくして憲政会は政権政党へと成長し、政友会との二大政党のもとで政党政治が定着した(90)。

第二に、その半面で憲政会の内閣は、幣原に外交を依存するあまり政党による外交指導を遠ざけた。幣原に外交を任せることで西園寺の信頼を得たにしても、次の段階として、政党による外交指導体制を追求すべきではなかったのか。

実際のところ、後に浜口雄幸首相が一九三〇（昭和五）年のロンドン海軍軍縮会議を指導したことは、その方向性を打ち出していた。しかし、第二次若槻内閣は満州事変後の状況に対応しきれず、戦前の政党政治は崩壊していった。大正デモクラシー最大の悲劇は、政党による外交指導が制度化されないままに満州事変を迎えてしまったことにある(91)。

このような外交と政党政治のあり方を、幣原自身はどうみていたのか。幣原は一九二五（大正十四）年六月十日、台湾総督の伊沢多喜男に書簡をしたためている。

単純なる理想よりすれハ外務大臣の地位も植民地長官と相似たる所あり外交の継続性を貫徹せむか為にハ外務大臣も内閣と共に進退せさるの慣例を作ること適当なるやも知れす、さりなから斯《かく》の如きことハ現下の政情に於て到底行ハれ難きこと、存候(92)。

外交の継続性という観点からすると、外相は内閣と進退をともにすべきでないかもしれないが、現在のような政党政治のもとでは、内閣と外相の地位が無関係ではありえないというのである。政権交代のある政党政治のもとで、外交の継続性をいかに保つのかという課題は、幣原のライフワークといってもよいだろう。

やがて幣原自身も、一九二七（昭和二）年四月の第一次若槻内閣崩壊とともに、外相の地位を政友会総裁の田中義一に明け渡した。田中内閣による武断的な外交は、田中外交と称される。迷走する田中外交に、幣原は危機感を強めた。折しも一九二七年六月に立憲民政党が結成され、その総裁に旧友の浜口雄幸が就任したこともあり、幣原は政党政治への関与を深めていく。そのことを第二部では追ってみたい。

注

（1）本書の第2章、第3章、第4章一、三は、拙稿「幣原喜重郎の政策と人脈」（『中央大学論集』第二十七号、二〇〇六年）二一—五七頁を下敷きとしている。

（2）臼井勝美『中国をめぐる近代日本の外交』（筑摩書房、一九八三年）一一八—一一九頁。

（3）革新派の動向については、少なからず研究されてきた。
戸部良一「白鳥敏夫と満州事変」（『防衛大学校紀要』第三十九号、一九七九年）七七—一三〇頁、同「白鳥敏夫と『皇道外交』」（『防衛大学校紀要』第四十号、一九八〇年）七七—一四三頁、同「外交における『思想的理拠』の探求——白鳥敏夫の皇道外交論」（『国際政治』第七十一号、一九八二年）一二四—一四〇頁、同「外務省『革新派』と軍部」（三宅正樹編『昭和史の軍部と政治』第二巻、第一法規、一九八三年）八九—一二二頁、同「外務省革新派の対米策」（『外交時報』第一二七三号、一九九〇年）六六—八〇頁、同「外務省革新派と新秩序」（三輪公忠・戸部良一編『日本の岐路と松岡外交』南窓社、一九九三年）一一七—一三八頁、酒井哲哉「『英米協調』と『日中提携』」（『年報近代日本研究』第十一号、一九八九年）六一—九二頁、同『大正デモクラシー体制の崩壊——内政と外交』（東京大学出版会、一九九二年）、塩崎弘明「『パックス・アングロ・サクソニカ』と外務省革新派——国際秩序の『革新』化をめぐって」（有馬学・三谷博編『近代日本の政治構造』吉川弘文館、一九九三年）二〇六—二三三頁、同『国内新体制を求めて——両大戦後にわたる革新運動・思想の軌跡』九州大学出版会、一九九八年）六一—一〇八頁、武田知己『重光葵と戦後政治』（吉川弘文館、二〇〇二年）、拙編『満州事変と重光駐華公使報告書――外務省記録「支那ノ対外政策関係雑纂『革命外交』」に寄せて』（日本図書センター、二〇〇二年）、小池聖一『満州事変と対中国政策』（吉川弘文館、二〇〇三年）、高橋勝浩「外務省革新派の思想と行動――栗原正を中心に」（『書陵部紀要』第五十五号、二〇〇四年）三五―五五頁を参照。

（4）第一次幣原外相期に関する研究としては、Akira Iriye, *After Imperialism: The Search for a New Order in the Far East, 1921-1931* (Cambridge: Harvard University Press, 1965), pp. 57-145; 臼井勝美『日本と中国――大正時代』（原書房、一九七二年）一九一―二六九頁、Nobuya Bamba, *Japanese Diplomacy in a Dilemma: New Light on Japan's China Policy, 1924-1929* (Kyoto: Minerva Press, 1972), pp. 225-282; Harumi Goto-Shibata, *Japan and Britain in Shanghai, 1925-31* (London: Macmillan Press, 1995), pp. 13-54; 于紅「幣原外交における『経済中心主義』――一九二五年の青島労働争議と五・三十事件の外交的対応をめぐって」（『人間文化論叢』第三巻、二〇〇〇年）一―一一頁、西田敏宏「東アジアの国際秩序と幣原外交(一)(二)――一九二四〜一九二七年」（『法学論叢』第一四七巻第二号、第一四九巻第一号、二〇〇〇―二〇〇一年）五一―六九、九九―一二一頁、関静雄『大正外交――人物に見る外交戦略論』（ミネルヴァ書房、二〇〇一年）一九七―二四四頁、加藤聖文「幣原外交における満蒙政策の限界――外務省と満鉄監督権問題」（『早稲田大学大学院文学研究科紀要』第四十六輯、二〇〇一年）四七―五八頁、古瀬啓之「オースティン・チェンバレンの東アジア政策――五・三十事件、特別関税会議、広東附加税を中心に」（『情報文化研究』第十六号、二〇〇二年）一八九―二一二頁などがある。

（5）高橋勝浩編「『出淵勝次日記』(一)――明治三十二年・三十四年」（『国学院大学日本文化研究所紀要』第八十四輯、一九九九年）二二七―二七〇頁、同編「『出淵勝次日記』(二)――大正十二年〜十五年」（『国学院大学日本文化研究所紀要』第八十五輯、二〇〇〇年）三七三―五三〇頁、馬場伸也「北京関税特別会議にのぞむ日本の政策決定過程」（細谷千博・綿貫譲治編『対外政策決定過程の日米比較』東京大学出版会、一九七七年）三七五―四一七頁、拙著『東アジア国際環境の変動と日本外交　一九一八―一九三一』（有斐閣、二〇〇一年）一四九―一八九頁。

（6）「大正十四年四月十六日摂政官ノ御召ニ依リ幣原大臣ガ為シタル進講ノ草稿」（「外務省官制及内規関係雑件」第一巻、M. 1. 2. 0. 2、外務省外交史料館所蔵、その写しについては同館所蔵「御進講関係雑件」L. 1. 0. 0. 6. を参照）、外務大臣官房人事課編『外務省年鑑』大正十五年、二二一—二二七頁、外務省百年史編纂委員会『外務省の百年』上（原書房、一九六九年）七五二—七五五頁。

（7）幣原から内田、一九一九年十一月五日（外務省編『日本外交文書』大正八年、第二冊上、外務省、一九七〇年）三七一—三七五頁。

（8）Long diary, December 23, 1919, Breckinridge Long Papers, Box 2, Manuscript Division, Library of Congress; memoranda by Long of conversations with Debuchi, December 23, Long Papers, Box 183.

（9）三谷太一郎「ウォール・ストリートと極東——ワシントン体制における国際金融資本の役割」（『中央公論』一九七五年九月号）一六五—一六七頁。

（10）Long to Lamont, December 20, 1919, Long Papers, Box 180; memorandum by Long of a conversation with Shidehara, April 30, 1920, Long Papers, Box 180; MacMurray to Long, November 2, 1920, Long Papers, Box 161. そのほか、Long to Morris, February 6, 1920, Roland S. Morris Papers, Box 3, Manuscript Division, Library of Congress; 幣原から内田、一九二〇年四月三十日（外務省編『日本外交文書』大正九年、第二冊上）二七五—二八〇頁も参照。

（11）Lamont to Morgan, March 26, 1920, Thomas William Lamont Papers, Box 185, Baker Library, Harvard University.

（12）幣原喜重郎「忘れ得ぬ人々——交友回想記」（『文藝春秋』一九五一年一月）五七—五八頁。

（13）高橋勝浩編「『出淵勝次日記』㈡」四一一頁。村井良太『政党内閣制の成立　一九一八～二七年』（有斐閣、二〇〇五年）二〇六—二〇七頁も参照。

（14）久保田貫一郎編「石井子爵閑談録」（『国際問題』第六十五号、一九六五年）六一頁。

（15）久保田貫一郎編「石井子爵日記」（『国際問題』第六十七号、一九六五年）六二—六三頁。

（16）松井慶四郎『松井慶四郎自叙伝』（刊行社、一九八三年）一一二頁。

（17）清沢洌『暗黒日記——昭和十七年十二月九日—二十年五月五日』（評論社、一九七九年）四五九頁。
（18）『官報』号外、一九二四年七月二日、巻頭言「首相外相の演説」（『外交時報』第四七一号、一九二四年）。
（19）『官報』号外、一九二四年七月二日。
（20）巻頭言「首相外相の演説」。
（21）『第四十八回帝国議会貴族院議事速記録』第二号、一九二四年一月二十二日（『帝国議会議事録』リール第四十六巻、雄松堂、発行年不明）二八頁。
（22）中央研究院近代史研究所編『中日関係史料　山東問題　民国九年至十五年（一九二〇—一六）』上（台北：中央研究院近代史研究所、一九八七年）四八九—四九三頁。
（23）高橋勝浩編「『出淵勝次日記』(二)」三七五、三七七—三七九、三八一、三八三—三八六、三八九、四〇三—四〇四、四六二—四六三頁。川島真『中国近代外交の形成』（名古屋大学出版会、二〇〇四年）五三二頁も参照。
（24）高橋勝浩編「『出淵勝次日記』(二)」三九〇—三九六頁。
（25）同上、四一二—四一三頁。
（26）幣原喜重郎口述／清沢洌筆記「第一次外相時代の想出」年月日不明（「幣原平和文庫」リール七、国立国会図書館憲政資料室所蔵）。
（27）高橋勝浩編「『出淵勝次日記』(二)」四二一—四三四頁、幣原喜重郎「国際政局の推移と外交の根本義」（『外交時報』第五〇〇号、一九二五年）二〇頁。
（28）高橋勝浩編「『出淵勝次日記』(二)」四八八—四八九頁。
（29）外務省編『日本外交文書』大正十五年、第二冊上、一二六—一三五頁。
（30）山崎秘書官から山川、年代不明、二月十七日（「山川端夫関係文書」リール一、国立国会図書館憲政資料室所蔵）、高橋勝浩編「『出淵勝次日記』(二)」四〇五頁、永井松三談「幣原男爵の想出」一九五二年六月十六日（「幣原平和文庫」リール十三）。
（31）高橋勝浩編「『出淵勝次日記』(二)」五二二頁、堀内干城『中国の嵐の中で』（乾元社、一九五〇年）四四頁。

（32）Colby to Wilson, October 4, 1920, Bainbridge Colby Papers, Box 3B, Manuscript Division, Library of Congress; 太田為吉駐サンフランシスコ総領事から内田外相、一九二〇年十月十一日（外務省編『日本外交文書』大正九年、第一冊上）二五六―二五七頁、太田から内田、十月三十日（同上）二九五―二九六頁、幣原から内田、十一月一日（同上）三〇〇―三〇一頁。排日移民法については、Izumi Hirobe, *Japanese Pride, American Prejudice: Modifying the Exclusion Clause of the 1924 Immigration Act* (Stanford: Stanford University Press, 2001)；簑原俊洋『排日移民法と日米関係』（岩波書店、二〇〇二年）も参照。

（33）William Phillips diary, January 31, 1924, William Phillips Papers, Box 2, Houghton Library, Harvard University.

（34）阪谷芳郎日記、一九二四年三月十六日、三月十七日、三月二十四日、四月二十五日、五月二十四日（「阪谷芳郎関係文書」書類の部、六九八、国立国会図書館憲政資料室所蔵）、永井から幣原、一九二四年一月十四日（「米国ニ於ケル排日問題一件 一九二四年移民法案成立経過 渋沢子爵等ニ通知ノ件」3. 8. 2. 339-6-1-4, 外務省外交史料館所蔵）、佐分利通商局長代理から渋沢、五月二十日（同上）。

（35）松井慶四郎『松井慶四郎自叙伝』一三五―一三六頁、松井から埴原、一九二四年三月十五日（外務省編『日本外交文書』大正十三年、第一冊）一二四―一二五頁。

（36）「米国ニ於ケル排日問題雑件 一九二四年移民法 成立ト各種事件」（3. 8. 2. 339-6-1-5, 外務省外交史料館所蔵）、国民対米大会開催出席願、一九二四年六月二日（「山川端夫関係文書」リール一）。

（37）清浦閣議決定、一九二四年五月二十八日（「米国ニ於ケル排日問題雑件 一九二四年移民法ニ対スル交渉及抗議」3. 8. 2. 339-6-6, 外務省外交史料館所蔵）、埴原から松井、一九二四年六月一日着（外務省編『日本外交文書』大正十三年、第一冊）一九〇―二〇二頁、幣原喜重郎『外交五十年』（中公文庫、一九八七年）四七―四八頁。

（38）川島信太郎「幣原総理への思出――条約改正㈸」一九五三年七月（「幣原平和文庫」リール十八）。

（39）埴原から幣原、一九二四年六月二十八日着（外務省編『日本外交文書』大正十三年、第一冊）二一七―二一八頁。

(40) 外務省編『一九二四年米国移民法制定及之ニ関スル日米交渉経過』(外務省、一九二四年)、同編『一九二四年米国移民法制定及之ニ関スル日米交渉経過公文書英文附属書』(外務省、一九二四年)、外務省調査部第一課「外交史料編纂事業ニ就テ」一九三九年四月(広瀬順晧編『近代外交回顧録』第一巻、ゆまに書房、二〇〇〇年)四四頁、高橋勝浩編「『出淵勝次日記』(二)」四一二頁。

(41) 「『一九二四年米国移民法制定及之ニ関スル日米交渉経過』公文書配布先」(「帝国ニ於ケル外交文書公表関係雑件」N. 1. 7. 1. 2、外務省外交史料館所蔵)。

(42) 幣原から吉田伊三郎駐米臨時代理大使、一九二四年九月十一日(外務省編『日本外交文書』大正十三年、第一冊)二二一―二二三頁、幣原から大山卯次郎駐サンフランシスコ総領事、一九二四年八月三日(同上)三一三頁。

(43) 佐分利貞男「米国新移民法案に就て」(『憲政』第七巻第七号、一九二四年)四五頁。

(44) 幣原から加藤首相、一九二四年八月二十六日(「続閣議決定書輯録(草稿)」第三巻、Z. 1. 3. 0. 1、外務省外交史料館所蔵)、「移民委員会議了事項ニ関スル件」一九二四年十一月二十一日(1-4E-018-00・雑-03205-100、国立公文書館所蔵)、外務省通商局第三課「第五十回帝国議会説明参考資料」一九二五年一月(「帝国議会関係雑纂 別冊 説明資料(通商局)」第六巻、1. 5. 2. 2-6-2、外務省外交史料館所蔵)、石射猪太郎述「幣原男の経済外交に就て」年月日不明(「幣原平和文庫」リール十三)、石射猪太郎『外交官の一生』(中公文庫、一九八六年)一四一―一五〇頁。

(45) Edward Price Bell, with an introduction by Calvin Coolidge, *World Chancelleries: Sentiments, Ideas, and Arguments Expressed by Famous Occidental and Oriental Statesmen Looking to the Consolidation of the Psychological Bases of International Peace* (Chicago: Chicago Daily News, 1926), pp. 119-143. James D. Startt, *Journalism's Unofficial Ambassador: A Biography of Edward Price Bell, 1869-1943* (Athens: Ohio University Press, 1979), p. 112; 簑原俊洋『排日移民法と日米関係』二二四頁、村井良太『政党内閣制の成立 一九一八～二七年』二三二―二三三頁も参照。

(46) 吉田から幣原、一九二四年十二月十日(「外国新聞通信機関及通信員関係雑件 通信員ノ部 米国人ノ部」

第一巻、1. 3. 2. 50-2-2, 外務省外交史料館所蔵）、幣原から加藤、一九二五年四月十八日（同上）、Bell to Kato, May 5, 1925, Edward Price Bell Papers, Outgoing Correspondence Box 1924-1930, Newberry Library; Bell to Kato, May 30, 1925, Bell Papers, Outgoing Correspondence Box 1924-1930.

（47） Remarks of Edgar A. Bancroft at dinner of the Japan-American Society, December 12, 1924, Edgar A. Bancroft Papers, Box 5, Seymour Library, Knox College; Bancroft to Hughes, January 5, 1925, Bancroft Papers, Box 4; Bancroft to Bell, May 8, 1925, Bancroft Papers, Box 4; Bell to Bancroft, June 6, 1925, Bell Papers, Outgoing Correspondence Box 1924-1930; *New York Times*, July 29, 1925.

（48） Shidehara to the Nobel Peace Prize Committee, December 11, 1930, J.L. Garvin Papers, Folder: Recipient: Bell, Edward Price, Harry Ransom Humanities Research Center, University of Texas at Austin; 牧野伸顕宛幣原書簡、一九三三年五月五日（「牧野伸顕関係文書」書簡の部、第二十八冊、国立国会図書館憲政資料室所蔵）。Shidehara to Mrs. Bell, December 11, 1930, Bell Papers, Incoming Materials Box Scraq-Sn; Startt, *Journalism's Unofficial Ambassador*, pp. 159, 230, も参照。

（49） 陸奥広吉宛加藤高明書簡、一九二四年八月二十九日（「加藤高明文書」八十五、国立国会図書館憲政資料室所蔵）、高橋勝浩編「『出淵勝次日記』(二)」四〇八、四一八、四三八—四四〇、四五四、五一四—五一五頁、Ian Mutsu,"The Mutsu Family," in Ian Nish, ed., *Britain and Japan: Biographical Portraits*, vol. 2 (Richmond, Surrey: Japan Library, 1997), p. 161.

（50） 高橋勝浩編「『出淵勝次日記』(二)」四三八、四四一、四八七、五〇九—五一〇、五一二—五一三、五二一頁。

（51） 同上、四五六、四五八—四六一、四六三、四七三、四七五、五〇〇、五〇二—五〇四頁。

（52） 同上、三九二、四三八—四四一頁、堀内謙介『堀内謙介回顧録——日本外交五十年の裏面史』（サンケイ新聞社、一九七九年）二四頁。

（53） 石射猪太郎『外交官の一生』一五八頁、拙著『東アジア国際環境の変動と日本外交　一九一八—一九三一』四三、一六四、一九七、二三六、三〇九、三一二頁。満鉄交渉部資料課の情報収集を伝えるものとして、満

鉄交渉部資料課「昭和五年度綜合資料（木村理事用）」一九三一年六月六日、Kimura Eiichi Papers, Box 1, Hoover Institution, Stanford University; 同「昭和六年度綜合資料（木村理事用）」年月日不明、Kimura Papers, Box 1. 佐藤元英『近代日本の外交と軍事――権益擁護と侵略の構造』（吉川弘文館、二〇〇〇年）二八七―二八八頁も参照。

（54）谷正之談「和蘭公使時代の幣原さん」年月日不明（「幣原平和文庫」リール十八）、川村茂久「霞ヶ関太平記――陣営異状ありやなきや」一九三二年十一月十一日（「川村茂久関係文書」三―七、外務省外交史料館所蔵）、拙著『東アジア国際環境の変動と日本外交　一九一八―一九三一』三一一―三一二頁。小林道彦「田中政友会と山東出兵――一九二七―一九二八(一)」（『北九州市立大学法政論集』第三十二巻第二・三号、二〇〇四年）二六頁も参照した。

（55）高橋勝浩編「『出淵勝次日記』(二)」四〇七、四三八、四五三、四七〇、五一〇、五二一、五二三頁。

（56）有田八郎『馬鹿八と人はいう――一外交官の回想』（光和堂、一九五九年）二九頁。

（57）広田弘毅「江木翼氏の『四国条約と米国留保』を読む」（『外交時報』第四二三号、一九二二年）一一―一三頁。

（58）広田弘毅伝記刊行会編『広田弘毅』（葦書房、一九九二年）六〇〇―六〇一頁。

（59）中国関税特別会議準備打合会第一小委員会ほか議事録、一九二五年八月二十九日から九月二十九日（「支那関税並治外法権撤廃問題北京会議一件　支那関税特別会議準備打合会」第二巻、2. 9. 10. 13-12, 外務省外交史料館所蔵）。

（60）外交部から施肇基駐米公使、一九二六年一月三十日（外交部档案、03. 25. 25. 31. 1, 中央研究院近代史研究所所蔵）、沈雲龍編『黃膺白先生年譜長編』（台北：聯経出版事業公司、一九七六年）二五二、二五八、二五九頁、幣原から日置、一九二五年十二月十五日（外務省編『日本外交文書』大正十五年、第二冊下）八七一―八七二頁、汪栄宝駐日中国公使から幣原、一九二六年十月二十日（同上、第二冊上）三八五―三八七頁、幣原から芳沢、十一月九日（同上）四〇〇―四〇二頁、駐華日本公使館から外交部、一九二六年十一月十三日着（中央研究院近代史研究所編『中日関係史料　商務交渉　民国七年至十六年（一九一八―二七）』台北：

中央研究院近代史研究所、一九九四年）六〇八—六〇九頁、拙著『東アジア国際環境の変動と日本外交 一九一八—一九三一』一六三—一六九頁。

(61) Eliot to F.O., November 4, 1925, 10813/25/30, FO 228/2791, National Archives; 拙著『東アジア国際環境の変動と日本外交 一九一八—一九三一』一六七頁。

(62) Chamberlain to Eliot, December 17, 1924, FO 800/255, National Archives; Chamberlain to Eliot, July 23, 1925, FO 800/255, National Archives.

(63) Reminiscences of Sir George Sansom, 1957, Oral History Research Office, Columbia University; Charles Eliot, edited and completed by G. B. Sansom, with a memoir of the author by Sir Harold Parlett, *Japanese Buddhism*（Richmond: Curzon Press, 1994）；幣原から松井駐英大使、一九二七年二月三日（外務省編『日本外交文書』昭和期I、第一部、第一巻）四三五—四三六頁。衛藤瀋吉『東アジア政治史研究』（東京大学出版会、一九六八年）一六〇頁、Harumi Goto-Shibata,"Sir John Tilley, 1869-1951: British Ambassador to Japan, 1926-31," in Hugh Cortazzi, ed., *Britain and Japan: Biographical Portraits*, vol. 4（London: Japan Library, 2002）, pp. 78-88, も参照。

(64) 松井慶四郎『松井慶四郎自叙伝』一四三—一四四頁。

(65) 高橋勝浩編「『出淵勝次日記』㈡」五二九頁、幣原から松平、一九二六年十二月三十日（外務省編『日本外交文書』大正十五年、第二冊下）一二一九—一二二三頁。

(66) Reminiscences of Eugene H. Dooman, 1962, Oral History Research Office, Columbia University; 拙著『東アジア国際環境の変動と日本外交 一九一八—一九三一』一六七—一六九頁。

(67) 外務省編『日本外交文書』大正十三年、第二冊、二一六—二一九、二二二—二二五頁。そのほか、外務省監修／日本学術振興会編纂『条約改正関係 日本外交文書 別冊 通商条約と通商政策の変遷』（財団法人世界経済調査会発行、一九五一年）六一四—六二二頁が参考になるものの、不正確なところもみられる。海野芳郎「日本とインドシナの貿易摩擦」（細谷千博編『太平洋・アジア圏の国際経済紛争史』東京大学出版会、一九八三年）四一—六四頁も参照。

(68) 幣原から石井、一九二四年十月一日(外務省編『日本外交文書』大正十三年、第二冊)二三七頁、加藤内閣閣議決定、一九二五年一月二十日(同上、大正十四年、第一冊)二五四―二五五頁、外務省公表、一九二五年七月三十一日(同上)二三七―二四九頁。山県については、徳富猪一郎編『素空山県公伝』(山県侯公爵伝記編纂会、一九二九年)四三三―四八三頁がある。

(69) 外務省通商局第一課「近東貿易会議議事録並報告書」年月日不明(「近東貿易会議」第三巻、3. 2. 1. 41、外務省外交史料館所蔵)、小幡酉吉伝記刊行会編『小幡酉吉』(小幡酉吉伝記刊行会、一九五七年)三四〇―三五九頁。

(70) 高裁案「本邦ト『バルカン』黒海沿岸近東及埃及方面トノ貿易促進ノタメ外務省関係官会議開催方ニ関スル件」一九二五年十二月二十八日(「近東貿易会議」第一巻)、幣原から小幡、十二月二十九日(同上)、日本郵船株式会社編『日本郵船株式会社五十年史』(日本郵船株式会社、一九三五年)四一〇頁。

(71) 「第一回貿易会議一件 参加者関係 一」3. 2. 1. 40-5、外務省外交史料館所蔵。

(72) 「第一回貿易会議総会ニ於ケル外務大臣挨拶(大正十五年九月十三日)」(「第一回貿易会議一件 議題ニ関スル意見書 (甲)官庁及在外公館」3. 2. 1. 40-3-1、外務省外交史料館所蔵)。南洋貿易会議については、清水元「一九二〇年代における『南進論』の帰趨と南洋貿易会議の思想」(清水元編『両大戦間期日本・東南アジア関係の諸相』アジア経済研究所、一九八六年)三―四六頁を参照。

(73) 石射猪太郎述「幣原男の経済外交に就て」。

(74) 高裁案「通商局ニ南洋係設置ニ関スル件」一九二九年十一月七日起草(「外務省官制及内規関係雑件」第二巻)。小池聖一『満州事変と対中国政策』一〇四頁から教示を得た。外務省百年史編纂委員会編『外務省の百年』下、七頁も参照。

(75) このためか、バンクロフトは日ソ国交樹立を「論争の結論ではなく調整にすぎない」とも評した。Bancroft to Schurman, January 25, 1925, Bancroft Papers, Box 4.

(76) Bancroft to Kellogg, February 25, 1925, Bancroft Papers, Box 4.

(77) Bancroft to Kellogg, March 6, 1925, Bancroft Papers, Box 4.

(78) Bancroft to Kellogg, March 19, 1925, Bancroft Papers, Box 4.

(79) 拙著『東アジア国際環境の変動と日本外交 一九一八―一九三一』一五〇―一五六、二二九―二三四頁。

(80) 一例として、「佐々木到一中将談」一九四二年十一月十五日（森克己『満洲事変の裏面史』国書刊行会、一九七六年）四三七―四三八頁、佐々木到一『ある軍人の自伝』（普通社、一九六三年）一四〇頁。

南京事件については、衛藤瀋吉『東アジア政治史研究』一四九―一七六頁、臼井勝美『日中外交史』（塙書房、一九七一年）三〇―四七頁、栃木利夫・坂野良吉『中国国民革命――戦間期東アジアの地殻変動』（法政大学出版局、一九九七年）二五九―二六二頁を参照。

(81) 幣原から芳沢、一九二七年三月二十八日（外務省編『日本外交文書』昭和期Ⅰ、第一部、第一巻）五二一―五二二頁、芳沢から幣原、一九二七年四月二二日（同上）六〇一―六〇三頁、Akira Iriye, *After Imperialism*, pp. 97-109.

(82) 外務省編『日本外交文書』昭和期Ⅰ、第一部、第一巻、五四二―五四五頁。

(83) 矢田七太郎駐上海総領事から幣原、一九二六年十二月四日（「各国内政関係雑纂 支那ノ部 地方」第五十二巻、1. 6. 1. 4-2-3、外務省外交史料館所蔵）、高尾亨駐漢口総領事から幣原、十二月十六日（「諸外国外交関係雑纂 英支間」第二巻、1. 2. 1. 10-8、外務省外交史料館所蔵）、幣原から松平、一九二七年二月二日（外務省編『日本外交文書』昭和期Ⅰ、第一部、第一巻）四三五頁、堀内干城『中国の嵐の中で』六二―六三頁、筒井潔「最後の外交㈢」（『霞関会会報』第三一〇号、一九七一年）一二頁、劉傑「日中提携の模索と満蒙問題――重光葵と王正廷」（鳥海靖・三谷博・西川誠・矢野信幸編『日本立憲政治の形成と変質』吉川弘文館、二〇〇五年）三〇三頁。

(84) 森岡から幣原、一九二七年三月二十七日着（外務省編『日本外交文書』昭和期Ⅰ、第一部、第一巻）五一八頁。

(85) 幣原から矢田、一九二七年三月三十一日（同上）五三二―五三三頁。

(86) 松岡洋右伝記刊行会編『松岡洋右――その人と生涯』（講談社、一九七四年）一七一―一七二頁。加藤聖文「松岡洋右と満鉄――ワシントン体制への挑戦」（小林英夫編『近代日本と満鉄』吉川弘文館、二〇〇〇年）六四―一〇七頁、拙著『東アジア国際環境の変動と日本外交　一九一八―一九三一』一五三、二三〇―二三二、三〇八―三一〇頁も参照。

(87) 拙著『東アジア国際環境の変動と日本外交　一九一八―一九三一』一九六頁。

(88) 佐藤尚武監修／鹿島平和研究所編『国際連盟における日本』（鹿島研究所出版会、一九七二年）四五三―四五四頁。

国際連盟については、海野芳郎『国際連盟と日本』（原書房、一九七二年）、臼井勝美『満洲国と国際連盟』（吉川弘文館、一九九五年）、拙著『東アジア国際環境の変動と日本外交　一九一八―一九三一』三五―四二、四五、五四、六五、七六、二〇九、二六〇、二七九、二八一、二八五―二八六頁、拙編『満州事変と重光駐華公使報告書』、伊香俊哉『近代日本と戦争違法化体制――第一次世界大戦から日中戦争へ』（吉川弘文館、二〇〇二年）、後藤春美『アヘンとイギリス帝国――国際規制の高まり　一九〇六～四三年』（山川出版社、二〇〇五年）も参照。

(89) 岡義武・林茂校訂『大正デモクラシー期の政治――松本剛吉政治日誌』（岩波書店、一九五九年）四四七頁、幣原喜重郎「忘れ得ぬ人々」五五頁。

「外務大臣男爵幣原喜重郎出張ノ件」一九二六年十二月十八日（1-2A-019-00・任-B1336-100, 国立公文書館所蔵）、岡義武ほか校訂『大正デモクラシー期の政治』三三二、四一三、四五七、四七一、五四五、五四七頁も参照。

(90) 小林道彦「大陸政策と人口問題――一九一八～三一年」（伊藤之雄・川田稔編『環太平洋の国際秩序の模索と日本――第一次世界大戦後から五五年体制成立』山川出版社、一九九九年）二〇七頁、村井良太『政党内閣制の成立　一九一八～二七年』二二九―二三四頁も参照。

(91) 拙著『東アジア国際環境の変動と日本外交　一九一八―一九三一』一七八、三一三―三一四頁も参照。

(92) 伊沢多喜男文書研究会編『伊沢多喜男関係文書』（芙蓉書房出版、二〇〇〇年）二六五頁。

第二部　挫折——昭和戦前期

ロンドン海軍軍縮会議に向かう全権団の送別会（1929年11月25日）。左から、安保清種海軍大将、幣原外相、財部彪海相、小橋一太文相、浜口雄幸首相、若槻礼次郎元首相〔写真提供：毎日新聞社〕。

第3章　田中内閣に抗して

一　北伐と日本

山東出兵

一九二七（昭和二）年四月、政友会の田中義一内閣が成立した。このとき田中首相は外相を兼任する。

外相を解かれた幣原は、盲腸炎のため逗子小坪の別荘で寝込むようになる。その別荘は、西園寺公望によって聚遠荘と名づけられた。やがて病《やまい》の癒《い》えた幣原は、西園寺を興津《おきつ》に訪れて礼を述べた。もっとも幣原は、聚遠荘という別荘の名前の意味を理解できずにいた。すると西園寺は聚遠荘の由来について「遠というのは世界という意味で、世界の望みをあなたが集めているということです」と幣原を諭した。

また幣原は、外相時の一九二六（大正十五）年一月から勅選の貴族院議員でもあった。貴族院の会派としては、比較的に中立な同和会に属した(1)。

政界では田中内閣の成立を契機に、憲政会と政友本党が合同していた。これによって一九二七（昭和二）年六月には立憲民政党が誕生した。民政党の初代総裁は浜口雄幸であった。浜口に総裁就任を説得したのは幣原にほかならない。そこで浜口が幣原に副総裁を依頼すると、幣原はこれを辞退した。

この間にも田中内閣は、山東半島に出兵していた。北伐の進展にともない田中内閣は、居留民保護を名目として一九二七年五月に第一次山東出兵を行った。一九二八年四月にも田中内閣は第二次山東出兵を断行し、中国の国民革命軍と済南《さいなん》で衝突した。この済南事件が起こると、田中内閣は第三次山東出兵に踏み切った。同年六月には奉天軍閥の張作霖が、関東軍の謀略によって列車ごと爆殺された。これが張作霖爆殺事件であり、満州某重大事件とも呼ばれた[2]。

このように、中国情勢は蔣介石の北伐で急変しており、これに対する田中内閣の方策は武力に頼りがちであった。そのことを幣原は、どのように感じたのであろうか。

幣原の認識は、安達峰一郎《あだちみねいちろう》駐ベルギー大使に宛てた私信にみることができる。幣原は一九二七年六月、安達宛書簡にこう記した。

> 支那動乱の今尚酣《なおたけなわ》なるハ列国に取りて迷惑千万に有之候へ共支那国民も世界大戦後一般思想界の風潮殊《こと》に土耳古《トルコ》埃及《エジプト》等の実例に鑑み近年追々政治上覚醒するに至れるハ疑を容れず不平等条約改廃、帝国主義打破等の呼声《こせい》ハ真の国民的自覚を反映するものと認められ此際《このさい》外部よりの圧力を以て之を阻止せむとするも遂に不可能なるのみならず却《かえっ》て危機を挑発するものと相信じ候

つまり幣原によると、中国の「覚醒」と「国民的自覚」に対して、「外部よりの圧力」で阻止しようとするのは不可能であるばかりか、むしろ危機を誘発するというのであった。

だからといって、中国の要求するままに在華権益を放棄すべきでもなく、ベルギーが天津の居留地還付を声明して対中関係を有利に展開しようとしたことは、「支那の政情判断を誤りたるものにあらざるか」と幣原はいう(3)。

「支那問題概観」

このころ体調不良の幣原であったが、少しずつ活動を開始した。そのきっかけは一九二八年二月の総選挙、すなわち初の男子普通選挙であった。選挙戦において政友会は、前若槻内閣の対中国政策を非難していた。これに反発した幣原は、名古屋や大阪にまで出向いて演説に乗り出した。

新聞報道によると、「前外相幣原喜重郎氏は田中内閣の対支政策が世界の誤解を招《まね》き延《ひ》いて帝国の立場を不利に導くことを 慮《おもんぱか》りこの際いはゆる幣原外交なるものを力説して国民に訴ふる」ことにしたという。幣原の演説は、特定の候補者を支援するというよりも、外交的理念を国民に説くものであった。この模様を新聞も写真入りで伝え、「いはゆる幣原外交が現内閣になつてからふみにじられたのを遺憾とし前外相幣原喜重郎男は名古屋を振りだしに関西方面で政府の対支政策攻撃の声を挙げてゐる」と報じた(4)。

この選挙で与党の政友会は、かろうじて第一党となったものの、わずか一議席の差で民政党が詰め寄っていた。すると幣原は、一九二八年四月号の『外交時報』に「支那問題概観」を載せた。対中国政策についての論考である。

それによると、「今日の支那は最早《もはや》昔日の支那ではない、今尚《な》ほ妄《みだ》りに武力と強圧とを以て支那に臨み得るが如く考ふるならば、是《こ》れ時勢の変遷を解せざるものである」。他方で、「支那国民が暴力と脅迫とを以て列国を屈服せしめ、義務を無視して権利のみを厲行《れいこう》し得るものと考ふるならば、是れ亦《また》彼等の大なる誤である」。同稿で幣原は、中国の共産主義について自身の議会演説を引用し、「凡《およ》そ支那に於て何人が政権を掌握するか、又如何《いか》なる国内政策が果たして支那の為め適当なりやは当然同国民自身の決定すべき問題である」と論じた。

さらに幣原は、若槻内閣時の対中方針として、やはり議会演説から次の四点を挙げた。

一、支那の主権及領土保全を尊重し、其内争に付ては絶対不干渉の主義を遵守す。
二、両国間に共存共栄の関係並に経済上の提携を増進せむことを期す。
三、道理ある支那の国民的要望に対しては同情と好意とを以て迎へ、其実現に向つて協力することを辞せず。
四、支那の現状に際して、及ぶ限り耐忍寛大の態度を執ると共に、我正当且《か》つ重要なる権利利益は飽く迄も合理的手段を尽くして之が擁護に努む。

幣原の論文「支那問題概観」によると、ワシントン会議から一九二〇年代の半ばまで、日中関係は改善されてきたという。「両国の関係は華府会議を一の分水嶺として着々改善されて居る。殊《こと》に先年北京に於ける支那関税特別会議並に治外法権委員会に際して、我委員が終始中心となり公平穏健にして且支那に同情ある態度を具体的に表明したる事実は、我国が支那の内争に対する絶対不干渉の態度と相待つて、著しく両国民間の了解と接近とを進めたのである」。

幣原には、自らの方策で対中関係を是正したという自負があった。

さらに幣原は、婉曲的な表現ながら山東出兵の是非を論じていった。つまり、派兵に際しては商業取引への悪影響、出兵の時機、将来的な展望を熟慮すべきだというのである。あくまでも出兵は「非常手段」であり、「何等の予備的措置をも講ずることなく、急遽《きゅうきょ》出兵を決行するが如きことあらば、寔《まこと》に国家の一大不幸と謂《い》はなければならぬ」。

最後に幣原は、ワシントン会議における自身の演説にふれた。「我国は支那に於ける和平統一の速成、並に同国の豊富なる天然資源の経済的開発に対し、最緊切《きんせつ》なる利害を感ずるものである。……我国が支那に対し地理上遠隔せる何づれの外国よりも特に重要なる利害関係を有するは当然と謂はなければならぬ。……門戸開放、機会均等主義の下に、日支両国双方を利すべき経済的活動の地歩に至つては我々は確かに之を求むるものである。以上の論旨は当時満場の了解を得たこと、信ずる」。

このように幣原は、中国における和平や通商を促進する観点から、干渉を避けるべきだと論じた。日本が中国に抱える特殊権益についても、諸外国に閉ざされるべきではない。こうした持論の披瀝《ひれき》は、田中内閣への牽制でもあった。「当面の人気取りや、区々《まちまち》たる感情上の葛藤を断ち、全く純真なる国家的見地より、真面目に冷静に此問題を講究し判断せられむことを私かに切望して止まない」と同稿は結ばれる。(5)

確かに幣原の見解は、長期的にみるなら正論であろう。しかし、短期的にはどうだろうか。在華権益や居留民を守る具体策がみえにくく、国内を納得させられたかどうかは疑問である。幣原からすれば政治家や報道、さらには国民の未成熟なのであろうが、そうした見地からの幣原批判は少なくなかった。

一例として、本多熊太郎の論説「対支外交の破産」が挙げられる。幣原により退職させられた元外交官の本多は、外交評論家となっていた。その本多は、前若槻内閣が「支那革命運動の複雑なる性質を理解せず、且つ何等の根本的方策を確立せず屢々不安事態の発生に会し」たと非難した。(6)

二 「外交管見」

このような幣原の言動は、民政党と政友会の二大政党制下において民政党の側に踏み出すものであった。のみならず幣原は、浜口雄幸や江木翼、小橋一太、永井柳太郎、安達謙蔵《あだちけんぞう》らとともに、対中国政策に関する民政党声明の作成に参画した。また幣原は、対中国政策について大阪の日華経済協会で演説するに際して、浜口らと話し合ってもいた。

さらに幣原は、浜口と不戦条約についても協議した。(7)不戦条約とは、一九二八年八月にパリで調印されたものであり、戦争を違法化していた。そのような協議を通じて、幣原の立論は浜口にも影響を与えた。すなわち、「支那の和平統一のために十分の機会を与ふること」や、外交を政争の具としないことである。(8)

幣原は、民政党の機関誌『民政』に談話を掲載してもいる。その談話は、「香具師《やし》的田中外交」と題されたことからも明らかなように、痛烈な田中外交批判であった。「香具師」とは露天商のことである。幣原は、済南事件を引き起こした田中内閣について、「出来もしないことを出来るが如く装ふのは、大道の手品師に異ならない」と酷評した。

かつて幣原は第一次外相期にも、議会演説を憲政会の機関誌に載せてはいた。ここに至って幣原は、田中外交に危機感を抱き、民政党寄りの立場を強めたといえよう(9)。

そうした幣原の姿勢を印象づけるのが、一九二八年十月十九日の講演であった。幣原はこの日、慶應義塾大学に向かっていた。登壇した幣原は、聴衆を前に「外交管見」と講演を題して存分に語り始めた。

幣原によると、「外交の本質は権謀術数ではない」。つまり、権謀術数による外交は国家百年の長計ではなく、「国家の生命は永久なるべきものであるから、一時の功を奏したる権謀術数も、何日かは其国の為に重大なる禍を来たすことがあるものと覚悟しなければなりませぬ」と幣原は意を尽くした。

それでは、幣原のいう権謀術数による外交とは何を指すのか。幣原は、「極東に於ける権謀外交の実例」として三国干渉を挙げた。「申す迄もなく三国干渉は外交上の陰謀である、国際的の一大罪悪である」。三国干渉によって日本は遼東半島を中国に還付したものの、「最先に因果応報の苦しみを受けたのは支那自身であつた」。なぜなら、「支那は嘗《かつ》て其味方であつた露独両国政府より悉《ことごと》く裏切られ、三国干渉に依つて得たる利益を奪はれたるのみならず、遂に満洲及山東省の全部をも挙げて、露独両国の侵略政策に放任するの外なきに至つたのであります」という。

幣原によると、「外交は手品ではない、観客の目を眩《くら》まし、内部の空洞なる手箱の中より、忽《たちま》ち数百尺の長き紙片を取り出したり、平和を象《かた》どる鳩を取り出したり、帝国の威厳を現はす国旗を取り出したりなどして、大向ふの喝采を博せむとする者は外政家ではなくして手品師である」。幣原の持論は、信頼関係の確立を第一義とした正直な外交であった。

この講演で幣原は、前年三月の南京事件に際しての対応を釈明し、田中内閣への批判を口にした。「昨年の南京事件に付て見るに、或《あるい》は之を以て従来日本其他列国の支那に対する軟弱外交の産物であると云ひ、甚しきは当時の日本政府が支那に於て一切無抵抗主義を執りたる結果であると云ふが如き、全く見当違ひの臆説が今尚ほ流布されて居る、而《しか》も現政府当局者自ら斯《か》かる臆説を公然宣伝するに至つては驚かざるを得ませぬ」。

他方で幣原は、中国の外交にも注文を付け、「不平等条約撤廃の目的を達せむが為めに、今日支那側の執らむとする方法順序は、我国が嘗て自ら同一問題に直面して進んで来た筋途《すじみち》とは大に異なる所がある」と論じた。つまり、日本の場合には「列国を責むるよりも先づ己れを責めた、打倒帝国主義などと叫ばずして先づ静かに国内庶政の革新に全力を挙げた」。しかし、中国では「国内施政の改善其緒に就くを待たずして、直に現行条約の改廃を迫るの現状である」と幣原は開陳した。

とするなら、日本の対中国政策はいかにあるべきなのか。幣原は不干渉と権益擁護の両立を説いた。幣原のいう不干渉とは、「支那の政界に於て相対峙する諸党派中の一方に対し、何等偏頗《へんぱ》なる援助を与へ、他の一方の党派を排斥するが如き態度行動を一切避けると云ふ意味であります」。なぜなら、「我権利々益は決して支那の一党派より恩恵的に贈与されたものではない」からである。

したがって、「我権利々益を擁護せむが為めに、内争不干渉方針の実行上に於て何等かの手加減を加へなければならぬと考ふるのは却て我権益、我立場を軽んずるものであります」という。

このような論理で幣原は、田中内閣の山東出兵を批判した。さらに幣原は、「政府は支那の一地方に於ける我経済的権利を擁護するに止まらず、一層広汎なる見地より支那全体に亘《わた》る日支間の経済的接近を増進することに努力しなければなりませぬ」と経済外交の重要性を説いて講演を終えた(10)。

ここでの幣原は、田中内閣への批判を率直に語っていた。そのことは、半年前の論考「支那問題概観」に比べてかなり顕著である。聴衆の限られた講演であり、本心を吐露《とろ》しやすかったのであろう。済南事件や張作霖爆殺事件を目の当たりにした幣原は、自らの不干渉政策と経済外交に確信を強めていた。

三　田中首相との論戦

田中の外交もさることながら、幣原は外務省の人事を気にかけていたであろう。田中内閣下の外務省人事には二つの特徴があり、いずれも第二次幣原外相期にかかわっていく。

第一に、有田八郎や重光葵のような革新派が台頭しつつあった。有田は亜細亜局長に就任し、重光は駐上海総領事として赴任したのである。有田の亜細亜局長就任によって、幣原に近い木村鋭市は駐チェコ公使に転出した。

第二に、出淵勝次に代わって、吉田茂が外務事務次官に任ぜられた。もともと吉田は、外務省の主流ではない。吉田が事務次官となったのは、政友会の森恪《もりつとむ》外務政務次官らに接近したためであった。このため吉田は、「おしかけ次官」などと呼ばれた。この人事によって、出淵は駐米大使に転任した。外務政務次官の森恪は、幣原の不干渉策を批判していた。のみならず森は、幣原に近い出淵次官や木村亜細亜局長を転出させようとした。キャリア外交官を軽侮していた森だが、吉田茂と白鳥敏夫については例外とみなした。田中は当初こそ抵抗していたものの、一九二八年六月の張作霖爆殺事件で対中国政策に行き詰まると、吉田次官を認めたようである。

こうした経緯からして、幣原は吉田の次官就任を快く思わなかったであろう。かねてより、吉田も幣原を好まなかった。幣原が外務次官のころ、吉田は文書課長心得であった。気の強い吉田は幣原次官と不仲であり、幣原が呼び出しても、吉田は容易に応じなかったという。吉田は、満州事変期の幣原外相についても、「突発事件の処理ハ其得意ニ非る」と批判的であった[11]。

それでも、幣原が最も問題視したのは田中首相その人であった。田中内閣の満州政策は、張作霖爆殺事件後に停滞し始めていた。以前から日中間で論争となっていた商租権について、中国側の理解は得られなかった。この商租権とは、南満州における土地貸借権である。のみならず、張作霖の後を継いだ長男の張学良《ちょうがくりょう》は、満州における吉会鉄道や長大鉄道の着工を日本に認めなかった。

このころ六義園に暮らす幣原には、不穏な情報が寄せられた。「政友会内閣最後の強硬政策」についての情報がそれであり、商租権や鉄道敷設で日本側の要求を貫徹するためには、「数ヶ師団の動員を行ふも辞せさる」というものであった。万一を憂慮した幣原は、そのことを内大臣の牧野伸顕に伝えている[12]。

こうしたなかで幣原は、貴族院議員という地位を活かして、一九二九年二月二日に貴族院の本会議に登壇した。演壇に立った幣原は、田中に向かって「所謂《いわゆる》強硬政策並ニ積極政策」と呼ばれるものの意味をただした。

幣原によると、すでに田中内閣は一九二七年夏に東京で開催された東方会議のころから中国側の「我国ニ対スル人心ノ激昂」をあおり、排日運動を引き起こしていたという。以前に田中が満州を「安住ノ地タラシム」と演説したことについても、幣原は権益の擁護だけにとどめるべきだと論じた。田中内閣が張学良に対して、国民政府との妥協を延期するよう勧告したことにも、幣原は批判的であった。

また幣原は、山東出兵にもかかわらず、居留民に多大な犠牲が生じたことを失策とみなした。出兵を決定する前に、国民革命軍との交渉や居留民の避難といった措置を講ずるべきであったという。自らが外相であったころの南京事件では、出兵せずに一人の死者も出さなかったと幣原は主張した。

最後に幣原は、前内閣の対中国政策が行き詰まっていたという田中内閣の宣伝を批判する。事態はむしろ逆であり、「私等ガ曩《さき》ニ局ニ当ッテ、苦心努力ノ結果築上ゲタル日支親交ノ基礎ハ、現内閣ノ時代ニ至ッテ大部分ハ無残ニ破壊サレテシマッタノデアル」と幣原は熱弁を振るった。

これに対して田中は、外交に強硬も積極もないと言葉を濁した。武力行使は最後的な手段であり、極力避けているとも田中は述べた。田中によると、山東出兵がなければさらに状況が悪化していたに違いないという。しかし幣原が、田中の答弁に納得するはずもない(13)。

そのため幣原は、一九二九年二月五日にも貴族院で質問に立った。ここでも幣原は、満州における治安維持のためには、出兵も辞さないつもりかと釘を刺した。さらに幣原は、張学良への勧告や山東出兵に重ねて疑問を投げかけ、中国との関税協定についても日本が列国に出遅れたことを遺憾とした。

張作霖爆殺事件の処理について、田中は責任者の厳罰を予定していたものの、首謀者たる河本大作《こうもとだいさく》への処罰は陸軍の圧力で停職にとどまった。このため、昭和天皇が田中を叱責すると、田中内閣は一九二九年七月に総辞職した。

幣原は、後年の東京裁判に際して国際検事団の質問を受けたときにも、「田中内閣の崩壊せる原因の一は済南出兵、其他対支外交の失敗に在《あ》ること明《あきらか》である」と語気を強めていた[14]。幣原からするなら、自ら築いてきた日本外交の伝統と国際的な信頼が、田中内閣の方策によって掘り崩されたという意識であろう。次の浜口内閣で外相に返り咲く幣原は、この点をいかに克服するのか。

注

（1）伊藤隆・広瀬順晧編『牧野伸顕日記』（中央公論社、一九九〇年）二七八頁、幣原喜重郎『外交五十年』（中公文庫、一九八七年）二七七―二八〇頁、岡義武・林茂校訂『大正デモクラシー期の政治――松本剛吉政治日誌』（岩波書店、一九五九年）六〇七頁、「貴族院議員各派別ニ関スル調査」年月日不明（「近藤英明関係文書」七十、国立国会図書館憲政資料室所蔵）、「貴族院議員各派別 自明治二十四年十一月 至昭和七年三月」（同上、九十六）、衆議院・参議院編『議会制度七十年史 政党会派篇』（大蔵省印刷局、一九六一年）一六〇頁、衆議院・参議院編『議会制度七十年史 貴族院・参議院議員名鑑』（大蔵省印刷局、一九六一年）一二四頁。

（2）幣原喜重郎『外交五十年』一四五―一四九頁。田中内閣の対中政策については、佐藤元英『昭和初期対中

国政策の研究――田中内閣の対満蒙政策』（原書房、一九九二年）、拙著『東アジア国際環境の変動と日本外交一九一八―一九三一』（有斐閣、二〇〇一年）一九一―二五一頁、小林道彦「田中政友会と山東出兵――一九二七―一九二八㈠㈡」（『北九州市立大学法政論集』第三十二巻第二・三号、第三十三巻第一号、二〇〇四―二〇〇五年）一―三三、一―五二頁、邵建国『北伐戦争時期的中日関係研究』（北京：新華出版社、二〇〇六年）などがある。

（3）安達宛幣原書簡、一九二七年六月七日（「安達峰一郎関係文書」書簡の部、三〇二、国立国会図書館憲政資料室所蔵）。

（4）『東京朝日新聞』一九二八年二月十四日、二月十六日夕刊。

（5）幣原喜重郎「支那問題概観」（『外交時報』第五六〇号、一九二八年）八―一八頁。

（6）本多熊太郎「対支外交の破産」（『外交時報』第五三八号、一九二七年）一九―三八頁。

（7）池井優・波多野勝・黒沢文貴編『濱口雄幸　日記・随感録』（みすず書房、一九九一年）一九、四一、四四、四五、四六、五四、五六、六一、六五、六七、七四、八三、一〇九、一二四、一三四、一四三、一五八、一六六頁。村井良太氏から教示を得た。

なお、大阪における演説は、幣原喜重郎「対支外交に就て」（『民政』第二巻第十一号、一九二八年）四―一七頁に掲載された。「浜口幣原両氏の田中外交批判」年月日不明（「幣原平和文庫」リール十八、国立国会図書館憲政資料室所蔵）も参照。

（8）浜口雄幸「行詰れる局面の展開と我党の主張」（『民政』第二巻第十号、一九二八年）六―一七頁、「浜口総裁の決意堅く」（『民政』第二巻第十号、一九二八年）八六―九三頁。村井良太氏から教示を得た。

（9）幣原喜重郎「香具師的田中外交」（『民政』第二巻第十号、一九二八年）一八―二〇頁、同「現内閣の外交方針」（『憲政』第七巻第八号、一九二四年）五―九頁、同「帝国外交の基調」（『憲政』第八巻第二号、一九二五年）一一―一二頁、同「自主的外交の基礎確立」（『憲政公論』第六巻第二号、一九二六年）一三―二〇頁、同「我が国現下の国際関係」（『憲政公論』第七巻第二号、一九二七年）二一―二七頁。

第二次外相期の議会演説については、幣原喜重郎「現実日本の国際関係」（『民政』第四巻第二号、一九三〇年）二七―三五頁、同「現在日本の国際関係」（『民政』第四巻第五号、一九三〇年）一六―一九頁、同「死力を尽して経綸の実現に邁進」（『民政』第五巻第二号、一九三一年）四―六頁、同「我が国最近の国際関係」（『民政』第五巻第二号、一九三一年）一五―一八頁がある。幣原喜重郎「国際平和に関する世界の大勢」（『民政』第三巻第十二号、一九二九年）九―一三頁も参照。

（10）幣原喜重郎講演「外交管見」一九二八年十月九日（「幣原平和文庫」リール七）。その全文については、拙稿「幣原喜重郎講演『外交管見』」（『総合政策研究』第十三号、二〇〇六年）九九―一一二頁に紹介し、本書巻末の【史料１】に収録した。

なお「外交管見」の大半は、幣原喜重郎「外交の本質と我が対支外交㈠㈡㈢㈣㈤㈥」（『民政』第三巻第二、三、四、五、六、七号、一九二九年）一〇二―一〇七、一〇〇―一〇三、九六―一〇一、八八―九三、一〇二―一〇七、九六―一〇一頁として掲載されている。

（11）三宅喜二郎「吉田さんを偲びて思うことども㈡」（『霞関会会報』第二八五号、一九六九年）一二―一三頁、筒井潔「森恪の性格」（『霞関会会報』第二八九号、一九七〇年）七―一〇頁、山浦貫一編『森恪』（原書房、一九八二年）五五二―五五三頁、牧野伸顕宛吉田書簡、一九三二年六月七日（財団法人吉田茂記念事業財団編『吉田茂書翰』中央公論社、一九九四年）六三〇―六三三頁。

（12）柴田紳一『昭和期の皇室と政治外交』（原書房、一九九五年）一一―一四頁も参照。

牧野宛幣原書簡、一九二九年二月十七日（「牧野伸顕関係文書」書簡の部、第二十八冊、四七六―二、国立国会図書館憲政資料室所蔵）。伊藤隆・広瀬順晧編『牧野伸顕日記』三三八―三三九、三四一頁も参照。

（13）『官報』号外、一九二九年二月三日。

（14）『官報』号外、一九二九年二月六日、幣原国務大臣への質問事項とその答弁、一九四七年五月三十一日（「幣原平和文庫」リール七）。

第4章　第二次外相期

一　中国とソ連

浜口内閣の成立と幣原の人事

一九二九（昭和四）年七月、民政党の浜口内閣が誕生した。組閣の大命に際して、浜口は宇垣一成《うがきかずしげ》、井上準之助、幣原喜重郎の名を閣僚として奉答した。このため宇垣、井上、幣原の三名は、それぞれ陸相、蔵相、外相として入閣する。

幣原としても、このときは外相への復帰を期していたであろう。幣原と浜口は、在学中に大阪から京都に移転となる第三高等中学校からの旧友である。年齢的にも幣原は、五十六歳と円熟期を迎えつつあった。浜口内閣は、対中外交の刷新、軍縮、財政の緊縮、金解禁断行などの十大政綱を掲げた。

外相に再任された幣原は、どのような外交に着手するのか。まずは人事をみておきたい。一般に幣原人事と呼ばれるのは翌一九三〇年末ごろのものであり、そのときに幣原は、永井松三と松田道一《まつだみちかず》を外務次官および条約局長としている。(1)

つまり幣原は、外相再任から一年以上も本省の人事にあまり手を付けなかった。田中内閣にすり寄った吉田茂外務次官などについては、早期の更迭もありえたであろう。しかし幣原は、「其就任により事務官級の変更を賛成せず」とした。このため吉田次官や各局長は、当面留任となった。

第一次外相期に幣原を支えた出淵勝次は、すでに駐米大使となっていた。もう一人の直系ともいうべき佐分利貞男は、駐英大使館の参事官であった。佐分利はマンチェスターの商工会議所に赴いて、中国との貿易を議論するなどしていた(2)。

やがて佐分利は駐ソ大使に内定したものの、幣原は佐分利を駐華公使に任じた。しかし、これが悲劇につながっていく。駐華公使となったばかりの佐分利は、一九二九年十一月に一時帰国して対中国政策の方針を幣原と協議した。その直後の十一月二十九日に、佐分利は箱根のホテルで怪死を遂げたのである。駐華公使となってから、わずか一カ月であった。

そのことに衝撃を受けた幣原は、佐分利の怪死を他殺とみなした。なぜなら、「彼は右の手にピストルを持っていた。ところがピストルの弾は、左のこめかみから入って右に抜けている」。だが、佐分利の怪死については、夫人の死や日中関係に苦悩した末の自殺という説も根強かった。この自殺説を幣原は強く否定した。幣原によると、「私との相談はきれいに方付いたので、非常に喜んで遊びに出かけた。それが絶対の事実である」という(3)。

はたして幣原のいうように、佐分利は他殺だったのであろうか。確かに、左のこめかみから撃たれたのだから他殺だという説もあった。しかし、そうささやかれたのは事件の当初だけである。遺体が解剖されてみると、弾丸は左からではなく右から左に貫通したと確定された。警察も自殺と発表した。

そのことを幣原は知っていたはずである。それでも幣原としては、自殺とは認めたくなかったのであろう。(4)

外交官のなかには、幣原と異なって自殺説を採る者もいた。その典型が重光葵であった。当時の重光は、駐上海総領事である。重光と佐分利は、パリ講和会議のころから懇意であった。この二人はかつて北京関税特別会議に際し、中国に対して関税自主権を承認する用意があるという宣言を進めて、出先から対中国政策を主導しようとした。その佐分利を幣原が駐華公使に任ずると、国民政府は佐分利の赴任を歓迎した。

重光によると、一時帰国した佐分利は「日本にとり真に実質的の重要問題は支那問題である」と幣原らに力説したものの、外務省首脳は軍縮問題などに忙殺され「当局は一向に真剣にこれを検討して呉《く》れぬ」とこぼしていたという。佐分利が夫人に先立たれたこともあって、孤独ゆえの自殺と重光はみる。同じく駐華公使館参事官の堀内謙介も、佐分利の死を自殺とみなした。

いずれにせよ、幣原が佐分利の死にどれほど落胆したかは想像にあまりある。それでも幣原は、一九二九年十二月に小幡酉吉を後任の駐華公使とした。かつて小幡は、幣原次官のもとで政務局長をこなしていた。しかし中国側は、小幡へのアグレマンに難色を示した。このアグレマンとは、公使などの任命に先立って、派遣先の国家が与える承認のことである。中国側が難色を示した理由は、かつて対華二十一カ条要求の際に小幡が駐華公使館の一等書記官であったからだという。

さらに王正廷外交部長は、意外にも、アグレマンの条件として公使館の大使館昇格を提起した。そのような理不尽な条件を幣原が受け入れるはずもない。そもそも小幡は、すでに二十一カ条要求後の一九一八（大正七）年から一九二三年に駐華公使を務めていた。結局のところ、国民政府は小幡へのアグレマンを拒否した(5)。

中国とソ連

この間にも、中国情勢には変化がみられた。幣原が外相に復帰したころ、中ソ間では東支鉄道をめぐる係争が起きていたのである。この東支鉄道は中国の東北に位置するものであり、中ソの共同経営であった。

しかし、中国が一九二九（昭和四）年七月に東支鉄道の回収を試みたため、ソ連は中国との国交を断絶した。さらにソ連軍は十一月に国境を越えて進撃し、中国東北の満洲里《まんしゅうり》やハイラルを陥れた。中ソ紛争はソ連側の圧勝に終わり、十二月には東支鉄道の原状回復について議定書が中ソ間で締結された。この中ソ紛争は、中国側の当事者が奉天政権であったことから奉ソ戦争とも呼ばれる。

中ソ紛争に対する幣原の方針には、二つの特徴があった。

第一に、幣原は中ソ間の直接交渉を斡旋した。幣原は、中国による東支鉄道回収策を「赤化防止なる口実の下に露国の利権を回収せむとした計略」とみなし、汪栄宝駐日公使に詰問していた。その意味で幣原の対応は、多少なりともソ連寄りといえるだろう。

第二に、幣原は、アメリカ国務長官のスティムソン（Henry L. Stimson）による警告案に加わらなかった。中ソとの非公式交渉を続ける幣原にとって、スティムソン案は「当事国の感情を刺激するに止まり、結局実効を期し難きものと思はれた」。そこで幣原は、中ソ両国と緊密に接触しながらも、

会談の中身を完全に非公開とした。このような秘密外交が功を奏したと、後に幣原は自賛している。(6)

同じころの中国では、怪文書の「田中上奏文」が広まっていた。この「田中上奏文」とは、田中義一首相が昭和天皇に上奏したとされるものである。その内容は、東方会議に依拠した中国への侵略計画であった。だが「田中上奏文」の内容は、現実の東方会議と大きく離反しており、一九二九年の上半期に中国東北で偽造されたものである可能性が高い。

一九二九年九月十六日には、駐華臨時代理公使の堀内謙介が幣原に電文を寄せた。それによると、上海YMCA書記長の陳立廷《ちんりってい》が、太平洋問題調査会の京都会議で「田中上奏文」を朗読する予定だという。この太平洋問題調査会とは、相互理解を目的とした民間の国際調査団体であり、IPR(Institute of Pacific Relations)と呼ばれた。IPRには日本のほか、アメリカや中国の有識者も参加しており、一九二五(大正十四)年にはホノルルで会議が開催されていた。中国YMCA総幹事の余《よ》日章《にっしょう》とともに、陳立廷はIPRの中心人物でもあった。(7)

ホノルル会議のころから幣原は、IPRに協力的な態度を示しており、「こうした非公式会議が諸国民の間に理解をもたらすものだ」とアメリカのIPR関係者に語っていた。さらに日本外務省の亜細亜局と情報部は、一九二九(昭和四)年秋の京都会議において、IPRの中国代表による「田中上奏文」の朗読を封じ込めた。

それでも「田中上奏文」は、中国において冊子体で頒布されるようになり、中国の新聞や雑誌もこれを掲載した。これについて幣原は一九三〇年二月、中国駐在の各総領事らに注意を喚起している。

このころ対中国政策を出先で主導していたのが、重光駐華臨時代理公使であった。そこで重光は、

「田中上奏文」の取り締まりを中国側に要請した。その際に重光は、「田中上奏文」の根本的な誤りについても十分に主張しており、国民政府外交部が取り締まりに応じた形跡もある。それゆえに中国側は、これが偽書だと知っていたであろう。(8)

なお幣原は、米独間の条約に基づいた調停委員会で議長ともなっていた。この調停委員会とは、アメリカとドイツの間で紛争となった場合において和解に当たるというものであった。アメリカとドイツは各二名の委員を選出したうえで、両国の信頼する第三国から一名を議長とすることになっていた。その議長に幣原は就任したのであった。もっとも、議長としての仕事はあまりなかったようである。(9)

二　ロンドン海軍軍縮会議

政党政治と日米関係

第二次幣原外相期における最大の功績は、ロンドン海軍軍縮会議であろう。(10) このロンドン会議は、補助艦の制限を主目的として一九三〇年の上半期に開催された国際会議であった。ロンドン会議における幣原の方策を論じる前に、そこに至る経緯をたどっておきたい。

ロンドン会議の前史としては、ワシントン会議を思い起こさねばならない。ワシントン会議は、一九二一（大正十）年十一月から翌年二月にかけて開催された。そこでの海軍軍縮が主力艦の制限にとどまったため、ワシントン会議後の列国は補助艦の建艦競争に傾注していた。一九二七（昭和二）年の夏には、補助艦の制限を目的とするジュネーブ海軍軍縮会議が開かれた。しかし、ジュネーブ会議は英米間の対立などによって不成功に終わり、一九三〇年にロンドン会議を迎えたのであった。

ロンドン会議には、日英米仏伊の五カ国が参加した。そこに浜口内閣は、元首相の若槻礼次郎や海軍大臣の財部彪《たからべたけし》らを送り込んだ。浜口内閣としては、補助艦の総トン数を対米七割とするなどの方針であった。このためロンドン会議は、日米間の妥協をめぐって難航した。それでも日米の代表団は、総トン数を対米六九・七五％とするなどの妥協案を成立させた。当初の目標を下回っていたため日本海軍がこれに反発したものの、浜口内閣は日米妥協案を受け入れた。ロンドン海軍軍縮条約は一九三〇年四月に調印されたのであり、日本の外交交渉は成功したといってよいだろう。

このロンドン会議を妥結に導いたのが、幣原外相や浜口首相であった。その政治指導によってロンドン海軍軍縮条約が批准されたことは、近代日本の政党政治において、協調外交の到達点を示すものでもあった。にもかかわらず、戦前の政党政治は短命に終わってしまった。厳密な意味で政党内閣期と呼べるのは、一九二四（大正十三）年六月の加藤内閣成立から一九三二（昭和七）年の五・一五事件までに限られる。満州事変で露呈したように、政党政治崩壊の遠因は、政党による外交指導体制の未確立にあったといえよう。

その意味で、ロンドン会議は一つの分岐点であった。というのも、確かに浜口内閣は強力な政治指導を行ったものの、同時に統帥権干犯《とうすいけんかんぱん》問題を引き起こした。この統帥権とは軍隊の最高指揮権であり、明治憲法によって天皇の大権と定められていた。ロンドン条約の締結をめぐって、野党の政友会は統帥権の干犯だと浜口内閣を批判した。したがって統帥権干犯問題は、政党政治の基盤を掘り崩しかねないものであった。

日米関係においてもロンドン会議は重要な位置を占めており、このころアメリカ国務省内では、知日派が形成されようとしていた(11)。留意すべきことに、ジュネーブ会議が英米のあつれきで頓挫《とんざ》したため、英米は綿密に事前協議をしていた。イギリスは、日本外務省の主要電報を解読してもいた。他方で日本海軍は、伝統的にアメリカを仮想敵とした。このため軍縮の論争は、主として日米間に展開すると予想されており、現実に日米関係はロンドン会議を左右した(12)。

これらを念頭に、以下では戦前期におけるデモクラシー状況の到達点と目されるロンドン会議を検討していく。その際には、幣原のみならずキャッスル（William R. Castle, Jr.）駐日アメリカ大使の視点を交えることで、日本における政党政治の成熟度も探ってみたい。

ここでの論点は三つある。

第一に、日本外務省の内部過程、とりわけ幣原外相と吉田次官の関係である。吉田が駐奉天総領事だったころから、幣原と吉田は対中方針を異にしていた。その吉田が田中内閣に接近して外務次官となり、さらに浜口内閣に留任したことからも、幣原と吉田の関係は微妙であった。だが吉田は、ロンドン会議期の対米政策において、幣原の意向をふまえながらキャッスルや宮中、軍部との調整に奔走した。

第二に、キャッスルの言動と対日観である。駐日アメリカ大使のキャッスルは、アメリカ国務省における親日派の代表格であった。そのキャッスルには、外交電文のほかにも詳細な日記や書簡、演説などが残されている(13)。そこでは日本の外務省や政党、宮中などに、時として意外な評価がなされていた。このため幣原との関係のみならず、日本の政党政治を考察する手掛かりとなるであろう。

第三に、日米協調による秩序形成の可能性とその限界である。ロンドン会議は孤立した事象ではなく、日米協調を中国問題や移民問題に広げようという試みもみられた。そのため、この時期の国際政治は、ロンドン会議を足掛かりとして、より安定的な秩序構築に向かう可能性を秘めていた。これについては幣原を中心としながらも、キャッスルやスティムソン国務長官、ホーンベック国務省極東部長、出淵駐米大使らの動向を追ってみたい。そのことによって、中国問題や移民問題と海軍軍縮の関連性、さらには秩序構築への障壁が明らかとなるであろう。

幣原とキャッスル

ロンドン会議時に駐日アメリカ大使として赴任するまで、キャッスルは三年近く国務次官補を務めていた。幣原はキャッスルの着任を歓迎する意向であり、そのことは出淵駐米大使を通じてキャッスルに伝わっていた。幣原はキャッスルも着任以前から、幣原を信頼に足る人物と見定めていた[14]。キャッスルとフーヴァー（Herbert Hoover）大統領の個人的な関係も、おおむね良好であった[15]。

他方でキャッスルは、一九二九年下半期の中ソ紛争をめぐって、スティムソン国務長官と齟齬《そご》をきたしていた[16]。そのスティムソンがロンドン会議に参加している間に、国務長官代理を務めたのはコットン（Joseph P. Cotton）国務次官であった。

浜口内閣はロンドン会議に向けて、首席全権の若槻礼次郎元首相をはじめ、海相財部彪大将、松平恒雄駐英大使、永井松三駐ベルギー大使を全権に任命した。さらに、安保清種《あぼきよかず》海軍大将と左近司政三《さこんじせいぞう》海軍中将を、それぞれ顧問および首席随員とした。一九二九年十一月二十六日には三大原則として、

補助艦総トン数対米七割、大型巡洋艦対米七割、潜水艦現有量保持を閣議決定している。(17)

ワシントン会議の前例にならって、浜口は海相事務管理を兼任した。これを海軍省の次官山梨勝之進《やまなしかつのしん》中将、軍務局長堀悌吉《ほりていきち》少将、先任副官古賀峯一大佐が補佐した。軍令部長は加藤寛治大将であり、次長が末次信正《すえつぐのぶまさ》中将、第一班長は加藤隆義少将であった。

アメリカの全権は、スティムソン国務長官を首席として、ドーズ（Charles G. Dawes）駐英大使、アダムス（Charles Francis Adams）海軍長官、ロビンソン（Joseph T. Robinson）民主党上院議員、リード（David A. Reed）共和党上院議員、ギブソン（Hugh S. Gibson）駐ベルギー大使、モロー（Dwight W. Morrow）駐メキシコ大使から成っていた。

イギリスでは、議長となるマクドナルド（J. Ramsay MacDonald）首相を筆頭に、ヘンダーソン（Arthur Henderson）外相やアレキサンダー（Albert Victor Alexander）海相が全権を務めた。仏伊両国の首席全権は、それぞれタルデュー（André P. G. A. Tardieu）首相とグランジ（Dino Grandi di Mordano）外相であった。一九三〇年一月九日に若槻、財部、松平の三全権は、マクドナルドをイギリス首相官邸に訪れて非公式ながら会談している。(18)

他方、キャッスルがホノルル経由で横浜の土を踏んだのは、同年一月二十日のことである。すぐさま幣原は、キャッスルの挨拶を受けた。キャッスルは、ネヴィル駐日アメリカ代理大使から業務を引き継いだところであった。(19)

そこで幣原は、二十四日に埴原正直元駐米大使、吉田茂外務次官、有田八郎外務省亜細亜局長らとともに、キャッスルと会食した。このとき幣原夫妻は上機嫌であった。同日にキャッスルは、訪日中のジョンソン駐華米国公使にも会っており、「ネルソンと私は大方の極東問題で意見を共有した。しかし、日本との友情が中国よりも重要だということに、ジョンソンは同意しないだろう」と思われた。[20]

幣原の姿は、キャッスルにどう映ったであろうか。キャッスルは一月二十七日付けのフーヴァー大統領宛書簡で浜口内閣の第一印象を伝えている。それによると、「幣原は実にステーツマンで、先見の明もあり寛大だ。浜口首相は高潔の人である。井上ほどに勇敢で経験に富む蔵相はまたとないだろう」という。さらにキャッスルは、「事実として日本は満州に特殊権益を抱えており、我が国とキューバの関係に匹敵する」とも記していた。[21]

「思慮深い日本人」——幣原外相

かくして幣原は、キャッスルとの関係を深めていった。キャッスルがコットン国務次官に宛てた二月十四日付電文によると、「思慮深い日本人（certain thoughtful Japanese）」は対米七割が至上命題となってしまったことを後悔しているという。[22]

ここで「思慮深い日本人」として想定されているのは、幣原を筆頭とする外務省首脳であった。この日に幣原はキャッスルと会っており、キャッスルは日本の対米比率が六割であっても、アメリカ海軍は対日攻撃を可能とみなさないと幣原に語った。キャッスルによるとアメリカの世論は、日本海軍の増強がフィリピン攻略につながりはしないかと危惧しているという。そこで幣原は、フィリピン占領が緒戦で成功したとしても、「結局は日本の破局を導くだけだ」と答えた。[23]

したがって懸念されるのは、国際感覚に富む幣原と高揚する世論の距離であった。一例を挙げるなら、雑誌『日本及日本人』に掲載された平田晋策の論文「米国大使再会見記」には、軍事評論家の平田が直接にキャッスルとドゥーマン一等書記官に詰め寄る場面が描かれていた。それによると、幣原がキャッスルと会談した際に、キャッスルはアメリカ空軍が東京を爆撃できると威嚇《いかく》したというのである。(24)

こうした風潮に、幣原やキャッスルは悩まされた。それでも、二月二十日の総選挙が民政党の圧勝に終わったことは吉報であった。これによって浜口内閣が大胆な政策を遂行できると期待されたからである。加えて、ロンドン会議を乱しがちなフランスで政変が起こり、ショータン（G. Camille Chautemps）新内閣が成立した。このころ幣原は、仏伊を除く米英日三国協定の可能性をキャッスルに打診され、好意的に回答している。(25)

ロンドン会議は二月二十六日に、英仏伊の「ユーロピアングループ」と英米日の「ハイシーズグループ」に分けられた。(26)後者の下相談を円滑にするため、日米交渉は松平とリードの間で非公式に行われた。同様に日英交渉は、斎藤博外務省情報部長とクレーギー（Robert Leslie Craigie）英外務省アメリカ局長の間でなされた。

このうちの日米交渉では、松平とリードの協議が事態を打開しつつあった。幣原自身は、巡洋艦に関するアメリカ案を受諾する意向であったが、海軍の反対を憂慮していた。このとき幣原はキャッスルによって、今度は日本が妥協する順番だと説得されている。(27)

三月十三日には、日米の妥協案がロンドンで成立した。すなわち、アメリカに対する日本の補助艦割り当てを六九・七五%として、潜水艦については日米英三国を同量にするといった内容である。翌日にロンドンの日本代表団は、「米国側ハ事実上既ニ総括的七割ノ原則ヲ認メタルモノ」として、同案の承認を政府に請訓《せいくん》した。幣原はキャッスルから、同案がアメリカの最終的譲歩だと念を押された(28)。

このため幣原は、三月十五日に請訓電報を携えて浜口を訪れる。これを受けた浜口は、山梨海軍次官を呼び付け、海軍内の意見をまとめるように命じた。田中前内閣で海相を務めた軍事参議官の岡田啓介海軍大将も、吉田外務次官と接触しつつ、それ以前から軍令部の説得に奔走していた(29)。

肺炎を患っていた元老の西園寺公望をはじめ、牧野伸顕内大臣や一木喜徳郎宮内大臣、鈴木貫太郎侍従長、河井弥八侍従次長、岡部長景内大臣秘書官長兼式部次長といった宮中グループも、浜口内閣を支援した。

このころにキャッスルは、「会議を成功させるには、すべての望みが叶《かな》うわけではないことを日本人は明らかに知っており、ロンドンの情勢は日米間でかなり好転しているようだ」と日記にしたためている(30)。

それでも、三つの問題点が残されていた。

第一に、軍令部や東郷平八郎元帥による批判である。これについて幣原は山梨の協力を求めており、そのことは吉田からキャッスルに告げられた(31)。

第二に、日本の報道である。とりわけ問題となったのが、三月十七日の『東京朝日新聞』や『東京日日新聞』であった。その夕刊一面には、日米妥協案の内容が数字入りで末次次長から漏洩し、海軍当局の反対意見とともに掲載されていた。そのことは、幣原や浜口、日本代表団らの感情を逆撫《さかな》でした(32)。

第三に、対英交渉の難航していたフランスが、日本を潜水艦の現有勢力に固執させることで自国の孤立を回避しようとした。日本代表団には財部全権のように、フランスと手を握って米英に当たろうとする意見もあった。だが幣原や若槻は、フランス案に冷淡である。幣原は、潜水艦問題で会議を頓挫させてはならないという意向であり、そのことは吉田を介してキャッスルに伝わっていた(33)。

幣原は海軍内の取りまとめに向けて、一時的に帰朝していた斎藤実朝鮮総督に協力を求めた。幣原は岡田啓介の意向をふまえてもいた。ただし、幣原が直接に斎藤と面会しては誤解を招くと思われた。このため幣原は、浜口の賛同を得て吉田を遣わす。他方でスティムソンは、回訓《かいくん》の遅い浜口内閣にいら立ちを強めていた(34)。

「寡黙な人物」――浜口首相

そこでスティムソンは三月二十日に、状況を打開するため浜口首相と会談するようキャッスルに通達してきた。だがキャッスルは、浜口との会談に否定的であった。アメリカが圧力をかけているような印象を日本の世論に与えかねないためである。

キャッスルによると、浜口は「寡黙な人物」であり、主導力を発揮できるような政治家では必ずしもなかった。むしろ、「幣原ほどに強力な者がいるであろうか」という。したがって、幣原を通じてロンドンの情勢を浜口に悟らせるというのが、キャッスルの発想であった。あくまでもキャッスルは、幣原との交渉を軸とみなしたのであり、浜口首相に対する評価は高くなかった。

ティリー駐日イギリス大使も同様の感触を得ており、マクドナルド英首相の浜口宛メッセージは、やはり幣原に託された。そのことをキャッスルは知っていた(35)。幣原も、キャッスルが浜口と直接に接

触すれば、煽情《せんじょうてき》的な報道につながると危惧していた。(36)

浜口とキャッスルの直接会談を回避すべきだという幣原の考えに賛同する者がいた。吉田茂である。吉田は強硬派に口実を与えないという観点から、「浜口に接近するのは最も不得策であろう」とキャッスルに語っていた。スティムソンも、幣原の同意が得られないのであれば、自身による浜口宛メッセージの親展にこだわらない姿勢をみせ始めた。

幣原は三月二十四日にキャッスルの来訪を受け、スティムソンの浜口宛メッセージについて聞かされた。メッセージの内容はありふれたものであり、米英日という三大海軍国の協調を説いていた。このの浜口宛メッセージの取り扱いについて、幣原はキャッスルから一任された。このため、スティムソンのメッセージは、マクドナルドのそれと同じく、幣原から浜口に手渡されたのである。(37)

キャッスルの動向について、幣原は吉田を通じても把握していた。幣原が吉田から伝え聞いたところによると、キャッスルは三月二十三日に吉田を訪れ、「不当ノ強圧」を加えているという印象を回避するために、幣原から浜口へのメッセージ伝達を差し控えさせようとまでしたという。

さらにキャッスルは、ドゥーマン書記官を介して、スティムソンも日本の世論を刺激しないように配慮していると吉田に告げた。まさに細心の注意といえよう。幣原も当然そのことを知っていた。幣原としても、メッセージの扱いには心を砕いた。(38)

この間に幣原は、浜口と協議を重ねていた。浜口内閣が日米妥協案を受諾するように回訓を決定したのは、四月一日のことである。すでに請訓から半月が経過していた。浜口は、閣議に先立って岡田軍事参議官、加藤軍令部長、山梨海軍次官を官邸に招き、外交と財政の見地から一時間にわたって回訓案を説いた。

しかし、回訓後に幣原がキャッスルと会談したところ、キャッスルはこれをむしろ幣原の業績とみなして尽力を称えた。キャッスルは、閣議決定の前から吉田次官と牧野内大臣を介して、ロンドンでの合意事項が浜口内閣に承諾されると見通していたのである(39)。

他方で、加藤軍令部長は三月三十一日から四月一日にかけて上奏を願い出ていた。だが、鈴木貫太郎侍従長によって、上奏は四月二日に延期される。侍従武官長の奈良武次《ならたけじ》は鈴木に批判的であり、「侍従長の此処置は大に不穏当なりと信ず」と日記にしたためた。この間の四月一日には、浜口が回訓案を奏上したのに対して、昭和天皇は裁可を与えていた(40)。

四月二日には、加藤が昭和天皇に拝謁し、「米国ノ提案ハ実ニ帝国海軍ノ作戦上重大ナル欠陥ヲ生スル恐ルヘキ内容ヲ包蔵スルモノノテ御座リマス……今回ノ米国提案ハ勿論其ノ他帝国ノ主張スル兵力量及比率ヲ事実上低下セシムルカ如キ協定ノ成立ハ大正十二年御裁定アラセラレタル国防方針ニ基ク作戦計画ニ重大ナル変更ヲ来スヲ以テ慎重審議ヲ要スルモノト信シマス」と上奏した(41)。四月三日の『タイムズ』紙は、上奏の内容を不詳としながらも、痛烈な政府批判としてこれを伝えている。

ただし、加藤軍令部長が四月二日に上奏したといっても、条約案の受諾を覆そうというのではなかった。その形式的な理由は、すでに前日に昭和天皇が回訓を裁可していたことにある。そもそも加藤自身が上奏の真意を「唯御《ただ》聴き置かれたき積りにて上奏せし旨」と語っていた。これには天皇も、「唯聞き置くに止めらるべき御思召《おぼしめし》」であった。また、侍従武官長の奈良は、「此上奏に対する取扱としては、仮令回訓前に上奏せるとするも唯御聴き置きの外《ほか》なかるべし」と日記につづった(42)。

つまり上奏とはいえ、参考意見として扱うという点において、加藤、天皇、奈良の三者は一致していたのである。(43)ただし、加藤を支えるべき末次次長の行動は慎重さを欠いていた。(44)

四月十三日には、午餐会《ごさんかい》が宮中で開催された。昭和天皇は、宮中にティリー駐日イギリス大使を招き、幣原や高松宮宣仁親王《たかまつのみやのぶひとしんのう》もそこに陪席《ばいせき》した。天皇の通訳は、澤田廉三電信課長の担当である。高松宮の渡欧を前にした午餐会であったが、話題はロンドン会議にも及んでいく。

ここで昭和天皇はティリー英国大使に、「序《ついで》ナカラ目下倫敦《ロンドン》ニ開催中ノ海軍々縮会議カ特ニ日英米三国ノ協調ニヨリ満足ナル結果ヲ期待シ得ル事態ニ至リタルハ此上モナク悦《よろこ》ハシク存シ居レリ……期待サルル同会議ノ成功ト共ニ今後益々列国特ニ日英米ノ協力ニヨリ世界平和ノ増進セラレンコトヲ希望ス」と語りかけた。天皇は、幣原や高松宮を前にして、ロンドン会議が妥結に至りそうなことを率直に喜んだのであった。

このような天皇発言を通訳するときに、澤田は冷や汗が止まらなかった。浜口内閣が日米妥協案の受諾を回訓した後とはいえ、まだロンドンで条約は調印されていない。海軍や政友会には、不穏な動きもあった。回訓後で調印前という微妙な時期に鑑みるなら、天皇の発言はもっと慎重であるべきだろう。澤田は、直訳すべきかどうか迷ったものの、やむなく天皇の発言をそのまま英訳した。すると、天皇の言葉に気をよくしたティリーが、その内容をロンドンに報告すると言い出した。天皇発言の伝わり方によっては、不測の事態に発展しかねないものである。

にもかかわらず、宮中の午餐会に出席していた幣原には、拍子抜けするほど緊張感がなかった。しかも幣原は、外務省に戻ると、自らも天皇発言をロンドンの日本代表団に伝えようとした。すでに天皇から裁可を得て回訓していた後とはいえ、幣原の振る舞いは、いささか不用意ではないのか。
そのことに吉田が気づいた。そこで吉田は、一木宮内大臣の意向をふまえ、「新聞等ニ洩《も》レサル様格別ノ御配慮ヲ乞フ」と幣原の電文に書き足した。天皇の発言だけに、漏洩すれば波紋が大きすぎると吉田は判断したのである。(45)

幣原の議会演説とキャッスルの離任

ロンドン海軍軍縮条約は、四月二十二日に調印された。(46)その直後に日本では、第五十八回の帝国議会が開会され、統帥権干犯をめぐる論争に発展していく。明治憲法の第十一条は、海軍の統帥を国務大臣の輔弼《ほひつ》範囲外と規定したが、他方で第十二条によるなら、編制大権は内閣の輔弼による国務事項とされていた。

四月二十五日の衆議院で、幣原は浜口首相に次いで登壇する。ここで幣原は、「有《あ》ラユル利害得失ヲ比較攻究シタル結果、此度《このたび》ノ協定ニ参加スルコトガ帝国ノ為メ、断然得策ナリト確信致シタノデアリマス」と演説した。

これには野党の政友会から批判が浴びせられ、政友会総裁の犬養毅は、加藤軍令部長の声明に依拠して反論した。同じく鳩山一郎も軍令部の肩を持ち、「幣原外相ノ言ハル、ガ如キハ、全ク事務官ノ議論デアッテ、政治家ノ大論ニ非ズト私ハ思フノデアル（拍手）」と声を荒げた。(47)

今日の感覚からすれば、幣原の演説にはそれほど問題がないようにもみえる。しかし当時の状況としては、野党や海軍への配慮不足であることは否めなかった。「幣原外交演説に暴論を吐き物議朝野《ちょうや》に囂々《ごうごう》たり」とは、加藤軍令部長日記の弁である。幣原としては、山梨次官を通じて海軍の了承を得たつもりでいたものの、山梨自身が幣原演説に当惑していた(48)。多少なりとも、国内向けの発言があってしかるべきであった。

それ以上に政友会の方策は問題であり、議会が批准の権限を持たないにもかかわらず、政党政治の根幹を危険にさらすものであった(49)。ロンドン条約をめぐっては、政友会と軍令部の動向が問題視されがちなものの、両者を同列に論じるべきではないだろう。先に述べたように、加藤軍令部長が四月二日に上奏したといっても、条約案の受諾を覆そうとするものではなかった。

幣原にもまして、議会や世論に慎重な配慮を示したのがキャッスルである。五月上旬から下旬にかけて、キャッスルは京都や大阪、神戸、名古屋、奈良、日光などで講演した。幣原はキャッスルが大阪で講演するときに、ロンドン会議への言及内容について事前に承諾を与えていた(50)。

新聞報道に敏感なキャッスルは、自らの演説が日本のロンドン条約批准を促進したと自賛した。幣原もそのことを認めている。キャッスルによると、「報道関係者と海軍が待ちわびていたのは、私が幣原の頭越しに浜口と接触するという失態や、圧力とみなしうるような公的発言であった」という。そのためキャッスルは、幣原や吉田を交渉の窓口とする姿勢を最後まで保った(51)。

もともとキャッスルは、ロンドン会議に際して日本に派遣されていた。各地での講演を終えれば、ロンドン条約が日本で批准される前にキャッスルは帰国せねばならない。

条約の批准に加えて、キャッスルにはもう一つ気掛かりなことがあった。中国の治外法権撤廃をめぐって、非公式ながらホーンベック極東部長が伍朝枢《ごちょうすう》駐米公使とワシントンで交渉していたことである。これについて幣原は、日米英協調のもとで南京において交渉すべきだと考えた。その幣原にキャッスルは共鳴しており、ホーンベックの突出を懸念しているとスティムソンに伝えた[52]。

こうしてキャッスルの帰国が間近になると、谷正之外務省亜細亜局第一課長は五月二十日に、幣原とキャッスルの会談を想定して、「日米両国ノ対支政策ハ貴大使ノ所謂通商共栄ノ原則ノ下ニ唯ニ背《はい》馳《ち》セサルノミナラス完全ニ一致シ居ル事貴大使カ過般喝破《かっぱ》セラレタ通リ」という幣原用の談話案を起稿した。

これを受けた有田八郎亜細亜局長は、同日中に「外国官民ノ一部ニハ従来日本ノ満洲ニ於ケル競争線問題ニ対シ誤会《ママ》ヲ有シ満洲全部ヲ満鉄カ独占セムトスルモノノ如ク考ヘ居ル」と加筆した。有田は幣原を介して、キャッスルに満州鉄道政策への理解を求めようとしたのである[53]。

だが幣原は、亜細亜局の意見を知りつつも、キャッスルとの会談でこの点を強調しようとはしなかった。キャッスルに関する限り、対中国政策で日本に主導性を認めていることは明らかと幣原は判断したのだろう。キャッスルとしても、論争的な満州政策に直接言及することは避けたかった[54]。

キャッスルの離任に際して、日米協会主催の晩餐会《ばんさんかい》が五月二十三日に開かれた。この晩餐会には幣原や吉田のほか、日米協会会長の徳川家達貴族院議長や埴原正直元駐米大使も出席している。キャッスルは、ロンドン会議後を見据えて、「日本が太平洋における平和の保護者である」ことをアメリカは学ばねばならないと演説した。

日本側からは徳川に次いで、埴原が式辞を述べ始めた。すると埴原は、意外にも排日移民法に言及して、「友情の蘇生（renewal of friendship）」を訴えた。このことは唐突であり、キャッスルの心にしこりを残す(55)。

その一件を伝え聞いたティリー駐日イギリス大使は、吉田に対して、埴原のスピーチは日本外務省の入れ知恵かと冗談交じりで尋ねてみた。これに吉田は、埴原演説に際して、幣原ともども目のやり場に困るほどだったとティリーに答えている(56)。

埴原が口にした排日移民法については、軍縮会議の陰に隠れていたものの、アメリカ国内でも改正を求める気運が高まっていた。そのことを幣原は、出先から伝えられている。

一例としては、コロンビア大学総長ニコラス・バトラー（Nicholas Murray Butler）が、澤田節蔵駐ニューヨーク総領事を午餐会に招いたときに、移民法の改正に前向きな姿勢を示した。加えてマクマリーも、駐華アメリカ公使からジョンズ・ホプキンス大学のウォルター・ハインズ・ページ国際関係研究所主事に就任し、演説で排日移民法に論及していた(57)。

排日移民法改正問題と対中国政策

キャッスルはアメリカに帰国すると、一九三〇年七月には国務次官補に再任された(58)。キャッスルの後任となったフォーブス（William Cameron Forbes）駐日アメリカ大使は、かつてのフィリピン総督である。幣原はキャッスルの私信によって、傑出した東洋通としてフォーブスを紹介された。その返信で幣原は、フォーブスの任命を歓迎するとしたうえで、排日移民法改正問題についてはアメリカ政府の立場に理解を示し、この問題では拙速を避けるべきだと伝えた(59)。

さらにキャッスルは、フォーブス宛書簡でも東京をロンドンに匹敵する一等地だと記して、さらに住環境について助言するなど六十歳で独身のフォーブスを気遣った。そのほかキャッスルは、自らの演説で日米親善を説くことも怠っていない[60]。

もっとも、駐日アメリカ大使館に対するキャッスルの懸念は、杞憂《きゆう》だったのかもしれない。これについては、駐日イギリス大使館の商務参事官として長期滞在していたサンソムの回想がある。サンソムによると、「アメリカ大使館にはネヴィルのような優れた参事官が常におり」、ネヴィルは多くの日本人と親交を結んでいたし、サンソムとは親友のドゥーマン駐日アメリカ大使館一等書記官も有能であったという。さらに井上蔵相は、フォーブスとフィリピン総督時代から旧知の間柄であり、着任を歓迎した[61]。

この間の六月十日には、加藤軍令部長が天皇に辞職願を申し出る一幕もあった。それでもロンドン条約は、枢密院の審議を経て十月二日に批准された。この日を幣原は待ちこがれており、キャッスルも真っ先に幣原宛に筆を執った[62]。

他方で出淵駐米大使は、ロンドン条約の批准という好機をとらえて、これを排日移民法の改正につなげようとした。出淵と十月三十日に会談したスティムソン国務長官も、出淵とキャッスルが秘密裏に移民法を協議することに同意して、さらなる日米関係の改善に熱意を示した[63]。

海軍軍縮問題の解決によって日米関係が好転しつつあることは、幣原やキャッスルも認めている。だからといって、日本側の切望する移民法改正を性急に行おうとすれば、逆の結果になりかねないと幣原やキャッスルには思えた。その意味で、移民法改正を強く求める出淵の言動は勇み足にみえた[64]。

移民法改正とともに、日米間に残された懸案は対中国政策であった。幣原は、中国の治外法権問題について、日米英協調のもとで南京において交渉すべだと考えていた。キャッスルも、この問題での日米協調を主張し、中国に同情的なホーンベック国務省極東部長と対立している。そのホーンベックには、ジョンソン駐華アメリカ公使からの私信が頻繁に寄せられていた。このためホーンベックは、ランプソン（Miles Lampson）駐華イギリス公使の動向などを含めて、中国情勢を独自に知り得る立場にあった。(65)

ホーンベックやジョンソンなどの中国通に、ロンドン会議の成功を中国問題での日米協調に結び付ける発想はない。スティムソンは、移民問題でこそ出淵に理解を示したものの、対中国政策ではホーンベックらの情報と助言を無視できなかった。(66)

このようにキャッスルは、ロンドン条約をめぐる報道のみならず、後任や移民問題、さらには対中国政策にまで細やかな配慮を示した。しかし、十一月には浜口首相が東京駅で狙撃され、肝心の幣原は翌一九三一年二月の第五十九回議会で失言してしまう。このとき幣原は、重傷の浜口に代わって首相代理を務めていた。

すなわち、二月三日の衆議院予算委員会で政友会の中島知久平《なかじまちくへい》が海軍軍縮について質問したところ、病欠の安保清種海相に代わって、当初は矢吹省三海軍政務次官が回答していた。ここで中島が「国防上ニ不足ヲ来シタ」責任を問うと、答弁に立った幣原は「御批准ニナッテ居ルト云フコトヲ以テ、此倫敦条約ガ国防ヲ危クスルモノデナイト云フコトハ明カデアリマス」と失言した。

委員会は、「陛下ニ責ヲ帰スルトハ何ダ」といった野次で騒然となり、そのまま散会している。翌日も武内作平委員長は、委員会を再開できなかった。(67)

幣原の真意は、海相が軍事参議官会議に出席したうえで批准の奏請に署名しているのだから、統帥権干犯ではないというものであった。確かに幣原は、先の答弁に続けて「御批准ヲ得タト云フコトニ付キマシテハ、全ク政府ノ責任デアリマス、私ハ其責任ヲ少シモ辞スルモノデハアリマセヌ、併《しか》シナガラ其御批准ヲ奏請スル時ニハ……」と弁明しかけた。だが幣原の声は、怒号にかき消されてしまった(68)。

委員会の会議録をみる限り、不用意な発言であったことは否めない。この一件について幣原は、政友会幹事長の森恪が騒動の黒幕だったと回想している。幣原の窮状を新渡戸稲造《にとべいなぞう》からの書簡などで知らされると、キャッスルは苦い表情を浮かべたに違いない(69)。

日米協調の限界

以上で、ロンドン会議期の幣原と日米関係を跡づけてきた。ここではその内容を敷衍しながら、日米協調の内実とその限界について考察してみたい。

近代日本の政党内閣による日米協調外交として、まず一般に想起されるのは原敬内閣かもしれない。しかし、初の本格的政党内閣であったはずの原内閣だが、ウィルソン政権に高く評価されてはいなかった(70)。政党内閣のもとで対米協調が最も成熟して、しかもアメリカ側に協力者の手をつかみかけたのはロンドン会議期であろう。その軸となったのが、幣原とキャッスルであった。

とはいえ、キャッスルの眼には、民政党が日米協調を主導しているとは映らなかった。キャッスルが最高峰に格付けしているのは幣原であり、ほとんど絶賛に近い。浜口内閣の回訓後にフーヴァー大統領宛書簡のなかで、キャッスルが日本側の功労者として唯一名前を挙げているのは幣原であり、アメリカ側ではリードであった。キャッスル自身の役割は「友好的雰囲気を作り上げる」ことにあり、「我が国にとってロンドン、東京、メキシコシティが三大ポストである」という。(71)

ロンドン会議のみならず、治外法権などの対中国政策でも、幣原とキャッスルの立場は近かった。(72)海軍軍縮が中国問題と無関係ではないことを早期に見抜いたキャッスルは、ロンドン会議を成功に導くためにも、中国問題で日本に主導性を認めようとしたのである。

実際のところ、加藤寛治をはじめ軍令部は以前から、対中国政策でアメリカの圧力を受けないためにも、海軍軍縮では譲歩できないと主張していた。同様の意見は、枢密院のロンドン海軍条約審査委員会にもみられた。枢密院審査委員の河合操《かわいみさお》は、アメリカ外交の積極化を懸念し、「日本ハ支那問題ヲ眼中ニ置キ軍備ヲ整ヘ居ルモノナリヤ」と浜口に詰問していたのである。(73)

幣原とキャッスルの間で、橋渡しを十分に演じたのが吉田であった。このことは、対中国政策で幣原と吉田が相いれないことを想起すると、やや意外な感もある。性格的にも、吉田にとって仕えやすかったのは、「お、らかな気質」の田中前外相であった。吉田は、「あくまで緻密」な幣原を苦手としていた。

吉田にいわせると、次官に仕事を与えないほど省内の仕事に専念する幣原の姿勢は、外相として物足りない。幣原が省内に閉じこもりがちなだけに、吉田自身は渉外に力点を置くことで「慎重な実務家」の幣原を補おうとした。省内から「幣原次官、吉田大臣」と揶揄《やゆ》されたゆえんであろう。吉田は岳父の牧野内大臣にも、幣原と汪栄宝駐日中国公使の会談要旨を届けるなどしていた。(74)

その牧野に対するキャッスルの評価も、きわめて高かった。牧野自身が聡明であることはもとより、昭和天皇とのパイプ役としても、十分信頼に足ると思われた。このような牧野に対する評価は、幣原が牧野に外務省や海軍の極秘文書を提供していたことから判断しても、あながち過大とはいえないであろう(75)。

その一方で、安達謙蔵内相とともに選挙を大勝に導いたことを除くと、浜口に対するキャッスルの評価は高くない(76)。もちろん、キャッスルが浜口との直接交渉に臨まなかったのは、用心深く外圧行使の印象を回避するためであった。ロンドンにおいても主要な日米交渉は非公式会談であり、あえて浜口と交渉しないのは賢明であった。幣原も、浜口とキャッスルの直接会談に否定的であった。

しかし、より根本的な理由は、キャッスルが政党指導者よりも幣原や吉田の外務官僚に期待していたことにある。その期待に幣原は、十二分に応えた。

キャッスルの視点からすると、浜口を筆頭とする政党政治家の役割は第一義的ではなかった。生命を賭《と》してでも会議をまとめ上げようとする浜口の決意(77)は、駐日アメリカ大使館には十分に伝わっていなかった。駐日アメリカ大使が浜口よりも牧野を評価しているのは、当該期の日本政治を考察するうえで示唆的であろう。そのほか、外務政務次官として民政党内から幣原を支えた永井柳太郎(78)とも、キャッスルは接点を持たなかった。つまり、アメリカ大使館からすると、少なくとも外交面において日本の政党政治が成熟したとはみなされなかったのである。

キャッスルの意向が日本海軍に伝わる際には、幣原から山梨海軍次官を経由することが多かった。その意味でも、幣原の英語力は貴重であった。幣原とキャッスルの親密さは、加藤軍令部長を懸念させていたほどである。[79]

キャッスルがロンドン会議に際して日本に派遣され、幣原と良好な関係を築いたこと自体の意義も大きい。このころの駐日アメリカ大使は、駐華アメリカ公使に比べても概して小物であった。[80]国務次官級で、そこまでの滞日経験を持つ者も稀である。この時期にドゥーマン書記官のような日本通が駐日アメリカ大使館で活躍し始め、日米間の緊密さが増したことも重要であろう。[81]

ドゥーマンと並び、次世代の代表的な知日派と目されていたのが、国務省のバランタイン（Joseph W. Ballantine）であった。バランタインは、ロンドン会議から帰朝した後に、赴任先として日本ではなく広東総領事を選んだ。そのことは、日本に偏りがちなバランタインの視野を広げたに違いない。[82]

このように近代の日米関係は、ロンドン会議期において最高潮に達したといえよう。日本側でいえば、ワシントン会議のころから対米関係を牽引してきた幣原が外相であった。その直系ともいうべき出淵は、駐米大使として赴任していた。

一方のアメリカ国務省には、知日派が形成されつつあった。アメリカ外交史においてキャッスルの登場は、かつて国務省極東部長や駐華公使を歴任したマクマリーの路線を発展させるものであった。帰国後にキャッスルは、一九三〇年七月から一九三一年四月まで国務次官補を務めた。さらにキャッスルは、コットンを継いで一九三一年四月から一九三三年三月には国務次官となっている。[83]もっとも、日米関係が最善の状態にあったとしても、そこにはおのずと限界もあった。

確かに海軍軍縮を成功裡に終えたことは、中国問題や移民問題と関連しながら、より強固な秩序が形成される可能性を東アジア国際政治にもたらした。なかでも出淵は、排日移民法の改正に意欲を示し、スティムソン国務長官もこれに応えようとした。

しかし、事情に通じた幣原やキャッスルは、ロンドン会議の成功を移民法改正に直結させることを拙速とみなして、むしろ反発を危惧した。移民問題や中国問題を含めたうえでの日米協調による秩序構築が、直ちに達成できるとは思えなかったのである。というのも、キャッスルのような日本寄りの立場は、アメリカの主流ではない。ホーンベック極東部長やジョンソン駐華公使などの中国通に対しては、海軍軍縮の成功を対中国政策につなげるという発想を植え付けられずにいた。

排日移民法の改正に理解を示したスティムソンも、対中国政策では中国通の意向を無視できなくなっていた。そのことが、日米関係を基軸とした秩序形成への障壁となったであろうことは想像に難くない。これについては、サンソム駐日イギリス大使館商務参事官による回顧談が傍証となる。サンソムによると、「国務省やアメリカ政府では中国人の重要性や美徳が過大評価されていた」のだが、知日派の助言に耳を傾けるべきであったという。(84)

知日派の孤立という意味では、後のグルー（Joseph C. Grew）駐日アメリカ大使のころも大差はなかった。ドゥーマン駐日アメリカ大使館一等書記官の談話によると、ホーンベックはグルーやドゥーマンの意向を否定することに躍起となっており、無駄とわかっていたのでホーンベックやその部下に宛てて私信を書く気になれなかったという。(85)

その後の展開から顧みるなら、ロンドン海軍軍縮会議が大きな分水嶺であったことは否めない。(86) このような軍縮問題では、とかく各国間の保有制限の比率に目を奪われそうになるのだが、なにも比率が平和を保障してくれるわけではない。それよりも肝要なのは、条約の根底にあるべき信頼関係を着実に培《つちか》っていくことである。
七十年以上も前に幣原とキャッスルの間で芽生えた友情は、このことをいまに伝えている。

三　満州事変

浜口狙撃事件——首相代理

ロンドン条約が批准された後の一九三〇年十二月に、幣原は吉田茂に代えて永井松三を外務次官とした。かつて幣原が外務次官であったころ、永井は電信課長であり、幣原と永井はともに深夜まで残業した仲である。永井は通商局長、駐スウェーデン公使、駐ベルギー大使と栄転を重ねて、ロンドン海軍軍縮会議では全権を務めた。一九二八年四月に永井がベルギーに大使として赴任したのは、出淵次官の意向によるものだった。

明治憲法下において大使と次官は、それぞれ親任官および勅任官という身分であった。つまり、大使の方が次官よりも上位とされたのであり、永井が駐ベルギー大使から次官となれば降格を意味した。それでも幣原は、旧知の永井を次官とした。[87]

その少し前にも幣原は、駐イタリア大使の松田道一を条約局長としていた。やはり異例の人事である。かくして幣原のもとには、永井次官や松田条約局長といった陣容が整っていった。「陸海軍はよほどこの人事が目ざわりと見えて、……外務省は何をたくらんでおるのですか、大将（親任官）が三人も居る。陸軍の三長官に対抗するつもりか、と冗談を云うものがあつた」[88]という。ここでいう陸軍の「三長官」とは、陸軍大臣、参謀総長、教育総監という実力者のことであった。

このころ幣原は、首相代理として繁忙をきわめていた。

「忘れもしない、昭和五年（一九三〇年）十一月十四日。それは浜口首相が東京駅で凶漢に狙撃された日である」

この日に幣原は、東京駅のプラットホームに立っていた。駐ソ大使として赴任する広田弘毅を見送るためであった。そこへ偶然にも浜口首相が、同じく東京駅に姿をみせた。浜口は岡山へ向かっていた。目的地の岡山で、浜口は陸軍演習を視察するはずであった。

次の瞬間に幣原は、低い銃声を耳にする。右翼青年による浜口への狙撃であった。驚愕《きょうがく》した幣原が慌《あわ》てて人だかりをかき分けて駆け寄ると、重傷の浜口は、血しぶきにまみれながら「男子の本懐だ」と声を絞った。なおも浜口は、「昨日の総予算案の閣議も片づいたので、いい時期だった」などとうめくように話しかけてくるので、幣原は、「ものをいうとどんどん血が出るから、ものを言っちゃいかん」と浜口の顔をのぞき込んだ。

狙撃の動機は海軍軍縮への不満であり、幣原も暗殺計画の対象に含まれていたという。この浜口狙撃事件によって、幣原は首相代理に就任した(89)。

幣原を首相代理に推したのは、鉄道大臣の江木翼や貴族院議員の伊沢多喜男であった。幣原に野心がないだけに、首相の臨時代理としてはまとまりやすかった。首相代理について幣原は、「飽まで一時事務的に引受け居るに過ぎず」と漏らしていた。

だが、幣原が首相代理に就いたことは、結果として親友の浜口に災いとなる。首相代理の幣原は、先に述べたように一九三一年二月の議会で失言し、同年三月に首相代理を解かれた。首相代理に対して、さらなる代理は制度的に認められない。それゆえに、浜口本人が登院せざるをえなくなった。

登院し始めた浜口は、たちまち容体を悪化させた。このとき浜口は、民政党総裁の後任について幣原に意見を求めている。「若槻が適任なるべし」と幣原が述べたところ、浜口は「全く同様の考へなり」と答えた(90)。

このため民政党の後継総裁は、元首相の若槻に決まった。一九三一年四月に浜口内閣が総辞職すると、大命は若槻に降下して第二次若槻内閣が成立した。もちろん幣原は、外相に留任する。

だが、浜口の病状はますます深刻となり、ついに八月二十六日には帰らぬ人となった。享年六十一、満州事変が起こるわずか三週間前の晩夏であった。幣原が東京駅で目の当たりにした狙撃事件さえなかったら、旧友の浜口が率いる内閣は、原内閣以来の長期政権となっていたのかもしれない。

そして、ライオン宰相の異名をとった浜口が首相であれば、満州事変後の経緯も大いに異なっていたであろう。幣原とすれば、まさに断腸の思いに違いない。

このころに幣原を煩わせたのが、ブラック・チェンバー問題であった。ブラック・チェンバーとは、アメリカ政府の暗号解読室であり、そこでは諸外国の外交電報が大量に解読されていた。日本の外交電報についても、アメリカはワシントン会議の以前から解読していた。その中心的な人物がヤードレー（Herbert O. Yardley）である。

だが、ヤードレーの率いるブラック・チェンバーは、スティムソン国務長官によって廃止された。不満を募らせたヤードレーは、暗号解読の暴露本を刊行する。同書は、その名も『アメリカン・ブラック・チェンバー』と題された。

その暴露本のことを幣原は一九三一年六月、出淵駐米大使によって知らされた。そこには日本についての記述も多く、これによって暗号解読の詳細が世界中に知れ渡った。このことを日本の新聞社が見逃すはずもない。すぐさま大阪毎日新聞社が翻訳に取りかかり、早くも同年八月には、『ブラック・チエンバ《(ママ)》――米国はいかにして外交秘電を盗んだか？』と題して刊行された。

幣原は議会対策を練り、在外公館にも注意を喚起したものの、後の祭りであった(91)。

満州事変とスティムソン談話

この間に中国との関係では、日中関税協定が一九三〇年三月に仮調印されていた。これによって日本は、中国の関税自主権を承認した。さらに浜口内閣は、中国の呼称について、「支那」ではなく「中華民国」と呼ぶことを閣議決定した(92)。

やがて日中間では、中国における治外法権の撤廃や外債の整理が焦点となった。幣原は中国との関係について、「双方の利益即ち所謂共存共栄を目的といたして真剣に努力する決心であります」とラジオで演説してもいた。もっとも幣原は、ロンドン海軍軍縮会議や首相代理に忙殺されており、中国との交渉を重光駐華臨時代理公使に任せた。その重光は、中国との提携を意図しながら対中交渉を進めていた。のみならず重光は、日中提携を推進するよう幣原に働きかけた。

だが幣原は、重光の働きかけに応じなかった。幣原は、依然として米英との関係を重視しており、かつての硬直した経済主義を克服しつつあった。幣原と重光の立場が接近するのは、皮肉にも満州事

変においてである。(93)

一九三一年九月十八日夜のこと、陸軍出先の関東軍は、瀋陽《しんよう》郊外の柳条湖《りゅうじょうこ》で満鉄線を爆破した。さらに関東軍は、この爆破を中国側によるものと称して出動する。これが柳条湖事件と呼ばれる関東軍の謀略であり、満州事変の発端となった。謀略の中心となったのは、関東軍の石原莞爾《いしわらかんじ》や板垣征四郎《いたがきせいしろう》であった。柳条湖事件の前から幣原は、林久治郎《はやしきゅうじろう》駐奉天総領事からの電報によって、関東軍に不穏な動きのあることを察知していた。(94)

柳条湖事件翌日の九月十九日に幣原は、外務省で得た各種情報を若槻内閣の閣議で朗読した。その情報とは、撫順《ぶじゅん》独立守備隊があらかじめ満鉄線爆破の前から満鉄に列車の準備を請求しており、関東軍司令部も出動の用意をしていたことなどであった。つまり幣原は、「ソレト無ク今回ノ事件ハ恰《あたか》モ軍部カ何等カ計画的ニ惹起《じゃっき》セシメタルモノ」であるとほのめかしたのである。

このため、陸軍大臣の南次郎は朝鮮軍による増援をこの日の閣議で切り出せず、若槻内閣は事変の不拡大を議決した。アメリカも、幣原の役割に期待していた。

だが、二十一日に関東軍が吉林《きつりん》に兵を進め、林銑十郎《はやしせんじゅうろう》司令官の率いる朝鮮軍が独断で満州に越境すると、翌二十二日の閣議は朝鮮軍への経費支出を承認した。朝鮮軍の独断越境について若槻首相は、淡泊にも「出タモノハ仕方カナキニアラスヤ」と述べていた。(95) 十月八日に関東軍は、満鉄線から遠く離れた錦州《きんしゅう》を爆撃し、やがて日本軍の軍事行動は満州全域に拡大する。

この満州事変に際して、幣原の基本構想は日中間の直接交渉であった。すなわち幣原は、欧米諸国の介入を排して、中国と直接に交渉することで事態を打開しようとしていた。

十月九日に若槻内閣は、日貨排斥の禁止や日中鉄道協定の締結など、大綱協定を成立させた後に撤兵するという新方針を閣議決定した。中国が対日交渉の前提として撤兵を求めたのに対し、日本は直接交渉によって諸条件を満たすことを撤兵よりも先決としたのである。

だが国民政府は、満州事変を国際連盟に提訴しており、現状では日本と直接に交渉しない方針であった。蔣介石は、張学良に対日交渉を始めないよう要請してもいた。それでも、外交部長に就任する顧維鈞《こいきん》は十一月下旬に、中立地区を錦州に設置するという案を英米仏各国に伝えている。遼寧省の南西に位置する錦州は、瀋陽を追われた張学良政権の拠点となる地域であった。

顧維鈞の提案は、錦州を列国の監視下で非軍事化して日中の衝突を防ごうというものであり、対日交渉のシグナルでもあったといえよう。顧維鈞には、かつてワシントン会議で渡り合った幣原に対する期待もあった。これを契機として、日中直接交渉の可能性は高まった。

幣原も十二月の上旬に、錦州の中立化を張学良に働きかけた。だが幣原は、中国軍のみならず、張学良政権をも山海関《さんかいかん》以西に撤退させようとした。蔣介石や張学良にとっては、とても受け入れられない要求である。このため、日中直接交渉による時局の収拾には至らなかった。

さらに幣原は、陸軍主導による中国東北での傀儡《かいらい》政権構想に歩み寄ってもいた。十一月中旬には、黒竜江省の斉々哈爾《チチハル》侵攻を主張する南陸相とこれに批判的な幣原や若槻が対立し、激論の末に、斉々哈爾で傀儡政権を樹立したうえで撤兵することに合意したのである。陸軍主導の傀儡政権構想に、幣原が妥協した瞬間であった。幣原は、軍部を統制する国際協調路線から少しずつ遠ざかり、対中国政策の主導権は陸軍へと移行していった。

幣原外交の変質と崩壊によって、ワシントン体制の終幕は日本側から引かれたといえよう[96]。

日中直接交渉や傀儡政権構想とともに、満州事変の争点となったのがアメリカとの関係である。十月上旬に関東軍が満鉄線から離れた錦州を爆撃したことに、スティムソン国務長官は衝撃を受けた。スティムソンは、「いまや日本の軍国主義者は世論によってではなく、苦痛を被ることによってのみ正気に戻り得る」と論じて、フーヴァー大統領に対日経済制裁を促した。だが、フーヴァーは経済制裁に慎重であった。

加えて重要なのが、スティムソン国務長官の談話である。スティムソンは十一月下旬に、日本軍が錦州に派遣されつつあるという情報に接した。この動きを危惧したスティムソンは十一月二十七日に、幣原とフォーブス駐日大使の会談要旨を記者団に公表してしまった[97]。スティムソンのうかつな記者会見は、日本にも伝わってきた。十一月二十九日の『東京朝日新聞』夕刊によると、スティムソンの談話とは次のように、幣原が錦州進撃を行わないと明言したというものであった。

　幣原外相は二十四日日本は錦州方面への進撃を行ふ意思無しと回答した、しかして幣原外相は右回答中において日本政府は満洲の日本軍司令官に対し右の趣を既に発令せりと言明したのである

スティムソンとすれば、日本を牽制したつもりであろう。だが幣原は、スティムソンの軽率さに憂憤した。幣原はフォーブス大使に、幣原―フォーブス会談の内容を極秘だと強調していたからである。

この談話は、時期的にも最悪であった。同じ紙面が示すように、陸軍中央は関東軍の錦州攻撃をす

でに中止させていた。それだけに、アメリカの外圧に屈従したかのような印象となった。このためスティムソンの談話は、幣原のみならず陸軍中央の権威をも傷つけた。国際連盟でも、錦州の中立化でまとまりかけた矢先である。そこで幣原は、出淵駐米大使に照会させた(98)。

するとスティムソンは十一月二十八日に、先の談話を弁明するため二度目の記者会見を行った。二十九日付の『東京朝日新聞』号外によると、スティムソンはこう弁明したという。

二十四日フォーブス大使を通じて幣原外務大臣より、錦州に対しては軍事行動を起こさないやう外務大臣並に陸軍大臣、参謀総長の間に意見一致しその旨出先司令官に命令したとの言明があった、余はこの事実にかんがみ本庄《ほんじょう》司令官の軍隊出動に関する新聞報道は諒解に苦しむのである

だが、この第二次スティムソン談話は、さらに事態を悪化させた。日本の統帥権に属する内容が、アメリカの国務長官によって公言されたからである。しかも、第一次の談話より詳細にであった。その情報源は、幣原にほかならない。当然ながら、幣原はフォーブス大使に抗議した。これを受けたフォーブスは、苦しい釈明に追われた。幣原も、閣議で南陸相に追及された(99)。

ではなぜ、このような事態に陥ってしまったのだろうか。

これについては、外務省の本省が日本の新聞記事を無視してAP電の英文などを読んで対応したため、問題の本質を把握できなかったと解されてきた。外務省が把握できなかった問題の本質とは、統帥権にかかわる情報がアメリカによって公表されたことである。このため出淵の照会では、関東軍司

令官に対する「発令」などに論及できていなかった。

それゆえに、スティムソンが二度目の記者会見で釈明したところ、かえって統帥権にかかわる詳報を公表してしまった。このような日米間における誤解の連鎖については、以前から指摘されてきた。[100]

それでもなお、根本的な疑問が残されてはいないだろうか。そもそも、なぜ幣原は、統帥権にかかわる情報をフォーブスに漏らしたのかである。これを解明するには、幣原とフォーブスの出会いにさかのぼらねばならない。

幣原とフォーブス駐日アメリカ大使

フォーブスの日誌によると、すでに幣原は一九二六（大正十五）年十月にフォーブスと会っていた。このときフォーブスは世界旅行の一環として訪日し、幣原や出淵、埴原らと植民地問題などを論じた。[101]

一九三〇（昭和五）年九月になると、フォーブスは駐日大使として着任した。幣原との関係は良好であり、その象徴が十一月三日の明治節であった。明治節とは、明治天皇の誕生日を祝う日であって、宮中や陸海軍、学校などで祝賀式が開かれただけでなく、民家でも国旗を掲揚したものだが、いまでは文化の日と改称されている。

このとき幣原とフォーブスは、昭和天皇によって宮中に招かれて浜口らと会っていた。ここで幣原はフォーブスから、「いまやジョンソン上院議員が移民法の改正に好意的だ」とささやかれた。十一月十四日の浜口狙撃事件に際しても、すぐさま幣原とフォーブスは連絡をとった。[102]

一九三一年六月に幣原は、フォーブスから興味深い提案を受けた。すなわち、台湾とフィリピンの間で、通商関係を拡張できないかというのである。かつてフィリピン総督であっただけに、この方面に特別な関心を抱いていた。そこで幣原は、この案を台湾総督の太田政弘に打診した(103)。

満州事変によっても、幣原とフォーブスの絆は容易に揺るがなかった。幣原が一九三一年十一月中旬にフォーブスと会談し、「満鉄付属地への即時撤兵は不可能である。中国兵が帰還すれば、すべての在満邦人と朝鮮人を排撃するであろう」と語ったところ、フォーブスは「確かにその通りだと感じた」という(104)。

しかし、十二月三日にもなると、フォーブスは幣原への評価を急転させた。フォーブスいわく、「幣原男爵は率直で懐柔的だが、明らかに軍部を抑制できずにいる」。この間の十一月下旬に発表されたのが、先のスティムソン談話にほかならない。フォーブスによると、「スティムソン長官は非常に公正な声明を発したものの、日本から我々に示された方針をいささか詳細に語りすぎてしまった」という。幣原がフォーブスと面会したときに、「幣原は髪をかきむしらんばかりであった」。

フォーブスは、自らの責任を痛感した。フォーブスの日誌によれば、「慎重に対処すべき事態であることについてワシントンに注意を喚起できなかったのであり、そのことを考えると夜も寝つけなかった」という。事実として、「幣原はこの件を我々だけの極秘事項とし」ていた。そこでフォーブスは、ネヴィル参事官の助言によって、幣原の意向をスティムソンに打電したつもりであった。しかし、十分には伝わっていなかった。

そもそもフォーブスは、幣原から指摘を受けることで、初めてスティムソンの談話に気づいた。アメリカ大使館に戻ったフォーブスは、スティムソンの談話を確認した。呆然《ぼうぜん》とするフォーブスのもとに、数分後にはAPの記者が飛び込んできた。記者はフォーブスに日本外務省の声明を手渡した。声明の内容は「きわめて激烈で、節度を欠いたスティムソン長官批判」だという。声明を発したのは情報部長の白鳥敏夫であり、「幣原のものとは思えない」。そのことをフォーブスはスティムソンに伝えた。

そのうえでフォーブスは、スティムソン談話について幣原に釈明した。これに幣原は、白鳥のような声明を発していないと答えた。それでも幣原は、スティムソン談話が「日中交渉による合意という計画を台なしにしかねない」と危惧した。フォーブスも認めるように、スティムソンの談話は「幣原の構想と正反対のことをしてしまった」のである。[105]

それゆえに、幣原に対する軍部や世論の非難は高まっていった。政友会との協力内閣運動を進めていた安達謙蔵内相も、「スティムソンの言った話は、あれは重大な政治問題になる」と幣原を批判した。[106]

やむなく若槻内閣が十二月十一日に総辞職すると、ついに幣原は在野の身分となった。その後にフォーブスの耳にしたうわさでは、幣原の生命が何度も危険にさらされていたという。幣原は、一九三二年の三月に離任するフォーブスと会うことすらできなかった。[107]

やがて幣原は同年十一月、アメリカに帰国したフォーブスに書簡を記した。ここで幣原は、満州事変後に中国が「この問題で政府間の直接交渉に応じてくれていたら、もっと以前に困難を克服できただろう」と悔やんだ。つまり、「不幸にも中国は我が提案の誠意を理解できずに、ジュネーブで論争することを選んでしまった」のであり、「日中間の紛争は日米親善に影響すべきではない」と幣原はいう。これにはフォーブスも理解を示した[108]。

以上をまとめると、スティムソン談話が公表された背景には、確かに技術的な問題もあった。フォーブスは、非公開とすべき内容であることをスティムソンに伝え損ねていた。フォーブスやスティムソンが統帥権について正確に理解していたかどうかも疑問である[109]。幣原や出淵ですら、当初は問題の核心を理解できていなかった。

とはいえ、スティムソン談話に至る遠因は、幣原がフォーブスを信頼しすぎたことであろう。そのため幣原は、統帥権に属する内容を詳細に語ってしまった。通常であれば、口外しない性質のものである。フォーブスとは親しい間柄であり、幣原は信頼関係の構築を第一義とする正直な外交を信条としていた。しかし、このときばかりは、幣原の正直な外交が裏目に出たといえよう。

かくして幣原は、最も得意とするはずの日米関係でつまずき、愛着の尽きない外務省を離れ去った。領事官補として外務省に奉職してから、いつしか三十五年もの歳月が刻まれていた。還暦を控えた初冬のことである。

注

（1）伊藤隆・広瀬順晧編『牧野伸顕日記』（中央公論社、一九九〇年）三七九頁、外務省百年史編纂委員会編『外務省の百年』上巻（原書房、一九六九年）九二八頁。

（2）宇治田直義宛川島信太郎書簡、一九五二年七月一日（「幣原平和文庫」リール十八、国立国会図書館憲政資料室所蔵）、「英国大使館参事官佐分利貞男君の演説」（大阪経済会編『大阪経済会常集会に於ける演説」

大阪経済会、一九二九年）二—五頁。

（3）幣原喜重郎『外交五十年』（中公文庫、一九八七年）一〇二—一〇三頁。

（4）『東京朝日新聞』一九二九年十一月三十日、十二月一日、十二月二日。

（5）重光葵「佐分利公使の死」（『中国研究月報』第四十二巻第十一号、一九八八年）三八—四二頁、堀内謙介『堀内謙介回顧録——日本外交五十年の裏面史』（サンケイ新聞社、一九七九年）五五—五七頁、拙著『東アジア国際環境の変動と日本外交　一九一八—一九三一』（有斐閣、二〇〇一年）二六四—二六五頁。

（6）幣原喜重郎「ワシントン会議の裏面観その他」一九三九年二月（広瀬順晧編『近代外交回顧録』第四巻、ゆまに書房、二〇〇〇年）一二七—一三一頁、拙著『東アジア国際環境の変動と日本外交　一九一八—一九三一』二五五—二六三頁。

（7）堀内から幣原、一九二九年九月十六日着（「太平洋問題調査会関係一件」第一巻、B. 10. 1. 0. 3, 外務省外交史料館所蔵）。

（8）An interview with Baron Shidehara, April 15, 1926, Ray Lyman Wilbur Papers, Box 42, Hoover Institution, Stanford University; 拙稿「『田中上奏文』と日中関係」（中央大学人文科学研究所編『民国後期中国国民党政権の研究』中央大学出版部、二〇〇五年）四五五—四九三頁、拙稿「『田中上奏文』をめぐる論争——実存説と偽造説の間」（劉傑・三谷博・楊大慶編『国境を越える歴史認識——日中対話の試み』東京大学出版会、二〇〇六年）八四—一一〇頁。

（9）幣原からネヴィル駐日米国代理大使、一九二九年十月十四日（「米、独仲裁々判並和解条約関係一件（調停条約所定ノ常設委員会ヲ含ム）」B. 5. 0. 0. G/U1, 外務省外交史料館所蔵）、幣原からフォーレッチ駐日ドイツ大使、十月十四日（同上）、幣原喜重郎『外交五十年』一五七—一五八頁。

（10）本節は、拙稿「ロンドン海軍軍縮会議と日米関係——キャッスル駐日米国大使の眼差し」（『史学雑誌』第一一二編第七号、二〇〇三年）五九—八四頁を下敷きとする。

（11）ロンドン会議をめぐる日本側の動向に関しては、小林龍夫「海軍軍縮条約」（日本国際政治学会太平洋戦争原因研究部編『太平洋戦争への道　開戦外交史』第一巻、朝日新聞社、一九六三年）一—一六〇頁、池田清「ロンドン海軍条約と統帥権問題」（『大阪市立大学法学雑誌』第十五巻第二号、一九六八年）一―三五頁、伊藤隆『昭和初期政治史研究――ロンドン海軍軍縮問題をめぐる諸政治集団の対抗と提携』（東京大学出版会、一九六九年）、柴田紳一「ロンドン海軍軍縮会議に関する一極秘電――名を連ねた人々と吉田茂のその後」（財団法人吉田茂記念事業財団編『人間　吉田茂』中央公論社、一九九一年）二四九―二六六頁、池井優・波多野勝「ロンドン海軍軍縮問題と浜口雄幸」（『法学研究』第六十三巻第十一号、一九九〇年）一―三四頁、増田知子『天皇制と国家――近代日本の立憲君主制』（青木書店、一九九九年）一四九―一七九頁、黒野耐『帝国国防方針の研究――陸海軍国防思想の展開と特徴』（総和社、二〇〇〇年）二七五―二九五頁、大前信也「ロンドン海軍軍縮問題における財政と軍備――海軍補充問題をめぐる政治過程」（『鈴鹿国際大学紀要』第七号、二〇〇〇年）一三一―五七頁、坂野潤治『日本政治「失敗」の研究――中途半端好みの国民の行方』（光芒社、二〇〇一年）七五―一〇三頁、加藤陽子『戦争の論理――日露戦争から太平洋戦争まで』（勁草書房、二〇〇五年）一〇六―一四一頁、伊藤之雄『昭和天皇と立憲君主制の崩壊』（名古屋大学出版会、二〇〇五年）一三九―二二四頁などがある。

日米関係という視点からの先行研究として、チャールズ・E・ニュウ／坂野潤治訳「東アジアにおけるアメリカ外交官」（細谷千博・斎藤真編『ワシントン体制と日米関係』東京大学出版会、一九七八年）二一四―二五七頁、北岡伸一「ワシントン体制と『国際協調』の精神――マクマリ・メモランダム（一九三五年）によせて」（『立教法学』第二十三号、一九八四年）六八―一一三頁、三谷太一郎「戦前・戦中期日米関係における米国親日派外交官の役割㈠㈡㈢㈣」（『外交フォーラム』第三十六―三十九号、一九九一年）八三―九二、八一―九二、八一―九二、六七―八〇頁、麻田貞雄『両大戦間の日米関係――海軍と政策決定過程』（東京大学出版会、一九九三年）一七六―一九一頁、Shizhang Hu, *Stanley K. Hornbeck and the Open Door Policy, 1919-1937* (Westport: Greenwood Press, 1995), pp. 113-120; Alfred L. Castle, "Ambassador Castle's Role in the Negotiations of the London Naval Conference," *Naval History* (summer, 1989), pp. 16-21; idem, *Diplomatic Realism: William R. Castle, Jr., and American Foreign Policy, 1919-1953* (Honolulu: University of Hawai'i Press, 1998), pp. 37-49; 井口治夫「アメリカの極東政策――ハーバート＝C・フーヴァーと日米関係」（伊藤之雄・川田稔編『環太平洋の国際秩序の模索と日本――第一次世界大戦後から五五年体制成立』山川出版社、一九九九年）五―四三頁を参照。

（12）ロンドン会議初期におけるキャッスル駐日米国大使の観察として、Castle to Cotton, January 25, 1930, Department of State, ed., *Papers Relating to the Foreign Relations of the United States* [hereafter cited as *FRUS*], *1930*, vol. 1 (Washington, D. C.: Government Printing Office, 1945), pp. 9-10, を参照。

（13）日記はハーヴァード大学ホートン図書館に所蔵されており（William R. Castle, Jr. diary, Houghton Library, Harvard University）、それ以外のキャッスル文書はフーヴァー大統領図書館所蔵となっている（William R. Castle, Jr. Papers, Herbert Hoover Presidential Library）。

（14）Castle diary, January 5, 1930, vol. 16.

（15）Castle diary, December 11, 1929, vol. 15.

（16）拙著『東アジア国際環境の変動と日本外交 一九一八―一九三一』二五五―二六三頁。

（17）外務省編『日本外交文書 一九三〇年ロンドン海軍会議』上（外務省、一九八三年）三〇四―三一〇頁。

（18）日本代表団から幣原、一九三〇年一月十日（同上）四〇三―四〇八頁。

（19）Castle diary, January 20, 1930, vol. 16.

（20）Castle diary, January 24, 1930, vol. 16.

（21）Castle to Hoover, January 27, 1930, Herbert Hoover Papers, Box 995, Herbert Hoover Presidential Library.

（22）Castle to Cotton, February 14, 1930, *FRUS, 1930*, vol. 1, pp. 24-25.

（23）Castle diary, February 15, 1930, vol. 16. 幣原から日本代表団、一九三〇年二月十五日（外務省編『日本外交文書 一九三〇年ロンドン海軍会議』下）七九―八三頁も参照。

（24）平田晋策「米国大使再会見記」（『日本及日本人』第一九九号、一九三〇年）七三―七六頁。パンフレットのようにして配布された同稿が、「倫敦海軍会議一件 輿論並新聞論調（本邦）」第二巻（B. 12. 0. 0. 1-4, 外務省外交史料館所蔵）や「斎藤実関係文書」（書類の部、リール一四九、国立国会図書館憲政資料室所蔵）

に収められている。

なお、平田の軍縮論を展開したものとしては、平田晋策『軍縮の不安と太平洋戦争』（天人社、一九三〇年）があり、一〇六―一〇七、一二五、二一三頁で幣原が批判されている。さらに、同書の一二九頁によれば、平田がキャッスルと会見した際に、キャッスルはアメリカが日本を仮想敵国としていることを極力隠そうとしたという。ただし、キャッスル日記には、平田のいうキャッスルとの会談に対応する記述は見当たらない。

平田晋策に関しては、澤田次郎『近代日本人のアメリカ観――日露戦争以後を中心に』（慶應大学出版会、一九九九年）iv、二二一―二八二頁、ルイーズ・ヤング／加藤陽子・川島真・高光佳絵・千葉功・古市大輔訳『総動員帝国』（岩波書店、二〇〇一年）四六頁が参考になる。

(25) Castle to Cotton, February 24, 1930, *FRUS, 1930*, vol. 1, p. 30; 幣原―キャッスル会談、一九三〇年二月二十五日（外務省編『日本外交文書　一九三〇年ロンドン海軍会議』下）九五―九七頁、Castle diary, February 26, 1930, vol. 16.

(26) 日本代表団から幣原、一九三〇年二月二十六日（外務省編『日本外交文書　一九三〇年ロンドン海軍会議』下）九七―九九頁。

(27) Castle to Cotton, March 7, 1930, *FRUS, 1930*, vol. 1, pp. 49-51; Castle diary, March 9, 1930, vol. 16.

(28) 外務省編『日本外交年表竝主要文書』下（原書房、一九六五年）一四三―一四四頁、幣原から日本代表団、一九三〇年三月十五日（外務省編『日本外交文書　一九三〇年ロンドン海軍会議』下）一三三―一三四頁。

(29) 池井優・波多野勝・黒沢文貴編『濱口雄幸　日記・随感録』（みすず書房、一九九一年）三一二、四四三頁、牧野伸顕宛吉田書簡、一九三〇年一月二十六日（財団法人吉田茂記念事業財団編『吉田茂書翰』中央公論社、一九九四年）六二七―六二八頁、加藤寛治日記、一九三〇年一月二十一、二十五日（伊藤隆・鈴木淳・小池聖一・田浦雅徳・古川隆久編『続・現代史資料　五　海軍　加藤寛治日記』みすず書房、一九九四年）九〇頁、岡田啓介日記、一九三〇年三月二十三日―四月二日（岡田貞寛編『岡田啓介回顧録』中公文庫、一九八七年）二六五―二七五頁。

（30）原田熊雄『西園寺公と政局』第一巻（岩波書店、一九五〇年）一八、三二—三六頁、鈴木一編『鈴木貫太郎自伝』（時事通信社、一九六八年）二五五—二五八頁、高橋紘・粟屋憲太郎・小田部雄次編『昭和初期の天皇と宮中——侍従次長河井弥八日記』第四巻（岩波書店、一九九四年）四八、五〇、五六、八九頁、社団法人尚友倶楽部編『岡部長景日記——昭和初期華族官僚の記録』（柏書房、一九九三年）三三〇頁、Castle diary, March 16, 1930, vol. 16. なお、一九三〇年二月から七月までの牧野伸顕日記は欠落しているが、九月十三日の日記などから浜口内閣への支持が窺える（伊藤隆ほか編『牧野伸顕日記』四〇八頁）。

（31）Castle to Cotton, March 18, 1930, *FRUS, 1930*, vol. 1, pp. 66–67.

加藤軍令部長の日記によれば、加藤は一九三〇年三月二十七日、「浜口首相と午後三時総理官邸に会見、岡田大将仝行、大いに反対意見を述ぶ」という（伊藤隆ほか編『続・現代史資料 五 海軍 加藤寛治日記』九三頁）。そのほか、東郷元帥談、一九三〇年三月十六日（同上）四六九—四七〇頁も参照。

（32）池井優ほか編『濱口雄幸 日記・随感録』三二三、四四三頁、幣原から日本代表団、一九三〇年三月十八日（外務省編『日本外交文書 一九三〇年ロンドン海軍会議』下）一四一—一四二頁を参照。

原田熊雄『西園寺公と政局』第一巻、二五頁によれば、「さうかうする中に突然一つの声明書的なものを軍令部から出した。これは軍令部次長が聯合通信社に渡したので、海軍の所謂三原則の中、大巡洋艦七割、潜水艦七万八千噸といふ二原則をどこまでも固持していた」という。

なお、浜口日記、一九三〇年三月二十二日（池井優ほか編『濱口雄幸 日記・随感録』三一五頁）には、「外務大臣ヨリ海軍怪文書ノ件ニ付電話アリ（怪文書トシテハ第二回目ナリ、但シ新聞ニ掲載セラレスシテ済ム）」とあり（同上、四四三—四四四頁、も同趣旨）、堀軍務局長の同日付日誌によれば、「末次次長が新聞記者に当面の問題に関する『プリント』を配布せるを知り直に発表を取止めしも尚二三の小新聞の之を記載せるものあり」という（小林龍夫・島田俊彦編『現代史資料 七 満洲事変』みすず書房、一九六四年、三六頁）。『東京日日新聞』は現在の『毎日新聞』である。

（33）外務省調査部第四課編「若槻礼次郎男述 倫敦海軍軍縮会議」一九三九年十月十日（広瀬順晧編『近代外交回顧録』第三巻）二四八頁、幣原から日本代表団、一九三〇年三月十九日（外務省編『日本外交文書 一

九三〇年ロンドン海軍会議』下）一四四―一四六頁、Castle diary, March 18, 1930, vol. 16; 幣原から日本代表団、一九三〇年三月十九日（外務省編『日本外交文書 一九三〇年ロンドン海軍会議』下）一四七―一四九頁。なお、若槻礼次郎『明治・大正・昭和政界秘史――古風庵回顧録』（講談社学術文庫、一九八三年）三一一頁にも全権団に日仏提携論者がいたと記されているが、人物までは特定していない。

(34) 斎藤実宛幣原書簡、一九三〇年三月二十一日（「斎藤実関係文書」書簡の部、リール三十四）、Stimson diary, March 19, 1930, Henry Lewis Stimson Papers, reel 2, Yale University Library.

(35) Castle diary, March 21, 1930, vol. 16.

(36) キャッスルはその持論をフーヴァー大統領宛の書簡で率直に語っていた。すなわち「首相とは会っていないし、会うつもりもない。彼は寡黙な人物で日本語しか話さないし、他国の外交団にも知られていない。会談を要求されれば応じてもよいが、そうなれば報道が騒然として悪影響を及ぼすだろう」という。他方、井上蔵相と幣原外相は称賛されていた。昭和天皇とのパイプ役として牧野内大臣を買っていることも、フーヴァー宛書簡の特徴である。

端的にいうなら、キャッスルの描く筋書きとは、幣原が内閣の回訓をまとめ上げ、牧野が天皇を説得するというものだった。いずれにせよキャッスルとしては、「容認されたチャンネルの枠内で働きかけねばならない」のだった。Castle to Hoover, March 25, 1930, Hoover Papers, Box 995; Castle to Cotton, March 21, 1930, *FRUS, 1930*, vol. 1, p. 70, を参照。

(37) Castle diary, March 24, 1930, vol. 16; Stimson to Cotton, March 2, 1930, *FRUS, 1930*, vol. 1, p. 75; Stimson to Cotton, March 28, *ibid.*, p. 91; 幣原から日本代表団、一九三〇年三月十九日（外務省編『日本外交文書 一九三〇年ロンドン海軍会議』下）一四九―一五一頁、幣原から日本代表団、三月二十四日（同上）一六五―一六六頁。

(38) 幣原から日本代表団、一九三〇年三月二十四日（外務省編『日本外交文書 一九三〇年ロンドン海軍会議』下）一六四―一六五頁、幣原から日本代表団、一九三〇年三月二十四日（同上）一六五―一六六頁。キャッスルは帰国後に、浜口宛メッセージの経緯をバランタインに確かめている。Ballantine memoirs, Joseph W.

Ballantine Papers, Box 1, Hoover Institution, Stanford University.

(39) 外務省編『日本外交年表竝主要文書』下、一四七—一五七頁、池井優ほか編『濱口雄幸 日記・随感録』三二〇、四四五—四四七頁、川田稔編『浜口雄幸集——論述・講演篇』(未來社、二〇〇〇年) 二五三—二五六頁、Castle diary, April 3, 1930, vol. 16; Stimson to Cotton, April 1, 1930, *FRUS, 1930*, vol. 1, pp. 99-100.

(40) 奈良武次日記、一九三〇年四月一日 (波多野澄雄・黒沢文貴・波多野勝・櫻井良樹・小林和幸編『侍従武官長奈良武次日記・回顧録』第三巻、柏書房、二〇〇〇年) 二一七頁。

(41) 稲葉正夫・小林龍夫・島田俊彦・角田順編『太平洋戦争への道 開戦外交史』別巻資料編 (朝日新聞社、一九六三年) 四八頁。伊藤隆ほか編『続・現代史資料 五 海軍 加藤寛治日記』九四頁も参照。

(42) 奈良武次日記、一九三〇年四月二日 (波多野澄雄ほか編『侍従武官長奈良武次日記・回顧録』第三巻) 二一七頁。

(43) 実際のところ、前掲の加藤上奏文を再読してみればわかるように、その力点は「国防方針ニ基ク作戦計画ニ重大ナル変更ヲ来ス」にある。

堀悌吉軍務局長が一九三〇年末にまとめた「倫敦海軍条約締結経緯」も、この部分を引用したうえで、「世上之を回訓反対の上奏となすものあるも誤れるの甚しきものなり……後日の軍事参議院会議が満場一致にて奉答したる所と相呼応するものなり」としている (稲葉正夫ほか編『太平洋戦争への道 開戦外交史』別巻資料編、四八頁、小林龍夫ほか編『現代史資料 七 満洲事変』九二頁。なお奉答文は、同上、九六頁、のほか、前掲『太平洋戦争への道 開戦外交史』別巻資料編、五五—五六頁、に掲載されている)。

さらに加藤は、上奏の直後に、「米案を骨子とする兵力量には同意出来ない」としながらも、「今度の回訓に対しては海軍は決して軽挙することなく事態の推移に対応し善処する」という新聞声明を発している (『東京朝日新聞』一九三〇年四月三日夕刊)。

(44) というのも、末次は四月五日の貴族院倶楽部で、日米妥協案の数字を示し、「軽巡は七割ですが大巡は米国の最初の主張通り六割となり、潜水艦は現有の三分ノ一を減らされるのであります」と論じ、「軍令部としましては自己の立場から翌日 (四月二日——引用者注) その所信を上奏いたしました」と訴えた。さらに末次は、「米国案を鵜呑みにすると日本は大巡は一隻も出来ぬ又潜水艦も一隻も出来ぬ」として、「之れが成立する上は国防上重大の欠陥を生づべきは当然であります」と締めくくった（波多野勝「浜口家所蔵の『浜口雄幸文書』」『法学研究』第六十七巻第七号、一九九四年、一〇三―一〇五頁）。

(45) 昭和天皇―ティリー英国大使会談、一九三〇年四月十二日（「倫敦海軍会議一件」第二巻、B. 12. 0. 0. 1. 外務省外交史料館所蔵）、幣原から日本代表団、四月十五日（同上）、澤田廉三『凱旋門広場』（角川書店、一九五〇年）一一四―一一六頁。柴田紳一「ロンドン海軍軍縮会議に関する一極秘電」二四九―二六六頁、波多野勝『裕仁皇太子ヨーロッパ外遊記』（草思社、一九九八年）二〇六頁も参照。

(46) *FRUS, 1930*, vol. 1, pp. 107-125; 外務省編『日本外交年表竝主要文書』下、一五九―一六一頁。同日に公表された幣原の談話に関しては、外務省編『日本外交年表竝主要文書』下、一五八―一五九頁、を参照。

(47) 『帝国議会衆議院議事速記録』第五十四巻（東京大学出版会、一九八三年）一三、一六、二六頁。

(48) 伊藤隆ほか編『続・現代史資料 五 海軍 加藤寛治日記』九六頁、岡田啓介日記、一九三〇年五月二日、十一日（岡田貞寛編『岡田啓介回顧録』）二八一―二八二、二八六―二八七頁。原田熊雄『西園寺公と政局』第一巻、四七頁にも、幣原に対する加藤の不満が述べられている。加藤の統帥権干犯に関する見解は、一九三〇年五月六日消印の斎藤実宛書簡にみることができる（「斎藤実関係文書」書類の部、リール一六四）。

(49) 政友会は、鈴木貫太郎侍従長が内閣と通謀して、回訓前の加藤上奏を阻止したと誇大に宣伝した。このことを鈴木貫太郎は、「軍令部長がはっきり自分の職責を知らなかったためにいたずらに混乱を来たした嫌いがあるが、今からあの問題を概括して考えてみると、政友会の一部の人の陰謀に軍令部長が奔弄された観がある」と回想している。これについては、原田熊雄『西園寺公と政局』第一巻、四八頁、鈴木一編『鈴木貫太郎自伝』二五八頁、を参照。なお、小林躋造「倫敦軍縮会議論」一九三二年十一月は、野党と軍令部の「結託」を論じている（伊藤隆・野村実編『海軍大将 小林躋造覚書』山川出版社、一九八一年、六〇頁）。

(50) Castle diary, May 8, 1930, vol. 16.

(51) Castle diary, May 31, 1930, vol. 16.

(52) Castle to Stimson, April 26, 1930, Nelson T. Johnson Papers, vol. 13, Manuscript Division, Library of Con-

gress.

（53）「帝国ノ対支外交政策関係一件」第二巻（A. 1. 1. 0. 10, 外務省外交史料館所蔵）。小池聖一『満州事変と対中国政策』（吉川弘文館、二〇〇三年）三二頁、西田敏宏「ワシントン体制の変容と幣原外交㈠——一九二九～一九三一年」（『法学論叢』第一四九巻第三号、二〇〇一年）八九頁がすでに引用している。

（54）Castle diary, May 23, 28, 29, 31, 1930, vol. 16.

（55）Address by Castle at the dinner given by the America-Japan Society at the Peers' Club, May 23, 1930, Castle Papers, Box 27; address by Tokugawa, May 23, 1930（「日米協会史料」A5-05, 社団法人日米協会所蔵）、address by Hanihara, May 23, 1930, *America-Japan Society Special Bulletin*, no. 11 (1931), pp. 14-16（「日米協会史料」C3-11）、『東京朝日新聞』一九三〇年五月二十四日、*Trans-Pacific*, May 29, 1930, Castle Papers, Box 27. Izumi Hirobe, *Japanese Pride, American Prejudice: Modifying the Exclusion Clause of the 1924 Immigration Act* (Stanford: Stanford University Press, 2001), p. 135, も参照。

（56）John Tilley, *London to Tokyo* (London: Hutchinson, 1942), p. 204.

（57）澤田節蔵駐ニューヨーク総領事から幣原、一九三〇年二月十三日（「牧野伸顕関係文書」書類の部、リール三十五、国立国会図書館憲政資料室所蔵）、出淵勝次駐米大使から幣原、二月二十六日（同上）。

（58）帰朝後もキャッスルは形式上、六月末まで駐日大使の肩書きであった。六月三十日にキャッスルは、松平駐英大使に手紙を書き始めた。あと数時間で、任期切れとなることを惜しむかのようである。この書簡でキャッスルは、松平—リード交渉の功績をたたえ、次のように、軍縮条約の心得ともいうべき至言を伝えた（Castle to Matsudaira, June 30, 1930, Castle Papers, Box 9）。

確かに最善の条約とは、すべての参加者に歓迎されるものを指すのだろう。しかし、幅広い政治的見解にさらされる条約では、その可能性は疑わしい。だとするなら、次善の条約とは、各国を等しく苛立たせるものである。好結果を残すために、全員が賢明に譲歩し合えたと納得できるのだから。

（59）Castle to Shidehara, June 25, 1930, Castle Papers, Box 9; Shidehara to Castle, July 27, 1930, Castle Papers, Box 9.

（60）Castle to Forbes, June 27, 1930, Castle Papers, Box 9; 木村惇駐シカゴ領事から幣原外相、一九三〇年七月十二日（「倫敦海軍会議一件 輿論並新聞論調（米国）」B. 12. 0. 0. 1-4, 外務省外交史料館所蔵）、『中外商業新報』一九三〇年八月二十九日。フォーブスも当面、快適とは言い難い帝国ホテル住まいであり（Forbes to Castle, September 18, 1930, Castle Papers, Box 9）、アメリカ大使公邸の完成には一九三一年を待たなければならなかった。

（61）Reminiscences of Sir George Sansom, 1957, Oral History Research Office, Columbia University; 井上準之助論叢編纂会編『井上準之助 論叢四』（原書房、一九八二年）五五七―五六〇頁。

（62）Castle to Shidehara, October 3, 1930, Castle Papers, Box 9. 枢密院の動向などを伝える一九三〇年九月のキャッスル宛幣原書簡案が、「牧野伸顕関係文書」（書類の部、リール十八）に収められている。

加藤の後任は、谷口尚真大将となった。前出の堀悌吉軍務局長「倫敦海軍条約締結経緯」によれば、「軍令部長の交迭は同日行はれたりと雖も大臣に於て取計ひたるものにして加藤軍令部長の上奏が御聞き届けになりて行はれたるものに非ざること勿論なり」という（小林龍夫ほか編『現代史資料 七 満洲事変』九四頁）。

また、六月十日の奈良武次日記によれば、天皇はさらに奈良を介して東郷元帥から谷口の就任に同意を取り付けており、この時東郷は「条約内容の不可なること、軍令部同意を得ずして回訓を発したる件に就て大に遺憾を感じ居る旨、財部全権の行動に不満なる旨」を語っている（波多野澄雄ほか編『侍従武官長奈良武次日記・回顧録』第三巻、二三五―二三六頁）。坂野潤治『日本政治「失敗」の研究』九三頁は同日の財部彪日記（「財部彪関係文書」第四十一冊、国立国会図書館憲政資料室所蔵）に依拠しつつ、天皇は加藤の辞職願を相手にせず財部海相に一任し、後任軍令部長として財部の内奏した谷口がロンドン条約支持であることを確認したうえで裁可したとする。

なお、同じ六月十日には、山梨海軍次官と末次軍令部次長が異動となっている。堀悌吉軍務局長「倫敦海軍条約締結経緯」によれば、前者は病気のためであり、後者は三月十七日に私見を新聞に声明したことなどが理由であるという（小林龍夫ほか編『現代史資料 七 満洲事変』九五頁）。後任にはそれぞれ、小林躋造中将と永野修身中将が就いている。

(63) 出淵勝次「米国排日移民法修正問題」一九三九年十月（広瀬順晧編『近代外交回顧録』第四巻）二二五―二七五頁、Memorandum by Stimson, October 30, 1930, *FRUS, 1930*, vol. 3, p. 315. 高橋勝浩「『米国排日移民法修正問題』と駐米大使出淵勝次」（『日本歴史』第五二三号、一九九一年）五九―七五頁も参照。

(64) すなわちキャッスルによると、「出淵は駐米大使として長くは滞在できないことを知っており、自分自身の名声のために状況を打開したがっている」という。前述の幣原書簡を通じてキャッスルは、幣原が移民問題で慎重だと感じており、出淵の態度を軽率とみなしたのである。キャッスルの理解によると、出淵は日本を海軍条約の枠内に留まらせるためにも、移民問題の解決を急いでいた。

しかし、キャッスルの意見では、海軍問題と移民問題を直結すべきではない。このことをキャッスルは、リードとロビンソンの両上院議員やスティムソン国務長官に確認し、フォーブスに私信を送っている。上記の経緯からも、キャッスルは、出淵よりも幣原に信頼を寄せていたといえよう。Castle to Forbes, December 4, 1930, Castle Papers, Box 9, を参照。

(65) Castle to Dooman, October 10, 1930, Castle Papers, Box 9; Johnson to Hornbeck, October 31, 1930, Johnson Papers, vol. 14.

(66) 一例を挙げるなら、一九二九年秋に発生した中ソ紛争の善後策に関して、ハンソン（G. C. Hanson）駐哈爾浜アメリカ領事は、国務省極東部員と共同で長文メモランダムを作成していた。しかし、ホーンベックからスティムソンに渡されたのは、その結論部分だけであった。その結論とは、スティムソンによる中国への働きかけが東支鉄道の原状回復をもたらしたというものである。東北政権の保守派は、日本と緊密な関係にあるともされていた。Hornbeck to Stimson, November 4, 1930, Stimson Papers, reel 80, を参照。

(67) 『帝国議会衆議院委員会議録』リール第六巻（臨川書店、一九八九年）一九六―二〇二頁。

(68) 同上、一九九頁。

(69) 幣原喜重郎『外交五十年』一三七―一三九頁、Nitobe to Castle, March 7, 1931, Castle Papers, Box 9.

(70) この点に関しては、拙著『東アジア国際環境の変動と日本外交　一九一八―一九三一』第一章を参照されたい。

（71）Castle to Hoover, April 7, 1930, Hoover Papers, Box 995.

（72）Castle diary, April 27, 1930, vol. 16.

（73）軍令部「華府会議後ニ於ケル米国ノ戦備」、一九二九年十二月十四日（「斎藤実関係文書」書類の部、リール一六四）、加藤寛治「軍縮所見」、一九三〇年一月（同上）、第七回ロンドン海軍条約審査委員会、一九三〇年九月五日（外務省編『日本外交文書　海軍軍備制限条約枢密院審査記録』外務省、一九八四年）二三四、二三五頁。

（74）吉田茂『回想十年』第四巻（新潮社、一九五八年）一〇二、一四八―一四九頁、牧野宛吉田書簡、一九三〇年二月下旬頃（「牧野伸顕関係文書」書類の部、リール七十七）。

なお、加瀬俊一の講演によると、吉田は「田中という人は政治がわかる人だが、幣原はだめだね。閣議が終わる。閣僚が皆んな食事をする時でも〝はい、さようなら〟といって外務省に帰ってきてしまって、高等官食堂というのがございましたが、そこでみんなとカレーライスなんか食べながらムダ話をしている。あれでは政治はできぬ。私が大体そういう方面は穴を埋めたんだ」と語っていたという。加瀬俊一講演「吉田茂を語る」一九六九年一月十六日（『霞関会会報』第二八〇号、一九六九年）一六―一七頁。

（75）かつて、パリ講和会議時にウィリアムズ元米国務省極東部長が顧維鈞全権を賞賛し、山東権益に固執する牧野全権を酷評したころとは、隔世の感がある。Castle diary, February 5, 6, 11, March 16, 29, April 12, 17, May 17, 21, 28, 31, 1930, vol. 16; 牧野宛幣原書簡、一九三〇年六月七日（「牧野伸顕関係文書」書類の部、リール三十七）、Williams（Paris）to Breckinridge Long（Washington, D. C., third assistant secretary of state）, February 21, 1919, Edward Thomas Williams Papers, Box 1, Bancroft Library, University of California at Berkeley. 樋口秀実『日本海軍から見た日中関係史研究』（芙蓉書房出版、二〇〇二年）一二一頁も参照。

（76）Castle to Stimson, March 10, 1930, *Records of the U. S. Department of State Relating to the Internal Affairs of Japan, 1930–1939*, reel 1.

(77) 堀悌吉日誌、一九三〇年三月二十五日（小林龍夫ほか編『現代史資料 七 満洲事変』）三七頁。

(78) 永井柳太郎「幣原外交と対支貿易の好転」（『民政』第三巻第十一号、一九二九年）二八―二九頁、同「幣原外交の根本方針と倫敦条約」（『民政』第四巻第九号、一九三〇年）二六―三一頁。最近の永井柳太郎研究として、坂本健蔵「永井柳太郎の日中提携論――第一次大戦期を中心に」（『法学研究』第七十三巻第九号、二〇〇〇年）三三―七三頁がある。

(79) 臨時省部最高幹部会議記事、一九三〇年三月十五日（稲葉正夫ほか編『太平洋戦争への道 開戦外交史』別巻資料編）一三頁。三月十八日の加藤日記には、「『キヤツスル』東京空襲の米海軍企図に付幣原に語る」と記されている（伊藤隆ほか編『続・現代史資料 五 海軍 加藤寛治日記』九二頁）。

(80) もっとも、この点は戦後に改善されており、駐日米国大使は大物であることが当然視されるようになった。ハーヴァード大学教授であったエドウィン・ライシャワー（Edwin O. Reischauer）、国務次官となるアレクシス・ジョンソン（U. Alexis Johnson）、労働長官を務めたジェームス・ホジソン（James D. Hodgson）、民主党上院院内総務のマイケル・マンスフィールド（Michael Mansfield）、ウォルター・モンデール（Walter F. Mondale）元副大統領、トーマス・フォーリー（Thomas S. Foley）元下院議長、などである。
戦後の駐日米国大使を概説したものとしては、池井優『駐日アメリカ大使』（文春新書、二〇〇一年）が簡便である。

(81) 簑原俊洋氏が指摘するように、ドゥーマンがキャッスルに語ったところによれば、排日移民法成立の契機になったとされる埴原書簡の「重大なる結果（grave consequences）」という文言はマクマリー米国務省極東部長の記したものだと武富敏彦外務省通商局長がドゥーマンに漏らしたという。そのドゥーマンをキャッスルは信頼しており、「日本に関するドゥーマンの知識は無限である」と日記に書いている（Castle diary, February 11, 25, 1930, vol. 16; 簑原俊洋『排日移民法と日米関係』岩波書店、二〇〇二年、一九七頁）。
ここで付け加えるべきは、排日移民法と対中国政策の関連性や「重大なる結果」の文言について、ドゥーマン自身が回想していることである。一九六二年五月にインタビューを受けたドゥーマンは、排日移民法が成立すれば「九カ国条約の究極的な目的である協力を推進してきた日本人は心を痛めるであろう」という阪谷芳郎貴族院議員の演説を思い起こし、埴原書簡の経緯を語り始めた。それによると、ヒューズ国務長官が埴原正直駐米大使にヒューズ宛書簡の執筆を依頼したところ、埴原は阪谷の貴族院演説を参照しながら書簡の草案を作成したという。

ドゥーマンによると、阪谷は排日移民法の可決が「重大なる結果」につながるとしているものの、阪谷のいう「重大なる結果」とは戦争などではなく、日本が対中政策における列国との協調を放棄しかねないことを意味する。埴原が「重大なる結果」という表現を用いたのは、まさにこの文脈であったとドゥーマンは述べる。埴原から草案を内示されたヒューズとマクマリーは、修正をいくつか提案したものの、「重大なる結果」という文言には反対せず、暗黙のうちに了解した。しかし、これを上院外交委員長のロッジ（Henry Cabot Lodge）らが威嚇だとして非難したため、排日移民法は可決してしまったという。以上がドゥーマンの談話である（reminiscences of Eugene H. Dooman, 1962, Oral History Research Office, Columbia University）。

阪谷演説と埴原書簡の因果関係を示す外務省記録は残されていない。とはいえ、少なくとも阪谷演説に関する限り、ドゥーマンの談話はほぼ正確である。阪谷は貴族院で一九二四年一月二十三日に、「米国ヲ最モ親愛シ」ていると前置きしたうえで、アメリカ議会におけるジョンソン（Albert Johnson）やレイカー（John E. Raker）の動きに懸念を表明していた。すなわち、排日移民法が成立すれば「日米両国間ノ関係上甚ダ忌ムベキ結果ヲ生ズル」として、戦争には至らないにせよ、「有名ナル華盛頓会議ニ依ッテ決定セル海軍制限条約其他ノ条約ノ精神ニ全然背馳スル」と阪谷は力説したのである。ドゥーマンもいうように、日米協会名誉副会長まで務めた阪谷が、日米開戦を賭そうとするはずもない。

阪谷演説については、『帝国議会貴族院議事速記録 四十四 第四十八・四十九回議会 大正十三年』（東京大学出版会、一九八二年）四七―四九頁のほか、故阪谷子爵記念事業会編『阪谷芳郎伝』故阪谷子爵記念事業会、一九五一年、七〇六頁も参照。阪谷の対米観を示すものとして、阪谷草稿、一九二一年六月六日（「阪谷芳郎関係文書」八一二、国立国会図書館憲政資料室所蔵）、address given to the Directors of the Japan Peace Society by Sakatani, May 13, 1921, in *Japan Advertiser*, June 24, 1921（「阪谷芳郎関係文書」八一四）

がある。

なお、当時阪谷が松井慶四郎外相をはじめ、帰国後に外務省通商局長代理となっていた佐分利貞男、赤松祐之通商局移民課長、澤田節蔵文書課長兼翻訳課長、埴原正直前駐米大使、ウッズ（Cyrus E. Woods）駐日米国大使などと排日移民法を論じていたことに関しては、阪谷芳郎日記、一九二四年三月十六日、三月二十四日、四月二十五日、五月二十四日、五月二十五日、五月二十七日、五月二十八日、六月二日、六月五日（「阪谷芳郎関係文書」六九八）、阪谷芳郎手帳、同年二月二日、二月七日、十一月一日（「阪谷芳郎関係文書」七五一）を参照。

阪谷がカーネギー万国平和財団経済調査会会長として満州調査などに協力していたことについては、「阪谷芳郎文書」六十（調書）、八十一―八十四（書簡）、東京大学社会科学研究所図書室所蔵、を参照。

（82）ロンドン会議の直前に流布されるようになった「田中上奏文」をホーンベックから手渡され、真っ先に偽造であることを見抜いたのも、バランタインであった。Reminiscences of Joseph W. Ballantine, 1961, Oral History Research Office, Columbia University, を参照。

（83）なお民間では、日本の学生を対象とした日米協会主催のリンカーン・エッセイ・コンテストも、このころに第四回を迎えている。一九三〇年三月の授与式には、日米協会会長の徳川家達貴族院議長とキャッスル、ドゥーマンが同席していた。*America-Japan Society Special Bulletin*, no. 10（1930）, pp. 3-9（「日米協会史料」C3-10）参照。

（84）Reminiscences of Sansom.

（85）Reminiscences of Dooman.

（86）キャッスルは訪日直後の一九三〇年一月二十四日、「たとえ日本が満州を併合したとしても、議会が門戸開放をめぐって開戦するはずがない。それに日本には、満州併合の意図など毛頭ない」と記している（Castle diary, January 24, 1930, vol. 16）。

しかし、キャッスルの予言が的中するのは、「議会が開戦するはずがない」という前半部分だけであった。次官としての在任中に、満州事変で日米関係が悪化してしまったのは、キャッスルにとって痛恨の極みであったに違いない。しかも、日本の外相は、幣原であった。こうしてアメリカは、日本の対外政策に不安を募らせつつも、強硬な手段を講じえないもどかしさを抱え込むことになった。

(87) 永井松三談「幣原男爵の想出」一九五二年六月十六日(「幣原平和文庫」リール十三)。
(88) 桑原鶴「幣原男爵の思い出」(『霞関会会報』第二三四号、一九六五年)二一―三頁。
(89) 『東京朝日新聞』一九三〇年十一月十五日夕刊、十一月十六日夕刊、幣原喜重郎『外交五十年』一三三―一四四頁。
(90) 伊藤隆ほか編『牧野伸顕日記』四二〇―四二一、四四一頁。伊沢多喜男伝記編纂委員会編『伊沢多喜男』(羽田書店、一九五一年)一九七―一九八頁、大西比呂志「伊沢多喜男と宇垣一成――宇垣擁立工作を中心に」(堀真清編『宇垣一成とその時代――大正・昭和前期の軍部・政党・官僚』新評論、一九九九年)二四八頁も参照。
(91) 出淵から幣原、一九三一年六月五日(「ヤードレイ著『アメリカン、ブラックチェムバー』問題一件」N. 2. 2. 0. 9. 外務省外交史料館所蔵)、Herbert O. Yardley, *The American Black Chamber* (New York: Blue Ribbon Books, 1931);外務省百年史編纂委員会編『外務省の百年』下、一三三九―一三三八頁、John Prados, *Combined Fleet Decoded: The Secret History of American Intelligence and the Japanese Navy in World War II* (Annapolis: Naval Institute Press, 1995), pp. 12-13, 69.
(92) 外務省編『日本外交文書』昭和期I、第一部、第四巻、一〇四一―一〇四五頁。川島真「『支那』『支那国』『支那共和国』――日本外務省の対中呼称政策」(『中国研究月報』第四十九巻第九号、一九九五年)一―一五頁、于紅「第二次幣原外交期における中国の国号呼称問題――『支那共和国』から『中華民国』へ」(『お茶の水史学』第四十六号、二〇〇二年)七九―一〇八頁も参照。
(93) 幣原喜重郎「国際平和と世界の大勢」一九二九年十一月十一日ラジオ講演(『外交時報』第六〇一号、一九二九年)一六二頁、拙著『東アジア国際環境の変動と日本外交 一九一八―一九三一』二六三―二七八頁。
(94) 小林龍夫ほか編『現代史資料 七 満洲事変』一八四頁、小林龍夫・島田俊彦・稲葉正夫編『現代史資料 十一 続・満洲事変』(みすず書房、一九六五年)三一三頁。

そのほか、森島守人『陰謀・暗殺・軍刀』（岩波新書、一九五〇年）四九頁、関寛治「満州事変前史」（日本国際政治学会太平洋戦争原因研究部編『太平洋戦争への道 開戦外交史』第一巻、朝日新聞社、一九六三年）四一二、四一九、四三三頁、島田俊彦「満州事変の展開」（同上、第二巻）一二―一三頁、緒方貞子『満州事変と政策の形成過程』（原書房、一九六六年）一〇四頁、林久治郎『満州事変と奉天総領事――林久治郎遺稿』（原書房、一九七八年）一一四―一一五頁も参照。

(95) 稲葉正夫ほか編『太平洋戦争への道 開戦外交史』別巻資料編、一一四―一一五、一二三頁。

(96) 以上のような経緯やリットン調査団への対応については、すでに論じたことがある。拙著『東アジア国際環境の変動と日本外交 一九一八―一九三一』二七八―二八八頁、拙編『満州事変と重光駐華公使報告書――外務省記録「支那ノ対外政策関係雑纂『革命外交』」に寄せて』（日本図書センター、二〇〇二年）を参照されたい。

(97) Forbes to Stimson, November 24, 1931, *FRUS, Japan: 1931-1941*, vol. 1, p. 50.

(98) Henry Lewis Stimson diary, November 22, 24, 26, 27, 28, 1931, reel 4, Yale University Library; 幣原から出淵、一九三一年十一月二十八日（外務省編『日本外交文書 満州事変』第一巻第三冊、外務省、一九七八年）一一三―一一四頁、高橋勝浩編「『出淵勝次日記』㈢――昭和六～八年」（『国学院大学日本文化研究所紀要』第八十六輯、二〇〇〇年）一二〇―一二一頁。

(99) 幣原から出淵、一九三一年十一月二十九日（外務省編『日本外交文書 満州事変』第一巻第三冊）一一七―一一九頁、原田熊雄『西園寺公と政局』第二巻、一四七頁、『東京朝日新聞』一九三一年十一月三十日。

(100) 坂野潤治『近代日本の外交と政治』（研文出版、一九八五年）一八五―二一一頁。

(101) Journal of W. Cameron Forbes, William Cameron Forbes Papers, second series, vol. 2, Houghton Library, Harvard University. フォーブスについては、Gary Ross, "W. Cameron Forbes: The Diplomacy of a Darwinist," in Richard Dean Burns and Edward M. Bennett, eds., *Diplomats in Crisis: United States-Chinese-Japanese Relations, 1919-1941* (Santa Barbara: ABC-Clio,1974), pp. 49-64, がある。

(102) Journal of W. Cameron Forbes, September 27, 29, October 8, 15, 18, November 3, 14, December 30, 1930,

April 12, May 7, August 2, 21, September 14, 1931, Forbes Papers, second series, vol. 3.

(103) 太田政弘台湾総督宛幣原書簡、一九三一年六月二十四日（「幣原平和文庫」リール七）。浅野豊美氏から教示を得た。

(104) Journal of W. Cameron Forbes, September 24, November 17, 1931, Forbes Papers, second series, vol. 3.

(105) Journal of W. Cameron Forbes, December 3, 1931, Forbes Papers, second series, vol. 3. Forbes to Stimson, November 28, 1931, Stanley K. Hornbeck Papers, Box 167, Hoover Institution, Stanford University, も参照。このころの白鳥については、戸部良一「白鳥敏夫と満州事変」（『防衛大学校紀要』第三十九号、一九七九年）七七—一三〇頁が参考になる。

(106) 原田熊雄『西園寺公と政局』第二巻、一四九—一五〇頁。

(107) Forbes to Stimson, December 2, 1931, Journal of W. Cameron Forbes, Forbes Papers, second series, vol. 4; Forbes to Joseph C. Grew, March 14, 1932, Journal of W. Cameron Forbes, Forbes Papers, second series, vol. 4.

(108) Shidehara to Forbes, November 24, 1932, Journal of W. Cameron Forbes, Forbes Papers, second series, vol. 4; Forbes to Shidehara, December 22, 1932, Journal of W. Cameron Forbes, Forbes Papers, second series, vol. 4. 幣原の書簡はフォーブスからホーンベックにも回覧されている。Forbes to Hornbeck, December 22, 1932, Hornbeck Papers, Box 167.

(109) Forbes to Stimson, November 29, 1931, *FRUS, 1931*, vol. 3, pp. 587-588; Stimson to Forbes, November 30, *ibid.*, pp. 595-596.

第5章　日中戦争から太平洋戦争へ

一　五・一五事件以後

挙国一致内閣

一九三一（昭和六）年十二月に若槻内閣は総辞職した。その直接的な原因は、政友会との協力内閣構想をめぐる閣内の不一致であった[1]。このため政権は民政党から政友会へと移り、政友会総裁の犬養毅を首班とする内閣が成立した。犬養内閣の外相には、駐フランス大使の芳沢謙吉が呼び寄せられた。幣原が外務省を後にしたとき、外相としての通算在位は五年三カ月を超えていた[2]。在野となった幣原に残されたのは、貴族院議員の肩書きだけである。

翌一九三二年には、衝撃的な事件が相次いだ。まず二月九日には、蔵相を辞職したばかりの井上準之助が、血盟団の小沼正に狙撃されて死亡した。井上暗殺の現場は駒込であり、幣原の仮住居にもほど近い[3]。のみならず五月十五日には、犬養首相が海軍の青年将校らによって暗殺された。五・一五事件である。

五・一五事件の後には斎藤実内閣が誕生した。斎藤は海軍出身であり、政党には属さない。したがって、八年間ほど続いた政党内閣期に終止符が打たれたことになる。もっとも、斎藤内閣の閣僚は、政友会と民政党の双方から起用された。このため斎藤内閣は、次の岡田内閣とともに挙国一致内閣と称された。

幣原は五月二十七日付で斎藤に書簡を差し出し、首尾よく組閣を果たされ「恭悦《きょうえつ》の至《いたり》」と伝えた。かつて幣原はロンドン海軍軍縮会議のころ、朝鮮総督として一時帰国していた斎藤と連携した。そうした関係もあって、必ずしも幣原は斎藤内閣の誕生に失望していなかった。(4)

斎藤内閣の成立に関与した伊沢多喜男貴族院議員に宛てても、幣原は「乍《かげなが》蔭恭悦の至」としたためた。一九三四年五月に幣原は、鈴木富士弥《すずきふじや》を貴族院議員に選考するよう斎藤首相に依頼している。鈴木は浜口内閣の内閣書記官長であった。(5)

幣原が憂えていたのは、日本の対中国政策である。斎藤内閣の外相には、九年ぶりに内田康哉が就任していた。内田外相のもとで日本は一九三二年九月に満州国を承認し、一九三三年三月には国際連盟を脱退するのであった。

外交官から衆議院議員となっていた芦田均の談話によれば、「私が衆議院に議席をもって間もなく昭和八年一月に軍部の大陸政策を批判する演説をして右翼の攻撃を受けたとき、幣原さんは私を招いて『少くとも不人気な言辞をあえてする勇気はもっているんだね』といって、私を慰められた言葉を今なお深く記憶している」という。(6)

なかでも幣原は、熱河《ねっか》作戦を危惧した。関東軍が一九三三年二月に中国の熱河省に侵攻していたの

表3　1931年から1945年の首相と外相

首相	外相
犬養毅	芳沢謙吉
斎藤実	内田康哉 広田弘毅
岡田啓介	広田弘毅
広田弘毅	有田八郎
林銑十郎	佐藤尚武
近衛文麿	広田弘毅 宇垣一成 有田八郎
平沼騏一郎	有田八郎
阿部信行	野村吉三郎
米内光政	有田八郎
近衛文麿	松岡洋右 豊田貞次郎
東条英機	東郷茂徳 谷正之 重光葵
小磯国昭	重光葵
鈴木貫太郎	東郷茂徳
東久邇宮稔彦	重光葵 吉田茂
幣原喜重郎	吉田茂

［注］外相の臨時兼任については省略した。

である。このため幣原は、久々に西園寺公望を興津に訪れた。待命中の吉田茂が幣原に献策したものであった。吉田も幣原と同じく、中国情勢を案じていた。そこで吉田は、御前会議の開催による局面の打開をもくろみ、幣原に西園寺を説得させようとした。

しかし、吉田の粉骨砕身にもかかわらず、御前会議の開催には至らなかった。吉田に比べると、幣原は素っ気ない[7]。

それでも幣原は、その後も吉田の渡欧を求めるなどしていた。幣原に対しては、昭和天皇の信頼も厚かった[8]。

デニソン二十年忌追憶会

一九三三年七月三日のことである。薄暮れの迫る青山霊園に幣原はたたずんでいた。その目前には元外務省顧問デニソンの墓碑がある。デニソンは十九年前に東京で病死していた。この日は二十年忌に当たった。

デニソンの墓石に見入るのは、幣原だけではない。二十年忌を主催した内田康哉外相もいた。牧野伸顕内大臣をはじめ、宮内省式部長官の林権助、外務省を退官した松井慶四郎、貴族院議員の芳沢謙吉、待命中の吉田茂も参拝した。

外務次官を重光葵に譲ったばかりの有田八郎、欧米局長の東郷茂徳、情報部長の天羽英二《あもうえいじ》も現れた。それでも、デニソンとの親密さでは幣原が抜きんでている。

やがて参列者たちが外相官邸に足を運ぶと、そこにはデニソンを追憶する晩餐会が用意されていた。一行は食後も名残を惜しみ、帰路につこうとしない。そのため、客間での座談会となった。ここで内田は幣原を指名した。内田によると、幣原とデニソンは「特別ノ関係」だというのである。そこで幣原は、取って置きの逸話を披露し始めた。

かつてデニソンが幣原に語ったところによれば、ナイル川の流域が肥沃なのは、上流でブルーナイルとホワイトナイルが合流しているためだという。「日清戦争は丁度ブルーナイルとホワイトナイルの合流点の如く反動思想と欧化主義とが甘《うま》く融和して日本の進化を培《つちか》ったのである」。日露戦争では、「破竹の勢に駆らるることなく、時機を見計らつて手綱を引き絞り、ポーツマスの講和に臨んだのである」。今後も国家存亡の機には、同じように局面を打開してくれるであろうとデニソンは期待していた。

以上がデニソンの秘話として、幣原の追憶したところである。婉曲ながら幣原は、ともすれば国粋主義の一辺倒になりがちな内田に自省を促したのであろうか。デニソンは晩年に外務省を辞して葉山に暮らそうとしたが、思いを遂げられなかったともいう。客間では幣原と内田のやりとりを、デニソンの肖像画と胸像が見届けた。散会のころには夜の十時を過ぎていた(9)。

その内田が同年九月に外相を辞すると、後任の外相には広田弘毅が就いた。広田外相は、翌一九三四年七月に成立する岡田内閣でも留任している。

デニソンに対する幣原の敬慕は、朝日新聞社の外交座談会でも語られた。この座談会は帝国ホテルにおいて、一九三四年二月十九日に開かれた。出席者は幣原のほかに、牧野伸顕、秋月左都夫《あきづきさつお》、林権助、松井慶四郎、石井菊次郎、芳沢謙吉である。栗野慎一郎は病欠であった。

座談会は条約改正の談議に始まり、日清戦争、義和団事変、日英同盟、日露戦争、第一次世界大戦後へと話題が移った。ここでも幣原は、外交の元老格たちを前にデニソンの功績や高潔さを述懐する。午後三時に始まった座談会は、深夜の十一時に及んでいた。(10)

外患

この間の一九三三年一月には、ヒトラー（Adolf Hitler）がドイツで政権を掌握していた。同年三月に国際連盟を脱退した日本は、次第にナチスとの反共的提携を求めていった。ドイツの動向について幣原は、永井松三駐ドイツ大使から情報を得ていた。幣原がナチスに批判的であったことに疑いはなかろう。(11)

一九三四年になると幣原は、早くも翌年の第二次ロンドン海軍軍縮会議を気に掛けた。そこで幣原は一九三四年四月、牧野内大臣を訪れて所見を開陳した。「今日の当局者にては到底適当に処置する能《あた》はざるべし」と幣原はいうのである。さらに幣原は、大角岑生《おおすみみねお》海相を更迭して「一層有力の人物を据る事先決問題なるべし」と述べた。これには牧野とて異論はない。対ソ政策についても幣原は、牧野と意見を交わしていた。(12)

一九三四年五月に幣原は、第二次ロンドン海軍軍縮会議について貴族院議長の近衛文麿《このえふみまろ》と意見を交わした。幣原は、極東問題が会議の対象外になると推察した。そのことを近衛は、木戸幸一内大臣秘書官長に伝えている。他方で広田外相は、極東問題も審議されかねないと考えていた[13]。実際には幣原の見通しが正確であり、一九三五年の第二次ロンドン会議において極東問題は議題とされなかった。

にもかかわらず、日本は一九三六年一月にロンドン会議を脱会した。翌二月の末には、陸軍将校によるクーデターが起こされた。二・二六事件である。このとき岡田首相は危うく難を逃れたものの、斎藤実内大臣や高橋是清蔵相が殺害された。そのころ六義園に居た幣原は、警官の指示によって鎌倉へ逃れた[14]。

二・二六事件の後には、外相の広田が首相に就任した。広田内閣の外相は有田八郎である。そのもとで一九三六年十一月に日独防共協定が締結されると、ソ連はこれに反発した。このためソ連は、懸案だった日ソ漁業条約の改定に難色を示した。すると、在野の幣原を訪ねてきた者がいた。ユレネフ（Konstantin K. Yurenev）駐日ソ連大使その人である。

ここでユレネフ大使は、新漁業条約の調印拒否をちらつかせた。これに幣原は大いに反論して、調印拒否となれば事態を悪化させるばかりか、「来年（昭和十二年）四、五月の頃には日露開戦の悲劇を見るべきを恐ると直言した」。さらに幣原は、一九三六年末の失効を前に、暫定協定で現行漁業条約の効力を延長するという一策をユレネフに提言した。

かくして十二月二十八日には、効力延長の議定書がモスクワで調印された。議定書が同日に公表されたことは、ソ連との緊張緩和に益したであろう。もっとも、駐ソ大使の重光は、後年にそのような幣原の在野外交を知って不快感を示す。

重光によるとソ連側は、「幣原氏の口から、暫定協定の締結をサジェストされたことを知つて、日本側の意向は漁業本条約はすでに放棄して、暫定協定で満足するものであるという腹をみすかしてしまつたのである」[15]。翌一九三七年二月には林銑十郎内閣が成立し、外相には佐藤尚武が就任した。

グルー駐日アメリカ大使——幣原外交の幻影

幣原は、貴族院議員とはいえ在野の身分であり、このころの外交交渉にはほとんど関与していない。先に述べた日ソ漁業協定は、例外といえよう。だからといって、幣原の影響力が途絶えたわけでもない。一九三三年三月には、アメリカでローズヴェルト（Franklin D. Roosevelt）政権が誕生していた。するとワシントンで、世界経済会議の予備交渉が開催されることになった。このとき幣原は、石井菊次郎とともに全権の有力候補とうわさされた。もっとも、実際に全権となったのは石井であった[16]。

注目すべきは、幣原とグルー駐日アメリカ大使の関係であろう。グルーの滞日は、一九三二年から日米開戦まで十年近くに及んだ。にもかかわらず、グルーは日本の政情を判断しかねていた。グルーの情報源は、牧野伸顕や樺山愛輔《かばやまあいすけ》、吉田茂、そして幣原などの穏健派である。

幣原がグルーと初めて出会ったのは、一九三二年十月二十四日であった。幣原との対面にグルーは感激し、「いたって率直に話すことができ、なんら誤解も生じないまれな日本人であり、ユーモアのセンスにも富む」と日記に書き残した。幣原らとの交流を通じて、グルーは二つの結論に到達する。

第一に、日本外交は「振り子」のように揺れ戻し、やがて常態に帰すると思われた。とりわけグルーは、幣原のような外交が復活することに期待した。そしてグルーは、広田弘毅外相や佐藤尚武外相に「幣原外交（Shidehara Diplomacy）」の幻影をみた。幣原とグルーが頻繁に接触したわけではないが、象徴的な存在として、幣原の名はグルーの心に刻み込まれたのである。

第二に、昭和天皇は平和主義者とみなされた。一九四一年十二月の日米開戦後に帰国したグルーは、天皇制の存続を各方面に働きかけた。そのことは、現在の象徴天皇制とも無関係ではない。

幣原外交への回帰というグルーの淡い期待は、日本の真珠湾攻撃によって無残に裏切られた。それでもグルーは戦時下において、日本の穏健派の存在をアメリカ人に知らしめようとした。一九四四年には、グルー自身の日記を抜粋した『滞日十年』をアメリカで刊行している。そこには穏健派の一員として、しばしば幣原が登場する。グルーの『滞日十年』を通じて、幣原の名前は多くのアメリカ人に記憶されたであろう(17)。

もっとも、クレーギー駐日イギリス大使の回想は、広田に「幣原外交」の幻影をみたグルーの観察は違っていた。クレーギーによると日本陸軍は、近衛内閣の広田外相を佐藤前外相よりも好ましいとみなした。佐藤は中国に対する懐柔策によって、日本陸軍に「不愉快にも幣原男爵の名前を思い起こさせた」からであった。なお幣原は、前駐日アメリカ大使のフォーブスとも文通を続けていた(18)。

二　日中戦争と第二次世界大戦

外務省調査部

内憂外患のなかで幣原は一九三六年十月、ホノルル美術館の理事一行を六義園に案内した。日米協会の斡旋によるものだが、アメリカとの関係改善に一役を買おうとしたのであろう[19]。

しかし、日中戦争が一九三七年七月に勃発すると、対外関係はさらに悪化した。当時は近衛内閣であり、広田弘毅が外相に復帰していた。日中戦争の和平工作としては、トラウトマン工作や汪兆銘工作が知られている。トラウトマン（Oskar Paul Trautmann）は駐華ドイツ大使であり、汪兆銘は中国国民党の実力者であった。

『昭和天皇独白録』によれば、「南京陥落后、独乙《ドイツ》大使仲介の和平工作が行はれたが、幣原〔喜重郎・元外相〕から聞く所によると、この時の日本案なるものは宋美齢《そうびれい》〔蔣介石夫人〕が握りつぶして蔣介石の手には届いてゐなかつたらしい」と昭和天皇はいう[20]。

日中戦争の和平工作としては、このほかに宇垣工作と呼ばれるものがあった。元陸軍大臣の宇垣一成は、広田に代わって一九三八年五月に近衛内閣の外相に就任した。このとき宇垣は、中国との和平交渉を入閣の条件としていた。この宇垣工作に呼応しながら、幣原は閣外で策動していた。木戸幸一厚生大臣の日記には、「閣外にては幣原氏が相当動き居ると〔の〕情報あり」と書かれている。

そのほか幣原は、かつて部下だった石射猪太郎外務省東亜局長とも接触した。石射は、日中戦争の拡大を食い止めようとしていた[21]。

だが、近衛内閣は日中戦争を収束できずに総辞職し、一九三九年一月には平沼騏一郎《ひらぬまきいちろう》内閣が成立する。平沼は、枢密院議長から首相に就任したのであった。幣原は平沼内閣期に宇垣一成と会い、日独同盟論を批判的に検討した[22]。

そのころ外務省では、調査部が外務省記録や外交官の回想録を編纂していた。外務省調査部は一九三三年十二月に設置されており、一九三六年六月には『大日本外交文書』第一巻を日本国際協会から刊行する(23)。

記念すべきその第一巻には、明治初期の条約改正関係文書が体系的に収録された。これらの外交文書は、外交史を知るうえでの基礎となるものであった。一九四〇年までに九巻十二冊の外交文書が刊行されたが、太平洋戦争によって作業は中断してしまう。

こうした調査部の活動に、幣原は協力していた。だれよりも外務省に愛着のある几帳面な幣原が、外務省記録や外交史に無頓着なはずもない(24)。長らく外務省を離れていた幣原だが、自ら文書を起稿することにも異存はなかった。幣原は一九三九年二月に「ワシントン会議の裏面観その他」と題する原稿を外務省員のために執筆した。

ここで幣原は、九カ国条約の門戸開放と機会均等に論及している。幣原によると、「近頃此規定は列国が日本の対支経済活動を掣肘《せいちゅう》せむが為めに英米側より発案せられたるやの臆説を耳にする」ものの、「元来支那に於ける門戸開放又は機会均等主義は支那の対外関係を律する一の重要原則として我国が日英同盟協約以来終始主張したもの」であるという。遠回しに幣原は、日中戦争期の日本外交を批判したのである(25)。

次いで幣原は同年四月に、やはり外務省員の参考に供するために日ソ漁業暫行協定の成立経緯を記した。すなわち、「昭和十一年十二月日ソ漁業暫行協定成立に関する経緯の一局面」がそれである。

さらに一九四〇年四月には、外務省員のために「外交文書の文体、起草者の心得並に諸種の形式」を執筆した。そのなかで幣原は、日露開戦外交や外交文書の書式などについてデニソンの教えを再現

している。(26)

第二次世界大戦

ナチス・ドイツとソ連は、一九三九年八月に独ソ不可侵条約を締結した。さらに翌月には、ドイツがポーランドに侵攻し、第二次世界大戦が始まる。ヨーロッパ情勢に翻弄された平沼内閣は総辞職し、続く阿部信行《あべのぶゆき》内閣と米内光政《よないみつまさ》内閣も短命に終わった。

やがて一九四〇年六月にパリがドイツ軍の侵攻で陥落すると、幣原は「欧州戦争の前途（Outlook of the European War）」と題する情勢判断を英文で執筆した。この「欧州戦争の前途」は、第二次大戦が日中戦争にもたらす影響を勘案しつつ、ヨーロッパ情勢を見極めようとしたものである。幣原は五頁に及ぶ同稿を書き上げると、牧野伸顕に送付した。不正確な情報に基づいているため、一読後に焼却するようにと幣原は牧野に伝えた。(27)

それでは、「欧州戦争の前途」に記された幣原の見解とは、いかなるものであったのか。戦局を優勢に進めるドイツには、三つの選択肢があるという。

第一に、帝国の解体などを含め、再起できないような条件でドイツが英仏に降伏を強いることである。しかし、この筋書き通りには進まないだろうと幣原はいう。英仏が外国による支配を甘受するとは、とても思えないからである。とりわけイギリス連邦は、ドイツ軍の影響下になかった。

第二に、英仏に致命的な打撃を与えないような講和条件で、ドイツが妥結することである。この選択肢には、第一のものよりも可能性があるという。その場合に英仏は、アメリカの支援を得て国力を回復していく。

第三に、徹底して戦争を遂行することである。こうなると英仏は、植民地の資源などに支えられ、ドイツ以上に戦争を耐え抜くはずだという。

幣原の観点からするなら、総じてドイツの前途は険しい。目に余るドイツの不法行為は許容されないであろうし、悲劇の記憶はヨーロッパに刻み込まれるともいう。最後に幣原は、ケネディ（A. L. Kennedy）の著作『旧外交と新外交』を引用した。引用箇所は、第一次大戦中のドイツとイギリスである。

それによると、「ドイツに良心の呵責《かしゃく》はなかったが、イギリスにはいくらかそれがあり、名誉とはいえずとも勝利には十分だった」という。わかりにくい表現だが、多少なりとも良心を示したイギリスが勝利したというのである。幣原は、「歴史は繰り返す」と「欧州戦争の前途」を結んだ(28)。

同稿を幣原が執筆したのは、一九四〇年六月十四日であった。ドイツ軍がパリに進駐した日である。ヒトラーは破竹の進撃を続けていた。そのなかで、ドイツが最終的に勝利できないと推考したのは見識といってよい。イギリス外交に理想を見出した幣原ならではの読みであろう。

三　太平洋戦争

日米開戦

一九四〇年七月には、第二次近衛内閣が成立した。近衛内閣の外相は松岡洋右であり、その主導下で同年九月に日独伊三国軍事同盟が締結された。ドイツにくみした松岡の外交に幣原が批判的なことは、これまでの経緯からも明らかであろう。

翌十月には大政翼賛会が発足した。幣原は、貴族院議員でありながらこれに不参加であった。幣原としては、絶対にアメリカと戦争すべきでないという意見である(29)。それでも、幣原が積極的に事態を打開しようとしたわけではない。

一九四一年の七月下旬になると、日本軍は仏印と呼ばれるフランス領インドシナの南部に進駐を断行した。これに対してアメリカのローズヴェルト政権は、石油の全面禁輸で日本に応酬した。そこで幣原は、近衛首相と会見した。近衛との面談内容については、幣原の証言が残されている。幣原によると、「近衛公の外交方針の間違つておることを充分に注意を与えたが近衛公は防共協定や三国同盟などをやつたことを非常に後悔しておつた」という。つまり幣原は、近衛に猛省を促したのである(30)。

このため近衛は、ある案を温めた。すなわち、近衛が訪米して、ローズヴェルト大統領と直接に会談するという案であった。近衛にしては珍しく、決然たる態度といえる。

そこで近衛は八月初旬、ひそかに情報局総裁の伊藤述史を千駄ヶ谷の幣原邸に派遣した。第三者としての見解をただす目的であった。しかし幣原は、「建設的な意見を容易に述べやうとせず、飽く迄謙虚な態度で長い間、政界を離れていることを理由として結局何も意見を述べられなかつた(31)」。

結果的には、近衛とローズヴェルトの会談が実現されないままに、近衛内閣は崩壊する。一九四一年十月には東条英機内閣が成立し、外相に東郷茂徳が就任した。

開戦を前にした最後の日米交渉では、乙案なるものが提起された。この乙案とは、石油の供給を再開させることを条件に、南部仏印から日本軍は撤退するというものである。乙案を構想したのは幣原であった。幣原の原案を東郷外相は吉田茂から受け取り、これに加筆したのである。開戦の間際になっても幣原は、吉田の要請を受けて近衛や木戸に教示を与えていた。[32]

だが対米交渉は打ち切られ、十二月八日の真珠湾攻撃に至ってしまう。

清沢洌

太平洋戦争の足音が近づいても、幣原は外交史への関心を失わなかった。幣原は、外交評論家の清《きよ》沢洌《さわきよし》を通じて外交史研究にかかわった。清沢は一九四一年六月に、『外交史』と題する通史を東洋経済新報社から刊行した。その本を幣原は、清沢から謹呈されている。

これに対する幣原の礼状は意味深長であり、「我政府の執りたる政策及行動の真相ハ自国民間にさへ徹底せざるもの多く、……貴書ハ時局上裨益《ひえき》する所頗《すこぶ》る適切」だという。つまり、日本外交の実情は内外に理解され難いのが実情であり、清沢の著作は時局にも大いに役立つというのである。幣原が嘆いたのは、外交に対する国民の知識不足であった。

一九四一年十二月の日米開戦後も、幣原は清沢による外交年表の作成を支えた。しかも幣原は、年表の誤記や重要文書の遺漏に手厳しく、清沢以上に学者肌である。原田熊雄《はらだくまお》から編著の『陶庵《とうあん》公清話』を謹呈されたときにも、幣原は中国人名の間違いを指摘した。[33]「陶庵」は西園寺公望の号である。長らく原田は西園寺の秘書を務めたものの、西園寺は一九四〇年十一月に亡くなっていた。

幣原は一九四三年二月末にも清沢と会い、貴族院での議事を語った。幣原によると、何人かが「戦後案」について問うたところ、東条内閣の谷正之外相は研究中だと答え、青木一男大東亜相は「今戦争中だのに戦後案とは何事か」と息巻いたという[34]。

一九四四年十一月二十日には、清沢が幣原の自宅を訪ねてきた。幣原が清沢を二階に通すと、そこには二十畳以上もの立派な書斎があった。幣原の書斎は、近刊書を含む大量の書籍で埋め尽くされていた。清沢の用件は、日本外交史研究所の設立に際して講演を依頼することであった。これを幣原は快諾し、顧問への就任についても約束した。

日本外交史研究所の発会式は、同年十二月五日であった。出席者は幣原のほか、伊藤正徳、石橋湛山、田村幸策、植原悦二郎《うえはらえつじろう》、松本烝治《まつもとじょうじ》、芦田均、馬場恒吾、信夫淳平などである。清沢と芦田の挨拶に続いて、指名されたのは幣原であった。ここで幣原は、日露戦争やワシントン会議の秘話を披露した。その後も幣原は、同研究所の例会に出席して、回顧談を深めた。清沢は幣原について、「非常にエーブルな外交官であることは事実だ」と日記に書き入れている。

さらに清沢は、その談話を筆記して幣原に届けた。松井慶四郎や石井菊次郎、牧野伸顕などをも訪れていた清沢だが、記憶力については「幣原が抜群である」と思えた。

一九四五年一月十八日にも幣原は、清沢主催の研究会で講演している。だが幣原は、清沢の速記録に不満であった。細部に至るまで、ゆるがせにしたくない。そこで幣原は、自ら原稿を書き上げて清沢に手渡した。清沢によると、幣原は「外交官及び法律家として文字について神経質的（ママ）なほど正確なので、僕の原稿などは、原文が無くなるほど手を入れるのである」という[35]。

そのほかに幣原は、デニソンについての逸話を『外交時報』誌上に公表してもいた[36]。

早期和平論の行方

そのころ戦況は、刻々と悪化していた。和平工作に奔走した元外交官として、よく知られているのは吉田茂であろう。吉田は若槻礼次郎とともに、真崎甚三郎《まざきじんざぶろう》との提携下における小林躋造《こばやしせいぞう》内閣の成立を画策し、外相候補の幣原に「講和外交を托する」ことを模索した(37)。

吉田ほどではないにせよ、幣原も近衛や木戸、高松宮宣仁親王、東久邇宮稔彦《ひがしくにのみやなるひこ》などを説得していた。戦局の有利なうちに、寛大な条件で英米と和平を進めるというものである。幣原はこのような早期和平論を、少なくとも一九四三年八月ごろまでは堅持していた(38)。

しかしながら、戦争の半ばで和平が成り立つはずもない。一九四四年六月にマリアナ沖海戦で敗れ、翌月にはサイパン島が陥落すると、もはや日本の敗戦は動かし難くなっていた。このころの幣原は、衆議院議員の鶴見祐輔《つるみゆうすけ》などを通じて時局の情報を得ていた。加えて幣原は、外交時報社の主催する外交研究会の例会に毎月のように出席して、外務省や軍部の説明に耳を傾けた(39)。

一九四四年七月には、小磯国昭内閣が成立した。他方で連合国は、同年十月にダンバートン・オークス提案を発している。国際機構の創設に関する案であった。

このため、外務次官の澤田廉三は十二月に幣原を次官官邸に招請した。そこには、外務省嘱託の高柳賢三《たかやなぎけんぞう》東大教授も同席した。議題は、ダンバートン・オークス提案への対応であった。ここで幣原がどのような発言をしたのか、正確にはわからない(40)。ただ、幣原は国際連盟のみならず、後の国際連合にも懐疑的であった。まして戦時下であれば、ダンバートン・オークス提案に否定的であっただろう。

このころに幣原は、清沢に対して「和平工作などは一切無駄であり、有害である」と語るようになっていた。和平については、「先方をして云ひ出さしむべき情勢をつくるべきである」という。日本の旗色が悪くなるなかで、幣原は徹底抗戦論に転換していたようである。清沢には、まるで幣原の真意がつかめない。そのような好機が到来するとは、とても思えなかったのである(41)。

元衆議院議員の植原悦二郎による終戦工作にも、幣原は冷淡であった。植原は、幣原や若槻礼次郎、岡田啓介らと会っており、すでに岡田は小磯内閣を見限っていた。しかし植原によると、幣原は「飽くまで抵抗すべしとのみ考えていて、内政的なことを考えていない」という。そこで植原は清沢に、幣原への説得を依頼した(42)。

終戦工作の一つに南原繁《なんばらしげる》や高木八尺《たかぎやさか》、田中耕太郎など東大法学部七教授によるものがあった。そこには、グルー国務次官らの穏健な和平方針が伝わっていた。南原や高木は、「国体擁護ヲ強調シテ戦局ヲ考ヘテ善処スベシ」と主張したが、これにも幣原は乗ってこない。幣原は南原らに焦土作戦を説き、国民最後の一人まで戦うべきだと述べた。南原らはこれを非常に意外とし、深く失望した。

こうした幣原の対応は、同じく南原や高木と会談した宇垣一成と比べても、和平への熱意を欠いたものと映ったに違いない(43)。

一九四五年三月の東京大空襲では、幣原にとっては仲人の石井菊次郎を行方不明で失った。千駄ヶ谷の幣原邸も、戦火に見舞われた。デニソン遺贈の蔵書について、幣原は「昭和二十年の春千駄谷《(ママ)》私宅で爆撃にあい、もはや一書も残さない。私は既往を追想して感慨実に無量である」と述べている(44)。

四月には、鈴木貫太郎内閣が誕生した。五月二十六日の爆撃では外務省までもが焼失してしまい、外務省は文部省の四階に移転を余儀なくされた[45]。

七月には鈴木首相や東郷茂徳外相らによって、ソ連を介した和平工作が模索されるようになっていた。ソ連への特使には、近衛文麿が浮上した。昭和天皇の御親書を近衛が携えて訪ソするという筋書きである。これにも幣原は、まったく懐疑的であった。御親書で事態を打開できるはずもなく、かえって累《るい》を皇室に及ぼすと思われたのである。当然のように、ソ連の反応は冷ややかであり、近衛の特使という案は立ち消えとなった[46]。

近年に公開された外務省記録は、幣原の予感が的中したことを示している。記録によれば、七月中旬にモスクワと東京において、「日本皇帝の御意思として事実上日本の終戦希望に等しい申出がなされた」。近衛が携行するはずだった御親書の大意はソ連に伝わった。そこでスターリン（Iosif V. Stalin）首相は、ポツダム会談で天皇のメッセージを米英に通達したのである。

しかも、アメリカのトルーマン（Harry S Truman）大統領やバーンズ（James F. Byrnes）国務長官は、傍受によって日本側の対ソ和平工作を熟知していた[47]。

八月上旬には原爆が広島と長崎に投下され、ソ連も日本に参戦して満州や樺太などに進撃し始めた。やむなく日本は、昭和天皇の「聖断」を経てポツダム宣言の受諾に至る。

本章では、若槻内閣の崩壊から敗戦までをたどってきた。在野の幣原は、すでに忘れられた存在となっていた。外交に直接関与したのは、日ソ漁業協定ぐらいであっただろう。とはいえ、頭は冴《さ》えていた。そのことは各種の座談会もさることながら、外務省調査部による史料編纂への協力に顕著である。清沢洌との関係でも、幣原は外交史の記述に厳密すぎるほどであった。第二次世界大戦の情勢判断にも見識を示した。

しかし幣原は和平工作について、吉田茂のような断固とした行動には出なかった。太平洋戦争の開戦後には早期和平論を唱えるものの、客観的な環境がそれを許さなかった。

それにしても不可解なのは、太平洋戦争の末期における幣原の徹底抗戦論である。明らかに見通しを欠いていた。成立するはずのない開戦直後の早期和平論と考え合わせるならば、ちぐはぐな感が否めない。

これについては、二通りの理解がありうるだろう。第一の解釈は、幣原が危機への対処を不得手としていたというものである。危機への対処という意味では、かつて外相として満州事変に苦慮したころの対応ぶりが想起されよう。第二の解釈は、幣原が日本の完敗を見越していたというものである。史料的な根拠には乏しいが、その可能性もなくはない。ことによると幣原は、完膚なきまでの敗戦を予見したうえで、日本の再起を期していたのであろうか。

注

（1）　以下の論考は、拙稿「日中戦争期の幣原喜重郎」（『中央大学政策文化総合研究所年報』第七号、二〇〇四年）三一一五頁を下敷きとする。

（２）ここから太平洋戦争までの幣原については、大別して二つの見方がある。
　第一の解釈は、日本の末路を憂慮して止まない平和主義者というものである。その典型例は、幣原平和財団編『幣原喜重郎』（幣原平和財団、一九五五年）四九二―五五一頁であろう。同書は親友の大平駒槌宛書簡を中心として、「幣原といふ人間の如何に高潔にして憂国慨世の国士的存在であつたか」を力説している。そこでは、日独伊三国軍事同盟への反対などが強調されている。

　第二の解釈は、侵略の弁明者というものである。代表例には、功刀俊洋「幣原喜重郎――『平和外交』の本音と建前」（吉田裕ほか『敗戦前後』青木書店、一九九五年）八五―一三一頁がある。それによると、満州事変での幣原は「関東軍の国際的弁護人」であり、太平洋戦争末期における敗戦必至の情勢でも、徹底抗戦を主張していたとされる。

　このように、当該期の幣原については、両極ともいうべき解釈がなされてきた。以下では、近年公開された諸史料を通じて、その実像に迫ってみたい。具体的には、伊藤隆・広瀬順晧編『牧野伸顕日記』（中央公論社、一九九〇年）、財団法人吉田茂記念事業財団編『吉田茂書翰』（中央公論社、一九九四年）、高松宮宣仁親王『高松宮日記』第四、五、六、七巻（中央公論社、一九九六―一九九七年）、伊沢多喜男文書研究会編『伊沢多喜男関係文書』（芙蓉書房出版、二〇〇〇年）などである。幣原の姿勢は、吉田茂との対比で浮き彫りとなるであろう。
（３）井上準之助論叢編纂会編『井上準之助伝』（井上準之助論叢編纂会、一九三五年）八六八―八七〇頁、幣原喜重郎『外交五十年』（中公文庫、一九八七年）一九三頁。なお、佐々木隆「解説」（同上）三三一―三三七頁も参照した。
（４）斎藤宛幣原書簡、一九三二年五月二十七日（「斎藤実関係文書」書簡の部、リール三十四、国立国会図書館憲政資料室所蔵）。
（５）伊沢宛幣原書簡、一九三二年六月一日（伊沢多喜男文書研究会編『伊沢多喜男関係文書』）二六六頁、斎藤宛幣原書簡、一九三四年五月十四日（「斎藤実関係文書」書簡の部、リール三十四）。
　当該期の伊沢については、黒川徳男「中間内閣期の伊沢多喜男」（大西比呂志編『伊沢多喜男と近代日本』

芙蓉書房出版、二〇〇三年）一四一―一六五頁がある。

（6）『朝日新聞』一九五一年三月十一日。

（7）伊藤隆ほか編『牧野伸顕日記』五四四、五四六頁、原田熊雄『西園寺公と政局』第三巻（岩波書店、一九五一年）二〇―二五頁。

柴田紳一『昭和期の皇室と政治外交』（原書房、一九九五年）一九七頁、茶谷誠一「国際連盟脱退の政治過程——輔弼体制再編の視角から」（『日本史研究』第四五七号、二〇〇〇年）一〇頁も参照。

（8）伊藤隆ほか編『牧野伸顕日記』四九五、五八八、六一一頁。

（9）岸倉松「故外務省法律顧問デニソン氏二十年忌追憶会記」一九三三年九月（「外務省外国人雇入一件（附契約書）別冊『デニソン』氏関係」3. 9. 3. 7-1. 外務省外交史料館所蔵）。また、「デニソン追憶会デノ牧野伸顕談話（一綴り）」が「牧野伸顕関係文書」（書類の部、リール十九、国立国会図書館憲政資料室所蔵）にある。幣原喜重郎『外交五十年』二四六―二四八頁、竹内春久「デニソン像と明治の面影」（『外交フォーラム』第一七一号、二〇〇二年）七六―八一頁も参照。

（10）刀禰館正雄編『日本外交秘録』（朝日新聞社、一九三四年）一八―二〇、七〇、七四―七五、九四―九五、一二二―一二三頁、伊藤隆ほか編『牧野伸顕日記』五六四頁。

（11）永井松三談「幣原男爵の想出」一九五二年六月十六日（「幣原平和文庫」リール十三、国立国会図書館憲政資料室所蔵）。

（12）伊藤隆ほか編『牧野伸顕日記』五五九、五七一頁。

（13）木戸日記研究会校訂『木戸幸一日記』上（東京大学出版会、一九六六年）三二八頁。

（14）幣原喜重郎『外交五十年』一九四―一九七頁、幣原平和財団編『幣原喜重郎』四九八頁。

（15）幣原喜重郎「昭和十一年十二月日ソ漁業暫行協定成立に関する経緯の一局面」一九三九年四月（広瀬順皓編『近代外交回顧録』第四巻、ゆまに書房、二〇〇〇年）一五四―一六〇頁、外務省編『外務省公表集』第十五輯（外務省、一九三七年）一三六―一四一頁、外務省欧亜局第一課編『日「ソ」交渉史』（巌南堂書店、一九四二年）四四八頁、重光葵「運命の張鼓峰事件前後——モスクワへの旅」（『日本週報』第一九三号、一九五一年）三〇—三六頁。

（16）久保田貫一郎編「石井子爵日記」（『国際問題』第七十一号、一九六六年）八三頁、『東京朝日新聞』一九三三年四月十一日夕刊。

（17）Grew diary, October 24, November 1, 1932, Joseph Clark Grew Papers, LETTERS, vol. 58, Houghton Library, Harvard University; Grew diary, February 14, 1933, Grew Papers, LETTERS, vol. 65; Grew diary, February 23, 1934, Grew Papers, LETTERS, vol. 71; Grew to Shidehara, May 15, 1935, Grew Papers, LETTERS, vol. 77; Grew diary, March 19–31, 1937, Grew Papers, LETTERS, vol. 85; Grew diary, December of 1937, Grew Papers, LETTERS, vol. 94; Grew to Cordell Hull, December 27, 1934, Department of State, ed., *Foreign Relations of the United States: Diplomatic Papers, 1935*, vol. 3 (Washington, D. C.: Government Printing Office, 1953), pp. 821–829; Joseph C. Grew, *Ten Years in Japan: A Contemporary Record Drawn from the Diaries and Private and Official Papers of Joseph C. Grew* (1944; reprint, New York: Arno Press, 1972), pp. 68, 122, 206, 305, 471; Waldo H. Heinrichs, Jr., *American Ambassador: Joseph C. Grew and the Development of the United States Diplomatic Tradition* (Oxford: Oxford University Press, 1986), pp. 180–181, 184, 199, 205–206, 237, 367; J. W. Dower, *Empire and Aftermath: Yoshida Shigeru and the Japanese Experience, 1878–1954* (Cambridge: Harvard University Press, 1988), pp. 108–109.

幣原に対するグルーの期待は、当時の日本においては一般的とはいえない。馬場恒吾「幣原外交は何処へ行く」（『文藝春秋』一九三三年六月号）二〇六—二一〇頁は、幣原外交が復活しても事態に大きな変化はないとみている。

広田新外相に対するグルーの期待については、Maxwell McGaughey Hamilton diary, September 29, 1933, Maxwell McGaughey Hamilton Papers, Box 1, Hoover Institution, Stanford University, も参照。

グルーについては、五百旗頭真『米国の日本占領政策——戦後日本の設計図』上・下（中央公論社、一九八五年）、中村政則『象徴天皇制への道——米国大使グルーとその周辺』（岩波新書、一九八九年）もある。

（18）Robert Craigie, *Behind the Japanese Mask* (London: Hutchinson & Co. Ltd., 1945), p. 36; Forbes to Shide-

hara, January 3, 1935, Journal of W. Cameron Forbes, William Cameron Forbes Papers, second series, vol. 5, Houghton Library, Harvard University.
細谷千博『日本外交の座標』（中央公論社、一九七九年）一四五頁も参照。

(19) 社団法人日米協会から幣原、一九三六年十月二十日（「日米協会史料」A2-04, 社団法人日米協会所蔵）。

(20) 寺崎英成＝マリコ・テラサキ・ミラー編『昭和天皇独白録　寺崎英成・御用掛日記』（文藝春秋、一九九一年）三七―三八頁。松浦正孝「日中戦争はなぜ南下したのか㈠」（『北大法学論集』第五十七巻第一号、二〇〇六年）三一頁も参照。

(21) 木戸日記研究会校訂『木戸幸一日記』下、六五七頁、伊藤隆・劉傑編『石射猪太郎日記』（中央公論社、一九九三年）二四八、二七二、五二一、五二二頁。
宇垣工作については、戸部良一『ピース・フィーラー――支那事変和平工作の群像』（論創社、一九九一年）二〇一―二七七頁、同「日中戦争和平工作研究の動向と現状」（『外交史料館報』第十五号、二〇〇一年）一―二六頁、劉傑『日中戦争下の外交』（吉川弘文館、一九九五年）一八一―二四五頁がある。そのほか、幣原喜重郎『外交五十年』一六五―一七〇頁、幣原平和財団編『幣原喜重郎』五〇五―五一一頁も参照。

(22) 幣原喜重郎『外交五十年』一九一―一九二頁。もっとも宇垣の日記には、これに符合する記述がない。宇垣一成文書研究会編『宇垣一成関係文書』（芙蓉書房出版、一九九五年）二二五―二二六頁の幣原書簡も、これとは無関係である。

(23) 外務省調査部第一課「外交史料編纂事業ニ就テ」一九三九年四月（広瀬順晧編『近代外交回顧録』第一巻）四六―五六頁。調査部については、高橋勝浩「外務省革新派の思想と行動――栗原正を中心に」（『書陵部紀要』第五十五号、二〇〇四年）四二―四六頁が参考になる。

(24) 幣原談話要領（駒込自宅）、一九三三年十月二十四日（「諸修史関係雑件　外交資料蒐集関係」第一巻、N. 2. 1. 0. 4-1, 外務省外交史料館所蔵）。

(25) 幣原喜重郎「ワシントン会議の裏面観その他」一九三九年二月（広瀬順晧編『近代外交回顧録』第四巻）一一六頁。

(26) 同上、一五四―一六〇、八三―九四頁。「昭和十一年十二月日ソ漁業暫行協定成立に関する経緯の一局面」については、石射猪太郎駐オランダ公使がこれを参照している(伊藤隆ほか編『石射猪太郎日記』三一七頁)。

(27) 牧野宛幣原書簡、一九四〇年七月二十八日(「牧野伸顕関係文書」書簡の部、第二十八冊)。

(28) A. L. Kennedy, with an introduction by Sir Valentine Chirol, *Old Diplomacy and New, 1876-1922, from Salisbury to Lloyd-George* (London: John Murray, 1922), p. 253; Shidehara Kijuro,"Outlook of the European War," June 14, 1940(「牧野伸顕関係文書」書簡の部、第二十八冊)。

(29) 幣原喜重郎『外交五十年』二〇二―二〇六頁、渡辺銕蔵『自滅の戦い』(中公文庫、一九八八年)三二二―三二九頁。伊藤隆『続 昭和期の政治』(山川出版社、一九九三年)二一一頁も参照。

(30) 幣原喜重郎「中島弥団次氏の日本戦争回避並に早期停戦媾和促進運動に関する証言」一九四九年五月八日(「幣原平和文庫」リール七)、幣原喜重郎『外交五十年』二〇七―二〇九頁。

(31) 伊藤述史「日本の新外交と幣原さん」年月日不明(「幣原平和文庫」リール十三)。

(32) 東郷茂徳『時代の一面――大戦外交の手記』(中公文庫、一九八九年)三一七―三一八頁、牧野宛吉田書簡、一九四一年十一月十四日、十二月一日(財団法人吉田茂記念事業財団編『吉田茂書翰』六六三―六六四、六六四―六六五頁。粟屋憲太郎・安達宏昭・小林元裕編/岡田良之助訳『東京裁判資料 田中隆吉尋問調書』(大月書店、一九九四年)一五六頁も参照。

(33) 清沢洌『暗黒日記――昭和十七年十二月九日―二十年五月五日』(評論社、一九七九年)四三頁、原田宛幣原書簡、一九四三年八月二十三日(「原田熊雄関係文書」書簡の部、四十五、国立国会図書館憲政資料室所蔵)、原田熊雄編『陶庵公清話』(岩波書店、一九四三年)、北岡伸一『政党政治の再生――戦後政治の形成と崩壊』(中央公論社、一九九四年)一八八―一九二頁。

(34) 清沢洌『暗黒日記』五一頁。谷や青木の時局認識については、『官報』号外、一九四三年一月二十九日、一月三十日、二月四日、三月三日、『帝国議会貴族院委員会速記録 昭和篇』第一〇三巻(東京大学出版会、一九九八年)七一―七二、二六五―二六六、二七五―二八六頁を参照。

(35) 清沢洌『暗黒日記』四七八、四九〇、四九九―五〇〇、五〇二、五〇四、五二四、五四一頁、清沢洌「幣原男回顧談に対する所感」一九四五年二月十一日(「幣原平和文庫」リール十三)、北岡伸一『増補版 清沢洌』(中公新書、二〇〇四年)一八九頁。口述筆記としては、幣原喜重郎口述/清沢洌筆記「ワシントン会議の話」年月日不明(「幣原平和文庫」リール十八)などが残されている。

(36) 幣原喜重郎「外人にも此の人あり」(『外交時報』第九四八号、一九四四年)二四―二八頁。

(37) 若槻宛吉田書簡、一九四四年三月二十一日(財団法人吉田茂記念事業財団編『吉田茂書翰』)六六七―六六九頁。伊藤隆・野村実編『海軍大将 小林躋造覚書』(山川出版社、一九八一年)二一九―二二一頁、伊藤隆『昭和期の政治』(山川出版社、一九八三年)二二九―二二六頁も参照。

(38) 「東久邇宮日誌」一九四三年八月四日、八月十七日、九月二日(中央/戦争指導重要国策文書/一一九八、防衛庁防衛研究所図書館所蔵)、細川護貞『細川日記』上(中公文庫、一九七九年)一五三、二〇三頁、江藤淳監修/栗原健・波多野澄雄編『終戦工作の記録』上(講談社文庫、一九八六年)五六―六三頁、牧野伸顕宛吉田茂書簡、一九四二年三月、同年四月三日、一九四三年八月十一日、一九四四年三月二十一日(財団法人吉田茂記念事業財団編『吉田茂書翰』)六六五―六六九頁、高松宮宣仁親王『高松宮日記』第四巻、二六九頁、第六巻、五四四、五五八、五五九頁、第七巻、三七四頁。
なお、東久邇稔彦『東久邇日記 日本激動期の秘録』(徳間書店、一九六八年)一二一―一二三頁は、「東久邇宮日誌」を正確に翻刻したものではない。

(39) 鶴見祐輔宛幣原書簡、一九四四年七月二十九日(「鶴見祐輔関係文書」書簡の部、三二五、国立国会図書館憲政資料室所蔵)、「外交研究会」(『外交時報』第九五三号、一九四五年)四〇頁ほか。

(40) 澤田廉三『凱旋門広場』(角川書店、一九五〇年)、同『随感 随筆』(牧野出版、一九九〇年)などによっても不詳である。

(41) 清沢洌「幣原男と大東亜戦争和平観」一九四五年二月十一日(「幣原平和文庫」リール十八)、清沢洌『暗黒日記』四九二頁。波多野澄雄『太平洋戦争とアジア外交』(東京大学出版会、一九九六年)二〇〇―二〇五頁、西村成雄「日本外務省資料にみるダンバートン・オークス提案(一九四四年十月)への『修正意見』」

（同編『中国外交と国連の成立』法律文化社、二〇〇四年）一四七―一五七頁も参照。

(42) 清沢冽『暗黒日記』五六三―五六四頁。渡辺銕蔵『天皇のある国の憲法』（自由アジア社、一九六四年）一六六頁にも終戦工作に冷淡な幣原が描かれている。

(43) 伊藤隆編『高木惣吉 日記と情報』下（みすず書房、二〇〇〇年）八八六頁、篠原一・三谷太一郎編『岡義武 ロンドン日記 一九三六―一九三七』（岩波書店、一九九七年）三一〇―三一一、三五五―三五六頁、角田順校訂『宇垣一成日記』第三巻（みすず書房、一九七一年）一六三八頁。

南原らの工作については、伊藤隆『昭和十年代史断章』（東京大学出版会、一九八一年）二八三―二八八頁、丸山真男・福田歓一編『聞き書 南原繁回顧録』（東京大学出版会、一九八九年）二六八―二七七頁を参照。

なお、南原宛幣原書簡、一九四四年十二月十七日（福田歓一編『南原繁書簡集』岩波書店、一九八七年）六四九頁によると、幣原は小野塚喜平次の葬儀で南原の弔辞を聴いている。

(44) 幣原喜重郎『外交五十年』二四八頁。

(45)「外務省消息」（『霞関会会報』第十二号、一九四五年）一頁。

(46) 木戸日記研究会校訂『木戸幸一日記』下、一二二六―一二二七頁、幣原喜重郎『外交五十年』二一一―二一二頁、外務省編『終戦史録』（終戦史録刊行会、一九八六年）四二四―四六四頁、伊藤隆編『高木惣吉 日記と情報』下、九〇九―九二二頁、佐藤元英・黒沢文貴編『ＧＨＱ歴史課陳述録――終戦史資料』上（原書房、二〇〇二年）三〇二―三〇七、三三〇―三三二頁。

(47) 外務省調査局第三課「ソ連の対日政策資料」一九四八年三月（「日ソ外交関係雑件 ソ連関係執務報告」A'. 1. 3. 3. 2-1, CD-R A'-428, 外務省外交史料館所蔵）、五百旗頭真『米国の日本占領政策』下、二二七―二三〇頁。

第三部　再起――戦後

幣原内閣成立直後の閣僚記念撮影（1945 年 10 月 9 日）〔写真提供：毎日新聞社〕。

第6章　占領初期の首相

一　幣原内閣の成立

敗戦

一九四五（昭和二十）年八月十五日正午、昭和天皇の肉声が初めてラジオで放送された[1]。国民が敗戦を知らされたという玉音放送であった。この玉音放送をもって終戦とすることは、いまでは当然視されている。だが、留意すべきこともある。

第一に、玉音放送はきわめて難解であった。何が語られているのか、一般には、わかりにくかったに違いない。多くの国民が敗戦を知ったのは、むしろ新聞報道やラジオの解説であっただろう。

第二に、八月十五日は玉音放送の日にすぎない。終戦の詔書が渙発《かんぱつ》されたのは、前日の十四日である。玉音放送とは、昭和天皇が十四日夜にレコード盤に録音した終戦の詔書を放送したものであった。

玉音放送に先立つのが、昭和天皇の「聖断」である。その「聖断」は二度にわたって下された。一回目の「聖断」は八月十日であった。これによって、ポツダム宣言の受諾が鈴木貫太郎内閣から連合国に通達された。ただし、国家統治の大権を変更しないという了解のもとにである。これにはアメリカ国務長官のバーンズが、微妙な表現で回答文を寄せた。

するとハ月十四日には、二回目の「聖断」が下された。ポツダム宣言の受諾を確認するものであった。このため同日中に、終戦の詔書が発布された。停戦の下命は、八月十六日であった。その翌日には鈴木内閣に代わって、東久邇宮内閣が成立する。

九月二日には米戦艦ミズーリ号の艦上において、重光葵外相と梅津美治郎《うめづよしじろう》参謀総長が降伏文書に調印した。その文書に「降伏」という文字の使用が決定されると、東久邇宮内閣の閣僚は「悲痛きわまる表情であった」という(2)。

東久邇宮内閣の外相は重光葵であり、次いで吉田茂が外相に就任した。ところが東久邇宮内閣は、早くも十月上旬に総辞職した。もともと東久邇宮内閣は、降伏に反対する軍部の抵抗を抑えるための皇族内閣であり、連合国最高司令官総司令部（ＧＨＱ）の民主化要求が予想以上であったからである。

その後に誕生したのが、幣原内閣にほかならない。幣原内閣の外相には、吉田茂が留任した。

幣原や吉田のような指導者層には、次の四点が急務であった。第一に、敗戦をいかに受け止めるかである。戦争責任の問題といってもよい。第二に、昭和天皇の処遇である。「聖断」で平和をもたらしたとされる天皇だが、「聖断」を下しえたことは、同時に天皇の開戦責任にもつながりかねない。第三は、憲法の改正であった。そして第四には、政党政治の再建である。

これらのすべてに、幣原は深くかかわった。戦前に外相として一時代を築いた幣原は、とうに忘れられた存在となっていた。しかし、日本占領という空前の事態が、幣原を政界へと押し戻した。総辞職した東久邇宮内閣の後を受けて、幣原は占領初期の首相となったのである。その幣原は、いかに敗戦を受け入れ、戦後体制の構築にどのような役割を果たしたのであろうか。

本章は、これらのことを跡づける。以下では、幣原内閣の成立をはじめとして、大東亜戦争調査会、昭和天皇との関係、新憲法の制定、そして政党への関与をみていきたい(3)。

組閣

一九四五年八月十五日、幣原は朝から親睦会の日本倶楽部に出向いていた。ここで幣原は玉音放送を耳にすると、「皇軍の無条件降伏は実に痛恨極まりなく、電波放送に由る詔勅の玉音を粛聴《しゅくちょう》して思はず落涙」した。あまりの出来事に、幣原は足早に炎天下を帰宅した。そして謹慎する。

幣原は親友で元満鉄副総裁の大平駒槌《おおだいらこまつち》に宛てて筆を執り、「国民は挙国結束を固く」することで「何日かは戦前以上に国威を発揚するに至ることと相信じ候」と記した(4)。

もっとも、幣原にとっての敗戦は、必ずしも失意の底を意味しなかった。それどころか再起への契機となる。というのも、占領期の首相に戦犯の容疑があってはならない。かつて世界的な名声をはせた幣原は、首相候補に急浮上していた。仮に太平洋戦争がなければ、国民に不人気な外政家としてそのまま忘れ去られていたであろう。しかし現実は、その逆であった。

終戦の直後に、幣原は「終戦善後策」を書き留めていた。それによると、日本に対する連合諸国の信頼感を深め、敗戦を銘記しながら復興に勇往しつつ国際情勢に有利な新局面を展開して、政府は敗因を調査し公表すべきだという。敗因として幣原は、国務と統帥権の混淆《こんこう》、自然科学研究の不備、空襲による軍需生産の停頓、原爆の破壊力という四点を挙げた。この「終戦善後策」を幣原は、一九四五年十月に東久邇宮内閣の吉田外相に手渡した(5)。

それにしても、なぜ幣原は「終戦善後策」を用意していたのか。幣原は太平洋戦争の末期から、元内務官僚の次《つぎ》田《た》大三郎《だいざぶろう》や長岡隆一郎によって首相への出馬を要請されていた。幣原が「終戦善後策」を執筆したのも、これと無関係ではない(6)。多少なりとも幣原は、後継首班となることを想定していたのであろう。

このころ木戸幸一内大臣は、東久邇宮の後継首班を吉田外相に打診していた。しかし吉田は、幣原を首相の適任者と考えた。そこで木戸は、東久邇宮や近衛文麿、平沼騏一郎枢密院議長と協議した。こうして幣原が第一候補となり、吉田は第二候補とされた。選定の基準は、「米国側に反感のなき者、戦争責任者たる疑なき者、外交に通暁《つうぎょう》せる者」である。

吉田は、連合国最高司令官（SCAP）のマッカーサー（Douglas MacArthur）から内諾を取り付けると、幣原に首相への就任を懇願した。だが幣原は、容易に受諾しない(7)。

それでも幣原は十月六日、昭和天皇に拝謁する。天皇が首相への就任について水を向けると、幣原は、「自信ガアリマセヌ」と一旦は辞退した。幣原は七十三歳という高齢になっていたし、在野の期間も十数年に及んでおり、そもそも外交官時代から内政とは距離を置いていたためである。

すると、「(天皇からは――引用者注)いかにもご心痛のご様子が拝察された。事ここに至ってはこのうえご心配をかけては相済まない。自分で出来ることなら、生命を投げ出してもやらねばならぬと、堅く心に誓うに至った。それで、『幣原にはこの大役が勤まるという自信はございませんけれども、全力を尽くして御意を奉じましょう』と申上げて、御前を下がった」と幣原はいう。

幣原に確たる自信はなかったにせよ、破滅的な敗戦から二カ月も経たないこの時期に、確信をもって政権運営に臨める者などいるはずもない。そのことを天皇も察していた。あの豪胆な吉田ですら、未曾有《みぞう》の難局を前に首相となることをためらっているではないか。幣原は意を決し、最終的には「全力ヲ挙ゲテ努力致シマス」と奉答した。

木戸が天皇と連携していたため、幣原は断り切れなかったのである。木戸によると、「ほかに持ち駒はないんだし、……陛下からしっかりと説得したほうがいい」という判断であった。閣僚の人事は、幣原と吉田、そして次田を中心に進められた。吉田は外相に留任し、次田が書記官長となった。(8)

十月九日、いよいよ幣原内閣が誕生した。もっとも、幣原を囲んだ新聞記者のなかには、「まだ幣原さんは生きてゐたのかね」と口を滑らす者すらあった。(9) いまに至るまで、大阪出身の首相は幣原と鈴木貫太郎だけである。

幣原の経歴からすれば、閣僚が旧民政党系で占められても不自然ではない。確かに次田をはじめ、農相の松村謙三、運輸相の田中武雄、商工相の小笠原三九郎は旧民政党系である。しかし、厚相の芦田均は旧政友会系であった。外相に留任した吉田茂も、かつて政友会の田中義一内閣で外務次官となっていた。幣原からすると、吉田は外務省の傍系でもある。それでも幣原は、在野時代に吉田との関係を深めていた。

内相の堀切善次郎《ほりきりぜんじろう》は、元内務官僚であったものの政党色は薄い。その堀切は、幣原の了承を得ながら婦人参政権を含む選挙法の改正を進めた。法制局長官の楢橋渡《ならはしわたる》は、フランスに留学経験のある異色の国際弁護士であった。国務相の松本烝治は商法学者だが、斎藤実内閣で商工大臣を務めていた。蔵相の渋沢敬三は、日銀総裁からの起用である。岩田宙造《いわたちゅうぞう》法相と前田多門《まえだたもん》文相は、東久邇宮内閣から留任した。(10)

吉田が牧野に宛てて「組閣ハ大体順当」と記したように、閣僚の人事は実力本位といってよい。元内務官僚の伊沢多喜男も、隠然たる影響力を組閣に行使した。幣原は伊沢と大阪の第三高等中学校以来の同期生であった。(11)ただし、次田や松村、田中、堀切、前田は、やがて公職追放となって閣僚を辞する。下村定《しもむらさだむ》陸相と米内光政海相の留任は、天皇の意向によるものであった。

マッカーサーとの対面――「日本的デモクラシー」

幣原が首相に就任すると、直ちにＧＨＱは幣原の調書を作成した。調書の冒頭には、元駐日大使グルーの日記『滞日十年』が引用され、さらに元外務省顧問モアーの著書『日本の指導者たち』も参照されていた。ＧＨＱの調書によると、幣原は「慎重かつ正直」な伝統的外交官と評された。

調書には日本共産党の指導者、徳田球一への尋問も出てくる。徳田によると、「幣原は弱い性格ゆえに、財閥や軍閥の強い要求に妥協しがち」だという。(12)

裏を返せば、占領軍にさしたる知識はなかったのであろう。マッカーサーですら、幣原が首相に内定したと耳にして、「馬鹿に年寄りだなあ……英語は話せるのか」と吉田外相に問うたほどであった。これには幣原を担ぎ出した吉田も、「幣原氏は英語の大家を以て自他ともにこれを認めているのに、元帥にしてみると『英語がわかるか』である」と嘆いた。

ワシントンでは、アメリカ大統領のトルーマンが幣原への印象を描けずにいた。そのトルーマンに幣原の像をもたらしたのが、元駐日大使のフォーブスである。フォーブスは幣原を「親友」とみなし、「最大限に評価している」とトルーマンに伝えた。「これを聞いたトルーマンは、非常にうれしそうであった」[13]。かつて満州事変で引き裂かれた幣原とフォーブスの間柄であったが、幣原のことをフォーブスは心に留めていたのである。

幣原の緊要なる課題は、マッカーサーとの関係構築であった。組閣直後の十月十一日に、幣原がマッカーサーを訪れると、口火を切ったのはマッカーサーである。ここでマッカーサーは、五大改革の実施を求めた。すなわち、婦人参政権、労働組合の奨励、自由主義的教育、秘密審問の廃止、経済制度の民主化であった。

こうした民主化の要求に、幣原は臆さず答えた。幣原によると、すでに婦人参政権などには内閣として着手しており、そもそも日本には戦前来の「民主主義的潮流」があるため、再び前進していくことに困難はないという。アメリカ流の民主主義ではなく、自国の環境に適合した「日本的『デモクラシー』」を形成すべきだと幣原は語った。これにはマッカーサーも、「至極尤《もっと》モ」と首肯《しゅこう》した。

したがって幣原は、くみしやすしとの感触をマッカーサーに得たであろう。幣原からするなら、この程度の要求は織り込みずみである。だが、そこに落とし穴があった。端的にいえば、憲法をめぐる認識の甘さである。つまり、マッカーサーにとって新憲法の制定は改革の前提であった。一方の幣原は、抜本的な憲法改正を不可欠とみていなかった[14]。

十月十二日の閣議は先に述べた五大改革を議題としたものの、ここでも幣原は憲法改正を重視していない。[15]なにしろ占領初期のことであり、課題は山積していた。それでは幣原内閣の基本方針とは、いかなるものであろうか。

十一月二十八日の衆議院において、幣原は施政方針を演説した。そこで幣原は、選挙法の改正をはじめ、教育の刷新、言論の自由、国民生活の安定、農地改革、復員者の援護、戦災地の復興、陸海輸送力の増強、敗戦の原因究明などを説いた。[16]なかでも敗戦の原因究明は、戦争責任とも直結するし、ひいては天皇制とも抵触しかねない。それだけに、慎重かつ迅速な対応を要する。

二　大東亜戦争調査会

このころ外務省では、ひそかに平和条約問題研究幹事会が設置されていた。講和条約の締結に向けた予備的研究のためである。条約局長の杉原荒太《すぎはらあらた》が幹事長となり、各局の課長級を幹事とした。[17]

とはいえ、まだまだ講和の見通しは立たない。幣原内閣にとって当面の課題は、いかに敗戦を受け止め国内体制を整備していくかにあった。とりわけ難題は、戦争責任である。一九四五年十月三十日に幣原内閣は、敗戦の原因を調査するために部局の設置を決定し、十一月下旬には大東亜戦争調査会として官制公布した。[18]

調査会の事務局長官には、青木得三が就任した。青木に打診したのは次田書記官長であり、青木は旧民政党系の大蔵官僚であった。問題は、だれを総裁とするかであった。幣原は吉田を通じて、牧野伸顕に総裁就任を依頼した。しかし、牧野は総裁を固辞する。そこで幣原は、元首相の若槻礼次郎に総裁を打診したが、若槻にも断られた。

　大東亜戦争調査会は、一九四六年一月に戦争調査会と改称されたものの、それでも総裁が決まらない。そこで幣原は、やむなく自ら総裁に就任する。戦争調査会の第一回総会が開催されたのは、ようやく三月二十七日のことであった。

　その冒頭で幣原は、総裁として挨拶した。「本会ハ今次ノ戦争敗北ノ原因及ビ実相ヲ明カニ」するものであり、「戦争犯罪者ヲ調査シ其ノ責任ヲ追及スルト言フガ如キ使命ヲ持ツテ居ルモノデハアリマセヌ」と語ったのである。さらに幣原は、憲法草案第九条の意義をも強調した(19)。

　挨拶の原案を起草した青木によると、「幣原さんは完膚なきまで私の書いたものを直されました」という。戦争調査会の委員については、読売新聞社社長の馬場恒吾など二十名とした。加えて、各省の次官級十八名が臨時委員となった。戦争調査会は、政治外交を対象とする第一部会をはじめとして、軍事、財政経済、思想文化、科学技術の五部会で構成された。

　一九四六年四月四日には第二回の総会が実施され、幣原は議長を務めた。幣原によると、やはり「戦争責任ノ問題」を追及することは「此ノ会ノ本旨デハナイ」という。むしろ事実関係を調査し、その実相を伝えることで、「モウ斯《こ》ウ云《い》ツタ戦争ヲ夢見ル人ハナクナツテ来ル」と幣原は期待した。

　だがそこに、思ってもみない横やりが入った。ソ連が七月の対日理事会で、戦争調査会に元軍人が含まれていると批判したのである。対日理事会とは、東京に設けられた連合国最高司令官の諮問機関であり、前年十二月のモスクワ外相会議によって設置が決定されていた。これに幣原は反発したが、戦争調査会は一九四六年九月末に廃止となってしまう(20)。

このような経緯は、戦争責任の追求を矮小化《わいしょうか》したものと批判されがちである。(21) 確かに戦争責任の究明は、不十分であったのかもしれない。それでも幣原としては、並々ならぬ意志であった。その一端は、次の牧野宛書簡にみられる。

大東亜戦争調査会の事業ハ将来我国民をして過去の失計を再ひせしめさらむか為め至大の教訓を万世に垂るの目的に出て小生の最重要視する次第に有之就ては同会の総裁として特に尊台を煩《わずら》ハし其大体の方針に付てハ偏《ひとえ》に御指導に待つ(22)

つまり幣原は吉田を介して、総裁就任を固辞する牧野に再考を促していた。また、戦争調査会の廃止を幣原が傍観したわけでもない。幣原は、吉田内閣期の一九四六年五月三十日に芦田と会談し、調査会副総裁への就任を依頼している。これを芦田は六月七日に受諾した。幣原としては、四月二十二日の首相辞任後も熱意を示したといえよう。(23)

戦争調査会の解散が決定されると、幣原はこれを「民間の研究機関とする計画」に改め、臨時委員には「引続き協力」を要請した。幣原としては財団法人の設立によって事業を継続したかったのだが、それをGHQは認めなかった。そこで幣原は、個人として青木得三に依嘱した。(24)

すると青木は、ロンドン海軍軍縮会議から日米開戦への経緯を丹念に書き上げていった。もちろん、そこには戦争調査会の史料が用いられた。こうして青木は、『太平洋戦争前史』全六巻を脱稿した。この本をひもといてみると、そこには主観が排されている。いわば史料集に近い。幣原の意向に合致するものであろう。同書に序文を寄せたのは、幣原にほかならない。幣原は、「後世国民を反省せしめ、納得せしむるに十分であると信ずる」と序文にしたためた[25]。

もっとも、こうした活動はきわめて公的なものであって、幣原の本心はみえにくい。幣原個人としては、戦争責任をどのように考えていたのか。幣原の本音は、意想外の事件を契機に語られていた。一九四五年十二月十六日、近衛の自殺である。近衛の没後には伝記編纂の動きがあり、幣原は伝記編纂の発起人となることを要請された。しかし幣原は、頑《がん》として聞き入れない。「太平洋戦争を引き起した責任は何と云つても近衛公や木戸侯等にある」からであった[26]。

近衛が命を絶つ前のことになるが、幣原内閣の閣議決定によって、陸軍省と海軍省は一九四五年の十一月末に廃止されていた。その終戦業務を継承するものとして、十二月一日には第一復員省と第二復員省が設置された[27]。幣原は、第一、第二復員大臣を兼任している。

幣原によると、このころ生還者の多くは、変わり果てた故郷の土を踏みしめては「幻滅の悲しみを、味はされてをるやうであ」ったという。そこで幣原は、厚生省や司法省と生還者の救済を協議したばかりか、「帰還する者と内地の皆さんとの心からなる同胞愛」をラジオで呼びかけてもいた[28]。

三　昭和天皇

天皇制批判のなかで

幣原内閣が一九四五年の十月上旬に成立したころ、ＧＨＱは日本政府に政治犯の釈放を命じていた。

これによって、日本共産党の活動が公然と再開された。

共産党の徳田球一らは、とりわけ天皇制を非難した。共産党の天皇制批判に最も反発した閣僚は、法制局長官の楢橋である。楢橋は閣議において、共産党に対抗することを提起した。これには吉田が異議を唱えたものの、幣原は賛同した。このため楢橋は、個人として共産党を批判し、天皇制の存続を訴えた。媒体に用いられたのは、ＮＨＫラジオであった(29)。

天皇制を非難したのは、もちろん日本共産党だけではない。中国やアメリカには、昭和天皇を戦犯とみなす世論が根強かった。そこで、アメリカの国務・陸軍・海軍三省調整委員会がマッカーサーに意見を打診したところ、マッカーサーは、天皇を告発すれば占領に混乱をきたし「一〇〇万の軍隊が必要」だと答えている。つまりマッカーサーは、逆説的に天皇の有用性をワシントンに説いたのであった(30)。

こうしたなかで幣原は、組閣前から天皇制の存続に努めていた。幣原は、一九四五年の九月下旬に天皇と『ニューヨーク・タイムズ』記者らの会見を想定して、天皇側の回答案を英文で作成している。その回答案で幣原は、とりわけ東条内閣期に発せられた開戦の詔書について、作戦の詳細は「陸海軍の最高司令官にゆだねられていた」と書き付けた。つまり幣原は、天皇が東条に言及しないように配慮したのである(31)。

天皇はこれをふまえ、九月二十五日にアメリカの記者と会見する。天皇の記者会見は、およそ幣原の想定した通りに進んでいった。にもかかわらず、『ニューヨーク・タイムズ』は、天皇が東条に責任転嫁をしたかのように報道した。これについては従来、同紙による会見の要約が不正確であったものと解されてきた[32]。

だが天皇は、現実に『ニューヨーク・タイムズ』記者のクルックホーン（Frank Kluckhohn）と会見したときに、「宣戦の詔書が東条大将のように使われることを意図していなかった（His Majesty had no intention to have the war rescript used as General Tojo used it）」と文書で回答していたようである。木戸日記から推察するに、東条に開戦の詔書を発したのは「断腸の思」だったと、天皇が自ら記者に語った可能性もある。

とするなら天皇の発言は、幣原の回答案よりも踏み込んだことになる。この点を『ニューヨーク・タイムズ』は突いたのであろう。しかもその記事が、九月二十九日の『朝日新聞』一面にも掲載された。これをみた幣原は、「無遠慮の質問」に「痛心」せざるをえなかった[33]。

この間の九月二十七日には、第一回の天皇―マッカーサー会見が開催された。この会見については、近年の史料公開によって、ほぼ全容が明らかにされている。

会見録によると、天皇は「此ノ戦争ニ付テハ、自分トシテハ極力之ヲ避ケ度イ考デアリマシタガ戦争トナルノ結果ヲ見マシタコトハ自分ノ最モ遺憾トスル所デアリマス」とマッカーサーに語った。東条にこそ言及していないものの、天皇の「遺憾」表明は自らの責任論につながりかねない[34]。

この第一回会見がどのように幣原へ伝わったかは不詳である。だが、なにしろ幣原は、微に入り細をうがつ性格である。十一回に及ぶ天皇―マッカーサー会見のうち、少なくとも一部はかなり正確に幣原へ連絡されていた。その多くは外務省経由であろう。幣原は、天皇の「遺憾」発言を不用意とみなして深憂したに違いない[35]。

そのころ外務省条約局は、天皇の開戦責任を明治憲法の視点から検討していた。条約局によると、開戦責任は「補弼《（輔カ）》ノ責任アル政府ノ負フベキ所ニシテ天皇ノ負ハルベキ所ニ非ル」という。つまり、天皇に開戦責任はないとしたのである。

幣原内閣は一九四五年十一月五日、戦争責任について閣議決定した。最重視されたのは、天皇の免責にほかならない。すなわち、天皇は「対米交渉を平和裡に妥結」しようとしたが、「開戦の決定、作戦計画の遂行等に関しては憲法運用上確立せられ居る慣例に従はせられ」たという[36]。

このことは一見すると、日本側の典型的な釈明にみえる。しかし実際には、ＧＨＱの意向と無縁ではなかろう。というのも、天皇に好意的なマッカーサーは、アメリカ本国やソ連の厳しい態度に苦慮していた。そのことは、マッカーサー側近のフェラーズ（Bonner F. Fellers）准将から元陸軍中将の原口初太郎を経て、次田書記官長に伝わっていたのである[37]。

人間宣言

一九四六年の元旦には、昭和天皇の神格性を否定する詔書が渙発された。いわゆる人間宣言である。だが、その冒頭に挿入された五カ条の御誓文を除くと、人間宣言の発案者は天皇自身ではなかった。この人間宣言でも、幣原首相は役割を担っていた。ただし、人間宣言を主導したのは、ＧＨＱ民間情報教育局顧問ヘンダーソン（H. G. Henderson）中佐とみられる。このほかには、山梨勝之進の手引きを強調する見解もある。元海軍大将の山梨は、学習院院長となっていた[38]。

学習院所蔵の山梨勝之進文書のなかに、人間宣言の英文草案が含まれている。英文草案の欄外には

「Dyke, Henderson, Blyth, Yamanashi」と記されており、一九四五年十二月十五日から二十日に作成されたものであった。このうち「Dyke」と「Blyth」は、それぞれ民間情報教育局長のダイク（Ken R. Dyke）と学習院教師のブライス（R. H. Blyth）を指す。山梨文書のメモには、さらにこう記されている。

A（Blyth 作成）→宮内大臣→上→宮内大臣→次官、浅野→（吉田外相→首相→吉田外相）→次官→浅野→B氏→Henderson ＋ Dyke → M'Arth
Approval of M'Arth → B 氏 → 浅 野 → 宮 内 大 臣、 次 官 → 上 → 首 相 → Cabinet Council etc. → Proclamation

すなわち、英文草案はブライスから日本側にもたらされ、宮内大臣の石渡荘太郎《いしわたそうたろう》、宮内次官の大金益次郎、学習院事務官の浅野長光などを経て、幣原首相にも手交された。山梨文書のメモには、「draft ハ前モッテ Dyke-M'ck ニ見セテ意見交換済ノモノ」とも書かれている。「M'Arth」や「M'ck」とは、マッカーサーその人であった。総じていうなら、人間宣言の発案がＧＨＱ側であったにせよ、その内実は日米合作であった。日米の共同作業には、もちろん幣原が含まれる(39)。

凍《い》てつくような酷寒と飢えが廃墟と化した帝都をおおうなか、幣原は十二月二十五日に首相官邸で人間宣言の英文を整え続けていた。これについて幣原はＧＨＱの了解だけでなく、前田文相を介して天皇の裁可も得た。

ところが、侍従次長の木下道雄は幣原の案に批判的であり、天皇の神格性を否定する文案に抵抗した。しかし、幣原はその反対を押し切った。「Macに示したる文意を変ずるは、信義にもとる」というのである。このような激務によって幣原は、翌朝に急性肺炎で倒れ、ついに病床の身となった[40]。するとマッカーサーからは、ペニシリンが届けられた。

かくして、一九四六年元旦の朝刊に「朕《ちん》ハ爾《なんじ》等国民ト共ニ在リ」との詔書が発せられた。後に人間宣言と呼ばれるものにほかならない。その朝刊には、背広姿の天皇も同時に掲載された。

このとき幣原は、「聖旨を奉体して、民主主義、平和主義、合理主義に徹せる新国家を建設」するとの謹話《きんわ》を発した。もっとも、幣原のいう「民主主義」とは西洋的なものではない。日本の民主主義は、五カ条の御誓文を基礎に発展したというのである[41]。

幣原が人間宣言にかかわったことは、当時から一部では知られていた[42]。昭和天皇も一九七〇年代の後半にこう公言している。

あの宣言の第一の目的は御誓文でした。神格（否定）とかは二の問題でありました。……民主主義が輸入のものでないことを示す必要が大いにあったと思います。……当時の幣原喜重郎首相とも相談、同首相がＧＨＱのマッカーサー最高司令官に示したら「こういう立派なものがあるとは」と感心、称賛され、全文を発表してもらいたい、との強い希望がありましたので、全文を示すことになったのです[43]。

ここで天皇が神格否定を「二の問題」と述べたのは、幣原の意図と異なっている。また幣原は、行幸や皇室財産の下賜についても天皇に進言していた[44]。

幣原の皇室観を伝えるものはほかにもある。当時の日本は、食糧難にあえいでいた。そこで幣原は、「日本に食糧がなくなってしまった。どうしてもアメリカに食糧援助を求めないと、日本人が餓死してしまう」と渋沢蔵相に語った。思い余った渋沢は、幣原に向かって「皇太子さんをアメリカに留学させてくれ」とまで言い出した。留学とはいうものの、いわば人質である。

皇太子を預けるほどに恭順だという実を示さなくては、アメリカが十分な食糧を送ってくれないのではないか。渋沢にはそう思えてしまうほどに事態は急迫していた。

これを聞いた幣原は、即座に「そんなおそれ多いことを自分はお上に申し上げられません」ときっぱり渋沢に断った。身動きがとれずに思い悩んだ渋沢は、一人むせび泣くしかなかった[45]。

四　新憲法の制定

憲法問題調査委員会——日本案の形成

人間宣言の後には、さらなる試練が待ち受けていた。一九四六年一月四日の公職追放である。公職追放の対象には、幣原内閣の五閣僚が含まれていた。これに激昂した幣原は、病床に次田書記官長を呼びつけ、吐き捨てるようにマッカーサーを批判し始めた。

マックのやつ、ああいう理不尽な指令を出して……自分はどうしてもこれを承服するわけにゆかぬ。こういう指令を執行することはできぬ。ことに今日まで事を共にしてきた閣僚を追うなどということは自分にはやれぬから、総辞職する決意をした。どうか閣僚の諸君にこのことを伝えて、みなの辞表をまとめてもらいたい。

つまり幣原は、内閣総辞職の決意を次田に語ったのである。しかし、松村農相が懸命に説得すると、幣原は涙ながらに辞意を撤回した。

このため幣原内閣は改造にとどまり、次田書記官長や松村農相のほか堀切内相、前田文相、田中運輸相が辞任した。それぞれの後任には楢橋渡、副島千八《そえじませんぱち》、三土忠造《みつちちゅうぞう》、安倍能成《あべよししげ》、村上義一《むらかみよしかず》が就任する。楢橋が書記官長となったため、石黒武重《いしぐろたけしげ》が法制局長官を引き継いだ。内閣改造に対して、ＧＨＱ民政局の評価は低かった(46)。

改造内閣において、最大の争点は憲法改正であった。だが、幣原の本心では憲法改正に乗り気でない。少し時期をさかのぼると、もともと幣原は一九四五年十月上旬に組閣したころから、憲法改正については「極めて消極的にして、運用次第にて目的を達す」と考えていた。それでも、アメリカによる改憲の強要があれば抗し難いとも感じていた(47)。

同年の十月十三日には、憲法問題調査委員会の設置を閣議で決定した。委員長には、国務相の松本烝治が就任している。委員には宮沢俊義《みやざわとしよし》らの学者をはじめ、法制局長官の楢橋、法制局第一部長の入《いり》江俊郎《えとしお》、同第二部長の佐藤達夫らが加わった(48)。

とはいえ、幣原の意図は憲法改正の要否を検討することにあった。必ずしも、憲法改正に踏み切ったのではない。その憲法問題調査委員会は、首相官舎の会議室で開催された。しかし、これを幣原が指導したという形跡はほとんど見当たらない。そもそも、同委員会の存在自体が非公式のものであった。また、閣外で憲法改正を進めようとする近衛文麿に、幣原は手を焼いていた(49)。

幣原の憲法観は、一九四五年十一月二十八日の衆議院演説にも表れている。斎藤隆夫《さいとうたかお》の質問を受けた幣原は、憲法改正について論じるのを時期尚早とした。

幣原によると、「帝国憲法ノ条規ハ弾力性ニ富ムモノデアリマシテ、民主主義ノ発展ニ妨害ヲ加ヘルコトナク」という。他方で、明治憲法は弾力的に運用できるものの、「長ク濫用ノ虞ヲ断ツ」ためには改憲も可とした。いわば二段構えの発想といえよう。

したがって、幣原の想定する憲法改正とは全面的なものではないが、さりとて懐手《ふところで》というわけにもいかない。外部の者からすると、幣原の姿は優柔不断にみえたであろう。

このころ来日した旧知のサンソムによると、幣原は「年老いて疲れており……国内政治の経験はなく……未来よりも過去に関心を示していた。……絶望的な危機にある国を主導するには明らかに不向きだ」という(50)。サンソムはこのとき、極東諮問委員会代表団のイギリス代表となっていた。

そこで問題となるのが、日本国憲法第九条の起源であろう。第九条の戦争放棄をマッカーサーの発案であるとする説に対して、マッカーサー自身は幣原首相の提案に基づくものだと回想している。ことに争点とされてきたのが、一九四六年一月二十四日の幣原―マッカーサー会談であった。一月二十一日にようやく職務復帰した幣原は、二十四日正午にマッカーサーを訪れたのである。

幣原の親友、大平駒槌の口述によると、最初に幣原はペニシリンの礼を述べた。そのうえで幣原は、「どうしても天皇制を維持させておいてほしいと思うが協力してくれるかとたずねた」。すると、「マッカーサーは出来る限り協力したいと約束してくれたのでホット一安心した」。

さらに幣原は、「かねて考えた世界中が戦力をもたないという理想論を始め戦争を世界中がしなくなる様になるには戦争を放棄するという事以外にないと考えると話し出したところがマッカーサーは急に立ちあがつて両手で手を握り涙を目にいつぱいためてその通りだと言い出したので幣原は一寸びつくりした」という。

総じていうなら、幣原とマッカーサーが最重視したのは天皇制の存続であった。戦争放棄を「ハッキリと世界に声明する事」は、その手段として位置づけられた。戦争放棄を宣言することで、天皇制に批判的な国際世論を懐柔せねばならない。

もっとも、この時点で日本側は、まだ憲法草案を準備中であった。ＧＨＱが憲法の原案を作成することになろうとは、予見できるはずもない。幣原がマッカーサーに語った戦争放棄とは、あくまで「理想論」としてであった。幣原が憲法の条項として主張したとは思えない。だがマッカーサーは、やがて憲法の草案に戦争放棄を盛り込んでいく(51)。

それにしても幣原は、どのような文脈において戦争放棄を口にしたのであろうか。これについては、白鳥敏夫の書簡が発見されている。元外交官の白鳥は、Ａ級戦犯の容疑者として巣鴨《すがも》拘置所に収容されていた。

そこで白鳥は、一九四五年十二月十日付で英文の書簡を吉田外相にしたためている。白鳥の書簡によると、「憲法史上全く新機軸を出すもの」として、「天皇に関する条章と不戦条項とを密接不可離に結びつけ」るべきだという。天皇制を守るため、戦争放棄を憲法に盛り込むという発想である。白鳥は書簡の写しを幣原に回覧するよう吉田に依頼した。ただし、書簡はＧＨＱの検閲によって一九四六年一月二十日ごろまで留め置かれた(52)。

後の東京裁判において、白鳥の補佐弁護人となったのが元外交官の広田洋二であった。広田が作成した吉田茂の宣誓供述書によると、白鳥は収容される直前に吉田と会い、新憲法案などを幣原に伝えたいと申し出たという。これを聞いた吉田が、その内容を文書にするよう白鳥に求めると、白鳥はこれに応じた。このため吉田は、白鳥書簡の写しを幣原に手交した。幣原が吉田から白鳥書簡を受け取った時期は、一九四六年一月二十日ごろに検閲が解かれた直後と推定される。

だとすれば、一月二十四日に開催された幣原―マッカーサー会談の直前に、幣原は白鳥書簡に目を通したことになる。したがって、幣原がマッカーサーとの会談で戦争放棄を口にしたのは、白鳥書簡に触発されたものであった可能性もある(53)。

それでは、幣原が戦争放棄を語ったことと憲法第九条との間には、因果関係があるのだろうか。これについて広田洋二は、幣原の秘書である岸倉松の談話をもとに、一月二十四日の幣原―マッカーサー会談をこう論じている。

　戦争放棄の思想または理想について幣原首相から話し出し、幣原首相、マ元帥がまったく意見が一致したのは事実であるが、日本憲法に規定するとかしないとかいう問題には、ぜんぜん触れていない、というのである。それであるから、二月十九(ママ)日に、日本憲法の米国原案が日本側に提示されたときには、幣原首相もちよつとおどろいたようであり、日本側で作つていた松本草案の中にも、戦争放棄らしい思想はすこしも含まれていなかつた。幣原氏には、それを憲法で規定しようとする考えは全然なかつたからである。

つまり、幣原とマッカーサーが戦争放棄で意気投合したとしても、それは憲法の条項としてではなく、思想としてにすぎないという。さらに、広田が幣原と吉田を訪れたところ、「二人とも白鳥の書簡を読んだとは言つた。しかし、戦争放棄の提言その他の内容をどう処理したかという質問には、一言も答えてくれなかつた」ともいう[54]。

おそらく白鳥は、その書簡をつづりながら、二十年近く前の不戦条約を思い起こしていたのであろう。不戦条約は、これを主導したアメリカ国務長官とフランス外相の名前を冠して、ケロッグ・ブリアン条約とも呼ばれる。この不戦条約とは、政策の手段としての戦争を放棄し、国家間の紛争を平和的に解決するというものであり、一九二八年八月にパリで調印されていた。内田康哉全権がパリで不戦条約に調印したとき、白鳥はその随員であった。したがって、白鳥は不戦条約を熟知していた。

とするなら、白鳥書簡を読んだ幣原の発言を介して、不戦条約の精神がマッカーサーの胸を打った可能性はある。ただし、ＧＨＱ側は検閲によって、幣原よりも早く白鳥の戦争放棄論を知っていたはずである。さらに、幣原が白鳥書簡に触発されて戦争放棄を語っていたとしても、それはあくまで「理想論」としてであり、憲法の条項としてではない。他方、白鳥はこの書簡を根拠に、自らの平和思想を東京裁判で立証したいと考えていた(55)。

一九四六年一月三十日の閣議では、松本が憲法問題調査委員会の経過を報告した。審議されたのは、松本の憲法改正私案などであった。そのうちの天皇条項について幣原は、「至尊」と「侵スヘカラス」の関係が不明だと述べている。

さらに幣原は、憲法から軍部の規定を削除するように語気をこう強めた。

軍の規定を憲法に置くと、連合国は必ずめんどうなことをいってくるにきまっている。将来、軍ができることを前提として憲法に規定を設けておくことは、今日としては問題になるのではないかと心配する。この条文のために、司令部との交渉に一、二か月もひっかかってしまいはしないか……世界の大勢から考えると、わが国にも軍はいつかはできるかもしれない。しかし、今日この規定を置くことは刺戟が強すぎるように思う(56)。

もっとも、こうした幣原の発言は、GHQに提出予定の日本側憲法草案を念頭においていた。その日本案に幣原の意向が色濃く反映されたわけでもなかった。しかも日本案は、GHQに拒否された。したがって、この意味でも憲法第九条幣原発案説は成立しにくい。

同じころのインタビュー記録が、幣原の個人文書に残されていた。それによると、幣原は「立憲君主制下での進歩的かつ民主的な体制が、日本にとって唯一の安定的で有益な体制となる」と語っている。「日本の憲法はイギリスなどの君主制を模倣したものではなく、日本人の特性と伝統に適合したものとすべきである」ともいう。ここでも幣原は、天皇制を第一義に考えていた[57]。

天皇制と戦争放棄――GHQ案の受諾

一九四六年二月一日には、大きな転機が訪れた。『毎日新聞』の西山柳造記者が、憲法問題調査委員会の保守的な試案をスクープしたのである。しかも『毎日新聞』の社説は、「憲法の中核ともいふべき天皇の統治権については、現行憲法と全然同じ建前をとつてゐる」と批判していた。日本の保守的な憲法改正案に驚いたGHQは、自ら新憲法の起草に着手した。仮に西山記者のスクープがなければ、GHQの草案が遅れてむしろ混乱していたに違いない[58]。

万が一に憲法第九条幣原発案説が成り立つとするなら、幣原は守旧的な日本案を葬って、GHQの起草に荷担《かたん》せねばならない。新聞への意図的な情報の漏洩は、その手段となりえるであろう。一見すると『毎日新聞』のスクープは、まさにそのようなものにみえる。しかし実際には、幣原が情報の出所ではなかった。

それについては、スクープした西山記者が重い口を開いている。西山記者によると、幣原は「新聞記者を絶対に寄せつけなかった」し、そもそも幣原は「新聞記者嫌いだった」という。その幣原が日本案をリークするとはおよそ考えられない。「国民と天皇を一体にした象徴天皇制が戦後日本の骨格であり、これは幣原（喜重郎）さんがつくった。大変な人物だった。吉田（茂）さんばかりがもてはやされるが、幣原さんという人がいたことを、若い人に伝えたい」と西山はいう[59]。

二月三日には憲法改正について、マッカーサーの三原則がGHQ民政局長のホイットニー

（Courtney Whitney）に示された。その三原則とは天皇制、戦争放棄、封建制度の廃止である。そこでは天皇制を維持するために、戦争放棄と抱き合わせてあった。つまり、天皇制に批判的な極東委員会に配慮されていた[60]。極東委員会とはワシントンに置かれた連合国の対日政策決定機関であり、一九四五年十二月のモスクワ外相会議で設置が決まっていた。

それでも日本側は一九四六年二月八日に、憲法改正要綱をGHQに提出した。その憲法改正要綱に、一月三十日の閣議における幣原の意見は反映されていない[61]。しかもGHQは、日本の憲法改正要綱を評価しなかったばかりか、明治憲法を実質的に温存するものとみなしたのである。

このため憲法改正の主導権は、完全にGHQへと移っていく。ホイットニーやケーディス（Charles L. Kades）大佐は早くも二月十三日に、自らが起草した「マッカーサー草案」を松本と吉田に手渡した。松本と吉田は、日本の憲法改正要綱に対するGHQの所見を聞くつもりでいただけに、GHQから「マッカーサー草案」が提示されたこと自体に色を失い、その内容についても大きな衝撃を受けた。

そこで松本は幣原と協議のうえで、日本の憲法改正案に対する補足説明をGHQに提出した。だが、ホイットニーは再考の余地なしと反論しただけでなく、二十日までに回答がなければGHQ案を発表すると通告してきた[62]。

やむなく幣原は首相官邸を抜け出し、二月二十一日にマッカーサーを自ら訪問する。幣原とマッカーサーの会談は、三時間にも及んだ。マッカーサーは、天皇の安泰を念じているものの極東委員会が辛辣《しんらつ》であるため、GHQ案では象徴天皇制と戦争放棄を同時に規定してあると力説した。

さらにマッカーサーは、「戦争を抛棄《ほうき》すると声明して日本がMoral Leadershipを握るべきだと思ふ」と語った。これに対して幣原は、「leadershipと言はれるが、恐らく誰もfollowerとならないだらうと言つた」。しかし、マッカーサーは「followersが無くても日本は失う処はない」と即座に切り返している。

幣原は翌二十二日、参内の後にマッカーサーとの会談について閣議で報告した。すると松本が、「独乙、南米等の前例に見て明かなるが如く外より押つけた憲法は所詮《しょせん》遵守せらるべきものに非ず」と声を荒げた。

だが幣原は、GHQ案に対して「妥協の余地ありとの見解であつた」。幣原を説得せしめたのは、アメリカ案を受け入れない限り、天皇制の存続を保障できないというマッカーサーの論理であった(63)。裏を返すなら、戦争放棄の成文化によって天皇制は維持される。マッカーサーとの会談を終えた幣原が「やや気軽な心持で帰つて来られた」のはこのためであろう(64)。

さらに幣原は、日本側対案の第一条を「天皇ハ日本国民至高ノ総意」に基づく象徴と改めた。そのほかにも幣原は、憲法改正を総選挙時のみならず、特別の国民投票でも行えるようにした。GHQとの協議を経た三月六日には、内閣として憲法改正草案要綱を公にしている。このときに幣原は、戦争放棄に力点を置いて談話を発表した(65)。

これほどに急ぐのには、それ相応のわけがあった。二月二十七日の『読売報知』が、「陛下に退位の御意志」と報じていたのである。その出所は東久邇宮であった。そこで幣原は三月五日、松本とともに参内して天皇の了承を得たうえで、ついにGHQ案の受諾を閣議決定したのである。戦後日本の大枠を決した瞬間であった。この日の閣議は深夜に及び、いつしか閣僚たちの眼には涙がこみ上げていた。吉田や松本らを前にして、幣原は閣議をこう結んでいる。

斯る憲法草案を受諾することは極めて重大の責任であり、恐らく子々孫々に至る迄の責任である。この案を発表すれば一部の者は喝采するであらうが、又一部の者は沈黙を守るであらうけれども心中深く吾々の態度に対して憤激するに違ひない。然《しか》し今日の場合、大局の上からこの外に行くべき途《みち》はない。(66)

やがて幣原は三月二十日、枢密院の本会議に出席した。ここで幣原は、天皇制と戦争放棄を重点的に論じて理解を求めた。極東委員会との関係から、マッカーサーが「既成ノ事実ヲ作リ上ゲムガ為ニ急ニ憲法草案ノ発表ヲ急グコトニナツタ」とも幣原は率直に述べた。

幣原は、四月二十二日に第一回の枢密院帝国憲法改正案審査委員会で、さらに詳細な説明を加えている。しばしば枢密院議長の鈴木貫太郎とも会談した。(67)

他方、憲法問題調査委員会は開催されなくなるものの、それでも同委員会は廃止されなかった。幣原が松本委員長を気遣ったからである。むしろ幣原の心労となったのは、憲法第九条がアメリカの押しつけだとの「うわさ」であった。そこで幣原は日本側の発案ということにして、口裏を合わせようともした。(68)

かくして幣原改造内閣は、憲法改正の道筋をつけた。「どうしても我々は戦争放棄の平和憲法を主張していかなければならない」と幣原が金森徳次郎《かなもりとくじろう》らに口にしたのは、やはり天皇制擁護のためであろう。戦争放棄の条項についてはいずれ改正もありえようが、天皇制が廃止されては取り返しのつかないことになる。マッカーサーも天皇との会見で、「陛下の御陰にて憲法は出来上ったのでありますし（微笑し乍《なが》ら）陛下なくんば憲法も無かったでありませう」と意味深長な発言をしている。(69)

五　幣原内閣の退陣

進歩党総裁への就任

幣原の改造内閣には、憲法以外にも国民生活の改善という難題が課されていた。給与制限や配給制の改善をめぐって、野党は激しく幣原を糾弾した。その心境を幣原は、「四面楚歌《しめんそか》」と伊沢宛に記している。(70)

もとより幣原内閣は、「中間内閣」と位置づけられてきた。その最大の使命が、選挙法改正や衆議院議員選挙、すなわち総選挙の実施にあるとみなされたからであり、いわば「民主政治確立の産婆役をつとめるものとされた」。

幣原の内閣が一九四五年十二月に選挙法を改正すると、次の総選挙は一九四六年四月に予定された。戦後初となる選挙では、婦人参政権も認められている。幣原はラジオを通じて、「今回の総選挙は我が国、民主政治の出発点である」と選挙の意義を訴えた。ただし、選挙後の進退については言明を避けた。(71)

総選挙が一九四六年四月十日に行われると、第一党になったのは鳩山一郎の率いる自由党であった。これに日本進歩党、日本社会党と続いた。だが、幣原内閣は容易に退陣しなかった。第一党の自由党といえども、全議席の三分の一に満たないためである。憲法の制定も未完であった。とりわけ、三土、楢橋、石黒が内閣の続投に意欲的である。このため、かつて護憲三派内閣の外相であった幣原が、いまや「居直り工作」と世情に非難されていた。

それでも、結局のところ幣原内閣は四月二十二日に総辞職した。その代わり翌二十三日に、幣原は進歩党の総裁に就任した。このとき幣原が初めて政党入りしたのは、憲法改正をまっとうしたいと考えたためであろう(72)。

幣原が総裁となった進歩党は、一九四五年十一月に結成された保守系の政党であり、幣原内閣にとっては唯一の与党的存在であった。しかし、進歩党総裁の選定が難航した末に、ようやく総裁となった町田忠治《まちだちゅうじ》は公職追放となっていた。進歩党は一九四六年四月の総選挙で大敗して、保守第一党の座を自由党に明け渡した。党としては、「社会党の右、自由党の左」を目指していた(73)。

後継首班として幣原は、自由党総裁の鳩山一郎を奏請《そうせい》するつもりでおり、五月四日に吉田を介してマッカーサーの内諾を求めた。だがその直後に、鳩山までもが公職追放となった。このため幣原は、自由党の後継総裁となる吉田の首班を構想した。五月十五日に幣原は、やはり吉田を介してマッカーサーに吉田首班への同意を得ている(74)。

民主党から自由党へ

一九四六年五月十六日に幣原は、後継首班として吉田を奏薦した。五月二十二日に成立した吉田内閣は、自由党と進歩党の連立であり、進歩党総裁の幣原も国務大臣として入閣する。(75) 幣原は、無任所の大臣として憲法問題を担当し、議会対策などに当たろうとしていた。進歩党には、顧問の斎藤隆夫や総務委員会会長の犬養健《いぬかいたける》がいた。(76) しかし幣原は、自由党の芦田均に悩まされていく。

もともと芦田は幣原内閣の厚相であったものの、幣原が進歩党や自由党との連携を求めたのに対して、芦田は社会党を含めた三大政党による連立を持論としている。そのため幣原は、芦田との亀裂を深めた。

芦田の幣原宛書簡によれば、「不幸にして一二の閣僚の言動は政党の離合集散に依つて内閣支持の與党《よとう》を作らむとするが如く伝へられ為めに現下重大の時局に於て政界の趨勢を混乱せしめ民心を不安ならしめる結果を惹起したものと信じます」という。それゆえに芦田は、一九四六年四月十九日に「一身上の都合に依り」厚相としての辞職願を幣原首相に提出したが、(77) その直後に幣原内閣は総辞職した。

やがて後継の吉田内閣が行き詰まりをみせると、芦田は一九四六年の大みそかに幣原を訪れた。ここで芦田は、社会党を含めた連立によって、幣原を首相とする案を打診した。だが幣原は、「何とかして改造でやつて行きたい」という。

他方で、進歩党には不穏な動きがあった。進歩党の保利茂《ほりしげる》は芦田に接近し、「幣原氏をも放り出してもよいと迄言ふ者がある」と語った。進歩党刷新の動きは、犬養健など少壮派を中心として次第に高まっていた。かくして進歩党は一九四七年三月三十一日に解党され、新たに民主党として発足する。

この民主党には、国民協同党からも参加者が出ていた。

このころ幣原は、来るべき総選挙を見据えて、吉田の自由党に進歩党との合流を求めていた。しかし、自由党は受け入れない。やむなく幣原は、進歩党を母体とする民主党の結成に参加した。

幣原は一九四七年四月の総選挙に当選したものの、人心は幣原を去っていた。選挙を終えると、しばらく空席だった民主党の初代総裁には、自由党を離党した芦田が就任する。芦田に敗れた幣原は、民主党の名誉総裁に選出された。結党時の民主党は第一党であったが、四月の総選挙によって第三党に転落していた。総選挙で第一党となったのは社会党であり、吉田の自由党は第二党となって下野した。

五月下旬には、社会党委員長の片山哲《かたやまてつ》を首班とする片山内閣が発足した。民主党総裁の芦田は、自ら外相となって片山内閣と連立を組んだ。つまり片山内閣は、第一党の社会党と第三党の民主党との連立である。

こうなると幣原は、民主党に不満を募らせていく。幣原としては、自由党と合流したい意向であったが果たせなかった。党籍こそ脱しないが、幣原は五月末に名誉総裁の辞表を民主党に提出して、同党の「健全なる発展」を説いた。民主党で幣原派と目されていたのは、一松定吉《ひとまつさだよし》厚生大臣ら三十数名であった。(78)

もっとも、芦田の民主党総裁就任には、ＧＨＱ民政局の意向が作用していたようである。幣原は民主党と自由党による「保守連携論」を唱えていたが、これに民政局は反対していた節がある。そのことを幣原は、十分に察知していなかったのであろう。

ともあれ、芦田の総裁就任に幣原の心中は穏やかでない。金にまつわる黒いうわさも飛び交った。だれよりも自尊心の強い幣原は、これを屈辱と感じた。芦田とのわだかまりは、最後まで解けなかった。(79) 芦田はむしろ、中道勢力の結集を意図していた。

結局のところ幣原は、一九四七年十一月下旬に民主党を離党した。直接の契機となったのは、片山内閣の進める炭鉱国家管理法案に反対票を投じたことである。ここに幣原派の二十二名は、民主党を脱退して同志クラブを結成した。そのことは、幣原が再び在野となったことを意味する。

その決意を幣原は、一九四八年の元旦に公職追放中の石橋湛山宛書簡で開陳している。

恭賀新年

久しく拝顔の機を得す曩《さき》に日々謦咳《けいがい》に接したる当時の歓興を追想して漫《すず》ろに寂寞《せきばく》の感に堪えす候

御承知の通小生今回政界の時事に慨する所あり決然民主党と袂《たもと》を分ちて一己の所信に邁進することゝ相成り候

固《もと》より現内閣の倒壊や政権の帰趨の如きハ毫《ごう》も胸中に存せす　唯国務遂行の円滑と政局安定の確保を望む一念に他ならす候

敗残の老骨を以て猿芝居を演せむとするハ烏滸《おこ》の沙汰《さた》と自覚致候へ共一旦乗り出したる舟とて仕《し》向《むけ》港に到着する迄最早後退を許されさる内情御諒察被成下度候

時下冱寒《ごかん》日増の折柄一層の御自愛祈上候

匆々頓首《そうそうとんしゅ》

元旦　　　　　　　　　　喜重郎

石橋賢台侍曹《けんだいじそう》

幣原の書簡を受け取った石橋も、「幣原さんには、特別の親しみを感じていた」。

　やがて片山内閣が予算案をめぐる社会党内の対立で行き詰まると、一九四八年三月十日には芦田内閣が成立した。この芦田内閣は社会党、民主党、国民協同党の連立である。

　すると幣原は、このころ民主党を離れていた斎藤隆夫らと三十六名で民主クラブを結成し、三月十五日には吉田の自由党に合流した。これによって民主自由党が誕生した。民主自由党の幹部は総裁の吉田以下、最高顧問の幣原や幹事長の山崎猛《やまざきたけし》らであった。民主自由党は、一五二名の衆議院議員を擁する第一党となったのである。

　幣原とともに民主党を去り、民主自由党に参加した政治家のなかに、若き日の田中角栄《たなかかくえい》がいる。同年十月に第二次吉田内閣が発足すると、幣原の推薦によって田中は法務政務次官に就任した[80]。

「忘れ得ぬ人々」

　本章の最後に、選挙や政党とのかかわりを掘り下げておきたい。幣原は、一九四六年四月の総選挙を首相として迎えたが、出馬はせずに貴族院議員のままであった。その貴族院は、一九四七年五月三日の新憲法施行で消滅する。憲法改正に伴う衆議院と参議院の選挙は、同年四月に行われることとなった。幣原は衆議院議員に立候補して初当選する。幣原が総選挙に当選したのは、このときと一九四九年一月の二回である。選挙区は大阪府の第三区であったものの、本籍を千駄ヶ谷に移して世田谷に住んでいた。とうに七十歳を過ぎてから初めて政党入りし、進歩党の総裁にまでなった幣原であるが、大衆受けするような政治家にはなりえないことを知っていたはずである。

にもかかわらず、幣原が晩年に政党指導者となったのは、公職追放の進むなかで保守連立によって政局を安定させるためであった。だが、先に述べたように、まさにその「保守連携論」ゆえに幣原は民主党の総裁を逃してしまった。政党政治家として、巧みに振る舞ったとはいえないだろう。

それでも、政党政治に足を踏み入れた幣原は、内政と外交のあり方を再思三考する。かつて戦前の幣原は、外務官僚の不文律として内政への不関与を信念とした。そのことは、外交一元化の代償でもあった。なにしろ幣原は、浜口に副総裁を懇願されても決して受け入れなかった。「外務大臣というものは政党に関係があってはいかんというイデオロギーを持っていて、政治方面へ行くという気持は、その頃は全くなかった」という(81)。

しかし戦後のデモクラシー状況下では、外務省が一元的に外交を掌握すべくもなかった。おのずと政党は、外交に関与してくる。だとすれば、内政と外交の結び付きについて考え直さねばならない。そのため、幣原の立論は次第に変化していった。最晩年に衆議院議長となる幣原は、やがて超党派外交に奔走する。これについては、次章に譲りたい。

それにしても戦後という時代は、幣原の双眸《そうぼう》にどのように映ったのであろうか。ここに実は留意すべきことがあり、なにも幣原は、戦前よりも戦後を評価してはいなかった。それについては、幣原自身に語ってもらおう。幣原によると、「私は今となつては趣味もない。……ただ面白い本でも手に入つた時が一番の趣味であらう。しかし丸善あたりへいつても、昔のやうに外国の書物を自由に求められず、不便な世の中になつたものである」という。

さらに幣原は、こう吐露した。

政治家にしても戦前の人のはうが、もつと真面目さがあつたと思ふ。……今は昔の人のことは何でも封建思想だといふやうな言ひ方をするが、その言つてゐる本人は軽佻《けいちょう》浮薄《ふはく》な人だといふ感じがする。例へば自由思想であるとか、民主思想であるとかいふことに対しても、それを義務とか責任とかいふ方面からは見ないで、ただ自分の勝手にすることが、自由主義であり民主主義であると考へて行動してゐる人が、私は決して少くないと思ふ。これは憂ふべき傾向であるが、しかし私には実はアプレ・ゲール（戦後派のこと――引用者注）について論ずることは出来ないかも知れぬ。

幣原が高く評価するのは、伊藤博文や西園寺公望といった戦前の政治家であった。外国人としては、デニソン、ヒューズ、ブライス、モリスらが「忘れ得ぬ人々」であった。高い代償によって得た戦後ではあるが、そこに幣原は違和感を覚えていた。幣原が好んだのは、私心なく「国事に邁進《まいしん》する人である」。幣原としては、あくまでアバン・ゲール、すなわち戦前派なのであろう。(82)

注

（1）本章は拙稿「幣原喜重郎と戦後政治」（『人文研紀要』第五十五号、二〇〇五年）一―三七頁を下敷きとする。

（2）『朝日新聞』一九四五年八月十五日、松村謙三『三代回顧録』（東洋経済新報社、一九六四年）二四五頁。「東久邇宮日誌」一九四五年八月二十三日、九月二日（中央／戦争指導重要国策文書／一三〇七、防衛庁防衛研究所図書館所蔵）、佐藤卓己「降伏記念日から終戦記念日へ――記憶のメディア・イベント」（津金澤聰廣編『戦後日本のメディア・イベント　一九四五―一九六〇年』世界思想社、二〇〇二年）七一―九三頁も参照。なお、東久邇稔彦『東久邇日記　日本激動期の秘録』（徳間書店、一九六八年）二二一、二二八頁は、「東久邇宮日誌」を正確に翻刻したものではない。

（3）当該期の幣原研究のうち本章の全体にかかわるものとしては、功刀俊洋「幣原喜重郎――『平和外交』の本音と建前」（吉田裕ほか『敗戦前後』青木書店、一九九五年）八五―一三一頁、五百旗頭真『占領期――首相たちの新日本』（読売新聞社、一九九七年）一〇六―二二六頁があり、この両者は対照的な解釈をしている。すなわち、後者が幣原に好意的なのに比して、前者は「幣原内閣の弁明的、消極的な戦争責任対策は、やがてGHQによる公職追放と憲法の抜本改正の要求という形で、幣原の帝国復興路線の挫折をまねく結果となる」（一一五頁）といった厳しい評価を下している。
　また、両者ともに啓蒙的な性格が強いためか、公的な発言はともかくとして、幣原が内心で大東亜戦争調査会をいかに意義づけし、どのように戦争責任をみていたかといった分析はあまりなされていない。本章ではこれらに加えて、幣原と昭和天皇の齟齬や政党政治との関係などにも論及していく。

　憲法改正については、第九条幣原発案説の正否が焦点となってきたものの、本章ではインタビュー記録や憲法調査会の史料などを用い、幣原の憲法論を跡づけてみたい。憲法改正を総選挙時のみならず、国民投票でも可としたのは幣原であった。そのほかラジオ放送についても検討する。

（4）大平宛幣原書簡、一九四五年八月二十五日（「幣原平和文庫」リール十七、国立国会図書館憲政資料室所蔵）。幣原平和財団編『幣原喜重郎』（幣原平和財団、一九五五年）五四六―五四八頁、幣原喜重郎『外交五十年』（中公文庫、一九八七年）二二六―二二八頁も参照。

大平は元満鉄副総裁で、一九四五年十一月から貴族院議員であった。一九四六年三月十九日には、幣原の推挽で枢密顧問官となった（「任枢密顧問官 大平駒槌」一九四六年三月十九日、1-2A-001-00・別-00230-100、国立公文書館所蔵）。大平の略歴については、羽室三千子編『貧民救護事業下調』別冊（清徳記念福祉室、一九八九年）一〇七頁に記載されている。

なお、幣原が一九四六年六月に日本倶楽部の会長に選出されていることについては、日本倶楽部『日本倶楽部百年史』（日本倶楽部、一九九九年）五五頁を参照。

（5）「幣原平和文庫」リール七、十七、幣原平和財団編『幣原喜重郎』五四八―五五一、五六〇頁。

（6）太田健一・岡崎克樹・坂本昇・難波俊成『次田大三郎日記』（山陽新聞社、一九九一年）三四、五〇―五一、一九三頁。

（7）木戸日記研究会校訂『木戸幸一日記』下（東京大学出版会、一九六六年）一二四〇―一二四一頁、細川護貞『細川日記』下（中公文庫、一九七九年）一六七―一六八頁、木下道雄『側近日誌』（文藝春秋、一九九〇年）一〇三―一〇四頁。

（8）「木戸幸一政治談話録音速記録」第一、二巻（国立国会図書館憲政資料室所蔵）、太田健一ほか『次田大三郎日記』三五、四七―六九頁、幣原喜重郎『外交五十年』二二四頁。

「東久邇宮日誌」一九四五年十月七日、東久邇稔彦『東久邇日記 日本激動期の秘録』二四七頁、古島一雄『一老政治家の回想』（中公文庫、一九七五年）二六三―二六六頁、伊藤隆・渡邊行男編『重光葵手記』（中央公論社、一九八六年）五七三―五七四頁、同編『続 重光葵手記』（中央公論社、一九八八年）二七〇頁、朝日新聞社編『入江相政日記』第二巻（朝日新聞社、一九九〇年）一三頁も参照。

（9）幣原平和財団編『幣原喜重郎』五五九―五六三頁。

（10）進藤榮一・下河辺元春編『芦田均日記』第一巻（岩波書店、一九八六年）五〇頁、内政史研究会編『堀切善次郎氏談話第一回速記録』（内政史研究会、一九六三年）二九頁、同編『堀切善次郎氏談話第三回速記録』（内政史研究会、一九六四年）一四―一八頁、大霞会内務省史編纂委員会編『内務省史』第四巻（大霞会、一九七一年）二一〇―二一一頁、楢橋渡『激流に棹さして』（翼書院、一九六八年）四三―四五、五四―五五頁、渋沢敬三『渋沢敬三著作集』第五巻（平凡社、一九九三年）四〇五頁。

(11) 財団法人吉田茂記念事業財団編『吉田茂書翰』（中央公論社、一九九四年）六七〇頁、伊沢多喜男文書研究会編『伊沢多喜男関係文書』（芙蓉書房出版、二〇〇〇年）五六頁。

大西比呂志「戦中戦後の伊沢多喜男――内務官僚支配の終焉」（同編『伊沢多喜男と近代日本』（芙蓉書房出版、二〇〇三年）二一〇―二一五頁も参照。

(12) Office of the Chief of Counter Intelligence, GHQ,"Biographical Notes on the Members of the Shidehara Cabinet," October 23, 1945, Record Group 331, Box 2044, National Archives.

(13) 吉田茂『回想十年』第一巻（新潮社、一九五七年）一二八頁、Journal of W. Cameron Forbes, William Cameron Forbes Papers, second series, vol. 5, Houghton Library, Harvard University.

(14) 「十月十一日幣原首相ニ対シ表明セル『マクアーサー』意見」年月日不明（「連合軍の本土進駐並びに軍政関係一件　連合軍側と日本側との連絡関係　連合国最高司令官及び幕僚と本邦首相並びに各省要人との会談要録並びに往復書簡関係」A'.1.0.0.2-3-4, reel A'-0055, 外務省外交史料館所蔵）、「総理『マクアーサー』会談要旨」一九四五年十月十三日（同上）。

「十月十一日総理『マツクアーサー』会談後ニ於ケル聯合軍司令部新聞発表（仮訳）」（「佐藤達夫関係文書」憲法の部、リール一、国立国会図書館憲政資料室所蔵）、Government Section, Supreme Commander for the Allied Powers, *Political Reorientation of Japan, September 1945 to September 1948*, vol. 2 (Westport: Greenwood Press, 1970), p. 741; 江藤淳編／波多野澄雄解題『占領史録』下（講談社学術文庫、一九九五年）一一一―一二〇頁、太田健一ほか『次田大三郎日記』七八―七九頁、進藤榮一ほか編『芦田均日記』第一巻、五二頁も参照。

(15) 太田健一ほか『次田大三郎日記』三六、八一―八三頁。

(16) 『官報』号外、一九四五年十一月二十九日。案文は次田による。太田健一ほか『次田大三郎日記』一三七頁。

（17）「平和条約問題研究幹事会ノ件」一九四五年十一月二十一日（「対日平和条約関係 準備研究関係」第一巻、B'. 4. 0. 0. 1, reel B'-0008, 外務省外交史料館所蔵）。西村熊雄「サンフランシスコ平和条約について」（『霞関会会報』第四〇〇号、一九七九年）二四頁も参照。

（18）幣原内閣閣議決定「敗戦ノ原因及実相調査ノ件」一九四五年十月三十日（1-2A-029-04・昭五七総-00128-100, 国立公文書館所蔵）、幣原内閣閣議決定「大東亜戦争調査会官制」十一月二十日（同上）。

（19）戦争調査会事務局「戦争調査会第一回総会ニ於ケル幣原総裁ノ挨拶」一九四六年三月二十七日（1-2A-040-00・資-00306-100, 国立公文書館所蔵）。

（20）「戦争調査会資料綴」（文庫／宮崎周一／九十五、防衛庁防衛研究所図書館所蔵）、「憲政資料室収集文書」（一二四四、国立国会図書館憲政資料室所蔵）、青木得三談「戦争調査会の発足から廃止まで」（年月日不明）ほか（「幣原平和文庫」リール十二）、憲法制定の経過に関する小委員会における青木得三の発言、一九五八年七月十日（憲法調査会編『憲法制定の経過に関する小委員会第八回議事録』憲法調査会、一九五八年）二頁、内政史研究会編『青木得三氏談話速記録』（内政史研究会、一九六四年）一―四、一〇、一五、二四―二五、八一―八二頁、太田健一ほか『次田大三郎日記』一三五頁。

（21）吉田裕『日本人の戦争観』（岩波書店、一九九五年）二九頁。

（22）牧野宛幣原書簡、一九四五年十二月八日（「牧野伸顕関係文書」書簡の部、第二十八冊、四七六―六、国立国会図書館憲政資料室所蔵）。

（23）進藤榮一ほか編『芦田均日記』第一巻、一一五―一一六、二六二、二六三、二六五頁。

（24）宮崎周一日誌、一九四六年八月十七日（「宮崎周一中将日誌 復員時代日誌 二」中央／作戦指導日記／五六四、防衛庁防衛研究所図書館所蔵）、憲法制定の経過に関する小委員会における青木得三の発言、一九五八年七月十日（憲法調査会編『憲法制定の経過に関する小委員会第八回議事録』）三頁。

（25）幣原喜重郎「序」（青木得三『太平洋戦争前史』第一巻、世界平和建設協会、一九五一年）一―五頁。

（26）岸倉松談話「幣原さんと近衛公伝」年月日不明（「幣原平和文庫」リール十三）。

（27）幣原内閣閣議決定「陸海軍省ノ廃止ニ関スル件」一九四五年十月二十六日（1-2A-029-04・昭五七総

-00128-100, 国立公文書館所蔵）。

（28）幣原総理放送内容「復員軍人について」一九四六年二月七日（1-2A-040-00・資-00306-100, 国立公文書館所蔵）。「幣原平和文庫」リール十二も参照。

（29）楢橋渡談話、年月日不明（「幣原平和文庫」リール十三）、楢橋談話、一九五四年十月二十二日（「日本国憲法制定に関する談話録音」一、国立国会図書館憲政資料室所蔵）。

楢橋渡『激流に棹さして』五五―六四頁、日本共産党中央委員会『増補版 日本共産党の五十年』（日本共産党中央委員会出版局、一九七七年）一〇一―一〇四頁、「楢橋渡伝」編纂委員会『楢橋渡伝』（「楢橋渡伝」出版会、一九八二年）一一〇―一一五頁も参照。

（30）山極晃・中村政則編／岡田良之助訳『資料日本占領 一 天皇制』（大月書店、一九九〇年）四〇四、四一一―四一三、四一四―四一六、四五四―四五五、四六三―四六四頁。

升味準之輔『昭和天皇とその時代』（山川出版社、一九九八年）四五―四八、六三―六四頁も参照。

（31）木戸日記研究会編『木戸幸一関係文書』（東京大学出版会、一九六六年）五一二―五一四頁。

豊下楢彦「天皇は何を語ったか(上)――『天皇・マッカーサー会見』の歴史的位置」（『世界』一九九〇年二月号）二三四―二三六頁、柴田紳一「第一回昭和天皇・マッカーサー会見と吉田茂」（『国学院大学日本文化研究所紀要』第八十二輯、一九九八年）九八―一〇六頁も参照。

（32）*New York Times*, September 25, 1945; 松尾尊兊『戦後日本への出発』（岩波書店、二〇〇二年）一〇一頁。

（33）「式部職 謁見録 昭和二十年」（宮内庁書陵部所蔵）、木戸日記研究会校訂『木戸幸一日記』下、一二三七頁、大平宛幣原書簡、一九四五年九月二十九日（「幣原平和文庫」リール十七）、朝日新聞社編『入江相政日記』第二巻、一〇―一一頁、『朝日新聞』二〇〇六年七月二十六日。

（34）奥村勝蔵「『マッカーサー』元帥トノ御会見録」一九四五年九月二十七日（「昭和天皇と連合国最高司令官マッカーサー元帥の会談記録（一九四五年九月二七日）」情報公開法による開示文書、01-385, 外務省外交史料館所蔵）。宮内庁書陵部所蔵の「外交雑録 式部職 昭和二十年」にも同じ会見録が所収となっている。『朝日新聞』二〇〇二年十月十七日夕刊、十月二十四日夕刊も参照。

また、マッカーサーの回想録によれば、天皇は「全責任を負う」と発言したという。Douglas MacArthur, *Reminiscences* (New York: McGraw-Hill Book Company, 1964), p.288. そのような記述は、奥村勝蔵「『マッカーサー』元帥トノ御会見録」にはない。しかし、松井明文書によれば、「天皇が一切の戦争責任を一身に負われる」という発言について、奥村は「余りの重大さを顧慮し記録から削除した」という。このため、当該箇所は削除された可能性が高まっている。

『朝日新聞』二〇〇二年八月五日、豊下楢彦「昭和天皇・マッカーサー会見を検証する(上)——『松井文書』を読み解く」(『論座』二〇〇二年十一月号)六〇—六一頁を参照。

(35) 寺崎英成「『マッカーサー元帥』との御会見録」一九四六年十月十六日(「幣原平和文庫」リール三)。これは第三回の天皇—マッカーサー会見録であり宮内省の罫紙が用いられている。長沼節夫「初公開された『天皇—マッカーサー』第三回会見の全容」(『朝日ジャーナル』一九八九年三月三日号)二六—三〇頁に紹介された。

前注の史料を加味すると、天皇はマッカーサーとの会見を重ねるごとに、ストライキへの批判から共産主義の脅威に至るまで、政治的な発言を強めたことになる。新憲法の制定にもかかわらず、象徴天皇制の域を超えた言動といわねばならないであろう。マッカーサーも、天皇の意見を引き出している。ここからは、新憲法に対するマッカーサーの姿勢も示唆される。

(36) 外務省条約局「開戦ノ責任ト国内法上ニ於ケル天皇ノ御地位」年月日不明(「本邦戦争犯罪人関係雑件 調書資料関係(新聞、切抜を含む)」第一巻、D. 1. 3. 0. 1-13、外務省外交史料館所蔵)、粟屋憲太郎編『資料日本現代史』第二巻(大月書店、一九八〇年)三四一—三四三頁。

粟屋憲太郎『東京裁判論』(大月書店、一九八九年)六九頁、同『現代史発掘』(大月書店、一九九六年)一五二—一五三頁も参照。ただし、日暮吉延『東京裁判の国際関係——国際政治における権力と規範』(木鐸社、二〇〇二年)三一〇頁によると、閣議決定ではなく非決定であったという。

なお、陸軍の罫紙に記された「戦争責任等ニ関スル件」(年月日不明)では天皇について、「開戦ノ決定、作戦計画ノ遂行等ニ付テハ統帥部、政府ノ決定シタルモノヲ憲法運用上ノ慣例ニ従ハセラレ之ヲ却下遊バサレザリシモノナルコト」などと記されている（「復員省関係資料」十二―五、国立国会図書館憲政資料室所蔵）。

（37）太田健一ほか『次田大三郎日記』一一八―一一九頁。フェラーズは天皇をliving symbol of the raceとみなしていた。Fellers to the commander-in-chief, October 2, 1945, Bonner F. Fellers Papers, Box 3, Hoover Institution, Stanford University. フェラーズについては、井口治夫「戦後日本の君主制とアメリカ」（伊藤之雄・川田稔編『二十世紀日本の天皇と君主制――国際比較の視点から 一八六七～一九四七』吉川弘文館、二〇〇四年）二二九―二五五頁を参照。

（38）楢橋渡談話、一九五四年十月二十二日（「日本国憲法制定に関する談話録音」二）、石渡荘太郎伝記編纂会編『石渡荘太郎』（石渡荘太郎伝記編纂会、一九五四年）四八五頁、山梨勝之進先生記念出版委員会編『山梨勝之進先生遺芳録』（山梨勝之進先生記念出版委員会、一九六八年）三一五―三一七頁、William P. Woodard, *The Allied Occupation of Japan 1945-1952 and Japanese Religions* (Leiden: E. J. Brill, 1972), pp. 252-268; 藤樫準二『天皇とともに五十年』（毎日新聞社、一九七七年）九八―一一二頁、鹿喰清一編『心如水 石渡さんを偲ぶ』（東京ポスト、一九八二年）二六七―二七四頁、川島保良編『回想のブライス』（回想のブライス刊行会事務所、一九八四年）一六一―一六六頁、高橋紘・鈴木邦彦『天皇家の密使たち――占領と皇室』（文春文庫、一九八九年）七二―九二頁、平川祐弘『平和の海と戦いの海』（講談社学術文庫、一九九三年）二四〇―二九一頁、Adrian Pinnington,"R. H. Blyth, 1898-1964," in Ian Nish, ed., *Britain and Japan: Biographical Portraits* (London: Routledge Curzon, 1994), pp. 259-260; 升味準之輔『昭和天皇とその時代』五六―五九頁。

（39）人間宣言英文草案、一九四五年十二月十五から二十日（「山梨勝之進文書」A⑴附、学習院院史資料室所蔵）、「詔書の案文作成、渙発までの手順および留意点等に関する協議メモ」年月日不明（「山梨勝之進文書」A⑷）。ただし、「山梨勝之進文書」に残されたメモ類の作成者は明記されていない。

木下道雄『側近日誌』三三六―三四〇頁、『毎日新聞』二〇〇六年一月一日、一月四日も参照。

（40）前田多門「『人間宣言』のうちそと」（『文藝春秋』一九六二年三月号）八四―九〇頁、木下道雄『側近日誌』八四、八六、八九—九六頁。この木下日誌では、吉田茂も人間宣言にかかわったとされる。また、袖井林二郎編『吉田茂＝マッカーサー往復書簡集 一九四五—一九五一』（法政大学出版局、二〇〇〇年）一一九—一二〇頁によれば、吉田はマッカーサーに人間宣言の訳文を送ってもいる。ただし、なぜか吉田の談話では、人間宣言の経緯を知らないと語られている。吉田茂談話、一九五五年十月五日（「日本国憲法制定に関する談話録音」八）。

(41)『朝日新聞』一九四六年一月一日。

(42) 藤樫準二『陛下の〝人間〟宣言』（同和書房、一九四六年）六—七頁。また、高松宮宣仁親王『高松宮日記』第八巻（中央公論社、一九九七年）二八七頁には「詔書発布 マコトニ結構ナルモ〔ノ〕ダツタガ、『現御神《あきつみかみ》』ノ三字ハ別ノ『神』ト云フダケノ字カ何ニカニシタカツタ。幣原総理大臣ガ英文デカイタ原稿ヲ『マック』ニ見セテ、ソレヲ和文ニナホシタノデ、侍従職デ一度訂正シタガ、ドウモ原文ト異ルトテソノマ、ニナリシ由」と記されている。

(43)『朝日新聞』一九七七年八月二十四日。

(44) 藤田尚徳『侍従長の回想』（中公文庫、一九八七年）二一七頁、木下道雄『側近日誌』五四、一二六頁。「関西行幸に関する幣原内閣総理大臣謹話」一九四五年十一月二十一日（1-2A-040-00・資-00306-100, 国立公文書館所蔵）も参照。

(45) 外務省情報文化局編『これからの日本の外交——大平外務大臣に聞く』（外務省、一九七三年）一三頁。

(46) 松村謙三『三代回顧録』二七一—二七五頁、進藤榮一ほか編『芦田均日記』第一巻、六三—六六、二三七頁、福永文夫『占領下中道政権の形成と崩壊』（岩波書店、一九九七年）五二頁。

(47) 木戸日記研究会校訂『木戸幸一日記』下、一二四一頁。「木戸幸一政治談話録音速記録」第二巻、重光葵『巣鴨日記』（文藝春秋新社、一九五三年）三七四頁、伊藤隆ほか編『重光葵手記』五七五頁、伊藤隆ほか編『続 重光葵手記』二七一頁も参照。

(48) 江藤淳編『占領史録』下、一二三—一二七頁。
近年の憲法成立史研究としては、西修『日本国憲法成立過程の研究』（成文堂、二〇〇四年）がある。

（49）憲法問題調査委員会第一回総会、一九四五年十月二十七日（「佐藤達夫関係文書」憲法の部、リール一）。憲法問題調査委員会の議事録については、芦部信喜・高橋和之・高見勝利・日比野勤編『日本国憲法制定資料全集 一――憲法問題調査委員会関係資料等』（信山社、一九九七年）三一九―四〇〇頁がある。

佐藤達夫『日本国憲法成立史』第一巻（有斐閣、一九六二年）二五二頁、太田健一ほか『次田大三郎日記』八七―八八頁、財団法人吉田茂記念事業財団編『吉田茂書翰』六七一頁、伊藤隆編『高木惣吉 日記と情報』下（みすず書房、二〇〇〇年）九六三頁も参照。

（50）『官報』号外、一九四五年十一月二十九日、George Sansom diary, January 22, 1946, F 3595/2/23, FO 371/54086, National Archives. Katharine Sansom, *Sir George Sansom and Japan: A Memoir* (Tallahassee: Diplomatic Press, 1972), p. 151. も参照。

（51）憲法調査会事務局「戦争放棄条項と天皇制維持との関連について――大平駒槌氏の息女のメモ」一九五九年二月（1-2A-038-08・憲-00115-105, 国立公文書館所蔵）。同じ史料は、「佐藤達夫関係文書」憲法の部、リール六十のほか、「憲法調査会資料」リール二十（国立国会図書館憲政資料室所蔵）にも収録されている。その一部は、大嶽秀夫編『戦後日本防衛問題資料集』第一巻（三一書房、一九九一年）六六―六七頁、政府定期刊行物目次刊行会編『憲法調査会資料目次総覧』第三巻（文化図書、二〇〇二年）三〇四頁に掲載された。

楢橋渡談話、一九五四年十月二十二日（「日本国憲法制定に関する談話録音」一）、吉田茂談話、一九五五年十月五日（同上、八）、吉田茂『回想十年』第四巻、一七八頁、憲法調査会事務局編『憲法制定の経過に関する小委員会報告書』（大蔵省印刷局、一九六一年）三二三―三三八頁、秦郁彦『史録 日本再軍備』（文藝春秋、一九七六年）五八―六七頁、田中英夫『憲法制定過程覚え書』（有斐閣、一九七九年）九〇―一〇〇頁、青木一男『わが九十年の生涯を顧みて』（講談社、一九八一年）二八一―二九二頁、佐藤達夫『日本国憲法誕生記』（中公文庫、一九九九年）七八、九二―九三頁も参照。

（52）吉田宛白鳥書簡（英文）、一九四五年十二月十日（「極東国際軍事裁判資料」D2919, Box 192, 国立国会図書館憲政資料室所蔵）。その和文はD2919, Box 57所収であり、引用は和文によった。

『朝日新聞』二〇〇五年八月十四日も参照。

（53）吉田茂宣誓供述書（英文）、一九四七年十二月四日（「極東国際軍事裁判資料」D2920, Box 192）。その和文は Box 17 所収。

金森徳次郎談話、一九五七年十二月十六日（「日本国憲法制定に関する談話録音」九）によると、「白鳥がマッカーサーと幣原さんに対して戦争を放棄しなければならんという陳情書を出したというのは、これはどうも事実だと思うんだ。……そして幣原さんに出したのは、岸君（秘書の岸倉松——引用者注）が自分がみて知っておるというんだ」という。金森は貴族院議員、第一次吉田内閣国務大臣などを歴任した。

（54）広田洋二「〝戦犯〟白鳥敏夫と憲法第九条」（『日本週報』第三七四号、一九五六年）四三—四七頁。同稿は、広田洋二「憲法第九条は誰が作ったか」（『日本週報』第五二五号、一九六〇年）七八—八三頁に転載されている。

（55）重光葵『巣鴨日記』（文藝春秋新社、一九五三年）一〇九頁、戸部良一「白鳥敏夫と満州事変」（『防衛大学校紀要』第三十九号、一九七九年）八三頁、日暮吉延『東京裁判の国際関係』三七五頁。

（56）佐藤達夫『日本国憲法成立史』第二巻（有斐閣、一九六四年）六三一—六三四頁。

入江俊郎『憲法成立の経緯と憲法上の諸問題——入江俊郎論集』（入江俊郎論集刊行会、一九七六年）六九—八一、九六—一〇七、二〇一—二〇三頁も参照。

（57）Interview of Shidehara by the National Catholic Welfare Conference News Service (Father Patrick O'Connor, Correspondent), January 31, 1946（「幣原平和文庫」リール十七）。

（58）『毎日新聞』一九四六年二月一日。田中英夫『憲法制定過程覚え書』三九—四九頁も参照。

（59）『毎日新聞』一九九七年五月三日。細川護貞『細川日記』下、一七三—一七四頁、五百旗頭真『占領期』二〇五—二〇八頁も参照。

（60）Charles L. Kades oral history, December 12, 1961, Oral History Research Office, Columbia University; 高柳賢三・大友一郎・田中英夫編『日本国憲法制定の過程　一　原文と翻訳——連合国総司令部側の記録による』（有斐閣、一九七二年）九八—一〇七頁。

(61) 佐藤達夫『日本国憲法成立史』第二巻、六八九―六九一頁。

(62) 江藤淳編『占領史録』下、一八五―一九一頁、高柳賢三ほか編『日本国憲法制定の過程 一』三五二―三七一頁、佐藤達夫／佐藤功補訂『日本国憲法成立史』第三巻（有斐閣、一九九四年）四七―五八頁。

(63) 進藤榮一ほか編『芦田均日記』第一巻、七五―八〇頁。木下道雄『側近日誌』一五五―一五六頁、松村謙三『三代回顧録』二八九―二九〇頁も参照。

(64) 憲法調査会総会における芦田均の発言、一九五七年十二月五日（憲法調査会編『憲法調査会第七回総会議事録』憲法調査会、一九五七年）七六頁。高柳賢三・大友一郎・田中英夫編『日本国憲法制定の過程 二解説――連合国総司令部側の記録による』（有斐閣、一九七二年）八四頁も参照。

(65) 幣原謹話案、一九四六年三月六日（「入江俊郎関係文書」リール七、国立国会図書館憲政資料室所蔵）、佐藤達夫談話、一九五五年二月二十八日、四月十二日（「日本国憲法制定に関する談話録音」五）。『朝日新聞』一九四六年三月七日、佐藤達夫『日本国憲法成立史』第三巻、七四―七五、九三、一一一、一六四、一七七、一八九、二〇〇頁、松村謙三『三代回顧録』二八八、二九一頁も参照。なお、憲法成立の過程で「至高」の文言は削除された。

(66) 進藤榮一ほか編『芦田均日記』第一巻、八七―九一頁。木下道雄『側近日誌』一六三―一六五頁、升味準之輔『昭和天皇とその時代』六七―七〇頁も参照。

(67) 「二十一年三月二十日枢密院ニ於ケル幣原総理大臣ノ憲法草案ニ関スル説明要旨」（「幣原平和文庫」リール三）、「帝国憲法改正ニ付内閣総理大臣説明要旨」一九四六年四月二十二日（「鈴木貫太郎関係文書」十三、国立国会図書館憲政資料室所蔵）、村川一郎編『帝国憲法改正案議事録』（国書刊行会、一九八六年）一三―一四〇頁、櫻井良樹「鈴木貫太郎日記（昭和二十一年）について」（『野田市史研究』第十六号、二〇〇五年）一一六、二二四、二二五頁。

(68) 入江俊郎『憲法成立の経緯と憲法上の諸問題』二二一頁、憲法制定の経過に関する小委員会における青木得三の発言、一九五八年七月十日（憲法調査会編『憲法制定の経過に関する小委員会第八回議事録』）三―四頁。

(69) 金森徳次郎談話、一九五七年十二月十六日(「日本国憲法制定に関する談話録音」九)、寺崎英成「『マッカーサー元帥』との御会見録」。金森は第一次吉田内閣国務大臣などを歴任していた。
(70) Mark Gayn, *Japan Diary* (New York: William Sloane Associates, 1948), pp. 164-171; 伊沢多喜男文書研究会編『伊沢多喜男関係文書』二七〇頁。
(71) 議会政治研究会『政党年鑑 昭和二十二年』(ニュース社、一九四七年)三七頁、幣原喜重郎「今回の総選挙について」一九四六年四月九日放送(1-2A-040-00・資-00306-100, 国立公文書館所蔵)。後者については「幣原平和文庫」リール十一も参照。
(72) 議会政治研究会『政党年鑑 昭和二十二年』三七―四一頁、古島一雄『一老政治家の回想』二六六―二六九頁、斎藤隆夫『回顧七十年』(中公文庫、一九八七年)二〇六―二〇七頁。福永文夫『占領下中道政権の形成と崩壊』七〇―七四頁、中北浩爾『経済復興と戦後政治 日本社会党 一九四五―一九五一年』(東京大学出版会、一九九八年)一三―一六頁も参照。
(73) 伊藤隆・渡邊行男編「齋藤隆夫日記〈抄〉」(『中央公論』一九九一年一月号)一五九―一六三頁、楢橋渡『激流に棹さして』一三五頁。伊藤隆『昭和期の政治』(山川出版社、一九八三年)二一九―二二九、二七三―二七四頁、伊藤隆『続 昭和期の政治』(山川出版社、一九九三年)一二一頁も参照。
(74) 袖井林二郎編『吉田茂＝マッカーサー往復書簡集 一九四五―一九五一』四―五、一二一―一二三頁、財団法人吉田茂記念事業財団編『吉田茂書翰』六七二頁、細川護貞『細川日記』下、一九七、一九九頁、伊藤隆・季武嘉也編『鳩山一郎・薫日記』上(中央公論新社、一九九九年)四三七―四四〇、四四三頁。
(75) 朝日新聞社編『入江相政日記』第二巻、五八頁、石橋湛一・伊藤隆編『石橋湛山日記 昭和二十―三十一年』上(みすず書房、二〇〇一年)一一五頁。
(76) 議会政治研究会『政党年鑑 昭和二十二年』四〇―四二、一四五―一五六頁。憲法改正審議録の一部として、憲法調査会事務局編『帝国憲法改正審議録』第三巻(憲法調査会事務局、一九五九年)一六―一七頁、第四巻(一九五九年)七二―七四、一八九―一九〇、三八五頁、第五巻(一九五八年)二八七―二八九、三二〇―三二二、三九四―三九五、四五二―四五三、四五九―四六二頁。

清水伸編『逐条日本国憲法審議録』第一巻（有斐閣、一九六二年）五〇八―五〇九、五一九―五二〇頁、第二巻、二一―二二頁、丸山真男・福田歓一編『聞き書 南原繁回顧録』（東京大学出版会、一九八九年）三三三頁も参照。

(77) 幣原宛芦田「辞職願」、一九四六年四月十九日（「芦田均関係文書」書類の部、一六五―一、国立国会図書館憲政資料室所蔵）、幣原宛芦田書簡、四月十九日（同上、一六五―二）。

(78) 進藤榮一ほか編『芦田均日記』第一巻、九八―一〇一、一三八―一四〇、一四八、一四九、一五二、一五八、一六一―一六二、一六五、一六七、一七三、一八一、一八三、一八四、一八九、一九三、一九四、一九七、一九八、一九九、二〇〇、三二四、三二五、三二六頁、伊沢多喜男宛幣原書簡、一九四七年六月二日（伊沢多喜男文書研究会編『伊沢多喜男関係文書』芙蓉書房出版、二〇〇〇年）二七一―二七二頁、菅原通済「芦田民主党総裁の決定まで」年代不明、九月十四日（「幣原平和文庫」リール十三）。

石橋湛一ほか編『石橋湛山日記 昭和二十―三十一年』上、一六四、一九一頁、朝日新聞政党記者団『政党年鑑 昭和二十三年』（ニュース社、一九四八年）三〇―五三、七九―九〇、二〇六―二一三頁も参照。

(79) 芦田均談話、年代不明、九月七日（「幣原平和文庫」リール四）、進藤榮一ほか編『芦田均日記』第二巻、一〇―一一頁。

(80) 『朝日新聞』一九四七年十一月十六日、十一月二十九日、一九四八年三月十六日、石橋湛山宛幣原書簡、一九四八年一月一日（「石橋湛山関係文書」二九二、国立国会図書館憲政資料室所蔵）、石橋湛山「幣原さんの思い出㈠」（『東洋経済新報』第二四六五号、一九五一年）二一頁、朝日新聞政党記者団『政党年鑑 昭和二十四年』（ニュース社、一九四九年）一三〇―一四六頁、政策研究大学院大学編『オーラルヒストリー 松野頼三』上（政策研究大学院大学、二〇〇三年）五〇―五一頁。

幣原派の動向については、福永文夫『占領下中道政権の形成と崩壊』一九〇、一九八―二〇〇、二一六、二四五、二七〇、二七二頁も参照。

(81) 幣原喜重郎『外交五十年』一四八―一四九頁。

(82) 幣原喜重郎「忘れ得ぬ人々――交友回想記」（『文藝春秋』一九五一年一月）五四―六一頁。

第7章　東京裁判を超えて

一　東京裁判

幣原と東京裁判

一九四六（昭和二十一）年五月に吉田内閣が成立すると、幣原は国務大臣に就任した。このころの政党政治に対する幣原の言動については、前章で述べた通りである。本章では、老いゆく幣原の対外構想や歴史観をみていきたい(1)。とりわけ重要なのが東京裁判であろう。幣原は東京裁判に出廷しており、法廷での証言から歴史認識をうかがえる。

そこでまず、東京裁判そのものにふれておきたい。東京裁判とは、ポツダム宣言第十項に基づいて、アメリカ、イギリス、ソ連、中国、フランス、オランダ、カナダ、オーストラリア、ニュージーランド、フィリピン、インドの十一カ国が日本の戦争指導者に対して行った国際的な戦争裁判のことである。正式名称は極東国際軍事裁判という。二十八人のA級戦犯容疑者を被告として、東京裁判は一九四六年五月に市ヶ谷で開廷した。裁判長にはオーストラリアのウェッブ（William Flood Webb）が任ぜられ、首席検察官を務めたのはアメリカのキーナン（Joseph Berry Keenan）であった。

一九四八年十一月に下された判決では、東条英機をはじめ土肥原賢二《どひはらけんじ》、板垣征四郎、木村兵太郎、武藤章《むとうあきら》、松井石根、広田弘毅の七人が絞首刑とされた。荒木貞夫《あらきさだお》や畑俊六《はたしゅんろく》、平沼騏一郎、木戸幸一、小磯国昭、南次郎、白鳥敏夫、梅津美治郎など十六人は終身禁固刑となった。

それにしても、東京裁判ほどに論争的なテーマも珍しいのではなかろうか。しばしば争点となるのは、東京裁判における「平和に対する罪」や「人道に対する罪」が事後法の適用であり、原爆投下といった連合国の行為は不問となったことである。

これらのことから、東京裁判は「勝者の裁き」ともいわれてきた。論争のなかには、「東京裁判史観」という言葉がある。「東京裁判史観」の明確な定義は不詳だが、日本の近代そのものに否定的な歴史観を批判する用語であろう。いわゆる「自虐史観」の類義語といえようか[2]。

もっとも、「東京裁判史観」という言葉にはいささか奇妙な響きがある。確かに東京裁判は、「勝者の裁き」であったのかもしれない。だが、東京裁判は共同謀議を前提としつつ、日本の近代史を全否定したわけではない。昭和天皇も訴追されなかった。これこそ日本政府をはじめ東条英機やマッカーサー、キーナン首席検事らが最も憂慮した点であった。

東京裁判の歴史観が近代日本の全否定でないとすれば、一体いかなるものであろうか。裁判の基調の一つとなるアメリカの対日観は、善悪の二元論で成り立っていた。穏健派と軍国主義者が対峙した末に、前者は後者に圧倒されたという図式である。占領政策を遂行するためにも、当然ながら昭和天皇は穏健派に区分された。

近代日本の全否定という歴史認識があったとするなら、それはむしろ旧ソ連の公的な史観に示される。ソ連は、東京裁判では裁かれなかった財閥の責任も重くみており、日本の侵略計画とされる「田中上奏文」については本物とみなした。また中国では、日本の国民と軍国主義者を区別する傾向にあった。アメリカ型とは異なる意味での二元論といえよう(3)。

アメリカ型の二元論からするなら、幣原は穏健派の代表格でなければなるまい。かつてグルー駐日アメリカ大使も、そのようにみていた。穏健派と目される者のなかで、証人台に立ったのは幣原だけではない。若槻礼次郎や岡田啓介、宇垣一成などもいる。

キーナンは若槻、岡田、宇垣、米内光政を自宅のカクテル・パーティに招き、「日本における真の平和愛好者はあなた方四名である」と上機嫌であった。こうしてみると、アメリカのいう穏健派と軍国主義者を峻別できるのかという疑問が当然に浮かぶ。とりわけ、米内は日中戦争初期の海相であり、紛争拡大へと急転させた当事者の一人であった(4)。

これらを念頭に、以下では幣原の最晩年をたどっていきたい。初めて東京裁判に出廷したころ、幣原は吉田内閣の国務大臣であり(5)、国際検察局の尋問に対しても満州事変などについて証言していた。また幣原は、外務省の再建にも尽力した。幣原は、帝国の崩壊に至る戦前をいかに総括して、どのように戦後日本の国際的地位を見通したのであろうか。

検察側の証人として

一九四六年五月三日、東京裁判が開廷した。外務省は、市ヶ谷に分室を設置して連絡に努めていた(6)。

すでに幣原内閣は四月二十二日に総辞職しており、次の吉田内閣で幣原は国務大臣となった。吉田内閣は、吉田の自由党と幣原の進歩党による連立である。六月十八日には、アメリカに一時帰国していた首席検事のキーナンが、昭和天皇について注目すべき発言を行った。ワシントンの記者会見において、キーナンは天皇を訴追せずとしたのである。そのことは、すぐに日本へ伝わった(7)。

幣原は胸をなで下ろし、六月二十五日に市ヶ谷へ向かった。検察側の証人として出廷するためであった。張り詰めた面持ちの幣原が証人台に立つと、右手には十名の裁判官が居並んでいる。正面の検察官や主任弁護人と向き合い、左手からは全被告の視線を一身に浴びた。

被告席には、かつて幣原の部下だった広田弘毅や重光葵、東郷茂徳、白鳥敏夫もいた。ただし、そこに松岡洋右と大川周明《おおかわしゅうめい》の姿はみえない。さらにその外側を記者団や傍聴人、通訳ブースが囲んだ。

裁判の冒頭では、検察官が幣原の宣誓口述書を朗読した。ここで大島浩《おおしまひろし》の弁護人は、幣原口述書の受け入れに反対した。大島は、陸軍軍人でありながら駐ドイツ大使となり、白鳥敏夫駐イタリア大使とともに日独伊三国同盟を推進していた。しかし、大島の弁護人による反対は、裁判長のウェッブによって却下される。

読み上げられた幣原の口述書は、満州事変を中心としていた。それによると、幣原は柳条湖事件の直前に、関東軍が集結して弾薬物資を持ち出しているという「機密報告」を得て、「或《あ》ル種ノ行動」を予見したという。事件後には不拡大に努めたものの、若槻内閣は辞職を余儀なくされたともいう。

これに対して、南次郎の弁護人が反対尋問を行った。反対尋問とは相手側の当事者が行う尋問のことであり、幣原は検察側の証人として出廷しているため、弁護側から幣原に対する尋問は反対尋問と呼ばれる。一方で、申し立てた側の当事者が行う尋問を直接尋問という。

南次郎の弁護人は、幣原のいう「機密報告」の情報源について反対尋問を行った。幣原は言葉を詰まらせながら、在満州の居留民が上京した際に伝えた「風説」にすぎないものであり、「公ノ報告ヲ受ケタト云フ意味デハアリマセヌ」と述べた。

さらに幣原は当時の南陸相について、「南大将ハ自分ノ及ブ限リ協力シテ呉レ」たのであり、陸相を通じて軍を抑制しようとしたものの、外務省としては事件の原因を直接に調べられなかったと証言した。南を犠牲にするわけではないが、外務省に落ち度はないことを強調したものといえよう。

松井石根の弁護人も黙っていない。陸軍軍人の松井は、中支那方面軍司令官として日中戦争期に南京の攻略に当たっていた。松井の弁護人は、幣原外相期の南京事件や万宝山《まんぽうざん》事件、中村大尉事件に論及した。

このうちの万宝山事件とは、長春郊外の万宝山において、中国人農民と朝鮮人農民が衝突したものであった。また、中村大尉事件とは、参謀本部の中村震太郎《なかむらしんたろう》大尉が中国東北の洮南《とうなん》付近で兵要地誌調査中に殺害されたものである。万宝山事件と中村大尉事件は一九三一年夏に発生しており、いずれも満州事変の原因として知られていた。

このように日本側の被害を訴えようとする弁護人に対して、幣原は冷静さを取り戻していった。とりわけ、一九二七年の南京事件について、「日本ノ居留民ガ確カニ掠奪《りゃくだつ》ヲ受ケテ、一部分ノ人ハ負傷シタ人ハアリマス、併《しか》シ死ンダ人ハナカツタト思ヒマス、……殊《こと》ニ『イギリス』『アメリカ』ノ方ハ尚ホ酷《むご》カツタト思ヒマス」と幣原は答えた。つまり南京事件で、英米に比べて日本の被害は少なかったというのである。

さらに、白鳥敏夫の弁護人からも反対尋問がなされた。白鳥は第二次幣原外相期の情報部長であり、外務省革新派の中心でもあった。その白鳥に対して、幣原は意外にも好意的な態度を示した。若槻内閣の「平和政策ノ線ニ沿」っていたというのである。

かくして幣原の口調は、穏やかになっていった。白鳥をはじめとする元外交官については、一切批判しないのである。これには検察側も、反対尋問が直接尋問の形式になっていると反発した。

その傾向を強めたのは、重光の弁護人による反対尋問であった。これに対する幣原の証言は、ほとんど重光への擁護に近い。幣原によると、自らの推薦で重光は駐華公使となり、その仕事ぶりに「私ハ全ク満足致シテ居リマシタ」という。ただし関東軍の謀略について、重光から事前の情報はなかったという。柳条湖事件の後に、重光が宋子文《そうしぶん》との会談を提起してきたとも幣原は語った(8)。

重光の弁護人は、翌六月二十六日にも幣原への反対尋問を続行した。幣原は満州事変を追想しながら、「当時ノ重光公使ハ誠心誠意」努力してくれたと言い切った。

また、陸軍については統帥権の関係から、「満洲軍ニ拘《かかわ》ラズ総テ陸軍ノ部内ニ居ル人達ヲ内閣ガ懲戒ニ附スルト云フコトハ出来マセヌ、是ハ政府ノ職権デハナイノデアリマス」とも幣原は述べた。南陸相というよりも陸軍出先、ひいては制度的な欠陥に満州事変時の問題点を求めたものといえる(9)。

このような幣原証言には、明らかにねじれ現象が含まれていた。検察側証人の幣原が、被告の白鳥や重光に有利な発言を繰り返したのである。つまり幣原は、思想の異なるはずの白鳥や重光を擁護した。

幣原の本心としては、白鳥らの個人というよりも、外務省という組織を守りたかったのであろう。「幣原男証人に出廷、記者（重光自身を指す——引用者注）に対し有利なる証言をなす」というのが、重光日記の一節である。[10] 幣原は南や重光を前にして、検察側証人と弁護側証人を同時に演じたといえよう。

かくして幣原は、遠い記憶を呼び起こすように証言した。その抑揚ある答弁には、被告の南や荒木も緊張しながら耳を傾けた。その模様を『朝日新聞』の見出しは、「関東軍『抑制』出来ず満洲事変拡大す　幣原国務相、証人に立つ」、「満洲事変の責任は南陸相にあり　幣原国務相、明かに証言」と伝えている。

しかし、幣原の真意は先に述べたように、必ずしも南への批判ではない。『朝日新聞』以外でも、例えば『読売新聞』によると、幣原は「苦虫をかみつぶしたごとくニコリともしない」という。やはり見出しは「満洲事変の責任　陸軍大臣にあり」という類のものであった。[11]

それから約一年後、一九四七年六月二十四日のことである。幣原は国会議事堂で、国際検察局から尋問を受けていた。尋問の中心は、ここでも満洲事変であった。国際検察局は、林久治郎駐奉天総領事から事変直前にもたらされた情報によって、どこまで幣原が関東軍の謀略を予見していたかと質問した。さらに、南次郎陸相や土肥原賢二奉天特務機関長、本庄繁関東軍司令官の立場についても幣原から聴き出そうとした。とりわけ、南についての質問が執拗《しつよう》である。

幣原は柳条湖事件の予兆について、情報が林ではなく、東京に一時帰国していた日本の商人から伝わったと答えた。そこで幣原が南を呼び出したところ、南は善処するといいながらも、「紛糾を恐れるあまり、規律を保持するような厳しい措置を講じなかった」という。本庄や土肥原について質問されると、現地での謀略については幣原のみならず、南も十分には知りえなかったと幣原は回答した。ここでの幣原は、南の意志薄弱に批判的である。

この幣原証言を国際検察局は疑問視した。とりわけ、林総領事から十分な情報が伝わらなかったという点である。しかし、東京裁判の被告は南や土肥原であり、幣原ではない。国際検察局と幣原は、主たる責任が陸軍にあることを立証するよう、暗黙のうちに共同作業をするに至ったといえようか(12)。

それでも、南に対する幣原の批判が突出していたわけではない。法廷では証人台に立たなかった広田弘毅も、尋問のなかでは満州事変における南の責任を重くみていた(13)。

ただし、幣原証言には言い逃れに近いところもあった。木村鋭市満鉄理事の通告で林総領事が満州事変前に関東軍の計画を察知し、そのことを中央に伝えていたからである。林は事変直後にも、謀略の公算が高いことを幣原に知らせていた。第4章三で論及したように、柳条湖事件翌日の閣議で幣原が林からの電報を披露したため、南陸相は朝鮮軍の増援を切り出せなかったのである(14)。

なお、元関東軍司令官の本庄は、一九四五年十一月に自決していた。

弁護側の証人として

その間の一九四七年二月には弁護側の反証が始まっており、被告の弁護人は再度の証言を幣原に要請した。このため幣原は同年七月に、弁護側証人としての出廷に必要な宣誓口述書を用意した。そこでは前年六月の宣誓口述書よりも、満州事変時における南との関係を掘り下げていた。幣原と南は協力して満州事変の不拡大に努めており、両者に確執があったというのは「虚構ノ風説」にすぎないと幣原はいうのである。こうした内容は、検事側証人の田中隆吉《たなかりゅうきち》が幣原と南は不和であったと証言したことに反駁するものでもあった(15)。

しかし、出廷の日が近づくにつれ、幣原は歩行困難になっていった。激痛で起き伏しもままならず、聖路加国際病院によって腰筋痛と診断された。「当分ノ間就床保温安静ヲ保チ加療スヘキモノナリ」と病院の診断書はいう。喜寿を控えた老齢の身に長年の疲労が蓄積しており、出頭できる状態ではなかった。やむなく、幣原の自宅に出張して尋問することになった(16)。

幣原邸は世田谷の岡本にあった。一九四七年十一月十一日の昼下がりに、判事一名、検察官三名、弁護人三名がそこを訪ねた。検察官は、イギリスのコミンズ＝カー（Arthur S. Comyns-Carr）ほか二名である。弁護人の三名は、それぞれ小磯国昭、重光葵、南次郎の担当者であった。もちろん、速記者や書記局もいた。弁護人一名などを除くと、ほとんどが外国人であった。

そこで幣原は、検察官と弁護人の了承を得て、よどみない英語で語り始めた。

幣原によれば、柳条湖事件前に数名の在満邦人が外務省に現れて「異変が起こりつつある」と伝えたため、南陸相を呼び出して軍紀粛正《ぐんきしゅくせい》を求めたところ、南は善処すると述べた。満州事変の勃発後には、現地から寄せられた電報の写しをすべて南に開示したという。

だからといって幣原は、南だけに責任を帰すのではなかった。南は若槻内閣の決定事項を実行しようとしたが、現地の部下が守らなかったのであり、南が朝鮮軍の増援を主張したわけでもないという。南が予算を抑えて事変の拡大阻止を試みていたら、「軍人の間に革命が起りうるのであり」、「南はこの問題を現実的方面から考えなければならなかつた」と幣原は語った。このように幣原には、南をも擁護するところがあった。

法廷で幣原の尋問書が取り上げられたのは、一九四七年十一月十九日であった。これには土肥原の弁護人が異議を申し立てた。幣原の尋問書は土肥原と大いに関係するにもかかわらず、事前に通告されなかったというのである。

翌二十日にも、やはり土肥原の弁護人が同じく異議を唱えた。それでもコミンズ＝カー検事は、なんとか反対尋問の朗読にこぎ着けた。柳条湖事件後の幣原宛林電報も九通ほど示された。その電報とは、満州国執政となる溥儀《ふぎ》に対する土肥原の工作を伝えるものであった。したがって、内容的には南というよりも、土肥原に打撃となるものである(17)。

ただし法廷の印象とするなら、幣原の尋問書をめぐるやりとりは、南と土肥原の双方に悪影響を及ぼすとみられた。重光は日記に、「幣原証言報告続く――カー検事論争して証人の認めた文書の朗読が許さる。奉天総領事と外相との往復電報等なり、南、土肥原に不利益なり」と書き入れている。『読売新聞』は、「南に関東軍統御の力なし 幣原尋問報告書」との見出しで伝えた(18)。

とはいえ、弁護団が幣原証言の有用性を見過ごすはずもない。南についての弁護側最終弁論は、幣原の証言を繰り返し引用した。それによると、幣原は南と今日まで親交を続けており、南が国際連盟脱退を閣議で提起したことはなく、満州事変時にも南は協力的であったし、関東軍の謀略にかかわる事前の情報は非公式だったという(19)。

東京裁判の判決は、一九四八年の十一月に下された。判決はきわめて長文であり、それを朗読できるのはウェッブ裁判長だけである。このため、判決の朗読には一週間を要し、南と土肥原はそれぞれ終身禁固と絞首刑に処せられた。

それにしても、どこまで判決は公正であったのか。やはり疑問を呈したくなってしまう。判決B部の第五章第一節「満洲への侵略と占領」に限ってみても、顕著な矛盾がみられた。つまり、「外務大臣幣原は仲裁の努力を続けた」という項目では、幣原は柳条湖事件前から関東軍の謀略という風説に接していたものの、確証を得てはいなかったとして、事件直後に南を詰問したことが強調された。

これに対して「奉天事件は計画的なものであった」の項目によると、林が事件前から幣原に情報を伝えており、幣原は南に抗議したところ、南が謀略を阻止するために建川美次《たてかわよしつぐ》を満州に派遣したというのである。(20)

裁判の基調の一つとなるアメリカ側の対日観は、昭和天皇を含む穏健派を侵略的な軍国主義者と対峙させるものであった。これに呼応するかのように、幣原をはじめ宇垣一成や若槻礼次郎、岡田啓介は証人台において、穏健派の立場から軍部を告発したとされがちである。(21)実際のところ、そうした面も確かにあった。

ただし、少なくとも幣原に関する限り、なにも軍部を糾弾したいのではない。それどころか弁護側の最終弁論は、幣原証言を好意的に引用していた。軍人への責任転嫁という批判は、必ずしも当たらないであろう。それだけに、幣原の戦争責任論にはあいまいさが残る。口述筆記の『外交五十年』をみる限り、軍部にもまして近衛文麿の無分別を嫌悪していたのであろうか。(22)

いずれにせよ幣原にとって肝要なのは、組織としての外務省を守ることであった。

二　外務官吏研修所

幣原の断ち切れない外務省への愛惜は、市ヶ谷の法廷以外でも表れた。なかでも、外務官吏研修所の開設を逸することはできない。

この外務官吏研修所には前身があった。すでに外務省は一九四一年の段階で、新規採用者の訓練を目的とした外務省訓練所を設置していた。その訓練所は終戦後まで維持されていたが、官制上の根拠がなく、運用に支障をきたしていた。

そこで、一九四六年二月の外務省官制改正によって、正式に外務官吏研修所の開設に至った。研修所の用地には、文京区大塚にある東方文化学院の建物を借り受けた。

吉田とともに、研修所の開設を推進したのが幣原であった。初代所長には、外務次官の松嶋鹿夫が就任した。幣原は三月一日の開所式に、首相として出席している。これには吉田外相も同行した。松嶋所長は挨拶に立ち上がり、「本研修所の開設が、偏に幣原総理大臣閣下の御尽力の賜なることを指摘し」た。

すると幣原が祝辞を述べ、「人格の陶冶《とうや》及語学の研鑽《けんさん》の肝要なることに付て、真情溢るる御話あり、後進に至大の感銘を与へられ」た。研修所の図書室には、石井菊次郎や山川端夫の蔵書をはじめ約一万七千冊が運び込まれた。語学はもとより、タイプの授業もある。研修期間は六カ月とした。[23]

松嶋初代所長に続く二代目の所長も、やはり外務次官の寺崎《てらさき》太郎《たろう》であった。次官による所長の兼任は不自然ではないが、名目的な所長では若手の育成に限界がある。所長が専任であるに越したことはない。幣原と吉田には、専任の所長として意中の人がいた。佐藤尚武である。

当時まだ駐ソ大使の任にあった佐藤は、ようやく一九四六年五月に帰朝した。幣原内閣が退陣したころである。しかし佐藤は、所長就任の打診を受けても慎重であった。佐藤は、公職追放の対象外であることをGHQに確認し、やっとのことで受諾した。こうして佐藤は、同年八月に三代目の所長として就任した。初めての専任所長であり、実質的には初代所長といってよい。佐藤も自らを初代所長とみなしていた(24)。

国務大臣となった幣原は、佐藤の所長就任式で自ら講演している。佐藤を前に幣原は、外務省顧問デニソンとの師友関係を思い起こしながら、「正直な事こそ、最善の外交政策であらうと思ふのであります」と外務研修生らに語りかけた。ここには吉田首相兼外相も同席していた。小幡酉吉と松平恒雄のような長老も、外務省研修所の顧問に就任した。幣原からすれば、吉田らはすべてかつての部下である。研修所では特別研修として、著名な外交史家が講演することもあった(25)。

それにしても幣原や吉田は、なぜこの時期に外務官吏研修所を設置したのだろうか。なにしろ、占領は緒に就いたばかりであり、中立国とすら外交関係は途絶えつつあった(26)。独立回復のめども立っていない。占領下の外務省は、日本政府と占領軍の間で伝達や折衝を行うにとどまっており、このため外務省の外局として終戦連絡事務局が設けられた。その終戦連絡事務局に、外務省は多数の人材を送り込んでいた。

それでも在外公館は閉鎖されつつあり、海外から引き揚げてくる外務省員が絶えない。しかも人員整理を余儀なくされていただけに、外務省からの人材流出が懸念された。通訳や弁護士に転職する者も出始めた。けれども、日本が独立して外交関係を再開する日は必ず訪れる。国交の回復に向けて、どうしても外務省員を温存せねばならない。

かつて幣原は、首相在任中にこう語っていた。

我国の如き特殊性の多い国では外交官の養成は欧米各国なぞとは異なり非常に骨が折れるし、時も掛かる（マヽ）今明日中に要るからとて直く間に合ふものではない。今後に備ふる為其養成訓練には不断の努力が必要である。(27)

つまり幣原は、短期間に外交官を育成できるものではないというのである。外交官の転職を食い止めるには、外務省関係者の政治力が不可欠となる。幣原や吉田が研修所を開設したのは、外務省員を確保するためにほかならなかった。吉田も若手をかわいがり、年に一度は研修所において訓話を施した。幣原や吉田にとって、研修所の開設は単なる訓練目的ではなかったのである。(28)

なお吉田内閣のもとで、一九四六年六月に復員庁が設置された。国務大臣の幣原は、復員庁総裁となっている。霞関会《かすみがせきかい》という外務省の親睦会でも、幣原は会長を務めた。(29)

三　イギリスと中国

占領下での優先課題は、対米関係の構築であった。責任ある立場の者であれば、だれしもアメリカの圧倒的な重要性を認識していた。かつて幣原は、内閣を引き継ぐ際に「今後、日米外交は無理のないよう、あくまで米国と協調しながら、その間日本の立場をもり立てて行くつもりである」と東久邇宮に語っていた[30]。幣原は、マッカーサーをはじめ、元駐日米国大使のキャッスルやグルー、フォーブスにまでしばしば書簡を送っていた[31]。

ただし幣原は、単純な親米派ではなかった。確かにその行動は少なからずアメリカ寄りであったものの、幣原は戦前からイギリスに外交の理想をみていた。そのことは占領下でも変わらない。とりわけ印象的なのは、幣原、吉田茂、佐藤尚武の座談会である。

この座談会は、一九四九年十二月に開催された。吉田の親英は有名だが、幣原や佐藤も負けてはいなかった。幣原がブライスやグレイを称賛すると、佐藤は外相のサイモン（John Allsebrook Simon）やイーデン（Anthony Eden）を持ち上げた。三長老の回顧談はイギリスに集中した。アメリカは出てこない[32]。

もっとも幣原は、イギリスとの関係を楽観していなかったであろう。かつて幣原は、首相在任中の一九四六年一月に、旧知のサンソムと会談していた。来日したサンソムは、極東諮問委員会代表団のイギリス代表という肩書きであった。

このときサンソムは、「日本の残虐行為ゆえに、いまでも世論は厳しい。おそらく日本軍は、敗戦よりも虐待によって日本に打撃を与えたといえよう」と幣原に語った。サンソムの言葉に、幣原は深い衝撃を受けたであろう。このことを幣原は昭和天皇に伝えて、天皇―サンソム会見の手はずを整えた。しかしサンソムは、国際的な代表団の一員であることを理由に天皇への謁見を避けた。このため、天皇とサンソムの会見は実現しなかった(33)。

他方で幣原は、アジアとの関係を軽視したわけではなかった。首相在任中の一九四六年三月に、幣原は「私の支那観」と題して講演していた。その会場は、日本工業倶楽部の日華聯誼《れんぎ》会である。それによると幣原は、「霞ヶ関にをつた頃から、……日支両国の関係に就いては、親善提携理解することの必要を強く信じてをつた」ものの、中国政府と国内世論の共鳴を得られなかった。しかし、いまでは「怨みに報ゆるに徳を以てす」という蔣介石に敬服しており、「蔣介石君のやり方を見て、私は非常に喜んでをるのである」という。

だが、特別な親善関係を性急に求めれば、終戦直後という現状ゆえに、かえって中国を窮地に陥れかねない。したがって、直ちに友好を回復することは難しい。それでも、「蔣介石君が在支の日本人に対して、出来るだけの保護を与へてをることは、私は実に心の中で感謝してをる。これでこそ初めて日支の関係の基礎といふものが定められるのであると思ふ」と幣原は語った。長期的な視野に立った日中親善論といえよう(34)。

とはいえ、中国や朝鮮半島の情勢は、あまりに流動的であった。この時期に幣原は、現実のアジア構想に着手するというよりも、むしろ地味な学術研究を支えようとした。東洋文庫の再建がそれであり、東洋文庫はアジア研究の機関として世界的に知られていた。幣原と東洋文庫の関係は古く、関東大震災の後にさかのぼる。震災に遭った幣原は、新居として岩崎家から六義園を与えられていた。

幣原が駒込の六義園で生活し始めると、間もなく東洋文庫の新館が完成した。それも、幣原の暮らす六義園の真向かいにであった。至近距離に東洋文庫が竣工したのは、もちろん偶然ではない。東洋文庫の創設者は岩崎久弥であり、岩崎久弥は三菱財閥の創立者、岩崎弥太郎の長男である。六義園の一帯を別邸とする岩崎家は、その南東に当たる敷地を東洋文庫に分譲したのであった[35]。当時の東洋文庫理事長は、浜口内閣で蔵相となる井上準之助であった。

一九三二年には、やはり幣原にとっては旧知の林権助が、東洋文庫の理事長に就任した。幣原自身は一九三五年十一月に東洋文庫の評議員となった。林理事長が一九三九年六月に他界すると、同年十二月、幣原は東洋文庫の理事に昇格した。一九四一年二月には、兄の幣原坦に蔵書を寄贈させている[36]。

さらに幣原は一九四七年十月、東洋文庫の理事長に就任した。東洋文庫の理事長として、幣原は名誉職以上の役割を果たした。もともと幣原には、書籍に深い愛着を覚える性癖がある。しかし東洋文庫は、戦災によって事実上、閉館していた。折しも幣原は、衆議院の議員でもあった。参議院の議長は松平恒雄であり、次いで佐藤尚武であった。幣原からすれば、いずれも外務省の後輩に当たる。

幣原は、その地位を活かしながら国会図書館との交渉に尽力し、東洋文庫を国会図書館の支部として再開した。一九四八年八月に、国会図書館長との契約書に調印した東洋文庫の理事長は、幣原にほかならない[37]。

のみならず幣原は、同年に設立された東邦研究会の会長にも就任した。この東邦研究会とは、対中関係の懇談会である。そこには元外交官の石射猪太郎や林出賢次郎も出席した。

東邦研究会の代表的な刊行物に、『現代東亜人名鑑』があり、幣原は会長として同書の序文を記した。「東亜諸国を知ることはいまわれわれの急務でなければならない。わが東邦研究会が戦後いち早く結成されたのも、ここにおもいいたつたからに外ならない」というのである。同書を実質的に編集したのは、外務省調査局第一課であった。(38)

四　超党派外交と安全保障

超党派外交

この間に政権は、第一次吉田内閣から片山内閣、さらに芦田内閣と交代していた。一九四八年十月になると、芦田内閣が総辞職した。総辞職は、昭和電工という大手化学会社への融資をめぐる疑獄事件によるものであった。これによって第二次吉田茂内閣が発足した。この吉田内閣は、一九五四年末まで続く長期政権となる。幣原は一九四九年一月の総選挙に再当選し、二月には衆議院議長に就任した。吉田内閣の閣僚ではなく、名誉職に祭り上げられたとみるべきであろう。

このころ幣原の課題は、来るべき講和に向けての党派を超えた外交、すなわち超党派外交であった。内政と外交の分離は年来の主張でもある。その直接的な契機は、一九五〇年六月のダレス（John Foster Dulles）講和特使の来日であり、ダレスはトルーマン大統領から対日講和の交渉を任されていた。もっとも、ダレスの訪日はこれが初めてではなかった。

かつて、ダレスは一九三八年二月から三月にかけて、日本と中国を訪れていた。十日ほどの日本滞在に際してダレスは、駐米大使の斎藤博に多数の紹介状を書いてもらった。ダレスと東京で会見したのは、外務次官の堀内謙介をはじめ、芳沢謙吉や牧野伸顕、樺山愛輔、そして幣原といった穏健派であった。このような穏健派を、ダレスは評価していた。もっとも、幣原がダレスと面談したのは短時間にすぎず、さしてダレスの印象には残っていない(39)。

このとき幣原にダレスと会うことを強く勧めたのが、駐日アメリカ大使のグルーであった。グルーの幣原宛書簡によると、「古い友人」のダレスが極東を調査しており、なかでも幣原に会いたがっているという。もっとも、グルーがいうように、ダレスが幣原との会見を切望していたかについては疑問の余地がある。むしろ、グルー自身が幣原のような人物をダレスに紹介したかったのだろう。だが、グルーの熱意は、一九三八年の段階ではダレスに伝わらなかった(40)。

それでもグルーの願いは、十二年越しに実を結ぶ。ダレスは一九五〇年六月の訪日を通じて、幣原をリベラル派と評するようになった。幣原が超党派外交に動き出すのはこのころであり、ダレスに示唆を得たのであろう(41)。ダレスは共和党系の弁護士ながら、戦前から対外政策にかかわっていた。

そこで幣原は、民主党最高委員長の苫米地義三《とまべちぎぞう》や、社会党書記長の浅沼稲次郎《あさぬまいねじろう》らに超党派外交を打診する。これに苫米地は共鳴したものの、社会党は幣原による超党派外交の申し入れを断った。すでに浅沼は、一九五〇年六月に「自由党の超党派外交は社会党としては了解できない」と訪日中のダレスに伝えていた。幣原と社会党のつながりも不十分であっただろう。それでも幣原としては相当な意気込みであり、吉田首相や民主党の芦田には勇み足とすら映っていた(42)。

とするなら、幣原のいう超党派外交とは、いかなるものであろうか。なにも特別なことではない。外交を政争の具としないことである。この点については、一九五〇年十一月のある講演に詳しい。それによると、幣原を突き動かすのは、かつて外務省にいたころの「苦い経験」だという。つまり「外交の問題が屡々政争の具に供され……政党間ではとかく外交問題をかつぎだしてきて当局の骨をしやぶるということになり勝ち」なのであった。それだけに、超党派外交の推進には適任だという自負が幣原にはある。

模範とすべきはイギリスであった。幣原によると「イギリスでは由来外交の継続性ということばがあり……イギリスの外交は一番信頼できるという感じを与えた」。逆にアメリカでは、ヴェルサイユ条約が議会で否決されたことすらあった。ようやく最近になって、アメリカでも超党派外交が認められたという。このため幣原は、「外交問題を政争の範囲から取除くべきことを主張している」[43]。

このように幣原は、政党政治下における外交の継続性を求めた。超党派外交という幣原の持説は確かに正論であり、見識といってもよい。イギリスを手本にしたくなるのも理解はできる。しかし、幣原の思い描くような超党派外交には、野党や世論、さらにはマスメディアの成熟ぶりが前提となろう。直ちに日本へ適用できるかどうかは、大いに疑問といわねばならない。

幣原の超党派外交は、野党のみならず、吉田首相や自由党幹事長の佐藤栄作にも敬遠されがちであった。とりわけ社会党に対する超党派外交の要請は、きわめて実現可能性の限られたものであった[44]。

安全保障

にもかかわらず、幣原の外交姿勢は進化していた。戦前には外務省の主導性を当然視した幣原だが、戦後になると与党については外交上の役割を認めて、野党の説得に奔走していたのである。そうした前提のもとで、幣原はどのような対外政策を模索したのか。

　争点となるのは再軍備や米軍の駐留である。もともと幣原は、戦後の安全保障について明確な構想を描けずにいた。吉田茂、佐藤尚武、松平恒雄との会談で、幣原は日本が侵略に無防備であることを認めつつも、漠然と「世界の世論」に期待した。同時に幣原は、「国際連合加盟は絶対反対だ」とも語っていた。国連による安全保障は期待できないし、それによって日本外交が浸食されるべきでもないという。

　このような発想は、戦前に国際連盟の東アジア関与を嫌ったころとさして変わらない。別の座談会で永世中立について尋ねられると、幣原は「あんなものをやつてなんの役に立つ《（ママ）》ですか」と一蹴した[45]。

　それでも、朝鮮戦争が一九五〇年六月に勃発したころから、安全保障の構想が幣原に芽生えてきた。もっとも、当面の関心は国内の治安にあり、これについては一九五〇年七月のダレス報告が興味深い。訪日を終えたダレスによると、あいまいな吉田首相の態度に比べて、幣原は率直であった。

　幣原は、「再軍備となればあまりにも高額になる」ため、どうにか米軍の駐留を継続してほしいとダレスに語ったのである。「あまりにも共産主義者は自由を与えられており、米軍が撤退するなら日本人は共産主義者の活動を抑制できなくなる」と幣原はいう。

　さらに幣原は、「日本人には反ロシア感情が強く」、万一、日本がソ連に占領されても現在のアメリ力に対するような協力はありえず、「結局のところソ連が軍事的に勝利しても失敗に帰するはずだ」と論じる。ダレスによると、「幣原男爵はこのような極論を表明した唯一の人物であった」[46]。このように幣原は、吉田にもまして軽武装による経済主義を意図していた。

ここに示された対ソ観は、戦前と少なからず異なっているように思える。なぜなら戦前の幣原には、反共的な観点が比較的に弱かったからである。だが冷戦の進展に際して、認識を改めたのではなかろうか。

さらに、朝鮮戦争が混迷を深めていくと、幣原は防衛問題の協議会で座長となった。そこには参議院議長の佐藤尚武、自由党衆議院外交委員長の植原悦二郎、民主党最高委員長の苫米地義三、読売新聞社社長の馬場恒吾などが駆け付けた。どうやら幣原は、憲法第九条とのジレンマを感じながらも、再軍備の必要性を認めていたようである。他方で幣原は、公職追放中の松村謙三に対して「米国は再軍備を強要せず」と語ってもいた。それだけに幣原は、在日米軍の役割を重視したといえよう[47]。

五　絶筆

一九五〇年の夏ともなると、幣原は日米関係の改善を肌で感じるようになっていた。それも政治や経済だけでなく、文化面でもしかりである。幣原によれば、「アメリカ人の日本研究熱が特に目立ってきた。生花や茶道、俳句や和歌などにも関心をもつて、日本を再認識しようとしているのが、何より嬉しい」という。

そんな矢先のことである。幣原は米軍によって横須賀に招かれた。のみならず、進駐軍の軍人と芝居の見物に出掛けた。上演されたのは「蝶々夫人」であり、長崎の芸者とアメリカ海軍士官の悲恋という内容だった。だが、進駐軍には実に不評である。かたわらの一士官は、「アメリカ人には、この芝居にあるような不人情な男などはない筈《はず》だ」とまでこぼした。ここで幣原は、「他人ごとと思わず、真面目に考えさせられた」。

幣原は、「唐人お吉」の演劇にも批判的であった。お吉は幕末の下田にて、アメリカ総領事ハリス（Townsend Harris）の侍女を務めたとされていた。それだけに幣原としては放っておけない。

というのも「唐人お吉」では、「色気たっぷりの中に、日本人らしいセンチメンタルなところを織り込んでいる」ため、「ハリスの清節を傷けるものとして、アメリカ人は憤慨している」。幣原によると、実際のハリスは「日本の開国と文化のために渾身の努力を捧げた」という。

そこで幣原は、雑誌『改造』の新年号に向けて筆を走らせる。ニューヨークで刊行されたハリスの伝記を引用しながら、その伝記は「唐人お吉の問題と全く反対な純潔な生涯を伝えている」と主張した。講和会議も間近なだけに、「日本開国の恩人ハリスの事跡について、もう一度、見直してみる必要があろう」と幣原は結んだ。幣原が急逝する数カ月前であった(48)。

一九五〇年といえば幣原の最晩年に当たっており、この年に幣原は英文でも筆を執っていた。『フォーリン・アフェアーズ』誌に寄稿するためである。アメリカの雑誌に向けた著述は今回が初めてではなく、かつてワシントン会議のときに執筆したこともあった(49)。しかし、稀なことには違いない。

今回の起稿は、ジョン・ガンサー（John Gunther）の直頼みによっていた。この著名なアメリカ人ジャーナリストは、一九五〇年にマッカーサーらを取材してまわった。ガンサーにとっては、一九三八年以来の訪日であった。そのガンサーが、幣原に『フォーリン・アフェアーズ』誌への投稿を強く勧めたのである。ガンサーは、幣原を主戦論者に抵抗したオールド・リベラルと評しており、幣原の秘書、岸倉松とも懇意であった。[50]

せっかくの勧めでもあり、幣原は英文で「満州事変の起源（Genesis of the Manchurian Incident of 1931）」を起筆した。その追懐は、第一次世界大戦前にさかのぼる。当時の日本は債務国であった。やがて日本は第一次大戦で債権国となったものの、関東大震災に見舞われた。

一九二〇年代は軍縮の時代であり、軍人が冷笑されるようにまでなっていた。そのころの軍部は、威光を取り戻そうと躍起になっていたという。外交面では中国との関係に苦心しており、「外相として差し出した友情の手を中国は握り返してくれなかった」。それどころか、国民政府は小幡酉吉駐華公使へのアグレマンを拒否したのであり、中村大尉事件や万宝山事件も発生してしまった。

ここから幣原の原稿「満州事変の起源」は核心に入る。幣原は、「一九三一年九月の初めごろ、日本の少壮軍人による極秘の軍事行動について在満民間人からうわさを聞いた」という。そこで幣原が南陸相に忠告すると、南は了解したものの、しかるべき成果は収められなかった。九月十九日の朝刊で柳条湖事件を知り、慌てて外務省に電話したところ、外務省は林総領事から同じ趣旨の電報を受け取っていた。

満州事変時の南は、概して協力的に描かれている。重光駐華公使は宋子文と直接交渉を試みたが、中国政府は国際連盟に提訴した。幣原によれば、提訴よりも直接交渉を先行させるべきであったという。かくして満州事変の早期解決は頓挫し、「大戦争の亡霊が足早に忍び寄ってきた」と同稿は結ばれた[51]。

以上が『フォーリン・アフェアーズ』原稿「満州事変の起源」の内容である。このような幣原の原稿に目新しさがあるわけではない。多くは東京裁判での証言を繰り返したものといえる。

他方で一九五〇年の秋に幣原は、読売新聞社の求めに応じて口述筆記を始めた。その内容は、「外交五十年」と題して『読売新聞』に連載された。六十一回に及ぶ連載のうち、第三十九回から第四十六回の記事が満州事変についてであった。その内容は、英文原稿の「満州事変の起源」と酷似している。おそらく幣原は、「外交五十年」をかたわらに「満州事変の起源」をしたためたのであろう。

その「外交五十年」が、単行本として読売新聞社から刊行されることになった。そこで幣原は一九五一年三月二日に、口述筆記をまとめた単行本『外交五十年』の序文を記した。幣原の序文によれば、「こゝに掲ぐる史実は仮想や潤色を加えず、私の記憶に存する限り、正確を期した積りである」という。単行本の編集には、元外交官の武者小路公共や石射猪太郎が協力してくれた[52]。

こうした経緯からしても、「満州事変の起源」は単なる回顧談ではない。自己の正当化を含むのは無論であろう。ガンサーの期待するように、オールド・リベラルとして振る舞う必要もあった。『フォーリン・アフェアーズ』への掲載は、時間の問題であるかに思われた。

だが「満州事変の起源」は、あえなく絶筆となった。突如として一九五一年三月十日、ついに幣原は不帰の客となったのである。単行本『外交五十年』の序文を書き留めてから、わずかに八日後のことであった。このため「満州事変の起源」は、『フォーリン・アフェアーズ』に掲載されずに終わった。

そこに『中央公論』が目を付けてきた。遺族の快諾を得ると、秘書の岸もこれを手助けした。原稿は、「戦争の幽霊――満洲事変の起因」と改題のうえで『中央公論』一九五一年五月号に発表された。これが幣原の遺稿となる。同じころの『フォーリン・アフェアーズ』に公表されたのは、吉田茂の論文であった。幣原の望んでいた超党派外交にはならないが、それでも吉田やダレスは講和後を見据え始めていた(53)。

本章では最晩年の幣原をみてきた。前章でも論及したように、幣原は政党政治に手を焼いていた。進歩党総裁として民主党の結成に参加したが、すぐに芦田派と離反して吉田の自由党に合流した。第二次幣原外相期に外務次官を務めた永井松三によると、幣原は内閣の退陣後に芦田と争うことなく引退すべきであったという(54)。

だが幣原には、やり残したことがあった。自ら手掛けた新憲法の普及はもちろんだが、やはり対外関係を憂慮していた。晩年の外交論には四つの特徴がある。

第一に、占領下の外務省に危機感を募らせ、再建を期していた。第二に、講和に向けて超党派外交を説いていた。幣原の超党派外交は、ダレスの来日を直接的な契機とするものの、思想的な背景はイギリスにある。第三に、米軍の駐留継続には吉田以上に積極的であった。第四に、東洋文庫の再建や演劇への批評にみられるように、対外関係における文化面を重くみた。

とりわけ、外務省への思いは盛時をしのばせる。東京裁判では検察側の証人として出廷しながらも、幣原からすると傍系の重光や白鳥を事実上擁護した。さらに幣原は、弁護側の証人としても裁判に参加していた。南の弁護側最終弁論では、これが有利に使用された。絶筆となった『フォーリン・アフェアーズ』論文でも、その基調に変わりはない。

このような幣原の戦争責任論には、あいまいさが残る。もっとも、そのことは幣原に限ったことでもない。幣原が急務と感じていたのは、研修所の設置にみられるような外務省の保全であった。

これらのことは、戦前戦後における連続―非連続という点からも興味深い。幣原とすれば、対華二十一カ条要求や田中外交を除くなら、一九三〇年代初頭までの日本は内外政とも順調に発展してきていた。だが、満州事変以降は、本来あるべき姿からの大いなる逸脱であった。

このため幣原は、自らの経験を戦後に活かさねばならないと考えた。すなわち、軽武装による経済主義的外交路線の確立と、対米英協調に基づく東アジアの秩序形成である。その際に肝要なのは、対外関係からの信頼回復であり、超党派外交の推進が不可欠となるはずであった。

しかし幣原には、それを十分に果たしうるだけの権力も余命も残されていなかった。日本の独立回復をみないまま、幣原は一九五一年三月に他界した。その意味で幣原の短い戦後には、日本外交の連続と断絶が凝縮されている。

それだけではない。幣原の胸裏には、かなわぬ願いが秘められていた。もともと幣原は、几帳面な学究肌の資性である。せめて最晩年には、内外の書物に囲まれながら「一生の仕事として英文で」日本外交史を書き残したいと夢見ていた。だが現実には、不向きな政党政治家として余生が尽きていく。著述に専念すべくもない。

辞世に幣原は、心残りな外交史の執筆に思いを致していたのであろうか。[55]

注

（1）本章は、拙稿「幣原喜重郎の戦前と戦後――東京裁判を超えて」（『中央大学論集』第二十六号、二〇〇五年）一―一五頁を下敷きとする。

本章との関連では、幣原平和財団編『幣原喜重郎』（幣原平和財団、一九五五年）、功刀俊洋「幣原喜重郎――『平和外交』の本音と建前」（吉田裕ほか『敗戦前後』青木書店、一九九五年）八七―一三一頁が重要である。前者は、関係者による顕彰的な伝記である。後者からは学ぶべきところも多いものの、幣原が東京裁判で南次郎に満州事変の責任を転嫁したことなどを強調しており、再検討を要するであろう。また、弁護側証人としての東京裁判出廷などには論及されておらず、外務省記録などとの対照にも研究の余地が残されている。

（2）「東京裁判史観」を論じたものとして、吉田裕『日本人の戦争観』（岩波書店、一九九五年）二〇六―二〇八頁、中村政則『現代史を学ぶ――戦後改革と現代日本』（吉川弘文館、一九九七年）九三―一二〇頁などがある。

（3）L. N. Smirnov and E. B. Zaytsev, *Sud v Tokio* (Moscow: Voennoe izdatel'stvo Ministerstva oborony SSSR, 1978), pp. 8-11, 34-47. レフ・ニコラーエヴィチ・スミルノーフ＝エヴゲーニー・ボリーソヴィチ・ザイツェフ／川上洸・直野敦訳／粟屋憲太郎解説『東京裁判』（大月書店、一九八〇年）八―一一、三一―四二、五〇〇―五〇一、五一〇、五一七頁、Anatolii Andreevich Gromyko and Boris Nikolaevich Ponomarev, eds., *Istoriya vneshnei politiki SSSR, 1917-1985*, vol. 1 (Moscow: Nauka, 1986), p. 264.

ソ連側動向については、粟屋憲太郎『東京裁判論』（大月書店、一九八九年）二〇九―二二六頁、粟屋憲太郎・NHK取材班『東京裁判への道』（日本放送出版協会、一九九四年）一四四―一六二、二〇五―二一〇七頁も参照。東京裁判に関する近年の浩瀚な研究として、日暮吉延『東京裁判の国際関係——国際政治における権力と規範』(木鐸社、二〇〇二年)があるものの、幣原への論及は少ない。

なお、キーナンは中国を訪問し、その模様をマッカーサーに報告していた。Interview with Madame Chiang Kai-shek, Shanghai, March 28, 1946, Joseph Berry Keenan Papers, Box 2, Harvard Law School Library, Harvard University; Keenan to MacArthur, April 8, 1946, Keenan Papers, Box 2.

(4)　若槻礼次郎『明治・大正・昭和政界秘史——古風庵回顧録』(講談社学術文庫、一九八三年)四〇六頁、相澤淳『海軍の選択——再考 真珠湾への道』(中央公論新社、二〇〇二年)八五—八六、一〇一—一一二、一三五—一四〇、一七一、二〇二—二〇四頁。

(5)　国務大臣として幣原は、昭和天皇により宮中の茶話会へ招かれた際に、吉田首相の次の席を与えられている。和田博雄日記、一九四六年八月十四日(「和田博雄関係文書」四七七、国立国会図書館憲政資料室所蔵)。

(6)　もちろん、戦犯裁判は東京裁判に限られない。戦犯裁判の概況に関する調査としては、外務省連絡局調査課「戦犯裁判の基本資料」一九五〇年十一月(「本邦戦争犯罪人関係雑件　調書資料関係(新聞、切抜を含む)」第一巻、D'.1.3.0.1-13、外務省外交史料館所蔵)を参照。

また、外務省連絡局による東京裁判の判決速記録として、外務省連絡局編『極東国際軍事裁判判決速記録』(外務省連絡局、一九四八年)がある。

(7)　『朝日新聞』一九四六年六月二十日。

(8)　「極東国際軍事裁判速記録」第十八号、一九四六年六月二十五日(新田満夫編『極東国際軍事裁判速記録』第一巻、雄松堂、一九六八年)一七八—一八六頁。

(9)　「極東国際軍事裁判速記録」第十九号、一九四六年六月二十六日(同上)一八八—一九二頁。

(10)　重光葵『巣鴨日記』(文藝春秋新社、一九五三年)二二頁。伊藤隆・渡邊行男編『重光葵手記』(中央公論社、一九八六年)六六〇頁もほぼ同趣旨。

(11)　『朝日新聞』一九四六年六月二十六、二十七日、『読売新聞』一九四六年六月二十六、二十七日。

(12)　粟屋憲太郎・吉田裕編『国際検察局(IPS)尋問調書』第四十八巻(日本図書センター、一九九三年)

一一四頁。

なお、一九三一年八月から九月にかけての幣原宛林電報は、GHQの指令により提出された。その写しは、「満洲事変 在奉天林総領事発幣原外相宛電報綴（副）」第二巻（A. 1. 1. 0. 21, 外務省外交史料館所蔵）に収録されている。表紙には、「昭和六年八月及九月 奉天林総領事発幣原外務大臣宛電報綴 昭和二十一年六月十日付GHQ指令一六八九四ノ1bニ基キ一括提出シタルモノノ写」とある。この幣原宛電報は、*Archives in the Japanese Ministry of Foreign Affairs, Tokyo, Japan, 1868–1945: Documents of the International Military Tribunal*, reel 55, 56（Washington D. C.: Library of Congress, 1949–1951）に含まれる。

（13）粟屋憲太郎ほか編『国際検察局（IPS）尋問調書』第二十八巻、三八五頁。粟屋憲太郎『未決の戦争責任』（柏書房、一九九四年）一〇八頁も参照。

（14）稲葉正夫・小林龍夫・島田俊彦・角田順編『太平洋戦争への道 開戦外交史』別巻資料編（朝日新聞社、一九六三年）一一四―一一五頁、小林龍夫・島田俊彦編『現代史資料 七 満洲事変』（みすず書房、一九六四年）一八四頁、小林龍夫・島田俊彦・稲葉正夫編『現代史資料 十一 続・満洲事変』（みすず書房、一九六五年）三一三頁、林から幣原、一九三一年九月十九日（『日本外交文書 満州事変』第一巻、第一冊、外務省、一九七七年）三頁、林から幣原、九月十九日（同上）六頁。

森島守人『陰謀・暗殺・軍刀』（岩波新書、一九五〇年）四九頁、関寛治「満州事変前史」（日本国際政治学会太平洋戦争原因研究部編『太平洋戦争への道 開戦外交史』第一巻、朝日新聞社、一九六三年）四一一、四一九、四三三頁、島田俊彦「満州事変の展開」（同上、第二巻）一二一―一二三頁、緒方貞子『満州事変と政策の形成過程』（原書房、一九六六年）一〇四頁、林久治郎『満州事変と奉天総領事――林久治郎遺稿』（原書房、一九七八年）一一四―一一五頁も参照。

（15）幣原喜重郎宣誓供述書、一九四七年七月二十八日（「極東国際軍事裁判資料」第二八八冊、国士舘大学附属図書館特別資料室所蔵）。同じ宣誓供述書は、1-4E-013-00・昭四九宮内-04859-100, 国立公文書館所蔵、にも収録されている。

田中証言については「極東国際軍事裁判速記録」第二十六号、一九四六年七月六日（新田満夫編『極東国

際軍事裁判速記録』第一巻）二九〇頁、粟屋憲太郎ほか編『国際検察局（ＩＰＳ）尋問調書』第三十一巻、二〇五、三〇七、四二一頁、粟屋憲太郎・安達宏昭・小林元裕編／岡田良之助訳『東京裁判資料 田中隆吉尋問調書』（大月書店、一九九四年）三、一三八、二一七頁を参照。

(16) 聖路加国際病院による幣原喜重郎診断書、一九四七年十一月七日（「極東国際軍事裁判資料」第二八七冊）。

(17) 法廷証三四七九号（「極東国際軍事裁判資料」第二八八冊）、「極東国際軍事裁判速記録」第三一七号、一九四七年十一月十九日（新田満夫編『極東国際軍事裁判速記録』第七巻）一二一—一四頁、「極東国際軍事裁判速記録」第三一八号、一九四七年十一月二十日（同上）一—一二頁、朝日新聞法廷記者団『東京裁判』中（東京裁判刊行会、一九六二年）六一六—六一八頁。

(18) 重光葵『巣鴨日記』三〇〇頁、『読売新聞』一九四七年十一月二十一日。

(19) 「極東国際軍事裁判資料」第四十四冊。

(20) 外務省連絡局編『極東国際軍事裁判判決速記録』一九四八年十一月四日から十一月十二日、九九一—一〇一頁、毎日新聞社編『東京裁判判決——極東国際軍事裁判所判決文』（毎日新聞社、一九四九年）一四一—一四四頁。

(21) 荒井信一『第二次世界大戦』（東京大学出版会、一九七三年）五—六頁、吉田裕『昭和天皇の終戦史』（岩波新書、一九九二年）一九六頁。

(22) 幣原喜重郎『外交五十年』（中公文庫、一九八七年）二〇七—二一二頁。

(23) 『霞関会会報』（第十四号、一九四六年）五—六頁、外務官吏研修所『外務官吏研修所概観』（外務官吏研修所、一九四八年）一—七、一五頁、外務省百年史編纂委員会編『外務省の百年』下（原書房、一九六九年）一三五四—一三六九頁、松永信雄『ある外交官の回想』（日本経済新聞社、二〇〇二年）二九頁。

(24) 佐藤尚武『回顧八十年』（時事通信社、一九六三年）五一七頁。佐藤は一九四六年十一月から枢密顧問官を兼任する。鈴木九万宛佐藤書簡、一九四六年十二月十一日（「鈴木九万関係文書」十五、国立国会図書館憲政資料室所蔵）を参照。

(25) 『霞関会会報』（第十九号、一九四六年）一—三頁、幣原平和財団編『幣原喜重郎』五六—六〇頁。

講演の一例として、入江啓四郎述『近代外交史抄』（外務省研修所、一九六〇年）は辛亥革命、スイスの永世中立、ロカルノ安全保障体制を論じている。

(26) 吉田外相から加瀬俊一駐スイス公使、森島守人駐ポルトガル公使、七田基玄駐アフガニスタン公使、一九四五年十一月二十日（「太平洋戦争終結による本邦外交権の停止及び回復に至る経緯」A'. 1. 0. 0. 13, reel A'-0090, 外務省外交史料館所蔵）。

(27) 「幣原内閣総理大臣車中談」一九四五年十一月八日各紙掲載（1-2A-040-00・資-00306-100, 国立公文書館所蔵）。

(28) 岡崎勝男「戦後二十年の遍歴㈣」（『霞関会会報』第二四四号、一九六六年）一六頁、三宅喜二郎「吉田さんを偲びて思うことども㈩」（『霞関会会報』第二九四号、一九七〇年）一〇―一二頁、外務省研修所『外務省研修所十年史』（外務省研修所、一九五六年）一―一七、五九頁、財団法人鹿島平和研究所編『経済外交の現場を語る――外交実務家の目』（勉誠出版、二〇〇三年）五頁。

(29) 『霞関会会報』（第三十九号、一九四八年）七頁。幣原は一九四六年六月に日本倶楽部の会長ともなっている。社団法人日本倶楽部編『日本倶楽部百年史』（良書普及会、一九九九年）五五頁。

(30) 東久邇稔彦『東久邇日記　日本激動期の秘録』（徳間書店、一九六八年）二四七頁。ただし、「東久邇宮日誌」一九四五年十月七日（中央／戦争指導重要国策文書／一三〇七、防衛庁防衛研究所図書館所蔵）にそのような記述はない。

(31) 「幣原平和文庫」リール七（国立国会図書館憲政資料室所蔵）。

(32) 吉田茂・幣原喜重郎・佐藤尚武座談会「外交縦横談」（『時事新報』一九五〇年一月一、三、四日）。

(33) Sansom to Sterndale Bennett, February 22, 1946, F 3512/556/23, FO 371/54286, National Archives. 山極晃・中村政則編／岡田良之助訳『資料日本占領　一　天皇制』（大月書店、一九九〇年）五三七―五三八、五五七―五五九頁、小菅信子『戦後和解』（中公新書、二〇〇五年）一二一頁も参照。

(34) 幣原喜重郎「私の支那観」一九四六年三月二十五日（「幣原平和文庫」リール十八）。

(35) 岩崎家伝記刊行会編『岩崎久弥伝』（東京大学出版会、一九七九年）二七〇―二八〇、二九九―三〇四頁。

（36）財団法人東洋文庫『東洋文庫十五年史』（財団法人東洋文庫、一九三九年）三五頁、財団法人東洋文庫『財団法人東洋文庫略史』（財団法人東洋文庫、一九五七年）一〇—一五頁。

（37）財団法人東洋文庫『昭和三十年度 東洋文庫年報』（財団法人東洋文庫、一九五七年）二—五、九頁。

なお、両者の参議院議長就任に至る経緯については、山本有三「佐藤さんと緑風会」（『霞関会会報』第三〇一号、一九七一年）一四—一五頁を参照。

（38）Shidehara to Wakayama Press Co., March 30, 1948, Record Group 331, Box 22750, National Archives;『霞関会会報』（第三十七号、一九四八年）五頁、外務省調査局『現代東亜人名鑑』（東邦研究会、一九五〇年）。

蔡孟堅宛幣原書簡、一九五一年一月二十三日（蔡孟堅「由中日和約談到董顕光使日経緯」『伝記文学』第四十二巻第二期、一九八三年、七二頁、Chengting T. Wang Papers, Box 2, Sterling Memorial Library, Yale University）も参照。

（39）Schedule of Dulles, February 16, 1938, John Foster Dulles Papers, reel 3, Princeton University Library; Dulles to Saito Hiroshi, March 25, 1938, reel 3, Dulles Papers.

井口治夫「ジョン・フォスター・ダレスの外交思想——戦前・戦後の連続性」（『同志社アメリカ研究』第三十四号、一九九八年）四三、四五頁を参照した。

（40）Grew to Shidehara, February 11, 1938, Joseph Clark Grew Papers, LETTERS, vol. 92, Houghton Library, Harvard University. 幣原喜重郎『外交五十年』二八五頁も参照。

（41）Summary Report by J. F. Dulles, July 7, 1950, 794.00/7-750, Decimal File 1950-54, Box 4229, Record Group 59, National Archives; Tribute by Dulles, *New York Times*, March 11, 1951. 前者については、Department of State, ed., *Foreign Relations of the United States, 1950*, vol. 6 (Washington D. C.: Government Printing Office, 1976), pp.1230-1237, にほぼ掲載されている。

超党派外交と野党の講和論については、五十嵐武士『対日講和と冷戦』（東京大学出版会、一九八六年）二〇九—二三〇頁、中北浩爾『経済復興と戦後政治 日本社会党 一九四五—一九五一年』（東京大学出版会、一九九八年）二八七—三〇九頁、Ryuji Hattori, "Shidehara Kijuro and the Supra-Party Diplomacy, 1950,"（『中

央大学政策文化総合研究所年報』第八号、二〇〇五年）pp. 171-187. を参照。拙稿は巻末【史料2】に収録した。

(42) 日本社会党政務調査部・日本社会党情報部「情報通信」第十一号、一九五〇年七月一日（「浅沼稲次郎関係文書」リール二十九、国立国会図書館憲政資料室所蔵）、国民民主党政務調査会編「国民民主党 講和条約への主張」一九五一年五月（「苫米地義三関係文書」リール六、東京大学大学院法学政治学研究科附属近代日本法政史料センター所蔵）、進藤榮一・下河辺元春編『芦田均日記』第三巻（岩波書店、一九八六年）二九八―三〇七、三一七、三七〇、三八二―三八三、三九三、三九五―三九七頁、石橋湛一・伊藤隆編『石橋湛山日記 昭和二十―三十一年』上（みすず書房、二〇〇一年）三二八、三三五頁。

(43) 麻業倶楽部編「幣原衆議院議長講演」一九五〇年十一月十七日（「幣原平和文庫」リール十八）。村井良太「第一次大戦後世界と憲政会の興隆――政権政党への成長と政党内閣制 一九一八〜二五年」（『神戸法学年報』第十七号、二〇〇一年）二一三―二一五頁も参照。

(44) W. J. Sebald to the Department of State, December 2, 1950, 794.00/12-250, Decimal File 1950-54, Box 4229, Record Group 59, National Archives.

(45) 萩原徹外務省条約局長メモ、一九四七年九月三日（「対日平和条約関係 準備研究関係」第三巻、B'. 4. 0. 0. 1. reel B'-0008, 外務省外交史料館所蔵）、吉田茂・幣原喜重郎・佐藤尚武・古島一雄・馬場恒吾座談会「講和の年を迎えて」（『読売新聞』一九五〇年一月一日）。
前者については、楠綾子「戦後日本の安全保障政策の形成 一九四三―一九五二年――日米の戦後構想とその相互作用」（博士論文、神戸大学、二〇〇四年）から教示を得た。

(46) Summary Report by J. F. Dulles, July 7, 1950, 794. 00/7-750, Decimal File 1950-54, Box 4229, Record Group 59, National Archives.

(47) 馬場恒吾『自伝点描』（東西文明社、一九五二年）二〇三―二〇四頁、渡辺銕蔵『天皇のある国の憲法』（自由アジア社、一九六四年）二、七三、一六六―一六七頁、松村正直ほか編『花好月圓――松村謙三遺文抄』（青林書院新社、一九七八年）一六八―一六九頁。

伊藤隆『続 昭和期の政治』（山川出版社、一九九三年）二〇八―二〇九頁も参照。

（48）幣原喜重郎「唐人お吉とお蝶夫人」（『改造』一九五一年一月号）一四二―一四三頁。

（49）Shidehara Kijuro, "A Frank Official Statement for Japan," *Current History*, vol. 15, no. 3（1921）, pp. 394-397.

（50）John Gunther, *The Riddle of MacArthur: Japan, Korea, and the Far East*（New York: Harper and Brothers, 1951）, pp. 3, 104-105, 145.

（51）Shidehara Kijuro, "Genesis of the Manchurian Incident of 1931,"（「幣原平和文庫」リール七、十九）。

（52）幣原喜重郎「外交五十年」（『読売新聞』一九五〇年九月五日から十一月十四日）、同『外交五十年』（読売新聞社、一九五一年）序、一六六―一七五頁。ただし、『外交五十年』には不正確なところも少なくない。

（53）幣原喜重郎「戦争の幽霊——満洲事変の起因」（『中央公論』一九五一年五月）六八―七〇頁、Yoshida Shigeru, "Japan and the Crisis in Asia," *Foreign Affairs*, vol. 29, no. 2（1951）, pp. 171-181; Statements by Dulles and Yoshida, February 11, 1951, Dulles Papers, reel 20.

（54）永井松三談「幣原男爵の想出」一九五二年六月十六日（「幣原平和文庫」リール十三）。

（55）伊藤述史「日本の新外交と幣原さん」年月日不明（同上）。

第8章　幣原没後

一　静かなる大往生

一九五一（昭和二十六）年三月十日、宵闇《よいやみ》の迫る世田谷で幣原はひっそりと息をひきとった。八日まで登院していた衆議院議長の幣原だが、秘書の岸倉松によると九日の朝食には起き上がれなくなっていた。心筋梗塞による急逝である。享年七十八、静かなる大往生であった(1)。闘病生活などというものはない。マッカーサーは直ちに次のような弔辞を発表した。

私は幣原議長の死去に対し深く哀悼の意を表するものである。故幣原氏の識見と広い経験は復興途上の日本に大きな貢献をなした。現下の緊迫した世界情勢に際し故幣原氏の死去は必ずや大きな損失となろう(2)。

戦前に一時代を築いた幣原は、占領初期に首相を務めたうえで衆議院議長に就いていた。かつては忌み嫌っていた政党との関係では、進歩党の総裁に担がれたこともあった。やがて幣原は、芦田派との対立で民主党から脱退し、同志クラブを結成した。さらに幣原は吉田茂の自由党に合流して、民主自由党の最高顧問となった。その民主自由党が民主党の連立派と合同して自由党を創設していただけに、幣原の長逝で旧同志クラブ系の勢力は弱まるとみられた(3)。

それでもやはり、幣原といえば外相の印象が強い。なによりも幣原の死去は、外交界最長老の喪失と受け止められた。「幣原さんが外交官として活躍されたヒノキ舞台は、何といっても一九二二年のワシントン軍縮会議であったと思う」と前首相の芦田均は語っている。

参議院議長の佐藤尚武は、幣原の功績としてロンドン海軍軍縮会議を真っ先に挙げた。そのうえで佐藤は、「この年になってもまだ幣原さんは御師匠さんのような気がしてならず、国会においてもざっくばらんな気持で教えを請うていた」と述べた(4)。

死後二日目の三月十二日には、世田谷区岡本の幣原邸で告別式がしめやかに行われた。すると、枕元《まくらもと》の手文庫から英文書簡の写しが出てきた。宛先は「Dear Mr. Grew」となっている。幣原から元駐日アメリカ大使のグルーに差し出されたものであった。以前に幣原が、荒廃した日本の青年に希望を与えるようなメッセージを依頼したところ、グルーは快諾していたのである。

そのグルーに幣原は、英文書簡で深謝の意をこう伝えていた。

日本の青年に対する鼓舞激励のメッセージを同封された二月十二日附御書面正に拝受、ありがたく厚く御礼を申上げます。メッセージは、青年の精神を啓発するものとして感銘深く、時代の要求にまさに合致したものと存じます。私はこれを広く日本の青年に贈るため日本における極めて有力な夕刊紙東京新聞とニッポン・タイムス紙上に発表致しました。

この記事は直ちに一般人の注意をひくところと相成り老いも若きも私の許へ口頭であるいは手紙に託してメッセージに対する心からの厚き感謝の意を伝えて参りました。日本の若人達はあなたをして、あのようなメッセージを書かせたあなたの思いやりの御心と目的に深く動かされております。

彼等は戦いによつて、突き落とされた惨苦のどん底から今やあなたの激励の御言葉によつて光明を与えられ、前途輝ける希望を発見しはじめております。

このグルー宛幣原書簡は、相次ぐ各界の弔問者たちに語り継がれた。「この絶筆は死ぬまで続けられたグルー氏との友情、最後まで（幣原――引用者注）氏の心頭を去らなかつた日本の若い世代に対する同情と期待（ママ）――がにじみ出て、故人の面影を伝えている」(5)というのである。前日からの弔問者のなかには、吉田首相などのほか、昭和天皇が遣わした入江《いりえ》相政《すけまさ》侍従の姿もみえた。

二　衆議院葬

のべつ弔問者が告別式に足を運んでいたころ、幣原を失った衆議院では議会運営委員会が開かれていた。委員会の議題は幣原の衆議院葬である。衆議院議長が現職のまま他界した事例は、それまでに三回あった。しかし、いずれも衆議院葬とはなっていない。むしろ前例とみなされたのは、参議院議長の松平恒雄であった。一九四九年の十一月十四日、やはり現職のまま亡くなった松平は、翌日に参議院葬となっていた。その例にならい、史上初の衆議院葬と決まった。葬儀委員長には次の衆議院議長が当てられ、葬儀委員については各会派一名とされた。

ただし、松平の葬儀とは異なる点もある。松平の参議院葬では、議長公舎が会場となったものの、手狭なため不評であった。幣原であれば、さらに混雑が予想される。告別式などとの関係も考慮して、築地本願寺を候補地とした。急いで築地本願寺の日程を確認したところ、一九五一年三月十六日だけが完全に空いている。初の衆議院葬は十六日となった(6)。

幣原の衆議院葬は、三月十六日の十三時から築地本願寺で行われた。葬儀委員長は林《はやし》譲治《じょうじ》である。吉田首相に重用されていた林は、副総理から衆議院議長に就任したばかりであった。幣原亡き後の衆議院は、この日を休会として哀悼の意を表した(7)。

朝野の名士ら千余名が幣原の葬儀に参列するなかで、ひときわ人目を奪ったのは、仮釈放中の重光葵が焼香する姿であった。やがて焼香が終わると、三権の長が弔辞を述べた。すなわち林以下、佐藤参議院議長、吉田首相、田中耕太郎最高裁長官の四名である(8)。

衆議院議長として、幣原最期の言葉は何だったのか。公的に最期となる発言は、三月六日の衆議院本会議であった。この日の議題は、首都建設委員会委員の指名など十を超えた。とりわけ議論となったのは、朝鮮戦争に伴う緊急輸入の確保であった。

もっとも、議事録に残された幣原最期の言葉は平凡である。

起立多数。よつて三案とも委員長報告の通り決しました。

これにて議事日程は議了いたしました。本日これにて散会いたします。

それでも議事録を熟読してみると、議長役に徹する幣原の姿が浮かび上がってくる。共産党議員の風早《かざはや》八《や》十《そ》二《じ》が緊急輸入確保の決議案に反対した際には、「先ほどの風早君の発言中、もし不穏当の言辞があれば、速記録を取調べの上、適当の措置をとることといたします」とただした。長時間の演説を聞き漏らさずにおり、頭脳明晰《めいせき》のままである。衆議院葬のわずか十日前であった[9]。

三月六日に衆議院の本会議を終えた幣原は、参議院議長の佐藤尚武とともに皇居へ向かっていた。佐藤の談話によると、「三月六日の皇后陛下の御誕生日に、いつしよに宮中にお伺いした折も、幣原さんは、祝酒を朱塗りの大きな盃で三、四杯も平気で頂戴しておられた。まだ幣原さんは元気だな、とその時しみ〴〵と感じて帰つて来た」という。

佐藤は続けて、「幣原さんを始《（ママ）》めて知つた頃は、私がまだ一橋高商の学生だつた。赤坂乃木神社の近所に道を距て丶幣原さんは住んでおられた。日露戦争の最中で、幣原さんは外務省電信課長《（ママ）》という忙しい職で、外交官試験の準備で夜遅くまで起きている私の耳に、二人引きの馬車で役所から帰つて来られる時に、車夫が『お帰り』と叫んだ声がいまでも残つている」と語った。

「読書力の盛んなことも驚くほどだし、博覧強記という点でも傑出していたと思う。……私はひんぴんと相談に行つたし、幣原さんもよく、ひよつくり私の議長室を訪ねて下さつた」ともいう[10]。

このように幣原は、死の直前まで壮健であった。他界する一九五一年の正月には、逗子小坪の別荘で過ごしていた。ここに旧友たちが訪れるのを幣原は心待ちにしており、客を出迎えては講釈を始める。とりわけ多弁なのは、西園寺公望の筆による「聚遠荘」という額についてであった。額には枯れた風格ある西園寺の筆跡が認められた。

別荘に招かれた客たちは、「悲惨な情況にあつた外界のことなどすつかり忘れて、巧みな幣原さんの話術に酔つて時の移るのを忘れた」(11)。来客に向かって饒舌《じょうぜつ》に語りかける幣原は、自らの余命が旦夕《たんせき》に迫りつつあることを悟っていなかったであろう。

外政家として最後の活躍ということになれば、前年六月のダレス来日にさかのぼる。このころから幣原は、外交と内政の分離という年来の持論を展開した。幣原は、吉田首相のみならず野党の苫米地義三や浅沼稲次郎にまで、超党派外交を説いてまわったのである。「この動きは幣原氏としては外交界の最長老としての最後の『御奉公』と信じてのものであつたようだ」と『読売新聞』はみている(12)。まさに老いの一徹といえようか。

三　内外の反応

棺《ひつぎ》を蓋《おお》いて事定まるという。存命中には毀誉褒貶の絶えなかった幣原について、各紙の報道を追ってみたい。主要三紙の社説のなかで、永逝した幣原に最も好意的なのが『毎日新聞』であった。一九五一年三月十一日の社説は以下のように論じている。

さきにわれわれは、同じく外交界の長老である松平参議院議長の逝去にあったが、何といっても幣原氏は現存する外交畑の最高峰であった、と同時に氏は幣原外交という言葉が示したごとく、日本の外交史上に一つの体系を持ち、大きな足跡を印した人である。極言するならば、もし日本の外交が幣原氏のコースを進んでいたならば、あるいは今日のようなみじめな国家とならずにすんだかも知れない。吉田外交、松平外交というものはなかったが、幣原外交というものが存したところに、単に最長老を失った以上のものがある。

一方、『読売新聞』三月十二日の社説は幣原の外交を称賛しながらも、政党人としての無自覚には手厳しい。

幣原氏ののこしたわが国政治外交への功績は数多いことであろうが、とくにわれわれの注目をひくのは、敗戦後のきわめて困難な時局を担当しながら、世界にも比類のない高度の知性と文化的香の高い『新憲法』の制定をなしとげたことである。……政党人としての幣原氏は、かつて〝幣原外交〟という一時代を画したほどの、外交官としての事績に比較すれば、むしろ平凡というほかなかった。……幣原氏は政党人というよりもむしろ個人主義者であったことは、わが国政党政治発展のためにいささか惜しまれてならない。

これに対して、幣原の外交姿勢に切り込んだのが三月十一日の『朝日新聞』社説であった。

幣原氏は官僚外交の権化《ごんげ》であり、その長い人生を外交に打ちこんだ人物であり、その功績は国民より高く評価されて然るべきであるが、民主国家として再生した日本においては、こゝに新らしい国民外交の道をうち立てるべき必要があり、そのためには新らしい国民的外交指導者を必要とするのである。

『朝日新聞』は「官僚外交」としての功績を幣原に認めながらも、戦後民主主義の潮流に見合った「国民的外交指導者」を待望しているのである。

かつて世界的な名声を博した幣原のことである。海外からの反応も取り上げておかねばなるまい。まずは、『ニューヨーク・タイムズ』紙をみておきたい。三月十一日の同紙は、幣原の死去を写真入りで伝えている。それによると、幣原は「西洋人の心を解する数少ない日本人指導者」であり、最後の数カ月を来るべき講和の準備に費やしたという。

そのことを裏書きするような記事がこれに続いた。ダレスの弔辞である。訪日を終えたばかりのダレスは、「度重なる幣原との会談を通じて、リベラルで反軍国主義的な精神を心から称賛するまでになっていた」という(13)。

同日の『ワシントン・ポスト』紙も、やはり写真入りで幣原の死亡記事を掲載した。さらに十三日の同紙は、満州事変で苦境に立たされた幣原外相の姿を同情的に描いた。すると二十一日には、その記事に同調する投書が寄せられた。元駐日アメリカ大使のジョセフ・グルーである。グルーは日露戦争後にさかのぼり、幣原と外務省顧問デニソンの親交について筆を走らせた。

グルーによると、若き日の幣原はアメリカ人のデニソンから国際法を懸命に学び、英語に磨きをかけていた。デニソンもこれに応え、三十五年に及ぶ日記と執務記録を幣原に遺贈した。幣原もデニソンのことを日記に書きためていた。しかし無情にも、東京大空襲が幣原とデニソンの日記を灰にした。こうした幣原の逸話をたどりながら、グルーは古き良き時代の日米関係を思い起こしていたのであろうか。

幣原の死亡記事に筆を執ったのは、グルーだけではない。二十五日の『ワシントン・ポスト』には、キャッスルの投書が続いた。キャッスルはロンドン海軍軍縮会議時の駐日アメリカ大使であり、幣原の見識に感銘を受けていた。北伐以降の対中国政策についても、幣原から多くを学んだという。文官が政治を支配する戦後の日本において、「幣原は死後も威光を放ち続けるであろう」とキャッスルは結んだ(14)。

四　サンフランシスコ講和とその後

歴史にイフは禁物である。だがそれでも、あと半年ほど幣原が生き長らえていたらと思えてしまう。そこには、サンフランシスコ講和会議が控えていた。

幣原の永眠した一九五一年三月十日の新聞をひもとくと、ダレスの記事が一面にきている。五週間にわたる極東訪問を終えたダレス特使は、アメリカ上院の外交委員会に報告書を送っていた。日本との早期講和の実現に向けて、ダレスは委員会の支持を取り付けようとしたのである。同時にダレスは、日本の再軍備を禁止しないように配慮しながら、講和条約の起草を進めていた。

難題はアメリカ国内だけではない。オーストラリアとしては、後のANZUSのような相互防衛条約による保証がないのなら、日本の再軍備を許容する講和条約の調印には抵抗を感じていた。ANZUSとは、オーストラリア、ニュージーランド、アメリカの相互防衛条約である。

また、賠償を課さないダレスの方針には、フィリピンなどが反発した。イギリスは船舶や繊維の部門で日本との競争が復活することを危惧して、日本の活動を制限するような条約を望んだ。ソ連のマリク（Yakov Aleksandrovich Malik）代表に至っては、対日講和をダレスと交渉しないとまで述べていたという。[15]

かつて幣原は世界的な名声をはせた外相であり、占領期に首相まで務めた現職の衆議院議長であった。存命中であれば、サンフランシスコ講和会議で全権の有力候補となった可能性もある。「吉田首相は幣原氏を講和全権たらしめようとしていたともいわれている」[16]。しかも幣原は、他界の直前まで登院する頑健さであった。

もっとも、『朝日新聞』の社説が論じたように、もはや「官僚外交」の時代ではなかったし、超党派外交という幣原の試みは難航していた。幣原と同じく元外交官の吉田茂も、講和後には冴えなくなる。吉田には再軍備などの難問もあったが、より根本的には政党政治に向いていなかったのであろう。「国民的外交指導者」が待望されるなかにあって、吉田は大衆を相手とするのを苦手にしていた。街頭演説にも吉田はあまり現れない。

戦後の外交では、多くの場合に首相の指導力が鍵となる。その意味で好例となるのは、鳩山一郎首相の訪ソによる日ソ国交正常化であろう。鳩山内閣の重光葵外相は、幣原の次世代として昭和を代表する外交官であった。その重光に比べれば、政党政治家の鳩山首相がそれほど外交に通じていたとは思えない。にもかかわらず、ソ連との国交回復を妥結させたのは、鳩山自身による訪ソであった。日ソ共同宣言に署名したのは鳩山首相であり、重光外相ではない。

首相による外交指導としては、岸信介による安保改定や佐藤栄作の沖縄返還、田中角栄の日中国交回復などが続いた。外務官僚はもとより、外相の影すらも薄い。とはいえ、岸信介や池田勇人《いけだはやと》、佐藤栄作、福田赳夫、大平正芳などの首相は官僚出身であった。ただし、外務官僚ではなく経済官僚である。サンフランシスコ講和以後の日本外交は、かつて幣原が描いていた外務省による外交一元化や超党派外交という理念から次第に遠ざかっていく。

それにしても歴史とは皮肉なものである。占領下でこそ幣原、吉田、芦田という元外務官僚は首相にまでなっていた。衆参両院の議長までも幣原や松平恒雄、佐藤尚武といった元外交官が占めた。しかし、日本が独立を回復することで、かつて外交大権ともいわれた外務省の権威は、むしろ低下していくようにもみえる。講和を半年後に控えて幣原が急逝したことは、そのことを暗示するかのようであった。

幣原ほどに外務省の盛衰を体現する者は、もう二度と現れないであろう。

注

(1)『朝日新聞』一九五一年三月十一日、平野三郎『平和憲法秘話 幣原喜重郎その人と思想』(講談社、一九七二年)五三頁。幣原平和財団編『幣原喜重郎』(幣原平和財団、一九五五年)七六七—七八五頁も参照。岸倉松については、財団法人鹿島平和研究所編『回想の戦時外交』(勉誠出版、二〇〇三年)六七頁が参考になる。本章は、拙稿「幣原没後」(『創文』第四五四号、二〇〇三年)一六—二〇頁を下敷きとする。
(2)『毎日新聞』一九五一年三月十一日。
(3) 同上。
(4)『朝日新聞』一九五一年三月十一日、『毎日新聞』一九五一年三月十一日。
(5) Shidehara to Grew, March 2, 1951(「幣原平和文庫」リール七、国立国会図書館憲政資料室所蔵)。この英文書簡は『東京新聞』一九五一年三月十三日に和訳されており、引用はその和訳によった。
(6)「第十回国会衆議院議院運営委員会議録」第二十五号、一九五一年三月十二日。
(7)「前議長幣原喜重郎君の衆議院葬執行につき哀悼の意を表するため休会することを議決の件」一九五一年三月十三日(1-2A-028-04・類-03527-100, 国立公文書館所蔵)。
(8)『朝日新聞』一九五一年三月十七日。
(9)『官報』号外、一九五一年三月七日。
(10) 佐藤尚武「幣原さんを悼む」(『週刊朝日』一九五一年三月二十五日号)四一頁。
(11) 佐藤醇造「幣原さんと日本刀」(『霞関会会報』第一七九号、一九六一年)一一—一二頁。
(12)『読売新聞』一九五一年三月十一日。
(13) *New York Times*, March 11, 1951.
(14) *Washington Post*, March 11, 13, 21, 25, 1951. その一部は、ジョセフ・C・グルー「幣原喜重郎を悼む」(『改造』一九五一年五月号)七〇—七一頁に転載されている。
(15)『朝日新聞』一九五一年三月十日。
(16)『読売新聞』一九五一年三月十一日。

終章　外交と民主主義

本書では、幣原喜重郎の生涯と日本外交の潮流をたどってきた。幣原の足跡を最後に振り返っておきたい。

豪農の次男として大阪に生まれた幣原は、外交官試験に合格したうえで、仁川領事館での領事官補を皮切りに、駐釜山領事、電信課長、取調局長、駐米大使館参事官、駐英大使館参事官、駐オランダ公使などを務めた。

この間の一九〇三（明治三十六）年には岩崎弥太郎の末娘雅子と結婚し、加藤高明と義兄弟の関係になった。雅子との結婚では、石井菊次郎が仲人であった。もともと恵まれた環境に育った幣原に、有力な人脈が加わったことになる。大隈内閣のもとで加藤外相が対華二十一カ条要求でつまずくと、石井は後任の外相に就任した。その石井外相のもとで、幣原は一九一五（大正四）年に外務次官となった。

それからも幣原は、外務次官として外相の本野一郎、後藤新平、内田康哉らに仕えている。原内閣期の一九一九年に、幣原は駐米大使に抜擢された。全権として臨んだワシントン会議では、腎臓結石に苦しみながらも会議をまとめ上げた。帰国した幣原は、加藤高明内閣をはじめとして、外相を通算五年以上も務めた。

幣原は一九二〇年代に全盛期を迎え、一九三〇（昭和五）年にはロンドン海軍軍縮会議を成功に導く。だが、満州事変後には外務省を去り、太平洋戦争にかけて心痛を重ねる。それでも、敗戦と占領によって事態が一変すると、幣原は一九四五年十月に第四十四代の総理大臣に就任した。最晩年には衆議院議長の座にあった。

それにしても幣原は、戦前の外交を通して何を達成したかったのか。一般に幣原の外交は、門戸開放に対応した国際協調主義であったといわれる。しかし実際には、それほど単純ではない。主義として門戸開放を受け入れつつも、その適用を制限したとみる方が現実に近いであろう。

ワシントン会議における九カ国条約の門戸開放条項についても、幣原は限定的に理解していた。主として機会均等、すなわち第一次門戸開放通牒の文脈でとらえていたのである。言い換えるなら、第三国による中国への政治的な介入には否定的であった。

その背景にあったのは、門戸開放を原則として承諾しつつも、その適用を制限することで在華権益との折り合いをつけようという方針である。日本が大陸に抱えていた特殊権益についても認識しており、当然ながら幣原なりに日本の国益を追求していたのである。

幣原の理念とは、ワシントン会議の精神を尊重して、中国の統一を容認するというものであった。北京関税特別会議にもみられるように、概して幣原の秩序構想は、ワシントン会議における決議の枠内にとどまっていた。これらを集約するのが北伐への対応であり、幣原はワシントン会議の精神に基づいて、住居や貿易などの経済的利益を重視した。もっとも、新四国借款団に反する洮昂鉄道の建設を認めたように、在華権益を拡張した面もあった。その意味では、幣原といえども日本外交の伝統から自由ではなかったのである。

幣原を際立たせているのは、中国の統一を容認する観点から不干渉政策を実践して、大陸での秩序形成と経済外交を重視したことであろう。とりわけ、北伐の途上で南京事件が発生すると、幣原はその首謀者を蔣介石ではなく「共産派」だとみなし、中国の秩序形成を支援するため、「外交的平和的方法」を通じて「蔣介石ノ如キ中心人物」により時局を収束させるべきだと主張した。

この判断の根底にも、経済的利益を重視する国益観があったのである。幣原は南方との貿易にも熱意を示し、対米移民問題を熟知してもいた。手法としては、信頼関係の構築を第一義とする正直な外交を信奉した。

以上のような幣原の方策は、長期的にみるなら正論といってよい。だが短期的にいえば、在華権益や居留民を守る具体策がみえにくく、国内を納得させられるかは疑問である。幣原は、外務省の枠内で行動しがちであり、あまり内政に関心を示さなかった。

政党政治が安定しているなら、確かに幣原は優れた外相であろう。その意味では、浜口首相との関係が最良の状態といえようか。浜口内閣期のロンドン海軍軍縮会議において、政党政治下での協調外交は頂点に達した。ただしロンドン会議の成功は、アメリカなどとの関係において、対中国政策での共同歩調や排日移民法の改正につながるものではなかった。

その半面で幣原は、満州事変に示されるように危機への対処を不得手としていた。かつて陸奥宗光と小村寿太郎は、日清戦争と日露戦争で名をあげた。しかし幣原の外交は、満州事変で瓦解したのであり、ここに決定的な違いがある。もっとも、その責任を幣原のみに帰すのは酷だろう。外務省だけで、対外的な危機や国内の批判に応対しきれるものではない。

護憲三派内閣の当初こそ幣原に外交を預けたとしても、次なる段階として政党は、外交に対する指導体制を真剣に議論すべきであった。

一九三一年末に外務省を離れた幣原は、世上には忘れられた存在となった。在野の幣原が外交に直接関与したのは、日ソ漁業協定ぐらいであろう。それでも外務省調査部の史料編纂に協力するなど、頭脳は明晰なままであった。第二次世界大戦が勃発すると、情勢判断に見識を示したこともあった。だが幣原は、吉田茂のような断固とした行動には出ない。太平洋戦争に際しては早期和平論を唱えたが、大戦末期になると徹底抗戦論に転じた。

占領期に再起を果たした幣原は、首相として天皇制の存続に努めつつ憲法改正に携わった。さらには、外務省の再建にも努め、そこから独立後の日本を見通そうとした。東京裁判では、白鳥敏夫や重光葵らの外交官を擁護した。外務官吏研修所を設置することで、外務省員を温存しようともしている。

最晩年に衆議院議長となった幣原は、自らの経験を戦後の対外関係に活かそうとした。すなわち、軽武装による経済主義的外交路線の確立と、対米英協調に基づく東アジアの秩序形成である。このため幣原は、吉田にもまして米軍の駐留継続に積極的であり、そのことはダレスにも伝わっていた。肝要なのは対外関係からの信頼回復であり、超党派外交の推進が不可欠となるはずであった。

このような幣原の軌跡は、政党政治下の外交について、ある種のジレンマを思わせはしないだろうか。すなわち、外交の継続性と民主主義をいかにして両立させるかという命題である。そのことは、幣原のライフワークでもあった。ここでいう民主主義には、政党内閣のみならず野党や議会、世論、報道も含まれる。

とするなら、外交と民主主義はいかなる関係にあるべきなのか。外交と民主主義のあり方は、いつの時代も難しい。民意を無視して外交は成り立たないが、民意におもねる外交はやがて行き詰まる。

幣原からすると政党政治は望ましいが、同時に外交には継続性がなくてはならない。なぜなら、外交とは国家の威信にかかわるものである。政権交代によって、大きく外交が左右されてはならない。このため幣原は、外務省による外交一元化を求め、その代わり内政には関知せずとした。霞ヶ関正統派外交と呼ばれるものである。ただし、幣原なりに内外の世論に配慮したこともあった。とりわけ排日移民法の成立に際しては、外交文書を公表していた。それでも報道陣とは一線を画している。

他方で憲政会は、外交を幣原に預けて元老西園寺の信頼を得ると、政権政党として定着した。それによって、二大政党制による民主化は一九二〇年代にかなり進んだ。憲政会の後身である民政党は、やがて政友会をしのぐまでになった。もっとも、憲政会の内閣が幣原に外交を依存するあまり、政党による外交指導を遠ざけた面もある。幣原に外交を任せることで西園寺の信頼を得たにしても、次の局面として、政党による外交指導体制を模索すべきところにきていた。

幣原自身も、田中内閣の対中国政策に危機感を抱き、民政党寄りの姿勢を強めていった。幣原は党員にこそならないが、対外政策に関する民政党の声明に参画するなどした。浜口首相が狙撃されると、幣原は首相代理を務めるまでになる。

本来であれば、政党の役割が増すにつれて、政党は外交にも主導性を発揮せねばならない。実際のところロンドン海軍軍縮会議時の浜口首相は、このような段階を迎えつつあった。ただしそのことは、浜口という政党政治家の個人的な資質によるところが大きい。この点で満州事変時の若槻首相は非力であり、戦前の政党政治は、満州事変後の状況に対処できずに崩壊していった。

大正デモクラシー最大の悲劇は、政党による外交指導が制度化されないままに満州事変を迎えてしまったことにある。幣原にとっても逆境の日々が続いた。

それでも幣原は占領初期に首相となり、さらに衆議院議長をも務めた。このころの幣原は、外交と民主主義のあり方について思いをめぐらせていた。戦前には外務省の主導性を当然視した幣原だが、戦後になると与党についても外交的な役割を認めたのである。このように幣原の外交姿勢は進化してきた。

のみならず幣原は、自ら政党政治の再生にかかわる。日本には戦前来の「民主主義的潮流」があると幣原は自負しており、「日本的デモクラシー」を形成すべきだとマッカーサーを説き伏せた。政党政治家としては、「保守連携論」によって政局を安定させるように努めた。

しかし野党は、戦前と同様に外交を政争に用いていた。そこには世論やマスメディアも作用する。そのことに幣原は頭を悩ませ、最晩年には講和に向けて超党派外交を唱えた。ここでいう超党派外交とは、外交を政争の具にしないことであり、幣原は与野党間を奔走して説得に努めた。

だが、社会党などの野党にとって、外交問題は与党批判の材料である。したがって、野党が外交問題への関与を容易に放棄するはずもない。とりわけ、社会党に対する超党派外交の呼びかけには限界があった。幣原としては、そのことが身にしみたであろう。当時のマスメディアや世論も、政府や与党の対外政策には少なからず批判的であり、全面講和論や非武装中立論は根強く残った。

それゆえに、幣原の描いた超党派外交の実現可能性はきわめて限られていた。なぜなら、超党派外交が成立するにはいくつもの前提条件を要する。野党はもとより国民、さらにはマスメディアの成熟である。これについて、幣原が模範としたのはイギリスであった。そのため幣原は、イギリスにあこがれを抱き続けたのだが、日本の現状はイギリスからほど遠かった。

戦後の日本では超党派外交どころか、社会党などによって、外交がイデオロギー論争の場とすらなっていた。幣原の失望は想像にあまりある。幣原の苦悩とは、外交の継続性と民主主義を両立させることの葛藤であり、いわば幣原外交のジレンマともいえようか。もっとも社会党は、戦前の憲政会とは逆に政権政党から離れていき、そのことは皮肉にも戦後外交の一貫性に結果として寄与する。

かくして幣原は、日本政治の成熟をみないままに七十八年の生涯を静かに閉じた。一九五一年、初春のことであった。

幣原喜重郎略年譜

一八七二年（明治五）	八月十一日、大阪の門真に生まれる。
一八九五年（明治二十八）	七月、帝国大学法科大学法律学科卒業。
一八九六年（明治二十九）	十一月、農商務省属、鉱山局勤務。
	九月、外交官及領事官試験合格。
	十月、領事官補に任ぜらる。仁川領事館勤務を命ぜらる。
一八九七年（明治三十）	一月、仁川着任。
一八九九年（明治三十二）	五月、帰朝。ロンドン勤務を命ぜらる。
	八月、ロンドン着任。
一九〇〇年（明治三十三）	十二月、領事に任ぜられ、アンヴェルス（アントワープ）勤務を命ぜらる。
一九〇一年（明治三十四）	九月、帰朝。釜山領事館勤務を命ぜらる。
一九〇四年（明治三十七）	三月、帰朝。
	四月、臨時外務省の事務に従事することを命ぜらる。
一九〇五年（明治三十八）	十一月、外務書記官に任ぜらる。大臣官房電信課長を命ぜらる。
一九〇八年（明治四十一）	十月、兼大臣官房取調課長を命ぜらる。

一九一一年（明治四十四）
七月、外務省取調局長に任ぜらる。兼任外務書記官、兼大臣官房電信課長を命ぜらる。

一九一二年（明治四十五）
五月、大使館参事官に任ぜらる。米国勤務を命ぜらる。

一九一三年（大正二）
九月、ワシントン着任。
十一月、米国勤務を免ぜられ、英国勤務を命ぜらる。

一九一四年（大正三）
六月、特命全権公使に任ぜらる。オランダ駐劄を命ぜらる。デンマーク駐劄兼務を命ぜらる。
七月、ハーグ着任。

一九一五年（大正四）
十月、帰朝。外務事務次官に任ぜらる。

一九一九年（大正八）
九月、特命全権大使に任ぜらる。アメリカ駐劄を命ぜらる。
十一月、ワシントン着任。

一九二〇年（大正九）
九月、男爵。

一九二二年（大正十一）
四月、帰朝。
十二月、アメリカ駐劄を免ぜらる。臨時外務省の事務に従事することを命ぜらる。

一九二四年（大正十三）
四月、臨時外務省の事務に従事することを免ぜらる。待命。
六月、外務大臣に任ぜらる（一九二七年四月まで）。

一九二六年（大正十五）
一月、貴族院令第一条第四号により貴族院議員に任ぜらる。

一九二九年（昭和四）
七月、外務大臣に任ぜらる（一九三一年十二月まで）。

一九三〇年（昭和五）	十一月、内閣総理大臣臨時代理を命ぜらる。
一九三一年（昭和六）	三月、内閣総理大臣臨時代理を免ぜらる。
一九四五年（昭和二十）	十月、内閣総理大臣に任ぜらる（一九四六年五月まで）。
	十二月、兼任第一復員大臣、第二復員大臣。
一九四六年（昭和二十一）	二月、戦争調査会総裁を命ぜらる。食糧対策審議会会長を命ぜらる。
	五月、国務大臣に任ぜらる。
	六月、復員庁総裁を命ぜらる（一九四七年五月まで）。
一九四七年（昭和二十二）	四月、衆議院議員当選。
一九四九年（昭和二十四）	一月、衆議院議員当選。
	二月、衆議院議長。
一九五一年（昭和二十六）	三月十日、死去。

引用文献

I　原文書

一　日本

「対外政策並態度関係雑纂 対支那之部（本野大臣）」松本記録、1. 1. 1. 3-2-4, 外務省外交史料館所蔵

「諸外国外交関係雑纂 英支間」第二巻、1. 2. 1. 10-8, 外務省外交史料館所蔵

「外国新聞通信機関及通信員関係雑件 通信員ノ部 米国人ノ部」第一巻、1. 3. 2. 50-2-2, 外務省外交史料館所蔵

「帝国議会関係雑纂 別冊 説明資料（通商局）」第六巻、1. 5. 2. 2-6-2, 外務省外交史料館所蔵

「各国内政関係雑纂 支那ノ部 地方」第五十二巻、1. 6. 1. 4-2-3, 外務省外交史料館所蔵

「日露講和条約締結一件（小村委員病気帰国）（講和成立祝辞）（電報取扱）」2. 2. 1. 3-2, 外務省外交史料館所蔵

「華盛頓会議一件 啓発其他宣伝雑件」2. 4. 3. 55, 外務省外交史料館所蔵

「支那関税並治外法権撤廃問題北京会議一件 支那関税特別会議準備打合会」第二巻、2. 9. 10. 13-12, 外務省外交史料館所蔵

「第一回貿易会議一件 議題ニ関スル意見書㈠官庁及在外公館」3. 2. 1. 40-3-1, 外務省外交史料館所蔵

「第一回貿易会議一件 参加者関係 一」3. 2. 1. 40-5, 外務省外交史料館所蔵

「近東貿易会議」第一、二巻、3. 2. 1. 41, 外務省外交史料館所蔵

「米国ニ於ケル排日問題一件 一九二四年移民法案成立経過 渋沢子爵等ニ通知ノ件」3. 8. 2. 339-6-1-4, 外務省外交史料館所蔵

「米国ニ於ケル排日問題雑件 一九二四年移民法 成立ト各種事件」3. 8. 2. 339-6-1-5, 外務省外交史料館所蔵

「米国ニ於ケル排日問題雑件 一九二四年移民法ニ対スル交渉及抗議」3. 8. 2. 339-6-6, 外務省外交史料館所蔵

「外務省外国人雇入一件（附契約書）別冊『デニソン』氏関係」3.9.3.7-1, 外務省外交史料館所蔵
「韓国併合記念章下賜一件」6.2.2.10, 外務省外交史料館所蔵
「帝国ノ対支外交政策関係一件」第二巻、A.1.1.0.10, 外務省外交史料館所蔵
「満洲事変 在奉天林総領事発幣原外相宛電報綴（副）」第二巻、A.1.1.0.21, 外務省外交史料館所蔵
「米、独仲裁々判並和解条約関係一件（調停条約所定ノ常設委員会ヲ含ム）」B.5.0.0.G/U1, 外務省外交史料館所蔵
「太平洋問題調査会関係一件」第一巻、B.10.1.0.3, 外務省外交史料館所蔵
「倫敦海軍会議一件」第二巻、B.12.0.0.1, 外務省外交史料館所蔵
「倫敦海軍会議一件 輿論並新聞論調（米国）」B.12.0.0.1-4, 外務省外交史料館所蔵
「倫敦海軍会議一件 輿論並新聞論調（本邦）」第二巻、B.12.0.0.1-4, 外務省外交史料館所蔵
「本邦雇傭外国人関係雑件 本省ノ部」K.4.2.0.1-5, 外務省外交史料館所蔵
「御進講関係雑件」L.1.0.0.6, 外務省外交史料館所蔵
「皇太子裕仁親王殿下御渡欧一件」L.1.3.0.6, 外務省外交史料館所蔵
「外務省官制及内規関係雑件」第一、二巻、M.1.2.0.2, 外務省外交史料館所蔵
「帝国ニ於ケル外交文書公表関係雑件」N.1.7.1.2, 外務省外交史料館所蔵
「諸修史関係雑件 外交資料蒐集関係」第一巻、N.2.1.0.4-1, 外務省外交史料館所蔵
「ヤードレイ著『アメリカン、ブラックチェムバー』問題一件」N.2.2.0.9, 外務省外交史料館所蔵
「続閣議決定書輯録（草稿）」第三巻、Z.1.3.0.1, 外務省外交史料館所蔵
「連合軍の本土進駐並びに軍政関係一件 連合軍側と日本側との連絡関係 連合国最高司令官及び幕僚と本邦首相並びに各省要人との会談要録並びに往復書簡関係」A'.1.0.0.2-3-4, reel A'-0055, 外務省外交史料館所蔵
「太平洋戦争終結による本邦外交権の停止及び回復に至る経緯」A'.1.0.0.13, reel A'-0090, 外務省外交史料館所蔵
「日ソ外交関係雑件 ソ連関係執務報告」A'.1.3.3.2-1, CD-R A'-428, 外務省外交史料館所蔵
「対日平和条約関係 準備研究関係」第一、三巻、B'.4.0.0.1, reel B'-0008, 外務省外交史料館所蔵
「本邦戦争犯罪人関係雑件 調書資料関係（新聞、切抜を含む）」第一巻、D'.1.3.0.1-13, 外務省外交史料館所蔵

「昭和天皇と連合国最高司令官マッカーサー元帥の会談記録（一九四五年九月二七日）」情報公開法による開示文書、01-385, 外務省外交史料館所蔵
「任枢密顧問官 大平駒槌」一九四六年三月十九日、1-2A-001-00・別-00230-100, 国立公文書館所蔵
「外務大臣男爵幣原喜重郎出張ノ件」一九二六年十二月十八日、1-2A-019-00・任-B1336-100, 国立公文書館所蔵
「前議長幣原喜重郎君の衆議院葬執行につき哀悼の意を表するため休会することを議決の件」一九五一年三月十三日、1-2A-028-04・類-03527-100, 国立公文書館所蔵
幣原内閣閣議決定「陸海軍省ノ廃止ニ関スル件」一九四五年十月二十六日、1-2A-029-04・昭五七総-00128-100, 国立公文書館所蔵
幣原内閣閣議決定「敗戦ノ原因及実相調査ノ件」一九四五年十月三十日、1-2A-029-04・昭五七総-00128-100, 国立公文書館所蔵
幣原内閣閣議決定「大東亜戦争調査会官制」一九四五年十一月二十日、1-2A-029-04・昭五七総-00128-100, 国立公文書館所蔵
憲法調査会事務局「戦争放棄条項と天皇制維持との関連について――大平駒槌氏の息女のメモ」一九五九年二月、1-2A-038-08・憲-00115-105, 国立公文書館所蔵
「幣原内閣総理大臣車中談」一九四五年十一月八日各紙掲載、1-2A-040-00・資-00306-100, 国立公文書館所蔵
「関西行幸に関する幣原内閣総理大臣謹話」一九四五年十一月二十一日、1-2A-040-00・資-00306-100, 国立公文書館所蔵
幣原総理放送内容「復員軍人について」一九四六年二月七日、1-2A-040-00・資-00306-100, 国立公文書館所蔵
戦争調査会事務局「戦争調査会第一回総会ニ於ケル幣原総裁ノ挨拶」一九四六年三月二十七日、1-2A-040-00・資-00306-100, 国立公文書館所蔵
幣原喜重郎「今回の総選挙について」一九四六年四月九日放送、1-2A-040-00・資-00306-100, 国立公文書館所蔵
幣原喜重郎宣誓供述書、一九四七年七月二十八日、1-4E-013-00・昭四九宮内-04859-100, 国立公文書館所蔵
「移民委員会議了事項ニ関スル件」一九二四年十一月二十一日、1-4E-018-00・雑-03205-100, 国立公文書館所蔵

「外交雑録 式部職 昭和二十年」、宮内庁書陵部所蔵
「式部職 謁見録 昭和二十年」、宮内庁書陵部所蔵

「浅沼稲次郎関係文書」、国立国会図書館憲政資料室所蔵
「芦田均関係文書」、国立国会図書館憲政資料室所蔵
「安達峰一郎関係文書」、国立国会図書館憲政資料室所蔵
「石橋湛山関係文書」、国立国会図書館憲政資料室所蔵
「井上準之助関係文書」、東京大学大学院法学政治学研究科附属近代日本法政史料センター所蔵
「入江俊郎関係文書」、国立国会図書館憲政資料室所蔵
「加藤高明文書」、国立国会図書館憲政資料室所蔵
「川村茂久関係文書」、外務省外交史料館所蔵
「木戸幸一政治談話録音速記録」、国立国会図書館憲政資料室所蔵
「極東国際軍事裁判資料」、国士舘大学附属図書館特別資料室所蔵
「極東国際軍事裁判資料」、国立国会図書館憲政資料室所蔵
「憲政資料室収集文書」、国立国会図書館憲政資料室所蔵
「憲法調査会資料」、国立国会図書館憲政資料室所蔵
「近藤英明関係文書」、国立国会図書館憲政資料室所蔵
「斎藤実関係文書」、国立国会図書館憲政資料室所蔵
「阪谷芳郎関係文書」、国立国会図書館憲政資料室所蔵
「阪谷芳郎文書」、東京大学社会科学研究所図書室所蔵
「佐藤達夫関係文書」、国立国会図書館憲政資料室所蔵
「幣原家文書」、門真市立歴史資料館所蔵

「幣原平和文庫」、国立国会図書館憲政資料室所蔵
「鈴木貫太郎関係文書」、国立国会図書館憲政資料室所蔵
「鈴木九万関係文書」、国立国会図書館憲政資料室所蔵
「戦争調査会資料綴」、文庫／宮崎周一／九十五、防衛庁防衛研究所図書館所蔵
「財部彪関係文書」、国立国会図書館憲政資料室所蔵
「鶴見祐輔関係文書」、国立国会図書館憲政資料室所蔵
「苫米地義三関係文書」、東京大学大学院法学政治学研究科附属近代日本法政史料センター所蔵
「日米協会史料」、社団法人日米協会所蔵
「日本国憲法制定に関する談話録音」、国立国会図書館憲政資料室所蔵
「原田熊雄関係文書」、国立国会図書館憲政資料室所蔵
「東久邇宮日誌」、中央／戦争指導重要国策文書／一二九八、一三〇七、防衛庁防衛研究所図書館所蔵
「復員省関係資料」、国立国会図書館憲政資料室所蔵
「牧野伸顕関係文書」、国立国会図書館憲政資料室所蔵
「宮崎周一中将日誌」、中央／作戦指導日記／五六四、防衛庁防衛研究所図書館所蔵
「山川端夫関係文書」、国立国会図書館憲政資料室所蔵
「山梨勝之進文書」、学習院院史資料室所蔵
「和田博雄関係文書」、国立国会図書館憲政資料室所蔵

二　アメリカ

Record Group 59, National Archives.
Record Group 331, National Archives.
Ballantine, Joseph W. Oral History Project Papers. Columbia University.

Ballantine, Joseph W. Papers. Hoover Institution. Stanford University.
Bancroft, Edgar A. Papers. Seymour Library. Knox College.
Bell, Edward Price. Papers. Newberry Library.
Bryan, William Jennings. Papers. Manuscript Division, Library of Congress.
Castle, William R., Jr. Papers. Herbert Hoover Presidential Library.
Castle, William R., Jr. Papers. Houghton Library. Harvard University.
Colby, Bainbridge. Papers. Manuscript Division. Library of Congress.
Davis, Norman H. Papers. Manuscript Division. Library of Congress.
Dooman, Eugene H. Oral History Project Papers. Columbia University.
Dulles, John Foster. Papers. Princeton University Library.
Fellers, Bonner F. Papers. Hoover Institution. Stanford University.
Forbes, William Cameron. Papers. Houghton Library. Harvard University.
Garvin, J.L. Papers. Harry Ransom Humanities Research Center. University of Texas at Austin.
Grew, Joseph Clark. Papers. Houghton Library. Harvard University.
Hamilton, Maxwell McGaughey. Papers. Hoover Institution. Stanford University.
Hoover, Herbert. Papers. Herbert Hoover Presidential Library.
Hornbeck, Stanley K. Papers. Hoover Institution. Stanford University.
Hughes, Charles Evans. Papers. Manuscript Division. Library of Congress.
Johnson, Nelson Trusler. Oral History Project Papers. Columbia University.
Johnson, Nelson Trusler. Papers. Manuscript Division. Library of Congress.
Kades, Charles L. Oral History Project Papers. Columbia University.
Keenan, Joseph Berry. Papers. Harvard Law School Library. Harvard University.
Kimura, Eiichi. Papers. Hoover Institution. Stanford University.

Lamont, Thomas William. Papers. Barker Library. Harvard University.
Long, Breckinridge. Papers. Manuscript Division. Library of Congress.
Morris, Roland S. Papers. Manuscript Division. Library of Congress.
Phillips, William. Oral History Project Papers. Columbia University.
Phillips, William. Papers. Houghton Library. Harvard University.
Polk, Frank Lyon. Papers. Sterling Memorial Library. Yale University.
Poole, DeWitt Clinton. Oral History Project Papers. Columbia University.
Root, Elihu. Papers. Manuscript Division. Library of Congress.
Sansom, Sir George. Oral History Project Papers. Columbia University.
Stimson, Henry Lewis. Diary. Yale University Library.
Stimson, Henry Lewis. Papers. Yale University Library.
Wang, Chengting T. Papers. Sterling Memorial Library. Yale University.
Washburn, Stanley. Oral History Project Papers. Columbia University.
Wilbur, Ray Lyman. Papers. Hoover Institution. Stanford University.
Williams, Edward Thomas. Papers. Bancroft Library. University of California at Berkeley.

三　イギリス

FO 228, National Archives.
FO 371, National Archives.
FO 800, National Archives.

四　台湾

外交部档案、03. 25. 25. 31. 1, 中央研究院近代史研究所所蔵

II 二次文献

一 日本語文献

Archives in the Japanese Ministry of Foreign Affairs, Tokyo, Japan, 1868–1945: Documents of the International Military Tribunal, reel 55, 56. Washington D. C.: Library of Congress, 1949–1951.

『朝日新聞』

『大阪朝日新聞』

『官報』

『時事新報』

『中外商業新報』

『東京朝日新聞』

『東京新聞』

『東京日日新聞』

『毎日新聞』

『読売新聞』

相澤淳『海軍の選択――再考 真珠湾への道』（中央公論新社、二〇〇二年）

青木一男『わが九十年の生涯を顧みて』（講談社、一九八一年）

青木周蔵／坂根義久校注『青木周蔵自伝』（平凡社、一九七〇年）

朝海浩一郎『司町閑話――一外交官の回想』（朝海浩一郎回想録編集部、一九八六年）

麻田貞雄『両大戦間の日米関係――海軍と政策決定過程』（東京大学出版会、一九九三年）

朝日新聞社編『入江相政日記』第二巻（朝日新聞社、一九九〇年）
朝日新聞政党記者団『政党年鑑 昭和二十三年』（ニュース社、一九四八年）
朝日新聞政党記者団『政党年鑑 昭和二十四年』（ニュース社、一九四九年）
朝日新聞法廷記者団『東京裁判』中（東京裁判刊行会、一九六二年）
芦部信喜・高橋和之・高見勝利・日比野勤編『日本国憲法制定資料全集 一――憲法問題調査委員会関係資料等』（信山社、一九九七年）
荒井信一『第二次世界大戦』（東京大学出版会、一九七三年）
新井要太郎編『菊池先生伝』（大空社、一九九七年）
有田八郎『馬鹿八と人はいう――一外交官の回想』（光和堂、一九五九年）
粟屋憲太郎『東京裁判論』（大月書店、一九八九年）
粟屋憲太郎『未決の戦争責任』（柏書房、一九九四年）
粟屋憲太郎『現代史発掘』（大月書店、一九九六年）
粟屋憲太郎編『資料 日本現代史』第二巻（大月書店、一九八〇年）
粟屋憲太郎・安達宏昭・小林元裕編／岡田良之助訳『東京裁判資料 田中隆吉尋問調書』（大月書店、一九九四年）
粟屋憲太郎・NHK取材班『東京裁判への道』（日本放送出版協会、一九九四年）
粟屋憲太郎・吉田裕編『国際検察局（IPS）尋問調書』第二十八、三十一、四十八巻（日本図書センター、一九九三年）
飯森明子・波多野勝「大正十年皇太子裕仁 幻の訪米」（『人間科学論究』第三号、一九九五年）一三三―一四三頁
五百旗頭真『米国の日本占領政策――戦後日本の設計図』上・下（中央公論社、一九八五年）
五百旗頭真『占領期――首相たちの新日本』（読売新聞社、一九九七年）
五十嵐武士『対日講和と冷戦』（東京大学出版会、一九八六年）
井口治夫「ジョン・フォスター・ダレスの外交思想――戦前・戦後の連続性」（『同志社アメリカ研究』第三十四号、一九九八年）三三―四八頁

井口治夫「アメリカの極東政策――ハーバート＝C・フーヴァーと日米関係」（伊藤之雄・川田稔編『環太平洋の国際秩序の模索と日本――第一次世界大戦後から五五年体制成立』山川出版社、一九九九年）五―四三頁
井口治夫「戦後日本の君主制とアメリカ」（伊藤之雄・川田稔編『二十世紀日本の天皇と君主制――国際比較の視点から一八六七～一九四七』吉川弘文館、二〇〇四年）一二九―一五五頁
池井優『駐日アメリカ大使』（文春新書、二〇〇一年）
池井優・波多野勝「ロンドン海軍軍縮問題と浜口雄幸」（『法学研究』第六十三巻第十一号、一九九〇年）一―三四頁
池井優・波多野勝・黒沢文貴編『濱口雄幸 日記・随感録』（みすず書房、一九九一年）
池田清「ロンドン海軍条約と統帥権問題」（『大阪市立大学法学雑誌』第十五巻第二号、一九六八年）一―三五頁
伊香俊哉『近代日本と戦争違法化体制――第一次世界大戦から日中戦争へ』（吉川弘文館、二〇〇二年）
伊沢多喜男伝記編纂委員会編『伊沢多喜男』（羽田書店、一九五一年）
伊沢多喜男文書研究会編『伊沢多喜男関係文書』（芙蓉書房出版、二〇〇〇年）
石射猪太郎『外交官の一生』（中公文庫、一九八六年）
石井菊次郎『外交餘録』（岩波書店、一九三〇年）
石井菊次郎述／五十公野清一編『外交回想断片』（金星堂、一九三九年）
石川松太郎監修『近代日本学校教育論講座 五 学校論』（クレス出版、二〇〇一年）
石橋湛山「幣原さんの思い出㈠」（『東洋経済新報』第二四六五号、一九五一年）二一―二二頁
石橋湛山全集編纂委員会編『石橋湛山全集』第十五巻（東洋経済新報社、一九七二年）
石橋湛一・伊藤隆編『石橋湛山日記 昭和二十―三十一年』上（みすず書房、二〇〇一年）
石渡荘太郎伝記編纂会編『石渡荘太郎』（石渡荘太郎伝記編纂会、一九五四年）
一又正雄「トーマス・ベィティ博士逝去」（『国際法外交雑誌』第五十三巻第一・二号、一九五四年）八六―九七頁
一又正雄『日本の国際法学を築いた人々』（財団法人日本国際問題研究所、一九七三年）
伊藤隆『昭和初期政治史研究――ロンドン海軍軍縮問題をめぐる諸政治集団の対抗と提携』（東京大学出版会、一九六九年）

伊藤隆『昭和十年代史断章』（東京大学出版会、一九八一年）
伊藤隆『昭和期の政治』（山川出版社、一九八三年）
伊藤隆『続 昭和期の政治』（山川出版社、一九九三年）
伊藤隆編『高木惣吉 日記と情報』下（みすず書房、二〇〇〇年）
伊藤隆・季武嘉也編『鳩山一郎・薫日記』上（中央公論新社、一九九九年）
伊藤隆・鈴木淳・小池聖一・田浦雅徳・古川隆久編『続・現代史資料 五 海軍 加藤寛治日記』（みすず書房、一九九四年）
伊藤隆・野村実編『海軍大将 小林躋造覚書』（山川出版社、一九八一年）
伊藤隆・広瀬順晧編『牧野伸顕日記』（中央公論社、一九九〇年）
伊藤隆・劉傑編『石射猪太郎日記』（中央公論社、一九九三年）
伊藤隆・渡邊行男編『重光葵手記』（中央公論社、一九八六年）
伊藤隆・渡邊行男編『続 重光葵手記』（中央公論社、一九八八年）
伊藤隆・渡邊行男編「齋藤隆夫日記〈抄〉」（『中央公論』一九九一年一月号）一四七―一六三頁
伊藤正徳『新聞五十年史』（鱒書房、一九四三年）
伊藤之雄『昭和天皇と立憲君主制の崩壊』（名古屋大学出版会、二〇〇五年）
稲田真乗「日本海軍のミクロネシア占領とヤップ島問題」（『早稲田大学大学院法研論集』第九十号、一九九九年）一〇三―一二二頁
稲葉正夫・小林龍夫・島田俊彦・角田順編『太平洋戦争への道 開戦外交史』別巻資料編（朝日新聞社、一九六三年）
井上馨侯伝記編纂会『侯爵井上勝之助君略伝』（内外書籍、一九三四年）
井上準之助論叢編纂会編『井上準之助伝』（井上準之助論叢編纂会、一九三五年）
井上準之助論叢編纂会編『井上準之助 論叢四』（原書房、一九八二年）
入江啓四郎述『近代外交史抄』（外務省研修所、一九六〇年）
入江俊郎『憲法成立の経緯と憲法上の諸問題――入江俊郎論集』（入江俊郎論集刊行会、一九七六年）

岩崎家伝記刊行会編『岩崎久弥伝』（東京大学出版会、一九七九年）
岩崎弥太郎・岩崎弥之助伝記編纂会編『岩崎弥太郎伝』下（岩崎弥太郎・岩崎弥之助伝記編纂会、一九六七年）
ウォシュバン、スタンレー／目黒眞澄訳『乃木』（創元社、一九四一年）
ウォシュバン、スタンレー／目黒眞澄訳『乃木大将と日本人』（講談社学術文庫、一九八〇年）
宇垣一成文書研究会編『宇垣一成関係文書』（芙蓉書房出版、一九九五年）
于紅「幣原外交における『経済中心主義』――一九二五年の青島労働争議と五・三十事件の外交的対応をめぐって」（『人間文化論叢』第三巻、二〇〇〇年）一―一一頁
于紅「第二次幣原外交期における中国の国号呼称問題――『支那共和国』から『中華民国』へ」（『お茶の水史学』第四十六号、二〇〇二年）七九―一〇八頁
臼井勝美『日中外交史』（塙書房、一九七一年）
臼井勝美『日本と中国――大正時代』（原書房、一九七二年）
臼井勝美『中国をめぐる近代日本の外交』（筑摩書房、一九八三年）
臼井勝美『満洲国と国際連盟』（吉川弘文館、一九九五年）
内田定槌述「在勤各地ニ於ケル主要事件ノ回顧」一九三九年一月（広瀬順晧編『近代外交回顧録』第一巻、ゆまに書房、二〇〇〇年）一五七―一八九頁
内山正熊「トーマス・ベィティ博士の論功」（『国際法外交雑誌』第六十五巻第六号、一九六七年）三五―五〇頁
海野芳郎『国際連盟と日本』（原書房、一九七二年）
海野芳郎「日本とインドシナの貿易摩擦」（細谷千博編『太平洋・アジア圏の国際経済紛争史』東京大学出版会、一九八三年）四一―六四頁
「英国大使館参事官佐分利貞男君の演説」（大阪経済会編『大阪経済会常集会に於ける演説』大阪経済会、一九二九年）二一―五頁
江藤淳監修／栗原健・波多野澄雄編『終戦工作の記録』上（講談社文庫、一九八六年）
江藤淳編／波多野澄雄解題『占領史録』下（講談社学術文庫、一九九五年）

衛藤瀋吉『東アジア政治史研究』（東京大学出版会、一九六八年）
大嶽秀夫編『戦後日本防衛問題資料集』第一巻（三一書房、一九九一年）
太田健一・岡崎克樹・坂本昇・難波俊成『次田大三郎日記』（山陽新聞社、一九九一年）
大西比呂志「伊沢多喜男と宇垣一成――宇垣擁立工作を中心に」（堀真清編『宇垣一成とその時代――大正・昭和前期の軍部・政党・官僚』新評論、一九九九年）二四五―二六三頁
大西比呂志「戦中戦後の伊沢多喜男――内務官僚支配の終焉」（同編『伊沢多喜男と近代日本』芙蓉書房出版、二〇〇三年）二〇一―二二六頁
大野勝巳「明治外交とデニソン顧問の献身」（『文藝春秋』一九六六年十一月号）一八〇―一八八頁
大前信也「ロンドン海軍軍縮問題における財政と軍備――海軍補充問題をめぐる政治過程」（『鈴鹿国際大学紀要』第七号、二〇〇〇年）一三―五七頁
岡崎勝男「戦後二十年の遍歴㈣」（『霞関会会報』第二四四号、一九六六年）一〇―一六頁
岡崎久彦『幣原喜重郎とその時代』（PHP研究所、二〇〇〇年）
岡崎久彦『日本外交の情報戦略』（PHP新書、二〇〇三年）
岡崎久彦『どこで日本人の歴史観は歪んだのか』（海竜社、二〇〇三年）
緒方貞子『満州事変と政策の形成過程』（原書房、一九六六年）
岡田貞寛編『岡田啓介回顧録』（中公文庫、一九八七年）
岡義武『岡義武著作集』第四巻（岩波書店、一九九三年）
岡義武・林茂校訂『大正デモクラシー期の政治――松本剛吉政治日誌』（岩波書店、一九五九年）
小沼良成編『外地国勢調査報告 第六輯 南洋諸島島勢調査報告』第一冊（文生書院、一九九九年）
小幡西吉伝記刊行会編『小幡西吉』（小幡西吉伝記刊行会、一九五七年）
「外交研究会」（『外交時報』第九五三号、一九四五年）四〇頁
外務官吏研修所『外務官吏研修所概観』（外務官吏研修所、一九四八年）
外務省監修／日本学術振興会編纂『条約改正関係 日本外交文書 別冊 通商条約と通商政策の変遷』（財団法人世界経

済調査会発行、一九五一年）
外務省編『対米移民問題竝加州排日運動ノ沿革 附 加州問題日米交渉顚末』（外務省、一九二〇年）
外務省編『一九二四年米国移民法制定及之ニ関スル日米交渉経過』（外務省、一九二四年）
外務省編『一九二四年米国移民法制定及之ニ関スル日米交渉経過公文書英文附属書』（外務省、一九二四年）
外務省編『外務省公表集』第十五輯（外務省、一九三七年）
外務省編『日本外交文書 日露戦争』第四、五巻（外務省、一九六〇年）
外務省編『日本外交年表竝主要文書』上・下（原書房、一九六五年）
外務省編『小村外交史』（原書房、一九六六年）
外務省編『日本外交文書 対米移民問題経過概要』（外務省、一九七二年）
外務省編『日本外交文書 対米移民問題経過概要附属書』（外務省、一九七三年）
外務省編『日本外交文書 満州事変』第一巻第一、三冊（外務省、一九七七—一九七八年）
外務省編『日本外交文書 ワシントン会議』上・下（外務省、一九七七—一九七八年）
外務省編『日本外交文書 一九三〇年ロンドン海軍会議』上・下（外務省、一九八三—一九八四年）
外務省編『日本外交文書 海軍軍備制限条約枢密院審査記録』（外務省、一九八四年）
外務省編『終戦史録』（終戦史録刊行会、一九八六年）
外務省編『日本外交文書』各年版（外務省）
外務省欧亜局第一課編『日「ソ」交渉史』（巌南堂書店、一九四二年）
外務省研修所『外務省研修所十年史』（外務省研修所、一九五六年）
「外務省消息」（『霞関会会報』第十二号、一九四五年）一—二頁
外務省情報文化局編『これからの日本の外交——大平外務大臣に聞く』（外務省、一九七三年）
外務省調査局『現代東亜人名鑑』（東邦研究会、一九五〇年）
外務省調査部第一課「外交史料編纂事業ニ就テ」一九三九年四月（広瀬順晧編『近代外交回顧録』第一巻、ゆまに書房、二〇〇〇年）七—六〇頁

外務省調査部第四課編「若槻礼次郎男述 倫敦海軍軍縮会議」一九三九年十月十日（広瀬順晧編『近代外交回顧録』第三巻、ゆまに書房、二〇〇〇年）二三三―二八〇頁
外務省百年史編纂委員会編『外務省の百年』上・下（原書房、一九六九年）
外務省連絡局編『極東国際軍事裁判判決速記録』（外務省連絡局、一九四八年）
外務大臣官房人事課編『外務省年鑑』各年版
景浦勉「加藤恒忠」（愛媛県教育委員会編『愛媛の先覚者』第四巻、愛媛県教育委員会、一九六六年）二一〇―二一四頁
鹿島平和研究所編『石井菊次郎遺稿 外交随想』（鹿島研究所出版会、一九六七年）
加瀬俊一講演「吉田茂を語る」一九六九年一月十六日（『霞関会会報』第二八〇号、一九六九年）一六―一七頁
加藤聖文「松岡洋右と満鉄――ワシントン体制への挑戦」（小林英夫編『近代日本と満鉄』吉川弘文館、二〇〇〇年）六四―一〇七頁
加藤聖文「幣原外交における満蒙政策の限界――外務省と満鉄監督権問題」（『早稲田大学大学院文学研究科紀要』第四十六輯、二〇〇一年）四七―五八頁
加藤高明「不参加の理由」一九一七年六月七日（『青年』第五巻第七号、一九一七年）三七―四二頁
加藤陽子『戦争の論理――日露戦争から太平洋戦争まで』（勁草書房、二〇〇五年）
門真市編『門真市史 第三巻 近世史料編』（門真市、一九九七年）
門真市編『門真市史 第四巻 近世本文編』（門真市、二〇〇〇年）
門真町史編纂委員会編『門真町史』（門真町役場、一九六二年）
神川彦松監修／金正明編『日韓外交資料集成』第五巻（巌南堂書店、一九六七年）
川島真「『支那』『支那国』『支那共和国』――日本外務省の対中呼称政策」（『中国研究月報』第四十九巻第九号、一九九五年）一―一五頁
川島真『中国近代外交の形成』（名古屋大学出版会、二〇〇四年）
川島信太郎『本邦通商政策条約史概論』（巖松堂書店、一九四一年）

川島保良編『回想のブライス』（回想のブライス刊行会事務所、一九八四年）
川田稔編『浜口雄幸集――論述・講演篇』（未來社、二〇〇〇年）
韓国学文献研究所編『旧韓末日帝侵略史料叢書Ⅳ 政治篇五』（ソウル：亜細亜文化社、一九八四年）
巻頭言「首相外相の演説」（『外交時報』第四七一号、一九二四年）
議会政治研究会『政党年鑑 昭和二十二年』（ニュース社、一九四七年）
菊池武徳編『伯爵珍田捨巳伝』（共盟閣、一九三八年）
北岡伸一「ワシントン体制と『国際協調』の精神――マクマリ・メモランダム（一九三五年）によせて」（『立教法学』第二十三号、一九八四年）六八―一一三頁
北岡伸一「二十一カ条再考――日米外交の相互作用」（『年報近代日本研究』第七号、一九八五年）一一九―一五〇頁
北岡伸一『増補版 清沢洌』（中公新書、二〇〇四年）
北岡伸一『政党政治の再生――戦後政治の形成と崩壊』（中央公論社、一九九四年）
木戸日記研究会校訂『木戸幸一日記』上・下（東京大学出版会、一九六六年）
木戸日記研究会編『木戸幸一関係文書』（東京大学出版会、一九六六年）
木下道雄『側近日誌』（文藝春秋、一九九〇年）
木村健二『在朝日本人の社会史』（未來社、一九八九年）
清沢洌『暗黒日記――昭和十七年十二月九日―二十年五月五日』（評論社、一九七九年）
草間秀三郎『ウィルソンの国際社会政策構想』（名古屋大学出版会、一九九〇年）
楠綾子「戦後日本の安全保障政策の形成 一九四三―一九五二年――日米の戦後構想とその相互作用」（博士論文、神戸大学、二〇〇四年）
久保田貫一郎編「石井子爵閑談録」（『国際問題』第六十五号、一九六五年）五六―六一頁
久保田貫一郎編「石井子爵日記」（『国際問題』第六十七号、一九六五年）五八―六三頁
久保田貫一郎編「石井子爵日記 昭和七年十二月十四日――昭和八年四月十一日」（『国際問題』第七十一号、一九六六年）七八―八三頁

久保田政周編『萩原守一氏追懐録』（博文館、一九一三年）
功刀俊洋「幣原喜重郎――『平和外交』の本音と建前」（吉田裕ほか『敗戦前後』青木書店、一九九五年）八五―一三一頁
熊本史雄「第一次大戦期における外務省の対中政策――『経済提携』から『文化提携』への転換」（『史境』第四十五号、二〇〇二年）一―一九頁
倉知鉄吉述「韓国併合ノ経緯」一九三九年十一月（広瀬順晧編『近代外交回顧録』第二巻、ゆまに書房、二〇〇〇年）二四九―二八五頁
栗原健「第一次・第二次満蒙独立運動と小池外務省政務局長の辞任」（同編『対満蒙政策史の一面』原書房、一九六六年）一三九―一六一頁
グルー、ジョセフ・C「幣原喜重郎を悼む」（『改造』一九五一年五月号）七〇―七一頁
来栖三郎『泡沫の三十五年』（中公文庫、一九八六年）
黒川徳男「中間内閣期の伊沢多喜男」（大西比呂志編『伊沢多喜男と近代日本』芙蓉書房出版、二〇〇三年）一四一―一六五頁
黒木勇吉『小村寿太郎』（講談社、一九六八年）
黒野耐『帝国国防方針の研究――陸海軍国防思想の展開と特徴』（総和社、二〇〇〇年）
桑原鶴「幣原男爵の思い出」（『霞関会会報』第二三四号、一九六五年）二―三頁
憲法調査会編『憲法調査会第七回総会議事録』（憲法調査会、一九五七年）
憲法調査会編『憲法制定の経過に関する小委員会第八回議事録』（憲法調査会、一九五八年）
憲法調査会事務局編『帝国憲法改正審議録』第三、四、五巻（憲法調査会事務局、一九五八―一九五九年）
憲法調査会事務局編『憲法制定の経過に関する小委員会報告書』（大蔵省印刷局、一九六一年）
小池聖一『満州事変と対中国政策』（吉川弘文館、二〇〇三年）
小風秀雅『帝国主義下の日本海運――国際競争と対外自立』（山川出版社、一九九五年）
故阪谷子爵記念事業会編『阪谷芳郎伝』（故阪谷子爵記念事業会、一九五一年）

古島一雄『一老政治家の回想』（中公文庫、一九七五年）
小菅信子『戦後和解』（中公新書、二〇〇五年）
後藤春美『アヘンとイギリス帝国――国際規制の高まり　一九〇六～四三年』（山川出版社、二〇〇五年）
小林龍夫「海軍軍縮条約」（日本国際政治学会太平洋戦争原因研究部編『太平洋戦争への道　開戦外交史』第一巻、朝日新聞社、一九六三年）一―一六〇頁
小林龍夫・島田俊彦編『現代史資料　七　満洲事変』（みすず書房、一九六四年）
小林龍夫・島田俊彦・稲葉正夫編『現代史資料　十一　続・満洲事変』（みすず書房、一九六五年）
小林道彦「大陸政策と人口問題――一九一八～三一年」（伊藤之雄・川田稔編『環太平洋の国際秩序の模索と日本――第一次世界大戦後から五五年体制成立』山川出版社、一九九九年）二〇一―二二七頁
小林道彦「田中政友会と山東出兵――一九二七―一九二八㈠㈡」（『北九州市立大学法政論集』第三十二巻第二・三号、第三十三巻第一号、二〇〇四―二〇〇五年）一―三三、一―五二頁
小村欣一「帝都喧騒の中を父帰る」（刀禰館正雄編『その頃を語る』朝日新聞社、一九二八年）二四六―二五二頁
財団法人鹿島平和研究所編『回想の戦時外交』（勉誠出版、二〇〇三年）
財団法人鹿島平和研究所編『経済外交の現場を語る――一外交実務家の目』（勉誠出版、二〇〇三年）
財団法人東洋文庫『東洋文庫十五年史』（財団法人東洋文庫、一九三九年）
財団法人東洋文庫『財団法人東洋文庫略史』（財団法人東洋文庫、一九五七年）
財団法人東洋文庫『昭和三十年度　東洋文庫年報』（財団法人東洋文庫、一九五七年）
財団法人吉田茂記念事業財団編『吉田茂書翰』（中央公論社、一九九四年）
斎藤隆夫『回顧七十年』（中公文庫、一九八七年）
酒井哲哉「『英米協調』と『日中提携』」（『年報近代日本研究』第十一号、一九八九年）六一―九二頁
酒井哲哉『大正デモクラシー体制の崩壊――内政と外交』（東京大学出版会、一九九二年）
坂本健蔵「永井柳太郎の日中提携論――第一次大戦期を中心に」（『法学研究』第七十三巻第九号、二〇〇〇年）三三―七三頁

櫻井良樹「加藤高明と英米中三国関係」（長谷川雄一編『大正期日本のアメリカ認識』慶應義塾大学出版会、二〇〇一年）七九―一二一頁
櫻井良樹「鈴木貫太郎日記（昭和二十一年）について」（『野田市史研究』第十六号、二〇〇五年）三―四三頁
佐々木隆「解説」（幣原喜重郎『外交五十年』中公文庫、一九八七年）三三一―三三七頁
佐々木到一『ある軍人の自伝』（普通社、一九六三年）
「佐々木到一中将談」一九四二年十一月十五日（森克己『満洲事変の裏面史』国書刊行会、一九七六年）四三七―四三八頁
佐藤醇造「幣原さんと日本刀」（『霞関会会報』第一七九号、一九六一年）一一―一二頁
佐藤卓己「降伏記念日から終戦記念日へ――記憶のメディア・イベント」（津金澤聰廣編『戦後日本のメディア・イベント一九四五―一九六〇年』世界思想社、二〇〇二年）七一―九三頁
佐藤達夫『日本国憲法成立史』第一、二巻（有斐閣、一九六二―一九六四年）
佐藤達夫『日本国憲法誕生記』（中公文庫、一九九九年）
佐藤達夫／佐藤功補訂『日本国憲法成立史』第三巻（有斐閣、一九九四年）
佐藤尚武「幣原さんを悼む」（『週刊朝日』一九五一年三月二十五日号）四一頁
佐藤尚武『回顧八十年』（時事通信社、一九六三年）
佐藤尚武監修／鹿島平和研究所編『国際連盟における日本』（鹿島研究所出版会、一九七二年）
佐藤元英『昭和初期対中国政策の研究――田中内閣の対満蒙政策』（原書房、一九九二年）
佐藤元英『近代日本の外交と軍事――権益擁護と侵略の構造』（吉川弘文館、二〇〇〇年）
佐藤元英・黒沢文貴編『GHQ歴史課陳述録――終戦史資料』上（原書房、二〇〇二年）
佐分利貞男「米国新移民法案に就て」（『憲政』第七巻第七号、一九二四年）四二―四五頁
澤田次郎『近代日本人のアメリカ観――日露戦争以後を中心に』（慶應大学出版会、一九九九年）
澤田壽夫編『澤田節蔵回想録――一外交官の生涯』（有斐閣、一九八五年）
澤田廉三『凱旋門広場』（角川書店、一九五〇年）

澤田廉三『随感 随筆』（牧野出版、一九九〇年）
塩崎弘明「『パックス・アングロ・サクソニカ』と外務省革新派――国際秩序の『革新』化をめぐって」（有馬学・三谷博編『近代日本の政治構造』吉川弘文館、一九九三年）二〇六―二三三頁
塩崎弘明『国内新体制を求めて――両大戦後にわたる革新運動・思想の軌跡』（九州大学出版会、一九九八年）
重光葵「運命の張鼓峰事件前後――モスクワへの旅」（『日本週報』第一九三号、一九五一年）三〇―三六頁
重光葵『重光葵外交回想録』（毎日新聞社、一九五三年）
重光葵『巣鴨日記』（文藝春秋新社、一九五三年）
重光葵「佐分利公使の死」（『中国研究月報』第四十二巻第十一号、一九八八年）三八―四二頁
時事記事「加藤子の弁解」（『政友』第二〇八号、一九一七年）四五―四九頁
鹿喰清一編『心如水 石渡さんを偲ぶ』（東京ポスト、一九八二年）
幣原喜重郎「序文」一九二三年十二月二十四日（スタンレー・ウォッシュバーン／目黒眞澄訳『乃木』文興院、一九二四年）一―五頁
幣原喜重郎「現内閣の外交方針」（『憲政』第七巻第八号、一九二四年）五―九頁
幣原喜重郎「国際政局の推移と外交の根本義」（『外交時報』第五〇〇号、一九二五年）一九―二二頁
幣原喜重郎「帝国外交の基調」（『憲政』第八巻第二号、一九二五年）一一―一二頁
幣原喜重郎「自主的外交の基礎確立」（『憲政公論』第六巻第二号、一九二六年）一三―二〇頁
幣原喜重郎「我が国現下の国際関係」（『憲政公論』第七巻第二号、一九二七年）二一―二七頁
幣原喜重郎「支那問題概観」（『外交時報』第五六〇号、一九二八年）八―一八頁
幣原喜重郎「釜山領事時代の大手柄」（刀禰館正雄編『その頃を語る』朝日新聞社、一九二八年）二二二―二二七頁
幣原喜重郎「香具師的田中外交」（『民政』第二巻第十号、一九二八年）一八―二〇頁
幣原喜重郎「対支外交に就て」（『民政』第二巻第十一号、一九二八年）四―一七頁
幣原喜重郎「外交の本質と我が対支外交㈠㈡㈢㈣㈤㈥」（『民政』第三巻第二、三、四、五、六、七号、一九二九年）一〇二―一〇七、一〇〇―一〇三、九六―一〇一、八八―九三、一〇二―一〇七、九六―一〇一頁

幣原喜重郎「国際平和と世界の大勢」一九二九年十一月十一日ラジオ講演（『外交時報』第六〇一号、一九二九年）一五五―一六三頁
幣原喜重郎「国際平和に関する世界の大勢」（『民政』第三巻第十二号、一九二九年）九―一三頁
幣原喜重郎「現実日本の国際関係」（『民政』第四巻第二号、一九三〇年）二七―三五頁
幣原喜重郎「現在日本の国際関係」（『民政』第四巻第五号、一九三〇年）一六―一九頁
幣原喜重郎「死力を尽して経綸の実現に邁進」（『民政』第五巻第二号、一九三一年）四―六頁
幣原喜重郎「我が国最近の国際関係」（『民政』第五巻第二号、一九三一年）一五―一八頁
幣原喜重郎「先輩としての伊集院男」（追悼会発起人編『伊集院彦吉男 青木宣純将軍追悼録』追悼会発起人、一九三四年）二八―三〇頁
幣原喜重郎「伯とブライアン氏」（菊池武徳編『伯爵珍田捨巳伝』共盟閣、一九三八年）一三八―一四〇頁
幣原喜重郎「ワシントン会議の裏面観その他」一九三九年二月（広瀬順晧編『近代外交回顧録』第四巻、ゆまに書房、二〇〇〇年）九七―一三五頁
幣原喜重郎「昭和十一年十二月日ソ漁業暫行協定成立に関する経緯の一局面」一九三九年四月（広瀬順晧編『近代外交回顧録』第四巻、ゆまに書房、二〇〇〇年）一五四―一六〇頁
幣原喜重郎「外交文書の文体、起草者の心得並に諸種の形式」一九四〇年四月（広瀬順晧編『近代外交回顧録』第四巻、ゆまに書房、二〇〇〇年）八三―九四頁
幣原喜重郎「外人にも此の人あり」（『外交時報』第九四八号、一九四四年）二四―二八頁
幣原喜重郎「中国公使汪栄宝君と私」（幣原喜重郎ほか『世界の心と姿』不死鳥社、一九四九年）三―七頁
幣原喜重郎「回想のパリ平和会議」（『改造』一九五〇年二月号）七一―七五頁
幣原喜重郎「外交五十年」（『読売新聞』一九五〇年九月五日から十一月十四日）
幣原喜重郎「序」（青木得三『太平洋戦争前史』第一巻、世界平和建設協会、一九五一年）一―五頁
幣原喜重郎「唐人お吉とお蝶夫人」（『改造』一九五一年一月号）一四二―一四三頁
幣原喜重郎「忘れ得ぬ人々――交友回想記」（『文藝春秋』一九五一年一月号）五四―六一頁

幣原喜重郎「戦争の幽霊――満洲事変の起因」（『中央公論』一九五一年五月号）六八―七〇頁
幣原喜重郎『外交五十年』（読売新聞社、一九五一年）
幣原喜重郎『外交五十年』（中公文庫、一九八七年）
幣原坦『女子教育』（集英堂、一八九八年）
幣原坦『南島沿革史論』（冨山房、一八九九年）
幣原坦『教育漫筆 全』（金港堂書籍、一九〇二年）
幣原坦『日露間之韓国』（博文館、一九〇五年）
幣原坦『韓国政争志』（三省堂、一九〇七年）
幣原坦『学校論』（同文館、一九〇九年）
幣原坦「間島国境問題」（東洋協会編『東洋協会調査部学術報告』第一冊、東洋協会、一九〇九年）二〇七―二三六頁
幣原坦「爪哇及『ボルネオ』視察報告」（外務省通商局『移民調査報告』第六回、一九一一年三月）三八七―四〇〇頁
幣原坦『世界小観』（宝文館、一九一二年）
幣原坦『植民地教育』（同文館、一九一二年）
幣原坦『日韓関係よりの対州研究』（広島高等師範学校地理歴史学会、一九一三年）
幣原坦『満洲観』（宝文館、一九一六年）
幣原坦「倭寇に就て」（史学研究会編『続 史的研究』冨山房、一九一六年）一―二一頁
幣原坦『少青年の犯罪防遏政策に就いて』（内務省地方局、一九一七年）
幣原坦『朝鮮教育論』（六盟館、一九一九年）
幣原坦『朝鮮史話』（冨山房、一九二四年）
幣原坦『世界の変遷を見る』（冨山房、一九二六年）
幣原坦「台湾に於ける金・硫黄及び石炭の探検」（市村博士古稀記念東洋史論叢刊行会編『市村博士古稀記念東洋史

論叢』冨山房、一九三三年）三九五―四三四頁
幣原坦「国史より見たる三百年記念」（台南州共栄会台南支会編『台湾文化史説』台南州共栄会台南支会、一九三五年）一―三二頁
幣原坦『教育検討 第一 教育行政の特質』（眞興社、一九三八年）
幣原坦『南方文化の建設へ』（冨山房、一九三八年）
幣原坦「本邦人と台湾」（安藤教授還暦記念会編『安藤教授還暦祝賀記念論文集』三省堂、一九四〇年）五七一―五八四頁
幣原坦『興亜の修養』（明世堂書店、一九四一年）
幣原坦『大東亜の成育』（東洋経済新報社、一九四一年）
幣原坦「南方建設の文化対策」（南方圏研究会編『南方新建設講座』大阪屋号書店、一九四三年）五五―七八頁
幣原坦「沖の泡」（柳田国男編『沖縄文化叢説』中央公論社、一九四七年）五―二二頁
幣原坦『極東文化の交流』（關書院、一九四九年）
幣原坦「対馬問題」（『朝鮮学報』第一輯、一九五一年）一―一三頁
幣原坦『文化の建設』（吉川弘文館、一九五三年）
幣原坦述／小西干比古編『国史上南洋発展の一面』（南洋経済研究所、一九四一年）
幣原坦編『内外実用地図 世界之部』（共益商社書店、一八九七年）
幣原坦編『内外実用地図 日本之部』（共益商社書店、一八九七年）
幣原平和財団編『幣原喜重郎』（幣原平和財団、一九五五年）
篠原一・三谷太一郎編『岡義武 ロンドン日記 一九三六―一九三七』（岩波書店、一九九七年）
信夫清三郎・中山治一編『改訂版 日露戦争史の研究』（河出書房新社、一九七二年）
柴田紳一「ロンドン海軍軍縮会議に関する一極秘電――名を連ねた人々と吉田茂のその後」（財団法人吉田茂記念事業財団編『人間 吉田茂』中央公論社、一九九一年）二四九―二六六頁
柴田紳一『昭和期の皇室と政治外交』（原書房、一九九五年）

柴田紳一「第一回昭和天皇・マッカーサー会見と吉田茂」（『国学院大学日本文化研究所紀要』第八十二輯、一九九八年）九一―一三二頁
渋沢敬三『渋沢敬三著作集』第五巻（平凡社、一九九三年）
島田俊彦「満州事変の展開」（日本国際政治学会太平洋戦争原因研究部編『太平洋戦争への道 開戦外交史』第二巻、朝日新聞社、一九六二年）一―一八八頁
清水伸編『逐条日本国憲法審議録』第一、二巻（有斐閣、一九六二年）
清水元「一九二〇年代における『南進論』の帰趨と南洋貿易会議の思想」（同編『両大戦間期日本・東南アジア関係の諸相』アジア経済研究所、一九八六年）三―四六頁
社団法人尚友倶楽部編『岡部長景日記――昭和初期華族官僚の記録』（柏書房、一九九三年）
社団法人日本倶楽部編『日本倶楽部百年史』（良書普及会、一九九九年）
衆議院・参議院編『議会制度七十年史 貴族院・参議院議員名鑑』（大蔵省印刷局、一九六一年）
衆議院・参議院編『議会制度七十年史 政党会派篇』（大蔵省印刷局、一九六一年）
進藤榮一・下河辺元春編『芦田均日記』第一、三巻（岩波書店、一九八六年）
季武嘉也『大正期の政治構造』（吉川弘文館、一九九八年）
鈴木一編『鈴木貫太郎自伝』（時事通信社、一九六八年）
須永徳武「中国の通信支配と日米関係――三井・双橋無電台借款とフェデラル借款をめぐって」（『経済集志』第六十巻第四号、一九九一年）一五七―一八七頁
スミルノーフ、レフ・ニコラーエヴィチ＝エヴゲーニー・ボリーソヴィチ・ザイツェフ／川上洸・直野敦訳／粟屋憲太郎解説『東京裁判』（大月書店、一九八〇年）
政策研究大学院大学編『オーラルヒストリー 松野頼三』上（政策研究大学院大学、二〇〇三年）
政府定期刊行物目次刊行会編『憲法調査会資料目次総覧』第三巻（文化図書、二〇〇二年）
関静雄『大正外交――人物に見る外交戦略論』（ミネルヴァ書房、二〇〇一年）
関寛治「満州事変前史」（日本国際政治学会太平洋戦争原因研究部編『太平洋戦争への道 開戦外交史』第一巻、朝日

新聞社、一九六三年）二八五―四四〇頁
袖井林二郎編『吉田茂＝マッカーサー往復書簡集　一九四五―一九五一』（法政大学出版局、二〇〇〇年）
大霞会内務省史編纂委員会編『内務省史』第四巻（大霞会、一九七一年）
高橋勝浩「『米国排日移民法修正問題』と駐米大使出淵勝次」（『日本歴史』第五二三号、一九九一年）五九―七五頁
高橋勝浩「外務省革新派の思想と行動――栗原正を中心に」（『書陵部紀要』第五十五号、二〇〇四年）三五―五五頁
高橋勝浩編「『出淵勝次日記』㈠――明治三十二年・三十四年」（『国学院大学日本文化研究所紀要』第八十四輯、一九九九年）二二七―三三九頁
高橋勝浩編「『出淵勝次日記』㈡――大正十二年～十五年」（『国学院大学日本文化研究所紀要』第八十五輯、二〇〇〇年）三七三―五三〇頁
高橋勝浩編「『出淵勝次日記』㈢――昭和六～八年」（『国学院大学日本文化研究所紀要』第八十六輯、二〇〇〇年）七一――二二九頁
高橋勝浩編「『出淵勝次日記』㈦完――回顧談・主要著作一覧・関係系図・主要人名索引」（『国学院大学日本文化研究所紀要』第九十輯、二〇〇二年）三二九―三九四頁
高橋紘・粟屋憲太郎・小田部雄次編『昭和初期の天皇と宮中――侍従次長河井弥八日記』第四巻（岩波書店、一九九四年）
高橋紘・鈴木邦彦『天皇家の密使たち――占領と皇室』（文春文庫、一九八九年）
高橋泰隆『日本植民地鉄道史論』（日本経済評論社、一九九五年）
高原秀介『ウィルソン外交と日本』（創文社、二〇〇六年）
高松宮宣仁親王『高松宮日記』第四、五、六、七、八巻（中央公論社、一九九六―一九九七年）
高柳賢三・大友一郎・田中英夫編『日本国憲法制定の過程　一　原文と翻訳――連合国総司令部側の記録による』（有斐閣、一九七二年）
高柳賢三・大友一郎・田中英夫編『日本国憲法制定の過程　二　解説――連合国総司令部側の記録による』（有斐閣、一九七二年）

竹内春久「デニソン像と明治の面影」（『外交フォーラム』第一七一号、二〇〇二年）七六―八一頁
竹内春久「消えたデニソン肖像画」（『外交フォーラム』第一七二号、二〇〇二年）八二―八七頁
武田知己『重光葵と戦後政治』（吉川弘文館、二〇〇二年）
田代和生『倭館――鎖国時代の日本人町』（文春新書、二〇〇二年）
田中英夫『憲法制定過程覚え書』（有斐閣、一九七九年）
谷寿夫『機密日露戦史』（原書房、一九六六年）
千葉功「満韓不可分論＝満韓交換論の形成と多角的同盟・協商網の模索」（『史学雑誌』第一〇五編第七号、一九九六年）三八―七三頁
千葉功「日露戦前期（一九〇〇～〇四年）外交史研究の現状」（『史学雑誌』第一〇六編第八号、一九九七年）八七―一〇三頁
茶谷誠一「国際連盟脱退の政治過程――輔弼体制再編の視角から」（『日本史研究』第四五七号、二〇〇〇年）一―二七頁
朝鮮総督府鉄道局『朝鮮鉄道史』（ソウル：朝鮮総督府鉄道局、一九一五年）
塚田清市編『乃木大将事蹟』（非売品、一九一六年）
筒井潔「森恪の性格」（『霞関会会報』第二八九号、一九七〇年）七―一〇頁
筒井潔「最後の外交㈠」（『霞関会会報』第三〇五号、一九七一年）一〇―一三頁
筒井潔「最後の外交㈢」（『霞関会会報』第三一〇号、一九七一年）一〇―一三頁
角田順校訂『宇垣一成日記』第三巻（みすず書房、一九七一年）
『帝国議会議事録』リール第四十六巻（雄松堂、発行年不明）
『帝国議会貴族院委員会速記録 昭和篇』第一〇三巻（東京大学出版会、一九九八年）
『帝国議会貴族院議事速記録 四十四 第四十八・四十九回議会 大正十二年』（東京大学出版会、一九八二年）
『帝国議会衆議院委員会議録』リール第六巻（臨川書店、一九八九年）
『帝国議会衆議院議事速記録』第五十四巻（東京大学出版会、一九八三年）

出淵勝次「米国排日移民法修正問題」一九三九年十月（広瀬順晧編『近代外交回顧録』第四巻、ゆまに書房、二〇〇〇年）二二五―二七五頁
寺崎英成・マリコ＝テラサキ＝ミラー編『昭和天皇独白録 寺崎英成・御用掛日記』（文藝春秋、一九九一年）
寺本康俊『日露戦争以後の日本外交――パワー・ポリティクスの中の満韓問題』（信山社、一九九九年）
東京ＰＲ通信社編『松平恒雄追想録』（故松平恒雄氏追憶会、一九六一年）
東郷茂徳『時代の一面――大戦外交の手記』（中公文庫、一九八九年）
徳富猪一郎編『素空山県公伝』（山県公爵伝記編纂会、一九二九年）
徳富蘇峰編述『公爵山県有朋伝』下（原書房、一九六九年）
栃木利夫・坂野良吉『中国国民革命――戦間期東アジアの地殻変動』（法政大学出版局、一九九七年）
刀禰館正雄編『日本外交秘録』（朝日新聞社、一九三四年）
戸部良一「白鳥敏夫と満州事変」（『防衛大学校紀要』第三十九号、一九七九年）七七―一三〇頁
戸部良一「白鳥敏夫と『皇道外交』」（『防衛大学校紀要』第四十号、一九八〇年）七七―一四三頁
戸部良一「外交における『思想的理拠』の探求――白鳥敏夫の皇道外交論」（『国際政治』第七十一号、一九八二年）一二四―一四〇頁
戸部良一「外務省『革新派』と軍部」（三宅正樹編『昭和史の軍部と政治』第二巻、第一法規、一九八三年）八九―一二二頁
戸部良一「外務省革新派の対米策」（『外交時報』第一二七三号、一九九〇年）六六―八〇頁
戸部良一『ピース・フィーラー――支那事変和平工作の群像』（論創社、一九九一年）
戸部良一「外務省革新派と新秩序」（三輪公忠・戸部良一編『日本の岐路と松岡外交』南窓社、一九九三年）一一七―一三八頁
戸部良一「日中戦争和平工作研究の動向と現状」（『外交史料館報』第十五号、二〇〇一年）一―二六頁
鳥谷部春汀「デニソン」（『太陽』第十一巻第一号、一九〇五年）三五―三八頁
豊下楢彦「天皇は何を語ったか㊤――『天皇・マッカーサー会見』の歴史的位置」（『世界』一九九〇年二月号）二

三二一―二五一頁
豊下楢彦「昭和天皇・マッカーサー会見を検証する(上)――『松井文書』を読み解く」（『論座』二〇〇二年十一月号）五六―六九頁
内政史研究会編『堀切善次郎氏談話第一回速記録』（内政史研究会、一九六三年）
内政史研究会編『青木得三氏談話速記録』（内政史研究会、一九六四年）
内政史研究会編『堀切善次郎氏談話第三回速記録』（内政史研究会、一九六四年）
永井柳太郎「幣原外交と対支貿易の好転」（『民政』第三巻第十一号、一九二九年）二八―二九頁
永井柳太郎「幣原外交の根本方針と倫敦条約」（『民政』第四巻第九号、一九三〇年）二六―三一頁
中北浩爾『経済復興と戦後政治　日本社会党　一九四五―一九五一年』（東京大学出版会、一九九八年）
長沼節夫「初公開された『天皇―マッカーサー』第三回会見の全容」（『朝日ジャーナル』一九八九年三月三日号）二六―三〇頁
中野敬止編『芳沢謙吉自伝』（時事通信社、一九六四年）
中村政則『象徴天皇制への道――米国大使グルーとその周辺』（岩波新書、一九八九年）
中村政則『現代史を学ぶ――戦後改革と現代日本』（吉川弘文館、一九九七年）
奈良岡聰智「加藤高明の政治指導と憲政会の創立――一九一五～一九一九(一)(二)」（『法学論叢』第一五一巻第二号、第一五二巻第一号、二〇〇二年）一一二―一三七、一一四―一三五頁
奈良岡聰智「加藤高明内閣の政治過程――加藤高明の政治指導と二大政党制の成立(一)(二)」（『法学論叢』第一五二巻第三号、第一五三巻第一号、二〇〇二―二〇〇三年）六四―八七、一二二―一四三頁
楢橋渡『激流に棹さして』（翼書院、一九六八年）
「楢橋渡伝」編纂委員会『楢橋渡伝』（「楢橋渡伝」出版会、一九八二年）
南洋庁『南洋庁施政十年史』（南洋庁長官官房、一九三二年）
西修『日本国憲法成立過程の研究』（成文堂、二〇〇四年）
西田敏宏「東アジアの国際秩序と幣原外交(一)(二)――一九二四～一九二七年」（『法学論叢』第一四七巻第二号、第一四

九巻第一号、二〇〇〇―二〇〇一年）五一―六九、九九―一二一頁
西田敏宏「ワシントン体制の変容と幣原外交㈠――一九二九～一九三一年」（『法学論叢』第一四九巻第三号、二〇〇一年）七六―九六頁
西村熊雄「サンフランシスコ平和条約について」（『霞関会会報』第四〇〇号、一九七九年）二三―三七頁
西村成雄「日本外務省資料にみるダンバートン・オークス提案（一九四四年十月）への『修正意見』」（同編『中国外交と国連の成立』法律文化社、二〇〇四年）一四七―一五七頁
新田満夫編『極東国際軍事裁判速記録』第一、七巻（雄松堂、一九六八年）
日本共産党中央委員会『増補版 日本共産党の五十年』（日本共産党中央委員会出版局、一九七七年）
日本倶楽部『日本倶楽部百年史』（日本倶楽部、一九九九年）
日本国有鉄道広島鉄道管理局『関釜連絡船史』（日本国有鉄道広島鉄道管理局、一九七九年）
日本郵船株式会社編『日本郵船株式会社五十年史』（日本郵船株式会社、一九三五年）
ニュウ、チャールズ・E／坂野潤治訳「東アジアにおけるアメリカ外交官」（細谷千博・斎藤真編『ワシントン体制と日米関係』東京大学出版会、一九七八年）二一四―二五七頁
乃木神社社務所編『乃木希典全集』下（国書刊行会、一九九四年）
長谷川峻『大陸外交の先駆山座公使』（育生社、一九三八年）
秦郁彦『史録 日本再軍備』（文藝春秋、一九七六年）
波多野澄雄『太平洋戦争とアジア外交』（東京大学出版会、一九九六年）
波多野澄雄・黒沢文貴・波多野勝・櫻井良樹・小林和幸編『侍従武官長奈良武次日記・回顧録』第三巻（柏書房、二〇〇〇年）
波多野勝「浜口家所蔵の『浜口雄幸文書』」（『法学研究』第六十七巻第七号、一九九四年）九一―一〇七頁
波多野勝『近代東アジアの政治変動と日本の外交』（慶應通信、一九九五年）
波多野勝『裕仁皇太子ヨーロッパ外遊記』（草思社、一九九八年）
波多野勝『満蒙独立運動』（PHP新書、二〇〇一年）

服部龍二『東アジア国際環境の変動と日本外交　一九一八―一九三一』（有斐閣、二〇〇一年）
服部龍二「幣原喜重郎と二十世紀の日本」（『書斎の窓』第五一七号、二〇〇二年）一九―二三頁
服部龍二「幣原没後」（『創文』第四五四号、二〇〇三年）一六―二〇頁
服部龍二「ロンドン海軍軍縮会議と日米関係――キャッスル駐日米国大使の眼差し」（『史学雑誌』第一一二編第七号、二〇〇三年）五九―八四頁
服部龍二「幣原喜重郎」（伊藤隆・季武嘉也編『近現代日本人物史料情報辞典』吉川弘文館、二〇〇四年）二〇五―二〇七頁
服部龍二「日中戦争期の幣原喜重郎」（『中央大学政策文化総合研究所年報』第七号、二〇〇四年）三一―一五頁
服部龍二「明治大正期の幣原喜重郎」（『中央大学論集』第二十五号、二〇〇四年）一―四一頁
服部龍二「幣原喜重郎と戦後政治」（『人文研紀要』第五十五号、二〇〇五年）一―三七頁
服部龍二「幣原喜重郎の戦前と戦後――東京裁判を超えて」（『中央大学論集』第二十六号、二〇〇五年）一―一五頁
服部龍二「『田中上奏文』と日中関係」（中央大学人文科学研究所編『民国後期中国国民党政権の研究』中央大学出版部、二〇〇五年）四五五―四九三頁
服部龍二「幣原喜重郎講演『外交管見』」（『総合政策研究』第十三号、二〇〇六年）九九―一一二頁
服部龍二「幣原喜重郎の政策と人脈」（『中央大学論集』第二十七号、二〇〇六年）二一―五七頁
服部龍二「『田中上奏文』をめぐる論争――実存説と偽造説の間」（劉傑・三谷博・楊大慶編『国境を越える歴史認識――日中対話の試み』東京大学出版会、二〇〇六年）八四―一一〇頁
服部龍二編『満州事変と重光駐華公使報告書――外務省記録「支那ノ対外政策関係雑纂『革命外交』」に寄せて』（日本図書センター、二〇〇二年）
馬場恒吾『現代人物評論』（中央公論社、一九三〇年）
馬場恒吾「幣原外交は何処へ行く」（『文藝春秋』一九三三年六月号）二〇六―二一〇頁
馬場恒吾『自伝点描』（東西文明社、一九五二年）
浜口雄幸「行詰れる局面の展開と我党の主張」（『民政』第二巻第十号、一九二八年）六―一七頁

「浜口総裁の決意堅く」(『民政』第二巻第十号、一九二八年)八六—九三頁
羽室三千子編『貧民救護事業下調』別冊(清徳記念福祉室、一九八九年)
林久治郎『満州事変と奉天総領事——林久治郎遺稿』(原書房、一九七八年)
林権助述/岩井尊人編『わが七十年を語る』(第一書房、一九三五年)
林董/由井正臣校注『後は昔の記 他——林董回顧録』(平凡社、一九七〇年)
早島瑛編「内田定槌日誌」(『史学雑誌』第八十八編第八号、一九七九年)七五—九〇頁
原奎一郎編『原敬日記』第二、四、五巻(福村出版、一九八一年)
原田熊雄『西園寺公と政局』第一、二、三巻(岩波書店、一九五〇—一九五一年)
原田熊雄編『陶庵公清話』(岩波書店、一九四三年)
坂野潤治『近代日本の外交と政治』(研文出版、一九八五年)
坂野潤治『日本政治「失敗」の研究——中途半端好みの国民の行方』(光芒社、二〇〇一年)
馬場伸也「北京関税特別会議にのぞむ日本の政策決定過程」(細谷千博・綿貫譲治編『対外政策決定過程の日米比較』
　東京大学出版会、一九七七年)三七五—四一七頁
東久邇稔彦『東久邇日記 日本激動期の秘録』(徳間書店、一九六八年)
樋口秀実『日本海軍から見た日中関係史研究』(芙蓉書房出版、二〇〇二年)
日暮吉延『東京裁判の国際関係——国際政治における権力と規範』(木鐸社、二〇〇二年)
平川祐弘『平和の海と戦いの海』(講談社学術文庫、一九九三年)
平田晋策『軍縮の不安と太平洋戦争』(天人社、一九三〇年)
平田晋策「米国大使再会見記」(『日本及日本人』第一九九号、一九三〇年)七三—七六頁
平野三郎『平和憲法秘話 幣原喜重郎その人と思想』(講談社、一九七二年)
平間洋一『第一次世界大戦と日本海軍——外交と軍事との連接』(慶應義塾大学出版会、一九九八年)
広田弘毅「江木翼氏の『四国条約と米国留保』を読む」(『外交時報』第四二三号、一九二二年)一—一三頁
広田弘毅伝記刊行会編『広田弘毅』(葦書房、一九九二年)

広田洋二「〝戦犯〟白鳥敏夫と憲法第九条」(『日本週報』第三七四号、一九五六年)四三—四七頁
広田洋二「憲法第九条は誰が作ったか」(『日本週報』第五二五号、一九六〇年)七八—八三頁
福田歓一編『南原繁書簡集』(岩波書店、一九八七年)
福永文夫『占領下中道政権の形成と崩壊』(岩波書店、一九九七年)
藤樫準二『陛下の〝人間〟宣言』(同和書房、一九四六年)
藤樫準二『天皇とともに五十年』(毎日新聞社、一九七七年)
藤田尚徳『侍従長の回想』(中公文庫、一九八七年)
船越光之丞述「日独開戦当時ノ思出 付録 落葉集(随筆)」一九三八年十月(広瀬順皓編『近代外交回顧録』第二巻、ゆまに書房、二〇〇〇年)二八九—三五一頁
船越光之丞述/関野直次編『日独国交断絶秘史』(日東書院、一九三四年)
古瀬啓之「オースティン・チェンバレンの東アジア政策——五・三十事件、特別関税会議、広東附加税を中心に」(『情報文化研究』第十六号、二〇〇二年)一八九—二一二頁
古谷重綱「思い出ばなし 在サンパウロ」(『霞関会会報』第二四〇号、一九六六年)四—五頁
細川護貞『細川日記』上・下(中公文庫、一九七九年)
細谷千博『ロシア革命と日本』(原書房、一九七二年)
細谷千博『日本外交の座標』(中央公論社、一九七九年)
堀内干城『中国の嵐の中で』(乾元社、一九五〇年)
堀内謙介『堀内謙介回顧録——日本外交五十年の裏面史』(サンケイ新聞社、一九七九年)
本多熊太郎「対支外交の破産」(『外交時報』第五三八号、一九二七年)一九—三八頁
本多熊太郎『魂の外交——日露戦争に於ける小村侯』(千倉書房、一九四一年)
毎日新聞社編『東京裁判判決——極東国際軍事裁判所判決文』(毎日新聞社、一九四九年)
前田多門「『人間宣言』のうちそと」(『文藝春秋』一九六二年三月号)八四—九〇頁
増田知子『天皇制と国家——近代日本の立憲君主制』(青木書店、一九九九年)

升味準之輔『昭和天皇とその時代』(山川出版社、一九九八年)
松井慶四郎『松井慶四郎自叙伝』(刊行社、一九八三年)
松浦正孝「日中戦争はなぜ南下したのか㈠」(『北大法学論集』第五十七巻第一号、二〇〇六年)一—六五頁
松岡洋右伝記刊行会編『松岡洋右——その人と生涯』(講談社、一九七四年)
松尾尊兊『戦後日本への出発』(岩波書店、二〇〇二年)
松永信雄『ある外交官の回想』(日本経済新聞社、二〇〇二年)
松村謙三『三代回顧録』(東洋経済新報社、一九六四年)
松村正直ほか編『花好月圓——松村謙三遺文抄』(青林書院新社、一九七八年)
松村正義『新版 国際交流史——近現代日本の広報文化外交と民間交流』(地人館、二〇〇二年)
松村正義「ワシントン会議と日本の広報外交」(『外務省調査月報』二〇〇二年第一号)四七—七六頁
丸山真男・福田歓一編『聞き書 南原繁回顧録』(東京大学出版会、一九八九年)
三谷太一郎「ウォール・ストリートと極東——ワシントン体制における国際金融資本の役割」(『中央公論』一九七五年九月号)一五七—一八一頁
三谷太一郎「戦前・戦中期日米関係における米国親日派外交官の役割㈠㈡㈢㈣」(『外交フォーラム』第三十九号、一九九一年)八三—九二、八一—九二、八一—九二、六七—八〇頁
三谷太一郎『増補 日本政党政治の形成——原敬の政治指導の展開』(東京大学出版会、一九九五年)
簑原俊洋「移民問題解決への二つの日米交渉——一九一三年珍田・ブライアン会談と一九二〇年幣原・モーリス会談」(『神戸法学雑誌』第五十巻第一号、二〇〇〇年)三九—九二頁
簑原俊洋『排日移民法と日米関係』(岩波書店、二〇〇二年)
三宅喜二郎「吉田さんを偲びて思うことども㈡」(『霞関会会報』第二八五号、一九六九年)一二—一三頁
三宅喜二郎「吉田さんを偲びて思うことども㈩」(『霞関会会報』第二九四号、一九七〇年)一〇—一三頁
陸奥宗光/中塚明校注『新訂 蹇蹇録』(岩波文庫、一九八三年)
村井良太「第一次大戦後世界と憲政会の興隆——政権政党への成長と政党内閣制 一九一八〜二五年」(『神戸法学年

報』第十七号、二〇〇一年）一五九—二二二頁
村井良太『政党内閣制の成立 一九一八〜二七年』（有斐閣、二〇〇五年）
村上信也「トワイライトの向こうに——悲劇の国際法学者トーマス・ベイティ㈠㈡㈢」（『外交フォーラム』第一七七、一七八、一七九号、二〇〇三年）七〇—七七、七二—七九、七八—八五頁
村川一郎編『帝国憲法改正案議事録』（国書刊行会、一九八六年）
目黒眞澄「緒言」（スタンレー・ウォッシュバーン／目黒眞澄訳『乃木』文興院、一九二四年）一、一〇—一三頁
森島守人『陰謀・暗殺・軍刀』（岩波新書、一九五〇年）
諸井忠一編『諸井六郎君追悼遺芳録』（諸井忠一、一九四一年）
諸井六郎「条約改正意見」一九〇八年十一月（稲生典太郎編『条約改正論資料集成』第六巻、原書房、一九九四年）二九—九〇頁
ヤードリ、ハーバート／大阪毎日新聞社訳『ブラック・チエンバ——米国はいかにして外交秘電を盗んだか？』（大阪毎日新聞社、一九三一年）
山浦貫一編『森恪』（原書房、一九八二年）
山極晃・中村政則編／岡田良之助訳『資料日本占領 一 天皇制』（大月書店、一九九〇年）
山梨勝之進先生記念出版委員会編『山梨勝之進先生遺芳録』（山梨勝之進先生記念出版委員会、一九六八年）
山本有三「佐藤さんと緑風会」（『霞関会会報』第三〇一号、一九七一年）一四—一五頁
ヤング、ルイーズ／加藤陽子・川島真・高光佳絵・千葉功・古市大輔訳『総動員帝国』（岩波書店、二〇〇一年）
横山勝太郎監修／樋口秀雄校訂『憲政会史』上（原書房、一九八五年）
吉田茂『回想十年』第一、四巻（新潮社、一九五七—一九五八年）
吉田茂・幣原喜重郎・佐藤尚武座談会「外交縦横談」（『時事新報』一九五〇年一月一、三、四日）
吉田茂・幣原喜重郎・佐藤尚武・古島一雄・馬場恒吾座談会「講和の年を迎えて」（『読売新聞』一九五〇年一月一日）
吉田裕『昭和天皇の終戦史』（岩波新書、一九九二年）
吉田裕『日本人の戦争観』（岩波書店、一九九五年）

吉村道男『増補 日本とロシア』（日本経済評論社、一九九一年）
劉傑『日中戦争下の外交』（吉川弘文館、一九九五年）
劉傑「日中提携の模索と満蒙問題——重光葵と王正廷」（鳥海靖・三谷博・西川誠・矢野信幸編『日本立憲政治の形成と変質』吉川弘文館、二〇〇五年）二八一—三一六頁
若槻礼次郎『明治・大正・昭和政界秘史——古風庵回顧録』（講談社学術文庫、一九八三年）
渡辺銕蔵『天皇のある国の憲法』（自由アジア社、一九六四年）
渡辺銕蔵『自滅の戦い』（中公文庫、一九八八年）
渡部学・阿部洋編『日本植民地教育政策史料集成（朝鮮篇）』第二十五巻（龍渓書舎、一九八九年）

二 英語文献

New York Times
Washington Post

Bamba, Nobuya, *Japanese Diplomacy in a Dilemma: New Light on Japan's China Policy, 1924-1929*, Kyoto: Minerva Press, 1972.
Baty, Thomas, edited by Motokichi Hasegawa, *Alone in Japan: The Reminiscences of an International Jurist Resident in Japan 1916-1954*, Tokyo: Maruzen, 1959.
Bell, Edward Price, with an introduction by Calvin Coolidge, *World Chancelleries: Sentiments, Ideas, and Arguments Expressed by Famous Occidental and Oriental Statesmen Looking to the Consolidation of the Psychological Bases of International Peace*, Chicago: Chicago Daily News, 1926.
Bryce, James, *The American Commonwealth*, rev. ed., 2 vols., New York: Macmillan Company, 1911.
Bryce, James, *International Relations: Eight Lectures Delivered in the United States in August, 1921*, New York: Macmillan Company, 1927.

Butler, Rohan and J. P. T. Bury, eds., *Documents on British Foreign Policy 1919–1939, first series,* vol. 14., London: Her Majesty's Stationery Office, 1966.

Calvert, Peter, *The Mexican Revolution, 1910–1914: The Diplomacy of Anglo-American Conflict,* Cambridge: Cambridge University Press, 1968.

Castle, Alfred L., "Ambassador Castle's Role in the Negotiations of the London Naval Conference," *Naval History* (summer, 1989), pp. 16–21.

Castle, Alfred L., *Diplomatic Realism: William R. Castle, Jr., and American Foreign Policy, 1919–1953,* Honolulu: University of Hawai'i Press, 1998.

Clyde, Paul H., *Japan's Pacific Mandate,* New York: Macmillan Company, 1935.

Craigie, Robert, *Behind the Japanese Mask,* London: Hutchinson & Co. Ltd., 1945.

Department of State, ed., *Papers Relating to the Foreign Relations of the United States,* Washington, D. C.: Government Printing Office.（各年版）

Dower, J. W., *Empire and Aftermath: Yoshida Shigeru and the Japanese Experience, 1878–1954,* Cambridge: Harvard University Press, 1988.

Edwards, E. W., "China and Japan, 1911–1914," in F. H. Hinsley, ed., *British Foreign Policy under Sir Edward Grey* (Cambridge: Cambridge University Press, 1977), pp. 380–381.

Eliot, Charles, edited and completed by G. B. Sansom, with a memoir of the author by Sir Harold Parlett, *Japanese Buddhism,* Richmond: Curzon Press, 1994.

Esthus, Raymond A., *Double Eagle and Rising Sun: The Russians and Japanese at Portsmouth in 1905,* Durham: Duke University Press, 1988.

Fisher, H. A. L., *James Bryce,* vol. 2., London: Macmillan Company, 1927.

Gardner, Lloyd C., "Woodrow Wilson and the Mexican Revolution," in Arthur S. Link, ed., *Woodrow Wilson and a Revolutionary World, 1913–1921* (Chapel Hill: University of North Carolina Press, 1982), pp. 3–48.

Gayn, Mark, *Japan Diary*, New York: William Sloane Associates, 1948.

Gornall, Martin, "Dr Thomas Baty, 1869–1954: Legal Adviser to the Japanese Foreign Ministry, 1916–41," in Hugh Cortazzi, ed., *Britain and Japan: Biographical Portraits*, vol. 5 (Kent: Global Oriental, 2005), pp. 431–442.

Goto-Shibata, Harumi, *Japan and Britain in Shanghai, 1925–31*, London: Macmillan Press, 1995.

Goto-Shibata, Harumi, "Sir John Tilley, 1869–1951: British Ambassador to Japan, 1926–31," in Hugh Cortazzi, ed., *Britain and Japan: Biographical Portraits*, vol. 4 (London: Japan Library, 2002), pp. 78–88.

Government Section, Supreme Commander for the Allied Powers, *Political Reorientation of Japan, September 1945 to September 1948*, vol. 2., Westport: Greenwood Press, 1970.

Grew, Joseph C., *Ten Years in Japan: A Contemporary Record Drawn from the Diaries and Private and Official Papers of Joseph C. Grew*, 1944; reprint, New York: Arno Press, 1972.

Grey, Edward, *Twenty-Five Years, 1892–1916*, vol. 3. London: Hodder and Stoughton Limited, 1935.

Griswold, A. Whitney, *The Far Eastern Policy of the United States*, New York: Harcourt, Brace and Company, 1938.

Gunther, John, *The Riddle of MacArthur: Japan, Korea, and the Far East*, New York: Harper and Brothers, 1951.

Hattori, Ryuji, "Shidehara Kijuro and the Supra-Party Diplomacy, 1950," (『中央大学政策文化総合研究所年報』第八号、二〇〇五年) pp. 171–187.

Heinrichs, Waldo H. Jr., *American Ambassador: Joseph C. Grew and the Development of the United States Diplomatic Tradition*, Oxford: Oxford University Press, 1986.

Hirobe, Izumi, *Japanese Pride, American Prejudice: Modifying the Exclusion Clause of the 1924 Immigration Act*, Stanford: Stanford University Press, 2001.

Hu, Shizhang, *Stanley K. Hornbeck and the Open Door Policy, 1919–1937*. Westport: Greenwood Press, 1995.

Iriye, Akira, *After Imperialism: The Search for a New Order in the Far East, 1921–1931*. Cambridge: Harvard University Press, 1965.

Iriye, Akira, *Pacific Estrangement: Japanese and American Expansion, 1897–1911*. Cambridge: Harvard University

Press, 1972.

Kennedy, A. L., with an introduction by Sir Valentine Chirol, *Old Diplomacy and New, 1876–1922, from Salisbury to Lloyd-George*, London: John Murray, 1922.

Lansing, Robert, *The Peace Negotiations: A Personal Narrative*, Boston: Houghton Mifflin Company, 1921.

MacArthur, Douglas, *Reminiscences*, New York: McGraw-Hill Book Company, 1964.

Moore, Frederick, *With Japan's Leaders: An Intimate Record of Fourteen Years as Counsellor to the Japanese Government, Ending December 7, 1941*, New York: Charles Scribner's Sons, 1942.

Mutsu, Ian, "The Mutsu Family," in Ian Nish, ed., *Britain and Japan: Biographical Portraits*, vol. 2 (Richmond, Surrey: Japan Library, 1997), pp. 151–165.

Oblas, Peter, "Naturalist Law and Japan's Legitimization of Empire in Manchuria: Thomas Baty and Japan's Ministry of Foreign Affairs," *Diplomacy and Statecraft*, vol. 15, no. 1 (2004), pp. 35–55.

Okamoto, Shumpei, *The Japanese Oligarchy and the Russo-Japanese War*, New York: Columbia University Press, 1970.

Piggott, Francis Stewart Gilderoy, *Broken Thread: An Autobiography*, Aldershot: Gale & Polden Limited, 1950.

Pinnington, Adrian, "R. H. Blyth, 1898–1964," in Ian Nish, ed., *Britain and Japan: Biographical Portraits* (London: Routledge Curzon, 1994), pp. 252–267.

Prados, John, *Combined Fleet Decoded: The Secret History of American Intelligence and the Japanese Navy in World War II*, Annapolis: Naval Institute Press, 1995.

Robbins, Keith, *Sir Edward Grey: A Biography of Lord Grey of Fallodon*, London: Cassell and Company Limited, 1971.

Ross, Gary, "W. Cameron Forbes: The Diplomacy of a Darwinist," in Richard Dean Burns and Edward M. Bennett, eds., *Diplomats in Crisis: United States-Chinese-Japanese Relations, 1919–1941* (Santa Barbara: ABC-Clio, 1974), pp. 49–64.

Sansom, Katharine, *Sir George Sansom and Japan: A Memoir*, Tallahassee: Diplomatic Press, 1972.
Shidehara, Kijuro, “A Frank Official Statement for Japan,” *Current History*, vol. 15, no. 3（1921）, pp. 394-397.
Startt, James D., *Journalism's Unofficial Ambassador: A Biography of Edward Price Bell, 1869-1943*, Athens: Ohio University Press, 1979.
Sze, Sao-Ke Alfred, “China at the World Council,” *Current History*, vol. 15, no. 3（1921）, pp. 397-399.
Tilley, John, *London to Tokyo*, London: Hutchinson, 1942.
Washburn, Stanley, *Nogi: A Man against the Background of a Great War*, New York: Henry Holt and Company, 1913.
Wheeler, W. Reginald, *China and the World-War*, New York: Macmillan Company, 1919.
Woodard, William P., *The Allied Occupation of Japan 1945-1952 and Japanese Religions*, Leiden: E. J. Brill, 1972.
Yardley, Herbert O., *The American Black Chamber*, New York: Blue Ribbon Books, 1931.
Yoshida, Shigeru, “Japan and the Crisis in Asia,” *Foreign Affairs*, vol. 29, no. 2（1951）, pp. 171-181.

三　中国語文献

沈雲龍編『黄膺白先生年譜長編』（台北：聯経出版事業公司、一九七六年）
邵建国『北伐戦争時期的中日関係研究』（北京：新華出版社、二〇〇六年）
中央研究院近代史研究所編『中日関係史料　山東問題　民国九年至十五年（一九二〇―一六）』上（台北：中央研究院近代史研究所、一九八七年）
中央研究院近代史研究所編『中日関係史料　商務交渉　民国七年至十六年（一九一八―二七）』（台北：中央研究院近代史研究所、一九九四年）

四　ロシア語文献

Gromyko, Anatolii Andreevich and Boris Nikolaevich Ponomarev, eds., *Istoriya vneshnei politiki SSSR, 1917-1985*, vol. 1. Moscow: Nauka, 1986.

Smirnov, L. N. and E. B. Zaytsev, *Sud v Tokio*, Moscow: Voennoe izdatel'stvo Ministerstva oborony SSSR, 1978.

幣原喜重郎の私文書としては、国立国会図書館憲政資料室所蔵の「幣原平和文庫」がある。この文庫には、日本国憲法制定関係をはじめとして、自筆諸論文、極東軍事裁判における広田被告弁護、書翰、ロンドン軍縮会議、ワシントン会議、幣原―モリス会談、中国問題、天皇制、幣原内閣等に関するものが集められている。同文庫には仮目録があり、マイクロフィルムで閲覧することとなる。同じく憲政資料室所蔵の「牧野伸顕関係文書」や「斎藤実関係文書」にも、幣原の書翰などが収められている。

門真市立歴史資料館には、「幣原家文書」が所蔵されている。もっとも、その中心は近世であり、幣原喜重郎に直接係わるような史料は多くない。それでも、幣原のルーツを知る上で、「幣原家文書」は貴重なものとなる。関連の刊行物としては、門真町史編纂委員会編『門真町史』（門真町役場、昭和三十七年）、門真市編『門真市史 第三巻 近世史料編』（門真市、平成九年）、同編『門真市史 第四巻 近世本文編』（門真市、平成十二年）がある。

幣原を支え、外務次官や駐米大使を歴任した出淵勝次の個人文書も逸しがたい。「出淵勝次関係文書」は、盛岡市先人記念館に所蔵されている。その中から、出淵の日記などが高橋勝浩氏によって翻刻され、『国学院大学日本文化研究所紀要』の第八十四輯（平成十一年）から第九十輯（平成十四年）に掲載された。憲政記念館所蔵の「重光葵関係文書」には、幣原の書翰が数通残されている。伊沢多喜男関係文書研究会編『伊沢多喜男関係文書』（芙蓉書房出版、平成十二年）も、幣原書翰を多数含む。

石橋湛一・伊藤隆編『石橋湛山日記 昭和二十―三十一年』上下巻（みすず書房、平成十三年）は、第一次吉田内閣に幣原とともに入閣した石橋湛山の日記として有益である。ちなみに、湛山が山梨県尋常中学校在学中に校長として来任した幣原坦は、喜重郎の兄である。湛山は幣原坦『大東亜の成育』（東洋経済新報社、昭和十六年）に、「恩師幣原先生」という恩師の思い出を綴った序文を寄せている。

諸外国の個人文書では、アメリカの「ヒューズ文書」（Charles Evans Hughes Papers, Manuscript Division, Library of Congress）や「ラモント文書」（Thomas William Lamont Papers, Barker Library, Harvard University）、「ルート文書」（Elihu Root Papers, Manuscript Division, Library of Congress）、「キャッスル文書」（William R. Castle, Jr. Papers, Houghton Library, Harvard University および William R. Castle, Jr. Papers, Herbert Hoover Presidential Library）、「グルー文書」（Joseph Clark Grew Papers, Houghton Library, Harvard University）等にも、幣原関係の史料を散見することができる。

その他、スタンフォード大学のフーバー研究所は、「ホーンベック文書」（Stanley K. Hornbeck Papers, Hoover Institution, Stanford University）をはじめとする個人文書の宝庫となっている。ホームページ（http://www.oac.cdlib.org/dynaweb/ead/ead/hoover）を通じて検索も可能である。

イギリスの個人文書としては、「チェンバレン文書」（Austen Chamberlain Papers, Special Collections, Main Library, University of Birmingham）が興味深い。「ランプソン文書」（Miles Wedderburn Lampson Papers, Middle East Centre, St. Antony's College, University of Oxford）では、日記が中心となる。残念ながら、ワシントン会議期のランプソン日記は残されていない。こうした史料状況に関しては、服部龍二「戦間期イギリス外交の個人文書等について」（『拓殖大学論集 政治・経済・法律研究』第三巻第三号、平成十三年）を参照されたい。

公文書としては、当然ながら、外務省外交史料館所蔵の外務省記録が不可欠となる。まずは既刊分として、大正後期から昭和初期の外務省編『日本外交文書』各巻を参照すべきであろう。これを補うものとして、広瀬順晧編『近代外交回顧録』（ゆまに書房、平成十二年）の第三・四巻がある。ここには、幣原喜重郎「外交文書ノ文体、起草者ノ心得並ニ諸種ノ形式」などが収録されている。

幣原の自伝としては、幣原喜重郎『外交五十年』（読売新聞社、昭和二十六年）がある。本書は昭和六十二年に中公文庫として復刊されており、平成十年には日本図書センターからも刊行されている。伝記類の中で最も浩瀚の書となるのが、幣原平和財団編『幣原喜重郎』（幣原平和財団、昭和三十年）である。同書は史料的価値も高い。

評伝的なものとしては、宇治田直義『幣原喜重郎』（時事通信社、昭和三十三年）があり、昭和六十年に同社から復刊されている。馬場信也『満州事変への道――幣原外交と田中外交』（中公新書、昭和四十七年）は、田中義一との比較から幣原を描いている。また、塩田潮『最後の御奉公 宰相幣原喜重郎』（文藝春秋、平成四年）は、平成十年に『日本国憲法をつくった男 宰相幣原喜重郎』と改題され、文春文庫に収められている。岡崎久彦『幣原喜重郎とその時代』（PHP研究所、平成十二年）は、幣原を軸とした日本外交史論であり、大正期に重点が置かれている。

外相期を中心とする幣原外交研究には、枚挙にいとまがない。日本外交史研究の中で最も充実した分野の一つといっても過言ではない。臼井勝美氏や小池聖一氏がその第一人者であろう。臼井氏には、『日中外交史――北伐の時代』（塙新書、昭和四十六年）、『日本と中国――大正時代』（原書房、昭和四十七年）、『満州事変――戦争と外交と』（中公新書、昭和四十九年）、『中国をめぐる近代日本の外交』（筑摩書房、昭和五十八年）、『日中外交史――昭和前期』（吉川弘文館、平成十年）といった著作がある。

小池氏には、「『国家』としての中国、『場』としての中国――満洲事変前、外交官の対中国認識」（『国際政治』第一〇八号、平成七年）をはじめ、「『提携』の成立――日中関税協定成立の条件」（曽田三郎編『近代中国と日本――提携と敵対の半世紀』御茶の水書房、平成十三年）に至る一連の研究がある。また、同氏の「『宥和』の変容――満州事変時の外務省」（『軍事史学』第三十七巻第二・三号、平成十三年）は、外務省外交史料館所蔵の「川村茂久文書」を活用している。満州事変への対応に関しては、服部龍二編『満州事変と重光駐華公使報告書――外務省記録「支那ノ対外政策関係雑纂『革命外交』」に寄せて』（日本図書センター、平成十四年）も参考になる。

国際政治史的研究ながら、入江昭『極東新秩序の模索』（原書房、昭和四十三年）や、服部龍二『東アジア国際環境の変動と日本外交 一九一八―一九三一』（有斐閣、平成十三年）にも、幣原は頻出する。占領期の研究書でも、幣原に論及するものは多い。五百旗頭真『占領期――首相たちの新日本』（読売新聞社、平成九年）が近年の代表作であろう。

最近の幣原研究としては、芳賀徹「古風な合理主義者 幣原喜重郎㈠」（『外交フォーラム』第七十七号、平成七年）、同「『国際協調』の現場 幣原喜重郎㈡」（『外交フォーラム』第七十八号、平成七年）、于紅「幣原外交における『経済中心主義』――一九二五年の青島労働争議と五・三十事件の外交的対応をめぐって」（『人間文化論叢』第三巻、平成十二年）、西田敏宏「東アジアの国際秩序と幣原外交㈠㈡――一九二四～一九二七年」（『法学論叢』第一四七巻第二号、第一四九巻第一号、平成十二―十三年）、同「ワシントン体制の変容と幣原外交㈠㈡――一九二九～一九三一年」（『法学論叢』第一四九巻第三号、第一五〇巻第二号、平成十三年）、服部龍二「幣原喜重郎と二〇世紀の日本」（『書斎の窓』第五一七号、平成十四年）同「幣原没後」（『創文』第四五四号、平成十五年）がある。

その他、関静雄『大正外交――人物に見る外交戦略論』（ミネルヴァ書房、平成十三年）や、佐古丞『未完の経済外交――幣原国際協調路線の挫折』（ＰＨＰ新書、平成十四年）も、幣原に多くの記述を割いている。

なお、墓地は豊島区の染井霊園にある。

◇

幣原喜重郎に関連するその後の研究として、小池聖一『満州事変と対中国政策』(吉川弘文館、平成十五年)、村井良太『政党内閣制の成立 一九一八〜二七年』(有斐閣、平成十七年)、後藤春美『上海をめぐる日英関係 一九二五―一九三二年――日英同盟後の協調と対抗』(東京大学出版会、平成十八年)、奈良岡聰智『加藤高明と政党政治――二大政党制への道』(山川出版社、平成十八年)、服部龍二『幣原喜重郎と二十世紀の日本――外交と民主主義』(有斐閣、平成十八年)、川田稔『浜口雄幸――たとえ身命を失うとも』(ミネルヴァ書房、平成十九年)、西田敏宏「ワシントン体制と国際連盟・集団安全保障――日・米・英の政策展開を中心として」(伊藤之雄・川田稔編『二十世紀日本と東アジアの形成――一八六七〜二〇〇六』ミネルヴァ書房、平成十九年)、関静雄『ロンドン海軍条約成立史――昭和動乱の序曲』(同、平成十九年)などが刊行された。

◇

秋元俊吉宛の幣原喜重郎書簡が、国会図書館憲政資料室の「憲政資料室収集文書」に所収となった。書簡は全部で十五通あり、年代は昭和二年から二十五年までとなっている。請求番号は、「憲政資料室収集文書」二一五―一〜一五である。

【史料1】 幣原喜重郎講演「外交管見」

駐米大使や外相を歴任した幣原喜重郎は、一九二八年十月十九日に「外交管見」と題する講演を行った。この講演は、慶應義塾大学においてなされた。当時の政権は、政友会の田中義一内閣であった。幣原は前外相時の一九二六年一月から、勅選の貴族院議員である。貴族院の会派としては、比較的に中立な同和会に属していた。

この講演で壇上の幣原は「外交の本質」をはじめ、南京事件の経緯や田中内閣への批判に至るまで、率直に語っていた。したがって、幣原の外交理念や時局認識を知るうえで逸し難いものである。この「外交管見」は、幣原喜重郎「外交の本質と我が対支外交」(『民政』第三巻第二―七号、一九二九年)のほか、幣原平和財団編『幣原喜重郎』(幣原平和財団、一九五五年)などで、部分的には引用されてきた。だが、全体が通読されることは、多くなかったであろう。

以下に掲載するのは、講演記録「外交管見」の全文にほかならない。この「外交管見」は、縦書きで三六頁の小冊子である。その出典は、国立国会図書館憲政資料室所蔵「幣原平和文庫」リール七によった。幣原研究の一助となれば幸いである。なお、仮名遣いは原文のままとしたが、旧字体や略字については改めた。そのほか、句点を補ったところがある。

＊＊＊

外交管見（昭和三年十月十九日慶應義塾大学に於て講演）

男爵　幣原喜重郎　講演

諸君、今回図らずも諸君の御招待に依り、此講壇に立つ栄誉を與へられたに付きましては、先づ一言御礼を申さなければなりませぬ、当学園は我邦新文明の最大恩人たる故福沢先生が六十有余年前に創立せられて以来、此門より出でられたる済々たる多士は学界に於ても、経済界に於ても、又政治界に於ても、其他各方面に亙つて夫々活躍せられ、帝国の進歩発展に莫大なる貢献を為して居らるゝのであります。斯かる光輝ある歴史を有する大学の講演に於て、将来の帝国を双肩に担はるべき諸君と親しく御目に懸かるの機会を得たことは、私として限りなき仕合に感ずる次第であります。今日は別に諸君の御参考ともなる程の講演材料を持つて居りませぬが、唯私が過去三十有余年間の外交官生活中随時見聞したる所に依り、外交の大体観念に関する所感を述べ、之に関連して支那の時局問題にも幾分言及したいと考へます。

外交の本質は権謀術数ではない

先づ外交とは如何なる本質のものであるか、世間一般に外交と云へば、何となく表裏のある、飾の多い、不誠実なる観念を聯想するやうであります。欧羅巴に於ても古来個人と国家とは徳義の標準を一にするものではないと云ふ考が広く行はれてゐました、嘘を吐くことは個人として最大の悪徳である、他人の物を奪ひ取ることは最も卑むべき破廉耻罪である、併し乍ら苟も国家の為めならば、詐欺でも、略奪でも、如何なる手段でも憚かるには及ばない、所謂目的は手段を合理化するものであると看做されてゐたのであります。又事実上、凡そ国家の為めに領土の拡張、利権の獲得等、何等か有利なる目的が達せられたる場合には、其手段が如何に陋劣であつても、如何に悪辣であつても、如何に個人間の徳義の標準に適はないものであつても、国民は之を非難せざるのみならず、却て之を賞賛し、之を感謝したのであります。

昔「ヴエニス」に駐在せる英国大使「サ・ヘンリー・ワツトン」は、友人に與へた戯書中に『凡そ大使とは自国の利益の為に他を欺くの目的を以て外国に派遣せらる、正直なる人物なり』と認めたことがあつた。然るに仮令一片の戯書であつても苟も外交官たる者が斯かることを筆にするのは不謹慎であるとて物議を醸した、果して左程に不謹慎なりや否やは暫く措き、当時一般に行はれたる外交の本質は此皮肉なる一句の中に能く言ひ現《(ママ)》はされてゐるのではないかと思はれます。「ビスマーク」は『自分は真実を大胆に打明けて話す流儀である、何故ならば自分が如何に真実を明かしても、世間では決して其儘に信じて呉れないことを知つて居るからである』と語つた話が伝へられている、即ち「ビスマーク」が事実を打明けたのは、却て事実を隠蔽せんが為めであつた、世人を欺かむが為めであつた、「ビスマーク」は又顔附の獰猛なる一疋の犬を飼つてゐて、外国の大使を引見する際にも之を自分の傍に置いた、其犬は何人でも已れの主人に不快の念を與ふる者があると、直に吠へ出して咬み付かむとするが如き姿勢を示した、来客は往々之に恐れを為して、議論の筋途もとかく乱れ勝ちになる。「ビスマーク」は其呼吸を計つて猛然と突き込み談判を進めた、当時世間では此帝国宰相（「ライヒスカンツラー」）の飼犬を綽名して、帝国犬（「ライヒスフンド」）と呼んだと云ふ逸話があります。

千八百七十八年の伯林会議に於て黒海沿岸の「バツーム」港は其背後地帯（「ヒンターランド」）と共に露国に帰属することゝなり、背後地帯の境界線は地図に書き現はされて確定したのである。然るに愈々条約調印の間際に至り、露国全権「ゴルチヤコフ」は其協定済の地図を抜き取り、背後地帯の境界線を露国に有利なるやう書き改めたる地図と摺り代へて、之を条約書に附属せしめた、即ち「ゴルチヤコフ」は英国全権「ビーコンスフイールド」が元来近視であつて、又問題の細目に無頓着であつたのに乗じ、斯かる乱暴なる詐欺を行つたものであると、幾多の著書に見えております。其の「ゴルチヤコフ」も同じく伯林会議で、東「ルーメリア」の問題に付ては、まんまと「ビーコンスフィールド」の術中に陥つた、即ち「ビーコンスフイールド」は此問題に関して「ゴルチヤコフ」と意見の正面衝突を来たすと、直に伯林引揚の特別汽車を準備せしめ、英国は到底譲歩の余地がないから、断然露国と開戦するの決心であると「ビスマーク」に耳打ちした、「ビスマーク」は之を「ゴルチヤコフ」に伝へると、「ゴルチヤコフ」も形勢の非なるに驚き、英国の主張に屈服した。然るに「ビーコンスフイールド」は実際露国と開戦するの覚悟であつたのではない、巧みに虚喝の芝居を仕組んだのに過ぎなかつたことが、当時の記録に示されて居ます、是を以て観れば伯林会議に於ける立役者は、揃ひも揃つて警察上の注意人物であつたものと思はれます。

歴史に徴しますれば、従来外交が斯かる権謀術数に依つて動かされたる実例は殆と《（ママ）》枚挙に遑ありませぬ、然も其終局の結末は如何であつたか、一時は適さに国家の利益に貢献したこともありませう、又目前の赫々たる成功は国民の喝采を博し得たでありませう、併しながら之が果して国家百年の長計でありませうか。「リンカーン」の有名なる格言の中に『単に一時的であれば或は総ての世人を欺き得るであろう、又単に一部の世人に対してならば或は永久に欺くことも出来るであらう、併しながら永久に亘つて総ての世人を欺くことは為し得らるゝものではない』と云ふ言葉があります。国家の生命は永久なるべきものであるから、一時の功を奏したる権謀術数も、何日かは其国の為に重大なる禍を来たすことがあるものと覚悟しなければなりませぬ。仏教に説く所の『因果応報』の理は国際関係に於ても行はれ得るものであります。

極東に於ける権謀外交の実例

【史料1】　幣原喜重郎講演「外交管見」

明治二十八年の馬関条約に依り支那は遼東半島を永遠に日本に割譲した。然るに其際支那政府は一方に於て馬関条約に調印しながら、他の一方に於ては窃かに列国政府に懇請し、遂に所謂三国干渉事件の突発となつた。之が為めに日本は一旦条約上正々堂々と獲得せる遼東半島を支那に還附しなければならぬこと、なりました。申す迄もなく三国干渉は外交上の陰謀である、国際的の一大罪悪である。之が中心となつて策動せるものは露独両国政府であつて、之を誘発し、之を利用せるものは支那政府であつた、其行動は此等諸国に取つて結局如何なる運命を齎らしたでありませうか。

最先に因果応報の苦しみを受けたのは支那自身であつた、日清戦役終局の翌年即ち千八百九十六年五月、支那と露西亜との間には日本を共同の敵と明示する同盟条約が締結された、其条文は久しく秘密に附されてゐたが、千九百二十二年華盛頓会議の席上に於て暴露された、同条約に依り支那は黒龍吉林の両省を横断して浦潮斯徳に向ふ所の鉄道、即ち所謂東支鉄道本線の敷設権を露国に與へたのであります。次に支那は千八百九十八年三月六日に至つて、膠州湾の租借権を独逸に許し、同月二十七日には、更に旅順大連の租借権、並に哈爾賓より旅順に至る鉄道、即ち東支鉄道南部支線なるものの敷設権を露国に與へたのであります。支那が膠州湾の租借権を独逸に許したのは、山東省に於ける独逸宣教師二名の殺害事件に対して、謝罪又は損害賠償の意味合を含んでゐるやうに説く人が多いけれども、之は誤解であります。膠州湾租借条約の前文中にも、支那は従来独逸より受けたる友情に酬ひむが為めに此租借権を許すのであつて、宣教師殺害事件は別に解決済であると明記してあります。然らば其所謂『支那が従来独逸より受けたる友情』とは抑も何を指すのであるか、即ち三国干渉に依る独逸の援助を意味するものと解せざるを得ませぬ、斯くの如く支那は嘗て其味方であつた露独両国政府より悉く裏切られ、三国干渉に依つて得たる利益を奪はれたるのみならず、遂に満洲及山東省の全部をも挙げて、露独両国の侵略政策に放任するの外なきに至つたのであります。

次に露独両国は亦如何なる運命に依つて報ひられたか。日本は三国干渉の苦がき経験に耐へて臥薪嘗胆、徐ろに国力の充実に全力を挙げ、爾来十年を出でずして露国を南満洲より駆逐し、二十年を出でずして独逸を山東省より掃蕩し、遂に今日の国際的地位を占むるに至つたのであります。日本国民が日清戦役に於て百戦百勝の後、俄然三国干渉の煮湯を呑まされるやうなことがなかつたならば、祝捷会の酔も容易に醒めなかつたであらう、臥薪嘗胆の悲壮なる決心も遂に起らなかつたであらう、果して然らば帝国今日の重要なる国際的地位は如何にして占め得られたでありませうか。人間万事塞翁の馬である、国際関係に於ても果報の車は常に旋つて居る、権謀術数は畢竟国家百年の長計ではありませぬ。

国際的徳義心の向上

殊に世界戦争の惨澹たる教訓は国際聯盟の実現を促がし、今や聯盟総会と云ひ、聯盟理事会と云ひ、国際司法裁判所と云ひ、又聯盟以外にも、仲裁裁判所あり、国際紛争審議委員会あり、何れも世界の公論を以て列国間の関係を律せむとする機関が二重にも三重にも設置さるゝに至つたのであります。多くの黴菌は強き日光に耐へないと同様、暗黒時代に行はれたる国際的犯罪も、世界の公論が光を増すに従つて自ら影を潜めざるを得ませぬ。千九百七年の海牙平和会議に於て、軍備縮小問題が議題に上ぼると、某大国を代表せる一軍人は忽ち「サーベル」を摑みしめて起ち上がり、『若し我国の自ら必要と認むる軍備に対し、本会議に於て一指をも染めむとするものがあるならば、自分は即刻退場する』と叫んだので、此問題に関する議事は直に立消えとなつた。爾来世局は一変して居る、今日に於ては何づれの政府と雖、又如何なる軍人と雖、少くとも主義の問題としては軍備の縮小又は制限に公然反対し得るものはないでありませう。之に反対しないのは、仮令輿論を憚かる一片の偽善に過ぎないものであるとしても、其輿論を憚からなければならぬと云ふ事実は偶々以て時勢の進歩を證するものであります、国際間に於ける徳義の標準が漸次高まつて来たことを物語る次第であります。

人口食糧問題

【史料1】　幣原喜重郎講演「外交管見」

近来我国の前途に関して往々甚しき悲観説を唱へ、我国は天然資源に乏しく、而も人口は年々莫大なる増加の勢を示して居る、此傾向を以て進むならば、今後数十年を出でずして国民は戦慄すべき全般的の生活難に陥るであらうと憂慮する人があります。固より人口食糧問題は我国運の将来に重大なる関係を有するものであつて、国民は何づれの途其満足なる解決を求むるの必要があります。即ち第一に食糧に付ては一方に於て生産を増加し、他の一方に於ては消費を節約するの方法を講じなければならぬ。第二には狭隘なる領域内に多数の人口を養はむが為めには工業の発展を図り、所謂国を工業化して、其生産品を外国に輸出し、之と引換へて食糧並に工業原料品を外国より輸入するの方針を執らなければならぬ。第三に移民の保護奨励に努めなければならぬ、尤も本邦人の海外移住が我人口食糧問題の解決に及ぼす効果は直接よりも寧ろ間接であります。今日如何に本邦人の移住を歓迎する外国でも、其移民を消化する力には自ら限度のあるものでありまして、我国より年々七八十万にも達する人口の過剰を直接に緩和するに足るが如き多数の移民を送らうとしても、先方に於ては到底之を受入れ消化し得らるゝものではありませぬ、強ゐて之を求むれば結局徒に外国との面倒を惹き起し、延いては既に其国に定住する我移民の地位にも累を及ぼすものであります。併しながら本邦人が外国に移住して資本の投下と労力の供給とを併せ行ふならば、移住国の富源開発に貢献すると共に、其移民の従事する企業の種類及方法に依つては我国に必要なる工業原料品並に食糧の供給にも適切有利なる事態を作り得るものであつて、間接に我人口食糧問題の解決を助くる所以であります。例へば我工業原料品として外国より輸入する実綿及繰綿は年々六、七億の巨額に達して居る、然るに南米殊に「ブラジル」地方が棉花の栽培に最も適することは専門家の定説である、而も其広大無辺なる沃野は広く門戸を開いて外国人の投資企業を迎へて居る、若し本邦人が南米地方に於て土地に投資し、労力を供給して棉花の栽培を行ふならば、我工業に要する実綿及繰綿も追々此等本邦人の手に依つて大部分供給せらる、迄に進み得らる、のであります。食糧に付ても同様である、之が為めに我国際賃借関係は著しく改善せられ、我人口食糧問題も間接に解決の緒を得らる、ことは申す迄もありませぬ。海外移住組合法が昨年春帝国議会の協賛を経て制定されたのも之が為めであります。之を要するに如何にせば食糧の生産増加及消費節約を行ひ得るか、如何なる方法に依つて工業の発達を期すべきか、又移民の保護奨励に要する施設如何、此等の諸点に付、科学の方面よりも、実地の方面よりも、組織的に具体的に研究すれば人口食糧問題解決の鍵を発見することは決して不可能ではないと信じます。日本民族は古来幾度か一層重大なる難関を切り抜けて着々国運の隆盛を見るに至つた、近頃動もすれば若干の社会的現象に逢着して直に国難来などと騒ぎ立ち、妄りに国家の前途を悲観するが如きは、我民族の能力と歴史とを余りに軽視するものと申さなければなりませぬ。

　固より人口食糧問題は今日新植民地の獲得を目的とする侵略政策に依つて解決し得らる、ものではありませぬ。前世紀の終頃より独逸に於て有力者の一部は列国間に於ける植民地の分配に不満を鳴らした、独逸以外の諸大国が世界の各方面に亘つて広大豊富なる植民地を有しながら、独逸独り同様の分配に与かつてゐないのは不公平である、独逸は飽く迄も植民地の公平なる分配を受くるの権利を主張せざるを得ないと云ふ意見を公言してゐたのであります。事実に於て其他の諸大国は独逸に先だつて夙に世界の各方面に植民地を獲得し、拡張し、独逸が内に帝国建設の大事業を完成して、漸く外、世界政策に着手し得るに至つた頃には、植民地として価値ある明地は殆と《(ママ)》何づれの方面にも残つてゐなかつた。独逸が新に植民地を求むるとすれば、現に所有主のある土地に着眼して、其所有主と之を争ふの外なかつた、千八百九十八年の膠州湾租借事件、千九百五年の「タンジエ」事件、千九百十一年の「アガヂール」事件等は何づれも独逸が海外植民地を得むが為めに、侵略政策の鋒鋩を露はし来れるものであると云ふ疑念を益々深からしむるに至つたのであります。千九百十四年の世界戦乱勃発に当つて、主戦論に加担したる独逸の政治家は少くとも或程度迄此領土慾に動かされたるものと信じられて居る。若し戦争が独逸の勝利を以て了はつたならば、独逸は其報酬を欧羅巴の地域内に求めずして、欧州諸国の海外植民地に求むる意向であつたことは、同国の責任ある当局者が言明せる所であつた、何づれにするも、当時独逸の執りたる侵略的の政策並に行動は殆と《ママ》満天下を敵とするに至つて遂に悲惨なる運命を招いた。斯くの如く列国に絶へず不安不信の念を与へたる軍国主義の独逸は倒れ、之に代はつて世界の尊敬と友情とを贏ち得たる自由主義の独逸が生まれたのであります。

外交の作用

世人は往々外交の作用を過信して、之に無理なる注文を持ち込み、外交其機宜を制するならば、世界の人心を挑発することなくして、領土の拡張でも、利権の争奪でも、巧に成功し得らるゝやうに想像する者もないではありませぬ。凡そ政治家として最重要なる資質の一は実行可能の政策と不可能の政策とを識別する判断力であります。固より両者の限界は時勢の進歩と共に変遷するものである、嘗て不可能なりしものが今は可能となり、昔は可能なりしものが現に不可能となることもある、例へば列国全権の協力に依つて国際間の平和を維持せむとするが如き制度は世界戦争以前には殆と《ママ》実行不可能と看做されてゐたのであるが、大戦乱の無残なる光景に感動されて、天下の公論は真剣に斯かる制度を要求することゝなり、遂に国際聯盟の成立を見るに至つたのであります。之と共に昔は屡々行はれたる侵略政策や、武力万能主義は今日に於ては最早覚醒せる人心の大勢に圧せられて、到底其非を遂げ得られませぬ、斯くの如く政策の可能性は時と共に移動するけれども、一定の時代に就て見れば其限界は確然と存在するものである。正しく其限界を判断し、一旦不可能と認めたる政策は初めより之を試みず、唯可能と認めたる範囲内に於て組織的の計画を立て、着々其実行に全力を尽くすことが実際的政治家の心懸けでなければなりませぬ。政治は空想ではない、妄りに不可能の政策に執着して焦せり踠がく者は政治家でなくして空想家である、外交は手品ではない、観客の目を眩まし、内部の空洞なる手箱の中より、忽ち数百尺の長き紙片を取り出したり、平和を象どる鳩を取り出したり、帝国の威厳を現はす国旗を取り出したりなどして、大向ふの喝采を博せむとする者は外交家でなくして手品師である。外交政策に於ても、自然の法則に反抗し、時勢の潮流に逆行しては何等の有益なる目的をも達し得らるゝものではありませぬ。而も其失敗の損害が結局国民一般の負担に帰するに至つては、誤れる外交の責任は極めて重大と申さなければなりませぬ、我外交が徒に空想家や手品師を真似ては国家の大患であります。世間には往々一定の成果なき無謀の計画を試み、やがて其計画が必然の運命として蹉跌を来たせば、世論の攻撃を緩和せむが為めに、忽ち掌を返へしたやうな態度を以て正義公道の念仏を唱へ、殊勝気に珠数を手繰つて居る者もある。若し外交当局者が斯かる軽挙妄動を為すならば、帝国の威信は地に墜ち、我国民の対外平和的発展は永く累を受けざるを得ませぬ。

国際関係の円滑を妨ぐる原因

近来我国に於て、国民の外交問題に関する知識並に興味の進んで来たのは著しき事実であります、之と同時に外交問題其ものも亦益々複雑を加ふるに至つたのであります。支那の時局問題に付ても単に同国内部一般の情勢のみならず、広く世界の全局に眼を放ち、之と関聯して判断しなければ正鵠を得らるゝものでありませぬ。然るに何づれの国に於ても、多数の民衆は其日常生活に於て親しく外国の事物と接触するの機会に乏しく、国際関係の各方面に亘つて十分に之を研究するには材料も暇も得られないのが常であります。加之世界各国を通じて一般の民衆は自国と外国との間に発生する紛議に付ては何となく対手国の主張が常に不正不当なるが如き一種の先天的偏見を抱くの傾向を免れない、冷静なる態度を以て双方に公平なる意見を公表する者は動もすれば其愛国心を疑はれ、非議慷慨の口調を以て対手国に対する反感を煽動する者は却て聴衆の喝采を受ける、此人心の傾向は屡々国際関係の円滑を妨ぐる所の一大原因であります。従て政府は外交問題に関しても、国家の利益に反せざる限り、事実の真相を発表し、国民の理智的判断に訴ふることに意を用ひなければならぬ。現に政府の局に立つ者が外交問題に付て、国内政争上の目的より、以前の政府当路者を攻撃せむが為めに、公の記録をも調査せずして、誤れる事実を宣伝するが如きは、欧米諸国に於ては多く其例を見ない所であります。之こそ即ち外交を政争の具に供するものであつて、其国民を迷はし、国家を毒するの大なることは申す迄もありませぬ。

南京事件

例へば昨年の南京事件に付て見るに、或は之を以て従来日本其他列国の支那に対する軟弱外交の産物であると云ひ、甚しきは当時の日本政府が支那に於て一切無抵抗主義を執りたる結果であると云ふが如き、全く見当違ひの臆説が今尚ほ流布されて居る、而も現政府当局者自ら斯かる臆説を公然宣伝するに至つては驚かざるを得ませぬ。固より外交政策は冷静なる利害の判断に基いて決定せらるべきものであります、一国の外交が妄りに軟弱と云ひ強硬と云ふが如き空漠なる感情論に支配されては国家の前途を誤まる所以であります。況や其所謂従来の軟弱外交とは如何なる事実を指すのであるか、又或特定の問題に関し、其当時の政府が執つた政策を軟弱なりとして攻撃するならば、別に之に代はるべき如何なる具体的の名案があるのであるか、此等の疑問に対する的確なる確答は未だ何人よりも聞いたことがありませぬ、何づれにするも、南京事件は日本其他列国の対支政策が軟弱であつたか、強硬であつたかと云ふような見地とは全然関係のない事情に依つて生じたものであります。然らば其事情とは如何、之に付て簡単に要点を申述べたいと思ひます。

一昨年の夏、国民革命軍が着々北伐計画を遂行して漢口に進出せる以来、其総司令たる蔣介石氏其他国民党の領袖数名は漸く共産党排斥の旗幟を鮮明にするに至つた。茲に於て共産党員としては自己の運命に直接の危険を感じた、其危険を除かむが為めには蔣介石氏等の国内的並に国際的地位が鞏固を加ふに先だつて速に之を倒さなければならぬ、之を倒すには国民革命軍の手に帰したる地方に於て重大なる国際事件を勃発せしむることが最も捷径である。素より共産党は列国間に何等の地位を認められたるものではないから、支那軍隊の惹き起したる国際事件は、仮令軍隊内の共産系分子が軍司令官の意志に反して策動せるものであつても、列国は其支那軍隊の総司令たる蔣介石氏を責任者として罪を問はざるを得ないであらう。蔣氏が其責任を回避するならば、列国は強き圧力を之に加ふるであらう、事茲に至らば蔣氏は忍んで列国の強圧に屈従するにしても、又敢然起つて列国に反抗するにしても、何づれの途倒壊の運命を免がれないであらう、蔣介石氏の倒壊は共産党員に取つて一大脅威より逃るゝ所以である、斯くの如き結果を予想して共産党員は南京事件を画策したのであります。従て其本来の性質は排外運動でもありませぬ、又固より排日運動ではありませぬ、本邦人其他外国人に危害を加ふることは共産党員が他の目的を達せむとする一の手段であつて、目的其ものではない、敵は本能寺に在つた、彼等の倒さむとする標的は蔣介石氏其他数名の国民党領袖であつた。又事実に於て英米人中には数名の死傷者を出だしたけれども、日本居留民中には幸に一名の死傷者もなく、支那軍隊の指揮官が現場に着すると、直に日本領事を訪問し部下兵員の暴行を陳謝し、自動車を供給して本邦人を南京城外の下関に護送し、下関前面に碇泊せる帝国軍艦内に避難せしむるの便宜を図つたのでありまず。過般の済南事件は之と大に趣を異にする所があります、内外新聞紙の報道に依れば済南に於ては支那兵暴行の標的は主として日本人であつた、一般外国人中には多少略奪の傍杖を食つたものはあつたが、死傷者は一名もない、又支那側より日本人に好意を表し、其避難の便宜を図つたやうな事実は全然認められませぬ。何故に南京事件と済南事件との間には支那側の日本人に対する態度に於て、斯かる大なる差異があつたのであるか、一の注意すべき現象であります。

軟弱外交も無抵抗主義もない

南京事件は以上申述べたる事情に依つて発生せるものであるから、一方に於て従来日本其他列国の対支政策が仮に軟弱であつたとしても、之が為に直接にも間接にも本件を誘発せるものと認めらるべき理由がありませぬ。却て共産党が重大なる国際事件を惹き起さむとしたる目的は列国側の政策が軟弱であればあるだけ齟齬する道理であります。列国より本件解決の為め蔣介石氏に対し強力の圧迫を加へてこそ、事件は愈々重大となり、共産党員の蔣介石氏排斥の計画は成功し得らるべき筋合であります。又他の一方に於て列国側の対支政策が如何に強硬であつたとしても、之が為めに本件の発生を予防し得られたものとは信じられませぬ、却て共産党員は之を打倒帝国主義なる叫びの好辞柄として益々人心を煽動するの具に供するに止まつたでありませう。何づれにしても、共産党員は影武者であるから、列国の強硬政策に依つて危険を感ずるものではありませぬ、固より三千哩に亘る楊《(ママ)》子江の流域に、到る処日本の優勢なる兵力が駐屯してゐたならば、南京事件の如き椿事の発生は或は防止し得られたかも知れませぬけれども、何人も斯かる非常識の軍事的措置を考ふるものはありますまい。

次に日本政府が支那に於て無抵抗主義を執つたと云ふが如き妄説は何人の捏造に出でたものであるか、奇怪至極であります。現に南京事件の直後数日を出でずして発生せる漢口事件に於ては支那暴民の集団が日本居留地に乱入すると、我海軍陸戦隊は機関銃を以て直ちに之を駆逐したではありませぬか。南京事件に於て当時日本領事館内に在りたる我海軍の小部隊が支那軍隊の暴行に対して抵抗を試みなかつたのは政府の訓令に基いた次第ではなく、全く同地に於ける本邦居留地一同の意向を尊重せるが為めであつた、即ち居留民は其現場の実況に徴し、若し両国武力の衝突を来たすならば遂に尼港事件の二の舞となり、居留民全部鏖殺に遭ふの危険ありと見て、切に隠忍せられむことを我海軍将校に陳情したのであります。斯かる情況に際して我海軍将校の苦衷は寔に諒察に余りあることを認めなければなりませぬ。何づれにするも、政府より支那に於ける我文武官憲に対し、無抵抗主義を指示したと云ふが如きは途方もなき臆測であって、若し果して無抵抗主義なるものがあつたならば、当時政府は疾くに在支居留民全部の引揚を断行したであらう、何を苦しんで楊子江《(ママ)》方面に空前の大警備艦隊を配置したでありませうか。

隣接国内に於ける国交の大勢

国際関係の大勢を通観するに、世界何づれの方面に於ても、領土の隣接せる二国の間には感情の融和しないものが多い、寔に不幸なる現象であります、其事実は茲に一々例を挙げて説明することを憚りますけれども、別に説明を待たずして、何人も容易に之を認め得るでありませう。世人一般に『遠交近攻』の策を以て支那外交の特有性なるが如く評するけれども、斯かる政策を執るものは必ずしも支那のみではありませぬ、同様の例は世界到る処に求め得らるゝのであります。然らば接壌の二国互に相争つて結局其孰れかの一方又は双方に如何なる利益があるかと問ふならば、公平なる第三者は何づれも其全然無益なることを看破するであらう、単に無益なるのみならず、遂には双方共倒れとなることが多いのであります。

諸君は英語の「キルケニー、キアツツ」と云ふ言葉の語源を御聞きになつたことがありませう、十八世紀の頃愛蘭の「キルケニー」なる場所に駐屯してゐた英国軍隊の兵士等は或日のこと二疋の猫を捕へて双方の尾を結び付け、之を紐に吊るし、其猫が互に喧嘩して咬み付き合ふのを見ては、面白がつてワイ〳〵騒いで居つた、其処へ一人の士官が通り懸かつて、斯かる残酷な悪戯を窘なめ、早速猫を放してやれと申附けた、兵士等は畏まりましたと云つて其士官が立去つた後で其猫を尾の上部から切り捨てゝ、放してやつた、然るに其結び付けられたる尾は紐に引つ懸つた儘に置いてあつた。暫くして前の士官は帰つて来て之を見附け、驚いて『一体猫はどうしたのか』と尋ねると、兵士等は大に恐縮し、『実は猫は喧嘩をして互に咬み付き合つて何としても離れませぬ、遂に双方共跡形もなくなる迄に互に喰ひ尽してしまつて、唯尾だけが残つたのでありまず』と真面目顔に答へたと云ふ噺、之から二人が喧嘩して共倒れになることを「キルケニー、キヤツ《(ママ)》

ツ」と呼ぶやうになつたそうであります。

此たわいもない笑話の中に自ら含まれたる一片の真理は日支両国民の共に絶へず念頭に置くべき所があると考へます。地理的に結び付けられたる隣接の両国が互に争を続けて行くならば、或は遂に「キルケニー、キアツツ」の運命に陥るであらう、孰づれの一方に取つても其真正の利益、永遠の安寧は両国相互の友好的協力に依つて初めて保障し得らるゝものであります。従て両国の当局者は常に一切の政策及行動の目標を茲に置き、隣接間の常として発生し易い紛争は成るべく事前に之を防止し、又一旦発生せるものは成るべく速に之を解決して、以て一定の目標を見失はないやうに至重の注意を加へなければなりませぬ。

支那の不平等条約問題

我国民は最近支那の時局が国内の和平統一に著しく一歩を進めたるの状あるのを見て深く之を悦び、支那国民が不平等条約の羈絆を脱せむとする要望に付ても終始理解ある態度を執り来つたのであります、是れ全く日支両国の友好的協力に重きを置く所の我国民の自覚に外ならぬのである。唯不平等条約撤廃の目的を達せむが為めに、今日支那側の執らむとする方法順序は、我国が嘗て自ら同一問題に直面して進んで来た筋途とは大に異なる所があることに注意せざるを得ませぬ。我国は亦曩に具さに不平等条約の辛酸を嘗め、其撤廃を図るに当つては列国を責むるよりも先づ己れを責めた、打倒帝国主義などと叫ばずして先づ静かに国内庶政の革新に全力を挙げた。其当時に在つては所謂帝国主義の空気は尚ほ世界到る処に濃厚であつて、之が衝に当つた我元勲先輩の苦心は寔に用意ならざるものがあつたであらうと察せられます。而も庶政刷新の業一たび成ると、列国は遂に其努力の結果を認め、快く対等条約の締結に同意したのであります。今や支那は其不平等条約の撤廃を期する国民的要望に対しては列国一致の同情を受け、我国が同一問題に苦しんだ当時に比して、遙かに有利なる国際間の形勢に恵まれつゝあるに拘はらず、同国要路の人々は多くは列国を責むるに急にして、自ら責むる所甚だ寛である、支那の進歩しないのは一に不平等条約の鉄鎖あるが為めであるなどと唱へ、国内施政の改善其緒に就くを待たずして、直に現行条約の改廃を迫るの現状である。我々は不平等条約が支那に取つて重大なる苦痛であることを能く理解するものであるけれども、之を以て支那の進歩を阻礙する百弊の源なりとは信じられませぬ。我国は外国人が治外法権を享有したる時代に於ても、列国の帝国主義を呪ふことなくして、国運は駸々と進んだではありませぬか、片務的関税協定の束縛を受けたる時代に於ても、条約違反の課税を行ふことなくして、財政の基礎は漸次鞏固を加へたではありませぬか。不平等条約の国内政治の欠陥より生じたる結果であつて、国内政治の欠陥を生ずる根源でありませぬ、其因つて来りたる根源を絶たずして之に伴ふ結果を除かむとする所に自から無理がある、内外人保護の施設備はるに至らば、求めずして外国人の特権的制度は撤廃せらるゝでありませう。我々は必ずしも支那に期待するに我国の先例を其儘踏襲せむことを以てするものではないけれども、支那が速に列国の間に伍して正当なる地位を占むるに至らむことを望むの情切なるが故に、此際特に同国官民の自重を求めざるを得ませぬ。

最近国民政府が日支通商条約問題に関して執りたる措置に付ては寔に遺憾の念を禁じ得ない点があります。本件に関する国民政府の公文として発表せられたるものを見るに、現行日支通商条約を以て既に満期に依り効力を失つたものと看做し、此法理上の主張を前提として、新条約締結の交渉を提議したのである。然るに斯かる法理上の主張は条約の解釈論としても、又国際法の理論としても、我々は予て十分に公平に研究を遂げたる結果、全然不条理なりとの結論に達したのである。其結論は一昨年十月前内閣時代に北京外交部に送つた覚書の中にも明記してあります。若し我国に於て支那の不条理なる法理上の主張に意義を唱へず、現行条約の失効を承認又は黙認するならば、追て新条約商議の際、支那より種々無理なる要求を提出し、我国が之に同意を與へずして交渉停頓すると、支那は直に自己の任意に定めたる臨時弁法の励行を以て我を威嚇するに至るであらう。今日に於てさへ国民政府は既に其威嚇の鋒先を露はして居る、斯くの如きは我国として到底忍び得らるゝものではありませぬ。従て国民政府が新条約の締結を求むる前提として現行条約の失効論を主張し固執するならば必然我との正面衝突を避け得られないことは、国民政府に於ても疾くに予期してゐなければならぬ筈であります。他の一方に於ては、不平等条約の束縛を免れむとする支那の国民的要望に対し、我国が常に深き同情を寄せ来つたことは、前にも述べたる通、之亦周知の事実であります。就ては若し今回国民政府に於て我国と正面衝突を来たすべき法律上の主張に触るゝことなく、全く日支両国民間の情誼に訴へて支那国民の苦痛とする現行条約の改訂談判を提議したならば、我国論は満腔の好意を以て之を迎へたであらうと信じます。支那にして偏に不平等条約の撤廃を目的とするならば、之に到達するの途が斯くの如く開かれてゐたのにも拘はらず、国民政府は自ら其開かれたる正道を棄て、其閉ぢられたる関門に向つて歩を進めたのである、我政府も亦之に対し不必要且不体裁なる挑発的の捨台詞を以て答へ一層事態を悪化したことは如何にも不幸なる成行と申さなければなりませぬ。併しながら結局支那の欲する所は我国との衝突ではなくて、通商条約の改訂に在ること、思はれる、我国も亦現行条約の効力問題に触れざる限りは、其改訂の交渉に応ずることに異議あるのではない、果して然らば終局の目標に於て両国の間に大差なき次第であるから、此際何とか両国共通の目標に向つて局面展開の方法を発見することは難からざる筈であります。

東三省に対する我国の方針

以上述べたる通り我々は日支両国間に友好的協力の関係を増進する事を以て我対支外交の根本義とするものでありますが、さりとて我正当且重大なる権利々益が脅威せられ、侵害せらるゝことを忍ぶべき謂はれのないことは申す迄もありませぬ。支那の内争に干渉しない方針と、我権利々益を擁護する方針と、此二者は互に相反撥する性質のものではなく、両々並び行はるべきものであつて、又之を並び行ふことが我外交の主眼でなければならぬことは、我々が帝国議会の議場に於ても再三説明せる所であります。

殊に東三省方面に於ける我権利々益に至つては歴史上の深き因縁に基づき、又事実上主として条約の保障の下に我国民の多大なる犠牲と努力とに依つて築き上げられたるものであつて、我国家的生存とも密接なる関係を有するものがある、此立場は我々が従来屡々内外に向つて声明せる通であります。斯かる権利々益は東三省の政治組織に如何なる変更があつても儼然として侵すべからざる基礎を有つて居るのである。曩に加藤内閣の当時第二奉直戦あり、次で張郭戦争あり、孰れも其経過に依つては東三省に於ける我権利々益の有形的方面、即ち本邦人の生命財産が戦乱の渦中に捲き込まれて、危険に陥る虞があると認められたから、政府は之を保護せむが為めに、夫々機宜の措置を執りたる結果、幸に事なきを得たのであります。同地方に於ける我国の無形的権利々益、例へば旅順大連の租借権、南満鉄道を所有経営する権利と云ふが如き種類のものが、此二回の戦乱に依つて何等微動だもしなかつたことは申す迄もありませぬ。

南北妥協延期忠告問題

過般政府は東三省に於ける我権利々益を擁護せむが為め、張学良氏に忠告して、国民政府との妥協を三ヶ月延期せしめたと伝へられてゐます。南北妥協を三ヶ月延期せしめて、それが何故に我権利々益の擁護となるのであるか、又事実上に於て之が為め、我権利々益が何等か一層確実なる保障を得られたのであるか、一向に其形跡が認められませぬ。若し又今後三ヶ月の残余期間内に斯かる保障を得らるゝ見込があると云ふのであるならば、我々は刮目して之を見むとするものであります。東三省が表面上未だ青天白日旗を掲げてゐない事実は、裏面に於ても東三省官憲と国民政府との間に何等気脈の通じてゐないことを証明するものではありませぬ、却て張学良氏が其後国民政府の重要なる地位に任命せられたのは深き裏面の消息を物語るものではないかと察せられます。

何づれにするも今日東三省官憲たると国民政府たるとを問はず、苟も東三省方面に於ける我国の正当なる権利々益を覆へさむとするが如き要求を為すものがあるならば、我国は確乎たる決心を以て静かに不同意を答ふべきのみである。若し又支那が一方的意志を以て妄りに条約を破棄し、日本国民の犠牲、努力を無視して我国家的生存をも脅かすが如き行動に出づるならば、我国民の之に対する覚悟は挙国一致、自ら定まつて居るものがあります。国民政府は果して斯かる侵略的、破壊的の行動を執らむとする意向を、公然にも暗黙にも示したことがあるのであるか、我々は未だ之を聞きませぬ、寧ろ国民政府の当局者は斯かる意向のないことを非公式ながら言明したやうに伝へられてゐます。此際我国の余りに神経過敏なる挙動は不見識であつて、却て我に何等か弱味を感じつゝあるが如き誤解を生じ易いものである。固より支那が到底我国の承認し得ない無理難題を吹きかけて、両国国交の平地に浪を起こさしむるが如きことがないやうに、予め之に備ふる適当の方法があるならば、其方法を講ずることは望ましいことであるけれども、之が為めには我政府は東三省官憲とのみならず、国民政府の方面とも、予て密接円満なる接触の間柄に在ることが必要であります。国民政府を危険視して南北妥協を三ヶ月延期せしむるが如き方法にては到底肝腎の目的を達し得らる、ものではありませぬ。果せるかな政府は最近に至り、元来南北妥協を阻止する意思がなかつたとか、支那の統一は我政府の終始同情する所であるとか、百方弁明に努め、全く過般張学良氏に対して執りたる措置を忘れたる如き態度を示して居るやうであります。

次に政府が奉天の帝国総領事を通じて張学良氏に南北妥協の延期を忠告したのは如何なる動機に出でたるものであるのか、政府側に於ては其忠告は恰かも国民政府が今回一方的意思を以て日支通商条約を破棄したる不信義の行動に刺戟されたるものなるかの如く弁明して居る。斯かる弁明は明かに事実に反する所があります。即ち国民政府が日支通商条約の効力消滅を主張せる公文を南京の帝国領事に交附したのは七月十九日の午後であつて、奉天の帝国総領事が張学良氏に本件の忠告を與へたのは其前日即ち七月十八日であつた、従て忠告の当時には国民政府の日支通商条約に対する態度は、東京に於ても、奉天に於ても、全く知れてゐなかつた筈である。其知れてゐない国民政府の態度を臆測し、之を根拠として、斯かる国際的影響の重大なる措置を奉天に於て執つたと云ふが如きは断じてあり得べからざることであります。我々は時の前後を照合すれば直に露顕するが如き小刀細工を政府の弁明中に発見することを不快に感ずるものであります。之を要するに張学良氏に與へたる忠告は一体如何なる目的を有せるものであるか、又如何なる動機に出でたるものであるか、到底了解し得られませぬ、今や此問題は内外に於て深き疑惑を来してゐる、我々は政府が斯かる疑惑を解かむが為め、此際進んで本件に関する一切の事実を率直に発表せむことを求めざるを得ませぬ。

東三省問題に関する誤説

前に述べたる通、東三省地方に於て我国が国家的生存にも影響すべき重要なる権利々益を有することは明瞭なる事実であつて、列国も十分に之を理解して居るのであります。併しながら其権利々益の所在地たる東三省は疑もなく支那の領土である、而して支那の領土保全を尊重することは我国が第一次日英同盟協約の締結以来何回となく繰返して列国と共に之を誓ひ終始一貫せる既定の方針である、又華盛頓条約中にも明記せる所である。此方針一たび破るゝならば、世界の平和を脅かすべき一大禍根は茲に発生せざるを得ませぬ。世人往々満蒙地方を以て『我特殊地域』などと称するのは不正確なる言葉遣ひであります、又政府は満蒙地方を『内外人安住の地』たらしむる方針であると声明して居る、内外人と云へば固より支那人並に欧米諸国の人民をも含むものと解さざるを得ない、然るに我国が支那の領土に於て支那自国の人民並に欧米各国の人民をも安住せしむるの方針であるなどと公言するのは、恰も我国自ら其地方の主人役、即ち法律的に云へば統治者を以て任ずるものゝ如き誤解を招き、無用の過言であります。勿論同地方に於て何人も安んじて居住し得る情態は我々の希望する所であるけれども、支那人やら諸外国人をも安住せしむるの責任を我国自ら執り得べき地位に在らざることは申す迄もありませぬ。

内争不干渉の方針

支那の内争に干渉せざる方針に付ては或論者は之を以て政府当局の無為無策を掩はむとする一の口実なるが如く考へ、斯かる方針に拘泥するならば我権利々益の擁護は到底完うすることを得ないと論じて居る。斯くの如き議論は内争不干渉の方針と権益擁護の方針とを互に相反発する性質のものと誤解し、其両方針の孰れか一を貫徹せむとすれば、他の一を或程度迄放棄しなければならぬものと速断する結果である。然るに此二個の方針は互に牴触する所なく、両々並び行はるゝべきものなること前に述べたる通である以上、彼の論者の説は根柢より覆へらざるを得ませぬ。

更に進んで考ふるに内争不干渉の方針はそれ自身に於ても果して無為無策を示すものであらうか、元来内争不干渉とは何を云ふか、畢竟支那の政界に於て相対峙する諸党派中の一方に対し、何等偏頗なる援助を與へ、他の一方の党派を排斥するが如き態度行動を一切避けると云ふ意味であります。斯くの如く支那国民の各方面に向かつて偏頗なく、表裏なく、公明正大なる精神を現実に表明する所の方針は何故に無為無策を以て目すべきものであるか。現に我々が曩に此方針を声明すると共に、幾多の難関を排して誠実厳格に言行の一致を図りたる以来、日支両国の関係は為めに著しく面目を一新したではありませぬか。内争不干渉の方針は両国民の親善関係が組立てらるゝ所の一の重要なる礎石であります、其目的と結果とに徴すれば決して消極的、退嬰的の政策ではありませぬ、之を以て一日の安を偸む姑息の計なるが如く評する論者は全く事態に理解なきものであります。却て支那の一党一派を支持し、其党派の影に隠くれて我権利々益を擁護せむとするが如き政策を執るならば、それこそ真に偸安姑息の計である、不見識にして且危険千万なる方針であると申さなければなりませぬ。我権利々益は決して支那の一党派より恩恵的に贈与されたものではない、又其一片の好意に倚頼して保護を求むべきものでもない、何人が支那の政権を掌握しても、我国としては何等偏頗なる精神を以て之を援助したり、排斥したりする必要が何処に在るか、我権利々益を擁護せむが為めに、内争不干渉方針の実行上に於て何等かの手加減を加へなければならぬと考ふるのは却て我権益、我立場を軽んずるものであります。

経済的国際関係に対する外交の任務

次に外交の任務如何の問題に言及したいと思ひます。凡そ外交は単に国家と国家との間に於ける政治的関係を処理するに止まらず、其経済的関係の発展を図ることも亦等しく重要なる任務であります、殊に我国の現状に於ては国際関係の経済的方面に最も重きをおかなければなりませぬ。熟ら本邦経済界の大勢を見るに、世界大戦中俄然勃興せる我対外通商は先づ戦後の反動に依つて一大頓挫を来たし、次いで大正十二年の関東大震災に依つて激甚なる打撃を受け、年々莫大なる輸入超過の勢を馴致したのであります。幸に両三年来貿易の逆潮は減退するに至つたけれども、今尚ほ決して意を安んずるに足るべき情態ではありませぬ、此際朝野心を一にし、外国貿易の振興と本邦人の海外に於ける投資企業とに依つて、国際賃借関係の改善を期することは刻下の最大急務であります。我外交の狙ひ処も亦主として茲に存しなければなりませぬ。加藤内閣成立匆々日露国交の回復に着眼して遂に北京条約の締結を見るに至つたのも之が為めである、大正十五年南洋貿易の振興に関する官民合同の会議を東京に於て催ふしたのも之が為めである。支那関税特別会議に当つては我委員は常に主動的地位に立つて斡旋尽力し、差等税率並に互恵協定税率問題の基礎を定むるに至つたのも、亦同じく我対外経済関係の保護増進を期するの趣旨に外なかつたのであります。

済南出兵問題

近来支那時局の推移に際し、政府が専ら政治的、軍事的の見地より之が対策を按ずるに汲々として、経済的方面に注意を欠くの形跡あるは、我々の不安を感ぜざるを得ない所であります。例へば昨年に於ても本年に於ても国民革命軍が北伐の途次、済南地方に近づくに及んでは、政府は他に何等の施設努力をも試みず、又善後策に関する一定の成案もなくして突如出兵を決定し、所謂『居留民現地保護』の方針を執つたのである。其事実上の結果や如何。今や之に要したる国庫の負担は既に六、七千万に達し、将卒の死傷亦数百名を下らない、而も我居留民にして支那兵の為めに財貨を掠奪せられたるもの随所に続出し、虐殺凌辱に遭ひたるものさへ尠からざるの惨状を呈したのである。事茲に至つても尚ほ居留民現地保護の目的は完うしたるものと認め得らるゝや否や、政府は本件出兵を弁護し、若し軍隊の保護がなかつたならば、更に悲惨なる本邦人の被害を見たであらうと論じて居る。併しながら別に斯くの如く重大なる犠牲を供することなくして、一層有効に居留民を保護し得る方策が考へられなかつたのであらうか、元来北伐軍は一日も速に京津地方に進出することを目的とせるものであつて、当初より故さらに日本と事を構へむとするが如き予定の計算があつたものとは想像し得られませぬ。我政府に於ても素より支那の内争に干渉して北伐軍の路を遮らむとするが如き意思があつたものとは考へられませぬ、果して然らば国民軍が京津地方に向ふに当り、其敵軍一たび済南を撤去したる上は、北伐軍は多数本邦人の民住する済南商埠地内並に同地附近の若干距離以内に進入することを避け、以て支那兵が我居留民に暴行を加ふるの機会なからしむやう、相当の弁法が予め日本側と国民軍側との間に協定し得られなかつたのであらうか。若し又万一斯かる弁法の不可能なる特殊の事情があつたならば、少なくとも夙に支那側の申出でたる如く、北伐軍の済南に入るに先立ち、支那側の協力を利用して僅かの期間同地の居留民を青島其他の安全地点に避難せしむるの方法を何故に執らなかつ（ママ）のであるか。斯かる我居留民避難の為めには支那側は凡ゆる鉄道輸送の便宜は勿論、別に必要なる経費の負担までも提供してゐたのである、又我政府としても避難民の保護に要する経費の支出位は問題でない筈である。政府は先般帝国議会に於て此点の質問に対し、一旦居留民の引揚を行つたならば、本邦人が同地方に於て多年の努力に依り培養し来つた経済的基盤は之が為めに破壊せられたであらうと答弁して居る。我々は本邦人の経済的基盤なるものが僅かの期間居留民を附近の安全地点に避難せしむることに依つて破壊せらるゝが如き虞ありとは信じられませぬ、若し果して其虞あるが如き薄弱なる地盤ならば、巨額の国費と多数の人命とを犠牲に供してまでも維持しなければならぬ程の価値あるものとは謂はれませぬ。且我居留民が其生活の本拠とする現場より仮令一時的たりとも引揚ぐることが我経済的基盤の破壊を来たすと云ふのであれば、我軍隊に於て警備区域を定め、其区域外に居住する本邦人を区域内に引揚げて避難せしむるの方法を執つたことは、何故に毫も我経済的地盤の破壊を来たさないと云ひ得るのであるか。斯くの如きは五十歩を以て百歩を嗤ふの類ではないか、況や現実の事態を見るに済南地方に於ては、日支軍隊衝突事件以来、両国人間の商業関係は全く杜絶し、支那人を取引先としたる我商人は今尚ほ其経済的活動を一切停止して居るではないか、以上の諸点に付ては我国民は未だ政府より何等満足なる説明を受けて居りませぬ。

済南事件以来支那人は日本を恐れ憚かるに至つたと云ふ者があります。果して斯かる結果が生じたか、最近時局の発展に徴すれば容易に此結果を認め得られませぬ。又一概に恐れ憚かると云つても其動機は必ずしも一様でない、何人も自分の親に対しては尊敬の念を以て恐れ憚かる、酒に狂つたる悪侍に対しては憎悪の感を以て憚かる、一方は懐かしみの意味が含まれて居り、他の一方は擯斥の意味を示して居る、我々は他人から肉身の親の如く思はるゝことを悦ぶものであるが、酔狂武士の如く取扱はるゝことを好みませぬ。

今や済南事件発生して既に半年に垂んとし、其間政府は一たび外交機関を経由せずして、双方軍事当局者間の直接交渉に依り事件の解決を試みたけれども全然失敗に了り、今尚ほ未解決の儘に打棄ててある、政府は宜しく進んで支那官憲と折衝し、同地方撤兵後我居留民の安全を確保するに足るべき方法を講じ、成るべく速に撤兵を断行して以て国交を常道に復することに努力しなければなりませぬ。最近新聞紙の報道に依れば政府は本件解決の交渉を促進するに先だち、国民政府の制度組織が今少しく完備するのを待つてゐたのであるやうに伝へられて居る。然に今に至つて国民政府の制度組織如何を問題とするのは、何となく本件解決の怠慢を申訳する一の口実に過ぎないやうな感を免れませぬ。通商条約改訂の如き全般的性質の問題は暫く措き、少くとも済南事件の如き地方的性質の問題に付ては、何故に其解決は国民政府内部に於ける制度組織の完備を待つの必要があるのであるか、若し果して之を待つの必要があるならば、何故に政府は先般双方軍事当局者の直接交渉に依つて事件を解決せむことを試みたのであるか、前後矛盾の態度であると謂はなければなりませぬ。

固より日本政府が我居留民保護の途を誤まつたからと云つて、支那側よりは毫も之に抗議し得べき筋合ではありませぬ。従来支那官憲が外国人を保護すべき根本的国際義務の履行を怠つた実例は余りに多い、規律なき軍隊の暴行、土匪馬賊の跋扈、不法課税の徴収は到る処頻々として行はれて居る、此際外国自ら自国民の保護に必要なる手段を執つても、支那側より苦情を受くべき理由はない。前に述べたる如く支那軍隊をして済南商埠地内並に其附近の若干距離以内に進入を避けしむるの協定案、又は済南の居留民を一時附近の安全地点に集中避難せしむるの計画に付、政府が考量を尽くさずして遂に機会を逸したのは遺憾千万であるけれども、支那としては適法に居住する本邦人の引揚を日本に要求するの権利はありませぬ。又何づれの場合にも自国軍隊の暴行に対して重大なる責任を免れないのは当然であります。之を要するに政府の今日迄済南方面に於て執りたる行動は国際的には外国より抗議し得べきものではないけれども、国内的には国民より政府の責を問ふべき十分の理由があることと認められます。

対支外交の現勢

更に一歩を進めて考ふるに、政府は支那の一地方に於ける我経済的利益を擁護するに止まらず、一層広汎なる見地より支那全体に亘る日支間の経済的接近を増進することに努力しなければなりませぬ。両国の共存共栄は之に依つて実現し得らるゝものであります。先年の支那関税特別会議の際、我委員の尽力に依つて大体基礎の定まりたる差等税率の問題並に日支互恵税率協定の問題と云ふが如き、両国間の経済的接近上重要なる案件は現に目前に迫つて解決を待つて居る、斯かる大局の経済関係を保全し増進するの目的に向つては政府は過去一年有半に如何なる施設を為したのであるか、又如何なる努力を試みたのであるか、毫も其形跡の見るべきものなきのみならず、却て新に幾多の難関を作り出したことを認めざるを得ませぬ。今や日支間の政治的並に経済的関係に於ける重要懸案は当局者の机の上に堆かく積つて居る、最近漸く局面好転の機運を見るに至つたやうに伝へられ、且一たび交渉開始の暁には百般の懸案は一瀉千里の勢を以て解決せられ得るもの、如き楽観説を言ひ触らす者さへある、我々は斯かる風説が単に人心の不安を緩和せむとする景気附の掛声ではなく、着々的確なる事実となつて現はれむことを切に国家の為に祈るものであります。（完）

【史料2】 Shidehara Kijuro and the Supra-Party Diplomacy, 1950

幣原喜重郎は、一九五〇年の下半期から翌年にかけて、来たるべき講和に向けた超党派外交を試みていた。ここでいう超党派外交とは、内政と外交の分離に基づく党派を超えた外交であり、吉田茂内閣で与党の自由党、野党の民主党と社会党から成るものである。

三党間の超党派外交に最も熱心なのが、衆議院議長の幣原であった。そこで幣原は、民主党最高委員長の苫米地義三や、社会党書記長の浅沼稲次郎らに超党派外交を打診する。だが、幣原の超党派外交は、野党のみならず、吉田首相や自由党幹事長の佐藤栄作にも敬遠されがちであった。とりわけ、社会党との超党派外交は、実現性に乏しかった。

本稿では、その一端を伝えるものとして、アメリカ国務省の史料を紹介したい。史料はすべて、Box 4229, Decimal File 1950-54, Record Group 59, National Archives からの引用である。ここには、ダレスの報告書をはじめ、シーボルトからの電文などが収められている。以下では、そのうち主要なものを採り上げたい。

なお、史料の一部は省略してある。

■ Summary Report by John Foster Dulles, July 7, 1950, 794.00/7-750, Box 4229, Decimal File 1950-54, Record Group 59, National Archives [1)]

SECRET

There is attached a summary report regarding the trip of Mr. Allison and myself to Japan.

J. F. Dulles

Distribution:

Original--Copy No. 1 – The Secretary
Copy No. 2 – Mr. Jessup
Copy No. 3 – Mr. Rusk
Copy No. 4 – Mr. Kennan
Copy No. 5 – Mr. Hamilton
Copy No. 6 – Mr. Fearey
Copy No. 7 – Mr. Allison
Copy No. 8 – Mr. Dulles

SECRET

SUMMARY REPORT

The following is a summary account of the various interviews had in Japan by Messrs. Dulles and Allison on their recent trip. It excludes all mention of the interviews with General MacArthur as they will be treated separately, and does not make any attempt to give detailed memoranda of the various conversations, but does attempt to reflect faithfully the various points of view presented. General MacArthur made it clear from the outset that we could talk to anyone and about anything and that there were to be no restrictions either on what we said to our various contacts or what they said to us.

……

A slightly different shading of this same point of view was given by Baron Shidehara, Foreign Minister at the time of the Manchurian Incident of 1931, and at present President of the House of Councillors. Baron Shidehara was emphatic that there should be no revival of militarism in Japan and that any rearmament would be far too expensive. He wanted American forces to remain under some arrangement or other for he said that the Communists had been allowed too much liberty and that if American forces were withdrawn at once the Japanese would not be able to contain possible Communist activity. In lieu of rearmament and a permanent occupation by American forces Baron Shidehara expressed the opinion that the solution of the security problem for Japan lies in passive resistance or non-cooperation with an aggressor. He claimed there was strong sentiment against Russia among the Japanese and that if Japan should be attacked and overrun by the Russians the Soviet occupying forces would find that there would be no cooperation such as the Americans had received and that, although many Japanese might, as a result be killed, nevertheless the Russians could not kill 80 million people and hence in the end their military victory would prove a failure. Baron Shidehara was the only one with whom we talked who expressed this rather extreme view.

……

■ Charles N. Spinks to the Department of State, September 18, 1950, 794.00/9-1850, Box 4229, Decimal File 1950-54, Record Group 59, National Archives

SECURITY : CONFIDENTIAL　　　PRIORITY : Air pouch
TO : Department of State
FROM : TOKYO 427, September 18, 1950.
REF : Mission's despatch 249, August 14, 1950.
SUBJ : Japan Political Summary, August 1950.

Summary

……

3. Supra-party Diplomacy. Maneuvers by the three principal political parties toward formulating a

non-partisan foreign policy resulted in no headway, political parties looking to partisan advantages instead of sincerely attacking foreign policy differences.

……

3. Supra-party Diplomacy.

Maneuvers by the Liberals, Socialists and Democrats with the avowed objective of formulating a supra-party foreign policy continued throughout the month without material progress being achieved. The Socialists appeared to have placed themselves in a more favorable position for compromise when some members, including Secretary General Inejiro ASANUMA and Eki SONE, chairman of the party's Foreign Affairs Committee, subscribed to the idea of cooperation with the United Nations. There is, however, a considerable segment of the party which does not share these views and the Socialist Party has not abandoned its advocacy of over-all peace, neutrality, and no military bases although a possible retreat from that position is indicated. After taking the initiative in early August for supra-party diplomacy, the Liberals in the latter part of the month showed considerable indifference and confusion, Liberal Chief Secretary Eisaku SATO going so far as asserting, on August 24, that the Liberals had "written off non-partisan diplomacy". Prime Minister Yoshida expressed himself lukewarmly about the project on August 29, but the following day denied that he had abandoned the idea. Only Lower House Speaker Kijuro SHIDEHARA appears to be an unswerving supporter of the plan. The Democrats, in a half-hearted manner, have attempted to assume the role of go-between but are themselves handicapped by differences of opinion in the party over the advisability of the plan, certain elements among the Democrats fearing that it is a first step to coalition of the Democratic and Liberal parties, a project often mentioned in conjunction with supra-party diplomacy plans.

The general impression derived is that the non-partisan foreign policy issue is being used by the political parties primarily to achieve partisan ends and that the forging of a non-partisan foreign policy is a secondary consideration. This subversion of foreign policy to partisan purposes is being severely attacked by the press. In this connection, the Yoshida Government was severely criticized when it attempted to sugar-coat certain unpopular features of the 1951 budget by dubbing it a "United Nations Cooperation Budget". Reaction was immediate and so unmistakable that the attempt to capitalize in this manner on the increasing popularity of the United Nations was dropped.

……

For the Acting Political Adviser:
Charles N. Spinks
First Secretary of Mission

Copy to American Embassy, London.

■ W. J. Sebald to the Department of State, October 14, 1950, 794.00/10-1450, Box 4229, Decimal File 1950-54, Record Group 59, National Archives

SECURITY : RESTRICTED PRIORITY : AIR POUCH

TO : Department of State
FROM : TOKYO 579, October 14, 1950
REF :
SUBJECT : THE FUTURE OF JAPANESE PLITICAL PARTIES

There are many indications that a two-party political system is evolving in Japan. The five years of the Occupation has witnessed a steady diminution in the number and size of minor parties, while at the same time there has been a noticeable clarification of the policies of the major parties. In the House of Representatives as presently constituted in addition to twenty-eight Communists, there are only twenty-three members sitting as representatives of minor parties or as independents, and these tend to follow closely one or another of the three major parties rather than to frame policies of their own.

Present evidence supports the view that the conservative forces will eventually be won over by the Liberal Party while the Socialist Party will, in increasing measure, establish itself as the party of the laboring class. The differences between the Liberals and the Democrats are far from irreconcilable. Although the desire to remain a separate party is strong among certain members of the Democratic Party, and will undoubtedly be further strengthened as a result of the recent release from the purge of many former political leaders who are expected to join the Democrats, ideologically there is no need for two such similar parties. To date the chief obstacle to a merger has been the conflict of personalities among the leaders of the two parties. On the Japanese political scene, such differences have often sufficed in the past to prevent mergers and cannot be dismissed as trivial; however, the trend toward coalescence of the two leading conservative parities is consistent with prevailing public sentiment in favor of the amalgamation of parties with basically the same policies and class interests.

Generally speaking, the Liberal and Democratic parties grew out of Japan's two largest pre-war parties: the Liberals largely from the Seiyukai, the Democrats from the Minseito. This differentiation is not entirely clear-cut as there were some former members of the Seiyukai who joined the Progressive Party, the immediate precursor of the Democratic Party. Moreover, because the influence of political parties ceased to be important after May 1932, when Prime Minister Tsuyoshi INUKAI was assassinated, and because they were actually dissolved in 1940, what little tradition of political party activity survived the war was anything but firm. In the maneuvers which have taken place since the war, and which are still in process, it is evident that the Democratic Party, at least untill the recent depurge, was gradually being weakened to the advantage of the Liberal Party. The former's president Kijuro SHIDEHARA, and twenty-four other members left the Democratic fold on January 25, 1948 and twelve more deserted on March 10 of that year when the ASHIDA Cabinet was formed. On March 15, 1948, the Liberal Party was reorganized as the Democratic Liberal Party including among its followers Shidehara and the other Democrats who had recently left the latter party. On December 10, 1948, the Democrats elected Ken INUKAI party president and made certain other changes among their officials which strengthened their relations with the Liberals. When the Third Yoshida Cabinet was formed on February 16, 1949, it included two Democratic members from the Inukai faction. The anti-coalition faction thereupon called a general meeting of the party at which Inukai and four other coalition Democrats were expelled. Again in February 1950, after more than a year of backstage negotiations, some twenty coalition Democrats joined the Liberals. Newspaper editorials at the time were unanimous in condemning the manner in which this merger or "confluence" was brought about, but admitted grudgingly that the elimination of the coalition faction was a useful step.

Following the House of Councillors election in June, the Liberals again began to show cautious though definite intentions of wooing the Democrats. When Cabinet posts were redistributed on June 28, three State Minister's posts were left open, ostensibly as an inducement to the Democrats. The much-mooted question of non-partisan diplomacy is regarded by many as a cloak to hide the real intention of the Liberal Party to absorb the Democrats, and Liberal leaders, except for House of Representatives Speaker Shidehara, have done little to refute such a suspicion. Since Democratic leaders Gizo TOMABECHI and Saburo CHIBA are both outspoken in their opposition to such a move, and since the recent depurge is expected to benefit the Democratic Party to a greater degree than any other party, there would seem to be almost no prospect of a Liberal-Democratic coalition within the current year. An eventual joining of forces, however, would appear to be indicated by recent over-all trends.

Among the parties of the left, the Socialists hold an undisputed lead in Diet representation with forty-five Representatives and sixty-two Councillors. Since the Communist Party has revealed itself with increasing clarity as an arm of Soviet internationalism rather than as a true political party, resulting in the purge of many of its leaders from public life, the influence of the Japan Communist Party in legal political activities can be expected to decline. The other leftist political parties are largely offshoots of the Socialist Party, led by men who seceded because of personal differences or over ideological issues of minor importance, and a return to the Socialist fold can be expected whenever the party can demonstrate its unity. Because of the weakness of the minor leftist parties the concessions which the Socialists are obliged to make fall far short of the maneuvers to which the Liberals must resort to attract the Democrats.

The trend toward a two-party system has a relatively long course yet to run. Fundamentally the greatest obstacle to its realization lies in the lack of understanding of political rights among the Japanese people and the consequent failure to utilize effectively the democratic structure of government which has been provided under the Occupation. While it would be unrealistic to expect that the Japanese people in five years could acquire a full understanding of the theory and practice of a system of government and of thought which has required centuries to evolve in western civilization, it is nonetheless true that there is growing awareness among the Japanese of political parties as instruments by means of which public opinion can effect changes through legislation. The concept of a political party's having certain obligations toward those from whom it derives its support is also making some headway. If press comment can be accepted as an accurate reflection of public opinion, the Japanese people are increasingly irritated at what they regard as the old-style methods of political party activity such as frequent changes of party names, shifts of personnel from party to party, factional schisms and mergers which appear to bear no relationship to party policies, and disregard for the wishes of constituents.

A two-party system in Japan is believed to be a desirable development from the point of view of the interests of both Japan and the United States. Such a system would bring about a greater degree of stability than Japan has known since the Manchurian incident. Under the Occupation, institutions such as the military establishment, the Imperial Household Ministry, and the Privy Council, which competed with the political parties before the war and proved to be stronger than the parties, have been abolished, leaving the field of political activity largely in the hands of the parties. The post-war removal of restrictions on the activities of labor organizations has created the necessity for political action to safeguard these newly-won rights. It is natural and desirable that the working people should support a party dedicated to their interests and familiar with their problems. Conversely it is to be expected that the conservatives, including the property owners, businessmen, and salaries classes, will seek to protect their interests through the mechanism of a political party. A two-party political system on these lines would appear to be the logical evolution of a trend set in motion by Japan's military defeat and further accelerated by the new Constitution and the legislation implementing it.

W. J. Sebald

■ Niles W. Bond to the Department of State, October 17, 1950, 794.00/10-1750, Box 4229, Decimal File 1950-54, Record Group 59, National Archives

SECURITY : CONFIDENTIAL PRIORITY : AIR POUCH
TO : Department of State
FROM : TOKYO 592, October 17, 1950.
REF : Mission's despatch 427, September 18, 1950.
SUBJECT : JAPAN POLITICAL SUMMARY, SEPTEMBER 1950

Summary

……

6. Supra-Party Diplomacy. The formulation of a supra-party foreign policy, having been subverted to the achievement of partisan objectives by the three principal political parties, is now generally regarded as of little consequence. Despite Lower House Speaker SHIDEHARA's advocacy of the plan there seems to be little hope of its fruition.

……

6. Supra-Party Diplomacy

Despite the almost daily pronouncements of spokesmen of one or the other three principal political parties with respect to the formulation of a supra-party foreign policy, the actual realization of such a policy appeared during September to be increasingly unlikely. This question has become little more than a political football and, with the exception of Lower House Speaker Shidehara, no party leader appears to have any further illusions regarding its practicability.

On September 2, Socialist Secretary General Inejiro ASANUMA informed Democratic Chief Secretary Saburo CHIBA that the Socialist would not join the Liberals and the Democrats in working out a nonpartisan foreign policy. He explained that the Socialists distrusted the Liberals' motives and that there would be no negotiations until the Liberals "clarified their diplomacy" and gave clearcut evidence of not exploiting nonpartisan diplomacy for partisan gains. Chiba replied he would seek clarification of the Liberal aims and hoped the Socialists would reconsider.

Asanuma's rejection of Chiba's bid reflected the strength of the Socialist left-wing which has so far held the upper hand in a factional cleavage within the Socialist Party over foreign policy. As pointed out last month, an important segment of the Socialist Party, led by Eki SONE, chairman of the party's Foreign Affairs Committee, had been attempting to extricate the Socialist Party from its impossible isolationist position. This faction hoped that by using the popular concept of cooperation with the United Nations it could bring about an abandonment of advocacy of permanent neutrality and overall peace. With this in view, Sone prepared a policy directive urging support of the United Nations police action in Korea and expressing conviction that the "only way to prevent war is to strengthen the United Nations" and settle every "international entanglement" within its framework. Notably lacking from the directive were the three principles of overall peace, permanent neutrality and opposition to the establishment of military bases. The ostensible purpose of the directive was to eradicate misunderstandings within the party over the "relationship between the peace movement and United Nations cooperation".

The directive was made public on September 5 and reaction in Socialist ranks was immediate. The left-wing faction demanded retraction of the directive, asserting that Sone had acted "irregularly" and without party authorization in making the statement public. Policy Deliberative Committee Chairman KATSUMATA, who had not attended the committee session at which the Sone document was drafted, denounced the statement and asserted that there had been no change in the attitude of the party. The Sone directive was shelved for further consideration and by the time the Socialists framed another statement on September 18 (see above under Japanese Peace Treaty) events had altered the situation in favor of the more internationalist outlook of Sone and his colleagues.

The staunchest exponent of supra-party diplomacy has been Lower House Speaker Shidehara. Throughout the month he has steadfastly worked toward that end and on September 15 received Prime Minister

Yoshida's authorization to draft a foreign policy program based on cooperation between the parties. It is well known that Yoshida has no faith in supra-party diplomacy but, because of Shidehara's prestige as an elder statesman, he has countenanced the latter's efforts. A probably more correct picture of the Prime Minister's views on nonpartisan diplomacy is contained in a Jiji Shimpo news item of September 25 reporting that Yoshida had become increasingly displeased with Shidehara's efforts to line up the Socialists and Democrats for foreign policy talks, feeling that Socialist ideas on the peace treaty were incompatible with Government policy and that Government secrets might leak out if the Socialists, especially the left-wingers, had a hand in drafting foreign policy. Other influential Liberals share the Prime Minister's suspicions of nonpartisan diplomacy, Liberal Chief Secretary Eisaku SATO reportedly having urged Yoshida on September 19 not to compromise with the opposition parties on foreign policy matters since the peace-making functions belong to the Cabinet.

……

For the Political Adviser:
Niles W. Bond
Acting Counselor of Mission

Copies to : American Embassy, London.
American Embassy, Seoul.

■ Niles W. Bond to the Department of State, November 25, 1950, 794.00/11-2550, Box 4229, Decimal File

1950-54, Record Group 59, National Archives

SECURITY : CONFIDENTIAL PRIORITY : AIR POUCH
TO : Department of State
FROM : TOKYO 755, November 25, 1950
REF : Mission's despatch 592, October 17, 1950
SUBJECT : JAPAN POLITICAL SUMMARY, OCTOBER 1950

Summary

……

4. Japanese Political Parties and Foreign Policy. The Liberal and Democratic parties made known their desires with respect to the peace treaty. Prospects for the formulation of a supra-party foreign policy dimmed as the Opposition parties pressed for new Diet elections, to reflect the will of the people toward peace treaty issues, and the Yoshida Government took the stand that it was fully qualified to negotiate the peace.

……

4. Japanese Political Parties and Foreign Policy

In keeping with the trend of looking forward to the post-treaty period, the major political parties devoted considerable attention to the prospective peace settlement and Japan's future status thereunder. Following the lead of the Socialist Party, which had enunciated its peace treaty objectives in the latter part of September, the Liberal Party on October 2 made public its peace plans. The Liberal program calls for a treaty guaranteeing "maximum freedom" to Japan and expresses the view that a soft peace would help establish Japan as a stabilizing force in the Far East. The indefiniteness of the Liberal program is in contrast to that of the Socialists (outlined in last month's political summary) and of the Democrats (see below) but is understandable in the light of the general expectation that it will be a Liberal Government which will be called upon to negotiate the treaty.

On the same day that the Liberal Party's views on the peace were made public, Prime Minister YOSHIDA, in an address to the Japan Editors and Publishers Association, emphasized that Japan can best find security by strengthening its ties with the United Nations. Welcoming the trend toward Japan's acceptance in the family of nations, he noted that the Japanese must take the initiative in making democracy an integral part of the nation's life. During the course of the preceding two months, the press had announced on a number of occasions that Prime Minister would in a few days outline the Government's foreign policy but each such announcement had proved premature. Accordingly, when it became known that Yoshida would address the Japanese Editors and Publishers Association, it was generally expected that he would make an important policy pronouncement. The vagueness of Yoshida's speech was, therefore, somewhat disappointing.

On October 5 the Foreign Affairs Committee of the Democratic Party announced that Party's peace program. This program, which in many respects corresponds to that of the Socialists, calls for restoration to Japan of the Kurils, Ryukyus, and Bonins, as well as other islands regarded as Japanese territory historically and racially, augmentation of the police power for self-protection from "within and without", complete independence of Japan's foreign and domestic activities, cancellation of reparations, and fair disposition of Japanese overseas assets.

The Liberal Party has obviously been attempting to pave the way for an overwhelmingly favorable Diet vote on the peace terms proffered Japan. In pursuing this objective, Prime Minister Yoshida, who has very definite views regarding the peace treaty and is often accused of acting as if its negotiation is his personal prerogative, has from time to time given ostensible encouragement to the principle of supra-party diplomacy staunchly advocated by Lower House Speaker Kijuro SHIDEHARA. It was quite evident throughout the month, however, that neither the Prime Minister nor a number of senior Liberal Party executives had much enthusiasm for supra-party diplomacy, and that the other two major parties likewise continued to view it in terms of partisan maneuvering. The prospects for the emergence of a supra-party foreign policy became even more remote with the readjustment of party attitudes following the depurge of October 13. As the Opposition pressed its demands for dissolution of the Diet and new elections which would correctly reflect the will of the people with respect to the peace treaty, the Liberals countered by vigorously defending their position. In response to statements on October 22 by Democratic Supreme Committee Chairman Gizo TOMABECHI and Socialist Secretary General Inejiro ASANUMA, denying the qualification of the Yoshida Cabinet to represent the nation, Chief Cabinet Secretary Okazaki on October 23 asserted that the Liberals, as the party in control of a majority of the House of Representatives, were fully competent to "shoulder the peace treaty negotiations". On October 30, Okazaki reiterated the Government's determination to carry on independently of the other parties and discounted the possibility of compromise on matters of foreign policy. The Democrats had apparently come to the same conclusion regarding the prospects for a nonpartisan diplomacy, for at a meeting of the Party's executive committee on October 30 the consensus was that Yoshida would never agree to sharing peace treaty negotiations with representatives of other parties.

……

For the Political Adviser:
Niles W. Bond
Acting Counselor of Mission

cc : American Embassy, London.
American Embassy, Seoul.

■ W. J. Sebald to the Department of State, December 2, 1950, 794.00/12-250, Box 4229, Decimal File 1950-54, Record Group 59, National Archives

SECURITY : CONFIDENTIAL PRIORITY : AIR POUCH
TO : Department of State
FROM : TOKYO 782, December 2, 1950 Enclosure
REF :

SUBJECT : SUPRA-PARTY GOVERNMENT FOR JAPAN

There is enclosed for the Department's information a copy of a memorandum of my conversation of November 16, 1950 with Gizo TOMABECHI, member of the House of Representatives and Chairman of the Democratic Party, with regard to the formation of a supra-party government, the primary objective of which would be to clarify and unite the attitudes of the three principal parties with respect to the peace treaty.

Since that conversation the prospects for the achievement of a supra-party understanding seem even more remote, although House of Representatives Speaker SHIDEHARA staunchly continues his advocacy of the project. On November 20 Prime Minister YOSHIDA reiterated his sentiments that although he favored the idea in principle he felt that "the time is not yet ripe for the meeting of the leaders of the three parties", while the Socialist Party Foreign Policy Committee on November 23 rejected Shidehara's proposal, conveyed to Socialist Secretary General ASANUMA the previous day, for further discussion of supra-party diplomacy.

In view of the Socialist Party's rejection of Shidehara's latest overtures, the Democratic Party, which has in the past been the party most willing to listen sympathetically to Shidehara and to support his efforts, officially declared on November 24 that it would suspend its efforts to work out a nonpartisan foreign policy with the Liberal and Socialist parties and would adopt a "wait and see" attitude.

Present indications are that the nonpartisan foreign policy issue is still being used by the three major political parties primarily to achieve partisan ends. The Socialists are currently vigorously challenging the

Liberals and both parties appear to be too suspicious of each other to permit of a genuine and stable understanding on foreign policy in the near future.

W. J. Sebald

Enclosure:

Memorandum of conversation
dated November 16, 1950.

MEMORANDUM OF CONVERSATION

Tokyo, November 16, 1950.

SUBJECT : A Supra-party Government for Japan?
PARTICIPANTS : The Honorable Gizo TOMABECHI, House of Representatives
(Accompanied by Interpreter SEKINE)
Ambassador W. J. SEBALD
(Accompanied by Mr. BRUNER)

The Honorable Gizo TOMABECHI, member of the House and Democratic Party leader, called at his own request at 4:00 p.m., Thursday, November 16, 1950 with regard to the formation in Japan of a supra-party government. He brought out the following points:

1. The Liberal Party (in the person of Prime Minister YOSHIDA) hitherto has seen no need for and has opposed the formation of a supra-party government but now has, in response to the urgings of Speaker SHIDEHARA, consented to join a movement looking to the coming into being of such a government.
2. The Social Democratic Party was, by Mr. ASANUMA, Speaker Shidehara's representative, approached and asked to join the movement. However, according to press reports, the Social Democrats have replied to the effect that:
   a. The Liberal Party is vacillating and unreliable in that it first says it will not join in a supra-party government and then reverses its initial well-considered decision; and, moreover, that party is known to have done this not once but many times.
   b. A supra-party government, if formed, should be the result of Diet proceedings reached after appropriate public deliberations, and should not result from inter-party negotiations.
   c. The Liberal Party appears to be attempting to employ multipartisan action on foreign policy in order to nullify in advance possible action by the opposition during the coming session of the Diet.
3. Because in any treaty following unconditional surrender there must inevitably be articles and/or conditions unpalatable to the vanquished, it is eminently desirable to avoid sensational public airings of debatable but unavoidable stipulation in the coming treaty of peace. For this reason the Demo-

cratic and the Liberal Parties desire at this time to arrange, through informal inter-party negotiations, for the coming into being of a supra-party government.

Ambassador Sebald, when asked his informal views, brought out the fact that whatever government may be in power at the negotiation of the peace treaty, it would presumably require the support of the Diet in obtaining the necessary ratification, and that it would appear that the primary question is how best to obtain and retain adequate support in both Houses of the Diet.

Mr. Tomabechi stated that it is precisely for this reason that it is felt that the formation now of a supra-party government would enable that government to command, at the critical time when it has urgent need therefor, the necessary Diet support in its foreign policy (including peace treaty negotiation and/or acceptance).

He also asked whether or not public pronouncement of party aims with regard to peace treaty provisions, as was recently made by the Democratic Party, is deemed desirable. Ambassador Sebald stated that he believes the issuance of statements as to party aims, where these do not lie within the performance capacity of the party itself, is wont to give rise to unwarranted hope in the mind of the general public, and that such statements are therefore apt to mislead the people and thus do more harm than good.

It was mutually agreed that Ambassador Sebald and Mr. Tomabechi would keep today's meeting altogether confidential.

■ Niles. W. Bond to the Department of State, January 19, 1951, 794.00/1-1951, Box 4229, Decimal File 1950-54, Record Group 59, National Archives

SECURITY : CONFIDENTIAL PRIORITY : AIR POUCH
TO : Department of State
FROM : TOKYO 956, January 19, 1951.
REF : Mission's despatch 755, November 25, 1950.
SUBJECT : JAPAN POLITICAL SUMMARY, NOVEMBER AND DECEMBER 1950

Summary

1. Peace Treaty and Non-Partisan Foreign Policy. Indications coming at the end of December that the United States would proceed with a peace treaty, with or without Soviet participation, revived interest in the peace settlement. Lower House Speaker SHIDEHARA and former Prime Minister ASHIDA sparked abortive maneuvers for a nonpartisan approach to the peace settlement.

……

1. Peace Treaty and Non-Partisan Foreign Policy

Interest in the preliminaries to a peace treaty and the provisions of the prospective peace settlement, which had lagged because of the paucity of spectacular developments, revived at the end of December as indications were received that the United States would probably go ahead with a peace settlement whether or not the Soviet Union participated. United Nations military reverses in Korea served to engender in the Japanese a soberer view with respect to the prospects of the post-treaty world but there was discernible among Japanese leaders of the right a feeling that the need of the Democratic nations for a Japan which would be of their camp would help ameliorate the peace terms and expedite the conclusion of a treaty.

Contending that the Yoshida Cabinet is "not qualified" to negotiate a peace treaty, the Socialist Party carried on its demand, initiated soon after the depurge of October 13, for dissolution of the Diet and new elections. The Government, however, steadfastly rebuffed any suggestion that new elections would be called. Prime Minister Yoshida termed "silly" the Opposition's maneuvers to overthrow the cabinet and called upon members of the Opposition to discontinue their sniping and help the Government show the world that Japan is "politically and financially stable". The latter comment epitomizes the Prime Minister's approach to the peace treaty question for he has on numerous occasions emphasized that Japan must convince foreign countries of its dependability in order to win their confidence and regain for Japan a place of equality in the community of nations.

Non-partisan diplomacy maneuvers were again a feature of the three major political parties' approaches to the peace problem. On November 14 Lower House Speaker Kijuro SHIDEHARA conferred with Gizo TOMABECHI, Supreme Chairman of the Democratic Party, and Inejiro ASANUMA, Secretary General of the Socialist Party, with a view to arranging for non-partisan foreign policy discussions among leaders of the Liberal, Democratic, and Socialist parties. Shidehara's latest overture was reportedly made at the behest of Prime Minister Yoshida. Tomabechi endorsed the move, in keeping with the Democratic Party's policy of encouraging supra-party diplomacy negotiations. Asanuma refused to commit himself until he had an opportunity to consult his party. On November 16 the Socialist Party rejected the invitation charging that the Liberals had pushed the issue at that time as a maneuver to gain political supremacy in the forthcoming Diet session. Shidehara and other proponents of supra-party diplomacy attempted to reassure the Socialists and made further futile efforts to bring about an understanding but, following the Socialist Party's rejection of Shidehara's bid, Yoshida declared he had "washed his hands" of the matter. The Shidehara approach to Asanuma seems to have had little prospects of success as all indications pointed to keen rivalry between the Socialists and Liberals and there had been nothing to suggest that the political parties were using the non-partisan diplomacy issue for any purpose other than to further their own partisan ends.

Former Prime Minister Hitoshi ASHIDA, a Democrat, next tried his hand at bringing the three principal parties together. Seemingly moved by the gravity of the world situation, Ashida began to take a more prominent part in foreign policy matters. (In a memorandum sent to the Supreme Commander on December 7 he advocated for Japan a more dynamic policy against world Communism, including rearmament, and was instrumental in having the Democratic Party propose on December 18 a United States declaration ending the state of war in lieu of a peace treaty, the prospects for the latter at that time being considered dimmed by the Korean war.) Apparently acting on his own initiative, Ashida on December 14 called on Prime Minister Yoshida and urged a three-party cabinet composed of Liberals, Democrats and Socialists. Shocked by reports of Ashida's approach to Yoshida, Democratic Party leaders promptly made it clear that Ashida had spoken only for himself and censured him for having made his coalition proposal without first clearing it with the Party. Ashida, in his eagerness to stimulate understanding among the principal parties with regard to the peace settlement, seems to have misgauged the situation. Although there are unquestionable indications that Yoshida favors a Liberal-Democratic coalition and there are many conservatives who feel that the two parties should close ranks, Yoshida's distrust of the Socialists—Shidehara's maneuver the month before having foundered on Socialist opposition—militated against a three-party coalition at this juncture. This was quite evident in Yoshida's rejection of Ashida's proposal with the comment that a coalition cabinet "is not suited to the current situation". The Socialist Party also rejected the idea, Asanuma reiterating the Party's demand for new elections to "sound out public opinion before the peace treaty".

Fundamentally, however, the three principal parties appear to be in general agreement regarding peace treaty objectives, with the exception that the Liberals and Democrats have declared that they favor a majority treaty if an over-all treaty does not materialize whereas the Socialists still advocate an over-all treaty and oppose leasing of military bases.

……

For the Political Adviser:
Niles W. Bond
Acting Counselor of Mission

Copy to: American Embassy, London

1) This document is cited in Department of State, ed., *Foreign Relations of the United States, 1950*（Washington D. C.: Government Printing Office, 1976） 6: pp.1230–1237. See also Takeshi Igarashi, *Tainichi Kowa to Reisen*（Tokyo: Tokyo University Press, 1986）, pp. 209–230; Ryuji Hattori,"Shidehara Kijuro no Senzen to Sengo: Tokyo Saiban wo Koete,"*Chuo Daigaku Ronshu* 26（2005）: pp. 1–15.

あとがき

幣原喜重郎は、外務次官や駐米大使を経て一九二〇年代に五度外相を歴任し、幣原外交と呼ばれる一時代を築いた外交官である。満州事変後には失意の日々を重ねたが、占領下で首相に上り詰めた。首相としては憲法制定などにかかわり、天皇制の存続にも尽力した。幣原内閣の総辞職後には、進歩党の総裁となっている。東京裁判にも出廷し、外務省の温存に努めてもいた。最晩年には衆議院議長として超党派外交に奔走するものの、現職のまま一九五一（昭和二十六）年に他界した。

このような経歴からも明らかなように、日本外交を語るうえで、幣原を避けて通ることはできない。その幣原の生涯を論じたものとして、本書は最初の学術書となる。脱稿にあたって、本書の成り立ちを述べておきたい。

思い起こせば、幣原の自伝『外交五十年』を手にしてから二十年近い歳月が流れようとしている。研究を始めた当初には、幣原と原敬の比較論に没頭した。やがて博士論文では国際政治史的な研究に比重を移して、『東アジア国際環境の変動と日本外交　一九一八―一九三一』（有斐閣、二〇〇一年）を刊行した。そこで、幣原の伝記的研究が次なる課題として残された。前著が中国関係を軸としたこともあり、本書では太平洋の視点を補うように努めた。

このため本書では、アメリカの比重が高まっている。そのことは第2章の日英同盟廃棄や第5章のロンドン海軍軍縮会議、そして第三部の占領期などに典型的であろう。ただし、幣原は対米関係を重視しながらも、心情的にはイギリス外交に理想を見出していた。

そのほかに本書では、幣原の人脈や外交的手法、政党政治との距離、国際秩序観、さらには歴史観などについても分析した。幣原の方策において、アメリカやイギリス、中国、ソ連との複雑な外交関係、さらに内政はいかに整合しうるのか。そして幣原の立論は、戦前戦後を通じていかに変遷していったのか。これらについては、やはり本文を読んでいただくしかない。

もっとも本書は、幣原の伝記であることのみを意図したものではない。狭義の伝記にとどまらず、幣原の生涯を通じて二十世紀日本の軌跡を描くことを試みた。このため本書では、幣原と二十世紀の日本を三期に分けて論じた。その三期とは、明治・大正期、昭和戦前期、そして戦後である。

すなわち、日本が英米と並ぶ三大海軍国となった明治・大正期の「栄光」（本書第一部）、破局への道を進んだ昭和戦前期の「挫折」（第二部）、占領改革を経て復興していく戦後の「再起」（第三部）である。この三期のすべてに閣僚を務めたのは幣原だけであった。

世紀転換期に刊行される本書の読者は、二つの世紀を生きた方々である。二十世紀に人生の大半を過ごした人々にとって、今世紀が薔薇色《ばらいろ》には映らないだろう。しかし、そのような閉塞感は、なにも現代に特有のものではない。過去にも同様な経験はある。そうした歴史から学ぶべきこともあるだろう。願わくば、代表的日本人の経験を共有できないものか。かつて日本人は、伊藤博文や山県有朋の記憶を通じて明治を振り返ったことであろう。そしていま、二十世紀を回顧して今世紀への指針を探るときに、幣原が一つの手掛かりとなりはしないだろうか。

当然ながら本書は歴史研究そのものであり、そこから現代的意義を引き出すことは自制してきた。それでも本書で描いた時代が、どことなく現在の状況と二重写しにみえるかもしれない。一つだけ例を挙げるなら、昨今では台頭する中国にいかに対処するかということが外交面での難題とみなされている。

だがそのことは、いまに始まったことではない。幣原が外相を務めた一九二〇年代にも、すでに同様な議論はなされていた。そのころの日本は、米英との協調外交によって中国やソ連に対処するつもりでいた。一般にワシントン体制と呼ばれる時代である。しかし日本は、いつのまにか中国のみならず、ソ連やイギリス、そしてアメリカとも対峙していった。そうした危機的な状況において、幣原は懸命に対応を続けたものの、最終的に幣原の外交は崩壊した。当時の政党も外交を十分には掌握できていなかった。

もちろん、当時と現在とでは内外の状況が大きく異なっており、単純な比較や類推を慎まねばならない。だとしても、幣原のまなざしから日本外交の転機を振り返り、その経験を共有することは有意義であろう。

本来であれば人間を内面から描くことは、あらゆる研究の原点となるべきものである。しかしながら、ともすると日本ではこの視点が弱くなりがちである。筆者とて、その例外であろうはずもない。

本書の執筆に際しては、多くの方々に助言を仰がねばならなかった。

とりわけ、小宮一夫先生、高橋勝浩先生、後藤春美先生、君塚直隆先生、高原秀介先生、村井良太先生、楠綾子先生には、本書の原稿を読んでいただくなどした。御遺族の述懐を通して幣原の残像にふれたことも得難い経験であった。末筆ながら有斐閣の青海泰司氏は、前著を出版した直後から本書の刊行に向けてお付き合い下さった。その行き届いた配慮には、いつも脱帽させられている。のみならず、できるだけ多くの方々に読んでもらえるような出版形態にしたいとの愚見をかなえてもいただいた。関係各位に深謝申し上げたい。

二〇〇六年十一月三十日

服部龍二

増補版あとがき

本書は、拙著『幣原喜重郎と二十世紀の日本――外交と民主主義』（有斐閣、二〇〇六年）に次の論考を加えた増補版です。

文献解題
「幣原喜重郎」（伊藤隆・季武嘉也編『近現代日本人物史料情報辞典』吉川弘文館、二〇〇四年）
「幣原喜重郎」（伊藤隆・季武嘉也編『近現代日本人物史料情報辞典 3』吉川弘文館、二〇〇七年）
「幣原喜重郎」（伊藤隆・季武嘉也編『近現代日本人物史料情報辞典 4』吉川弘文館、二〇一一年）

【史料1】
「幣原喜重郎講演『外交管見』」（『総合政策研究』第十三号、二〇〇六年）

【史料2】
"Shidehara Kijuro and the Supra, Party Diplomacy, 1950"（『中央大学政策文化総合研究所年報』第

八号、二〇〇五年）

増補版では改行を入れるなどしましたが、加筆修正は最小限にとどめました。例えば、一頁の「松下電器」は、現在パナソニックと社名変更になっているものの、そのままにしてあります。

これまで私は幣原を含めて、五人の外交官や政治家について評伝を書いてまいりました。五人とは、幣原、広田弘毅、大平正芳、中曽根康弘、田中角栄です。発表順に並べますと、次のようになります。

『幣原喜重郎と二十世紀の日本――外交と民主主義』（有斐閣、二〇〇六年）

『広田弘毅――「悲劇の宰相」の実像』（中公新書、二〇〇八年）

『大平正芳 理念と外交』（岩波書店、二〇一四年）

『中曽根康弘――「大統領的首相」の軌跡』（中公新書、二〇一五年）

『田中角栄――昭和の光と闇』（講談社現代新書、二〇一六年）

五冊のうち、最も時間と労力を費やしたのは、『幣原喜重郎と二十世紀の日本』でした。三十歳台の五年間を使って、二本目の博士論文を仕上げるようなつもりで執筆いたしました。もちろん、個人的な思い入れと、客観的な意義がどれほどあるかはまったくの別物です。最初の評伝だったこともあり、文章上の稚拙さもあると存じます。

同書が刊行されてから、十年以上が過ぎました。幣原といえば、幣原外交と呼ばれた五年数カ月の外相をはじめ、ワシントン会議での全権、占領期の首相、衆議院議長などとして知られています。幣原は今日、新たに注目されつつあるようです。その原因は何かと考えてみますと、論争的な幣原の外交もさることながら、憲法改正が現実の問題となりうるような情勢のなかで、特に憲法第九条の発案者が幣原首相であったのか、それとも「押し付け憲法」だったのか、という論点によるところが大きいのかもしれません。今年の五月三日は、憲法施行七十周年でもあります。

幣原と憲法制定の関係については本書で詳しく論じてありますので、ここでは繰り返しを避けたいと思います。それでも少しだけ述べるとすれば、貴族院議員だった幣原首相が当時の代表的日本人であり、国際的知名度も高かったことは事実です。また、幣原内閣期に骨格のできる憲法が、国民主権原理に基づくことも確かです。

その半面で留意すべきことは、幣原の衆議院議員初当選が一九四七年であり、首相としてアメリカの憲法案を受け入れた一九四六年の時点では、貴族院議員としても首相としても、民主的に選ばれたわけではなかったことです。国民の総意に基づいて制定された憲法を民定憲法とするならば、佐藤達夫『日本国憲法誕生記』（中公文庫、一九九九年）にも示されるように、制定過程からして民定憲法と呼べるかについて、解釈は分かれうるように感じます。

もっとも、本書は幣原の生涯を追いながら、日本の栄光と挫折、そして再起をたどりましたので、首相期を含む政治家よりも外務省の時代に多くの紙幅を割いています。その成否の判断は、読者の方々にゆだねるしかありません。今後も少しずつ研究を重ねられればと存じます。

末筆ながら有斐閣には、他社での増補版刊行を認めていただきました。吉田書店の吉田真也様は、増補版という複雑な作業となった本書を丹念に仕上げて下さいました。
関係各位に深謝申し上げます。

二〇一七年三月二十六日

服部龍二

【ラ行】

【ワ行】

【マ行】

【ヤ行】

【ハ行】

【サ行】

【カ行】

主要人名索引

※幣原喜重郎は本書の全編にわたって登場するので
本索引の対象から外した。

【ア行】

【タ行】

【ナ行】

主要事項索引

本書は、二〇〇六年に有斐閣より刊行された『幣原喜重郎と二十世紀の日本——外交と民主主義』の増補版である（詳細は「増補版あとがき」参照）。

著者紹介

服部 龍二（はっとり・りゅうじ）

中央大学総合政策学部教授

1968年生まれ。京都大学法学部卒、神戸大学大学院法学研究科博士後期課程単位取得退学、博士（政治学）

〔主要業績〕『大平正芳 理念と外交』（岩波書店、2014年）、『外交ドキュメント 歴史認識』（岩波新書、2015年）、『中曽根康弘――「大統領的首相」の軌跡』（中公新書、2015年）、『田中角栄――昭和の光と闇』（講談社現代新書、2016年）

増補版 幣原喜重郎――外交と民主主義

2017年4月25日 初版第1刷発行

著者 服部龍二
発行者 吉田真也
発行所 合同会社 吉田書店

102-0072 東京都千代田区飯田橋2-9-6 東西館ビル本館32
TEL：03-6272-9172 FAX：03-6272-9173
http://www.yoshidapublishing.com/

DTP 閏月社
装丁 折原カズヒロ
印刷・製本 モリモト印刷株式会社

定価はカバーに表示してあります。

ISBN978-4-905497-52-3